回望 张恨水

Huiwang Zhang Henshui

谢家顺 主编

遗珠晶莹（上）

探寻父亲张恨水先生的岁月之痕

张伍
张明明
著

广陵书社

图书在版编目（ＣＩＰ）数据

遗珠晶莹：探寻父亲张恨水先生的岁月之痕 / 张伍,
张明明著. -- 扬州：广陵书社, 2019.5
（回望张恨水 / 谢家顺主编）
ISBN 978-7-5554-1206-9

Ⅰ. ①遗… Ⅱ. ①张… ②张… Ⅲ. ①散文集—中国
—当代 Ⅳ. ①I267

中国版本图书馆CIP数据核字(2019)第062614号

丛 书 名　回望张恨水
丛书主编　谢家顺

书　　　名　遗珠晶莹：探寻父亲张恨水先生的岁月之痕
著　　　者　张　伍　张明明
责任编辑　李　洁　　　　特约编辑　谢海江
出 版 人　曾学文　　　　装帧设计　鸿儒文轩·书心瞬意

出版发行　广陵书社
　　　　　扬州市维扬路 349 号　　　邮编：225009
　　　　　http://www.yzglpub.com　E-mail:yzglss@163.com
印　　刷　三河市华东印刷有限公司

开　　本　650mm×940mm　　1/16
字　　数　406 千字
印　　张　35
版　　次　2019 年 5 月第 1 版第 1 次印刷
书　　号　ISBN 978-7-5554-1206-9
定　　价　118.00 元（全二册）

寻找·回望（总序）
——谨以此献给张恨水先生逝世五十周年

19 世纪末、20 世纪上半叶的中国风云激荡——在国门洞开和急剧动荡的社会环境中，从经济、政治到思想文化和社会生活，开始了一系列深刻的变革，形成了中国社会向现代化艰难迈进的历史画卷，同时深刻影响着当时社会的每个人。

张恨水就是一位深受影响的作家。从 1894 年 7 月开始到 1895 年 4 月结束，历时近一年的甲午中日战争，一个最明显的标志就是签订了丧权辱国的《马关条约》，对当时的中国影响巨大。战争结束一个月后的 5 月 18 日，一位名叫张心远的孩子在江西出生。而令他没有想到的是，四十年后的 1937 年，由"七七卢沟桥事变"引发的全面侵华战争（史称"第二次中日战争"），则彻底改变了他的生活与创作。另一件值得一提的事件是，1905 年 9 月清朝廷发布上谕，自 1906 年开始废除自隋代起实行千余年的科举取士制度。这就无形之中改变了张恨水的人生走向——所受教育与人生价值观的形成。

张恨水就是在这种背景下接受了中国传统文化的浸染、五四新文化的洗礼，经历了山河破碎的颠沛流离和新中国的和平建设。他天资聪颖，勤奋好学，是命运将其推向了新闻记者岗位。他选择了文学创作之路，几十年来，无论是早期的习作、中期的辉煌，还是晚期的力不从心，在其所历经的晚清、北洋军阀、民国时期以及新中国等各个历史阶段，他用如椽之笔，描情摹态所留下的包括小说、散文、诗词等在内的三千多万字作品，构成了一座文学的金字塔。透过这些作品，我们可以发现张恨水立足 20 世纪初的中国都市与乡村，对中国传统文化的精神坚守，对当时广阔社会生活的形象再现，对底层普通民众的深切同情，以及对社会黑暗的暴露与鞭挞。尤其值得称道的，是他与时俱进和精进不已的精神追求。也正因如此，当面对来自文学界的争议时，他才能始终默然，从容处之，坚信只要自己的作品存在就是最好的回答。历史最终证明，他是对的。

在研读先生作品过程中，我常常在思考，到底是什么原因使先生的作品长盛不衰，具有一种穿越时空的艺术魅力？于是，我和我的研究团队开始寻找答案。

2001 年，为寻求研究项目资金支持，我申报的安徽省教育厅人文社科项目"张恨水对联艺术研究"获准立项，随之，项目成果《张恨水对联艺术论稿》也呼之欲出。

2003 年，为扩大研究视野、拓宽研究思路，"张恨水小说民俗学研究"又获准立项。

2004 年，我受学校派遣，赴北京大学中文系做访问学者。在此期间，我明白了，要了解、分析一位作家，必须深入研读文本。由于导师陈平原教授的及时点拨，"从旧报刊入手"成为了自己今后的研究思路。

2006年暑假开始，在安徽省张恨水研究会的大力支持下，我开展了为期近十年的"寻访张恨水生活足迹"活动，足迹遍及江西、安徽、上海、江苏、北京、湖北、重庆、四川、陕西、甘肃和辽宁等省市，对张恨水的子女和其他亲属，生前同事、好友及后人，从事张恨水研究的相关学者进行了采访，对张恨水曾经的生活、工作地做了实地探访，对涉及的地方档案馆、图书馆的资料做了最大程度的搜集与复制。

为提升研究层次，全面搜集张恨水研究资料，同时寻求更多的研究经费支持，在中国人民大学朱万曙教授的倾力指导下，2007年、2010年先后申报的安徽省社科项目"张恨水年谱长编"和国家社科基金项目"张恨水年谱"分别获准立项，其终极成果83万字的《张恨水年谱》于2014年正式出版发行，为读者和研究者奉献了一份较为完整翔实的资料。

还有就是参与安徽省张恨水研究会先后组织召开的十次学术研讨会，以及2015年受邀赴美进行的讲学与学术交流。

……

"十年辛苦不寻常"，奔波的过程是艰辛的，查阅的过程是枯燥的，整理分析的过程是寂寞的，发现的结果却令人兴奋和喜悦。

我仿佛在与先生对话。城市和乡村，高楼之间的街道和原野上的阡陌，从1895年至1967年，凡张恨水先生所到与描述之处，无论是白墙灰瓦的皖赣民居、巴蜀山间的茅草房屋，还是老屋纸窗的北京四合院，尽管时间流逝，时代变更，外部环境改变，仍无法洗刷掉当年的痕迹，只要脚下的土地尚在，历史记载还在，只要遗迹犹存，记忆就不会消失——因为文化基因永远扎根在人们的心中，那含有文化内涵的立体、丰满的张恨水就会永驻读者心中。

我还在思索，恨水先生仙逝五十年了，我们应该做点什么呢？

2016 年 8 月，在东北师范大学文学院召开的"年谱与新文学研究的经典化"学术研讨会上，我和作家、知名策划人陈武先生一拍即合，策划推出《回望张恨水》系列丛书，并得到北京鸿儒文轩文化传播有限公司的大力支持，由我负责丛书的选题，围绕"纪念"主题，初步选定了《张恨水纪念文集》《此山　此水　此人——张恨水生活足迹寻踪（皖江篇）》《遗珠晶莹——探寻父亲张恨水先生的岁月之痕》《张恨水小说图志》《张恨水传》五部著作。

《张恨水纪念文集》是迄今为止编辑的第一部纪念张恨水的文章选集。编者力求通过图片展示、自述，亲属、同事、好友与后学怀念，以及学术界张恨水研究代表性观点梳理等展示张恨水生平、创作成就及学术地位。值得一提的是，文集所收文章、图片除学术评论外，多为首次面世，具有较强的史料价值。

《此山　此水　此人——张恨水生活足迹寻踪（皖江篇）》是作者十多年来寻访张恨水生活足迹的真实记录与文化思考，其中所展示的，是易被人们忽略的有关张恨水的生活、创作的细节，图文并茂，可以看成《张恨水年谱》的姊妹篇，凡年谱不好展开的内容，在本书里均得到了一一再现。

《遗珠晶莹——探寻父亲张恨水先生的岁月之痕》是张恨水先生现居北京的四子张伍和美国华盛顿的女儿张明明之间的通信结集，虽为兄妹书信，但展示的却是不为我们熟知的张恨水生前生活、创作的点点滴滴。

《张恨水小说图志》介绍了张恨水各种小说版本（含单行本和报刊连载版本，绝大多数系作者宋海东所藏），尤其是民国版本在书中得到了充分展示，刊布了 200 张相关图片。图文并茂是该书一大特色，是一部真正意义上的"图书"。

《张恨水传》的作者马季，是一位作家，以作家特有的笔力与眼光，以第三人称的角度叙述了张恨水的人生经历和创作成就。

这就是湮没在 20 世纪时间长河里的张恨水，他是一位报人和文学跋涉者。我们寻找他，是为了更全面地了解他，更深入地解读他和他的文学精神，进而通过他从一个侧面探寻 20 世纪中国文学发展的历史风貌。

今年南方暖冬，间或偶有寒流，望着窗外纷纷扬扬的雪花，不禁想起了张恨水先生在 1927 年那个彤云覆树、雪意满天的腊月撰写的《春明外史》后序，其中有云：

> 予书既成，凡予同世之人，得读予书而悦之，无论识与不识，皆引予为友，予已慰矣。即予身死之后，予墓木已拱，予骸骼已泥，而予之书，或幸而不亡，乃更令后世之人，取予书读而悦之，进而友此陈死人，则以百年以上之我，与百年以下之诸男女老少，得而为友，不亦人生大快之事耶？

不识人情且看花，文章华国鉴千秋。让我们阅读他的华彩文章，走进张恨水先生内心世界，就像恨水先生所期望的那样，和他身后百年之后的人进行灵魂上的沟通。

这就是我们回望张恨水的缘由。

是为序。

谢家顺

写于农历丁酉正月十二池州雪花飘飞之时

序

　　作为一名后学，说起和张伍、张明明兄妹的认识，还是从报纸与小说开始的，其时我正在着手收集张恨水佚文，有一次，在上海图书馆查阅上海《新民报晚刊》时，发现1951年3月9日该报的《晚会》副刊刊登了张恨水的文章《我的一个戏迷儿子》，一位活泼好动、喜爱唱戏、好舞枪弄棒的男孩形象印在了我脑海中。既至阅读小说《巴山夜雨》后，书中塑造的两个男孩"小白儿""小山儿"和一个女孩"小玲儿"形象，才使我有了具体的感受，原来这三个小孩分别是张全、张伍和张明明的化身，正是这三个孩子给这部小说增添了无限生机与乐趣。

　　及至后来着手编纂《张恨水年谱》，收集资料，才有了近距离接触的机缘。记得那是2004年在北京大学访学期间，得以首次与他们兄妹面对面对话，在位于北京西直门外中国京剧院的张伍先生家中，不大的房间内，满眼都是张恨水的元素——恨水先生生前使用过的书桌、书橱和圆桌，三个书橱里装满了先生不同版本的著作，以及先生阅读过的《四库备要》（2012 年已捐赠给安徽省潜山市张恨水纪念馆），墙上悬挂了先生的生活照片，令我顿生敬意。其时，明明女士正在北京，杯茶之间，我向他们汇报了我对恨水先生及其作品的理解、打算编纂《张恨水年谱》以及拟寻访张恨水生前生活足迹的设想，深得他们的热情鼓励与支持。这次交流，让我感到此前《巴山夜雨》里"小山儿"和"小玲儿"那活泼好动的小孩均是六旬的长者了——一位声音宏亮、热情爽朗、博识健谈，一位谈吐优雅、端庄知性、落落大方。

在之后的十多年时间里，我或面谈或书信或电邮，向张氏兄妹汇报研究心得，请教研究过程中遇到的问题，彼此结下了深厚的情谊。其中印象最深的是陪同张氏兄妹的几次皖赣之行。

对于皖赣，张氏兄妹天然有一种亲切之感，因为这是恨水先生青少年时期生活过的地方，用他自己的话说，就是"梦里江南"。带着这种情结，张伍、张明明兄妹于 2011 年、2013 年、2016 年先后三次结伴，来到皖赣，行走在街头巷衢与田间地头，寻找父亲张恨水的点点滴滴，并为之奔走呼吁，为当地历史文化建设殚心竭力，力求作出自己的努力。无论是安徽潜山的张恨水墓园建设、黄岭故居修复，还是江西黎川的张恨水旧居、上饶的张恨水文化公园，以及电影《北雁南飞》的筹拍，无不凝聚着他们兄妹的心血。

在亲历亲见张氏兄妹的这些时日中，我聆听到了恨水先生诸多鲜为人知的历历往事，廓清了往日笼罩在心头的种种疑云，更感受到了张氏兄妹对父亲的那份挚爱、那份执著与虔诚之心。当我拿到这本凝聚着他们兄妹心血的《遗珠晶莹——探寻父亲张恨水先生的岁月之痕》的书稿时，我感到曾经的时日是那么的充实与不容易。

　　这部书稿由"梦里江南""京俗杂拌""两都飞鸿""书信集萃"四辑组成，后有附录。"梦里江南"是张氏兄妹多年来结伴南行、追寻父亲张恨水先生的少年生活足迹的文字记录；"京俗杂拌"表达了张伍先生对北京风俗民情的思考，对北京的热爱，也是恨水先生的精神遗传使然；"两都飞鸿"是身居北京与美国华盛顿市的张氏兄妹二人的书信往来，平叙家常，娓娓道来，倍感亲切；"书信集萃"则是精选了张氏兄妹若干年来在收集父亲著作过程中，与张恨水生前友人、研究者的通信。书中的四辑内容虽互不关联，但却有着一个共同特点，就是从四个不同纬度展现了作者与恨水先生的关系，或实地寻访，或书信忆旧，或文字探讨，从不同的侧面塑造着张恨水的形象，给后人留下了一个不一样的鲜活的张恨水，也是张伍、张明明兄妹献给父亲张恨水的最好礼物。因此，具有较强的史料价值。

　　值此《遗珠晶莹——探寻父亲张恨水先生的岁月之痕》即将付印之际，谨以此短文感谢张氏兄妹为张恨水研究所奉献的一切。

　　是为序。

谢家顺

戊戌年三月初九于池州寒暄斋

目　录
CONTENTS

第二辑　京俗杂拌

附　录

第一辑 梦里江南

——追寻父亲张公

讳恨水先生的少年生活

开　篇

　　带着江南水乡的烟雨波澜，欸乃橹桨渔歌的旖旎风光，回到了北京。

　　10月下旬的北京，正是"已凉天气未寒时"之际，它和三秋桂子十里飘香、娇糯温柔的枕水人家大相径庭，而是天高日晶，秋风送爽。郊外绿野平畴，赏心悦目，城里街头的银杏树叶，扇着小小的金扇，大大方方地由一个细长的柄吊在树枝上，前后左右的小金扇面相叠，扇的边沿连成饱满蓬松的花边，与横向伸出的树枝保持着几寸相等的距离，树枝上弯下折它也上弯下折，树枝左右摇摆，它也左右摇摆，风一吹，像极了西班牙女郎婀娜起舞的裙摆，婆娑多姿。

　　沉稳的红墙，上面宝石蓝的天空，风吹着银杏叶子，像流动的金子。你看过夏威夷夜晚从山上淌下来的岩浆流吗？火红炽烈，碰到哪里，哪里就会燃烧。

　　伍哥和我俩人，虽说是七老八十了，玩兴倒不小，趁着天气难得的好，再加带着江南行的余兴，就结伴去看菊花。听说故宫有山东菏泽来的菊花展览，我们兴致勃勃，邀请了年轻人陪伴，今天相陪的是伍哥的邻居——丽君和她的女儿媛媛。

媛媛开车送大家出来玩，把车子停在国家大剧院的楼下停车场内，穿过一楼大厅踱步到室外阳光下。和煦的太阳照在身上，像一双柔软的大手捧着我，不觉得脚步就轻巧起来，享受着晚秋的暖阳，经过安全检查，走地下通道，从通道出来，就到了天安门楼的这一侧，跨过金水桥，穿过门洞，走在门楼后的广场上，真是士女如云，游人如织，都挨肩接踵向故宫的进口，午门移动。媛媛从我们身后大步追过来，不悦地说："售票处今天因故不卖票，看不成菊花了，真扫兴！"伍哥则说："这样好的天气应该走一走，看不到菏泽的菊花，那就去中山公园吧！那里也会有菊花。"

媛媛打听到确实在唐花坞有精品菊花展，我们就买了票，向左拐进了中山公园。这里人少多了，顿时觉得视野开阔，人行路的两侧是绿荫荫的草地，草地上古柏参天，盘龙似的枝条，苍劲；右边是筒子河，清澈；河对面是故宫的红墙，敦实；墙上有房，木雕花的窗棂，精致；屋顶是黄色琉璃瓦，甑亮。这一切都与我的记忆一样！河边的老柳树垂下的长长的细条子，悠悠地摇摆着，似乎在欢迎我这多年未归的游子，旧地重游。

媛媛是服装设计师兼模特儿，妈妈是当年的摄影师，都是美人胚子。母女相伴出游时，姣好的面容，曼妙的身姿，落落大方的仪态，秋波流慧、顾盼生姿的明眸总会引得路人投来惊艳赞许的目光。可能，她俩司空见惯，习以为常，也就不以为然了，自在地在草地上、栏杆旁、台阶上留下快乐的倩影。

伍哥说："来了这儿，我就带你们去看看'来今雨轩'吧！"

拐进一个院子，安安静静的没有一个人，方砖铺地，干干净净，清清爽爽；台阶上一排带廊子的红砖房子，绿窗格子，中间的大门是开着的，门上挂着"来今雨轩"匾额。伍哥对媛媛解释，"来今雨轩"一典出自唐大诗人杜甫《秋述》诗中的"序"，后用"今雨"指新朋友，旧雨新知，是指新老朋友都欢迎。门里，可以看见里面屏风后，有吃饭的桌椅。廊下有藤桌藤椅。廊前的一对红柱子上挂了对联：

　　莫放春秋佳日过

　　最难风雨故人来

看了对联，心里有一种深深的感触，仿佛真的与它三生三世有前缘。

这是个饭庄，原来，我小时候随父母在这里喝过茶，再原来，这里是父亲会朋友的地方。再再原来，这里有个让我心动的故事。

伍哥走上五六级台阶层，望着墙上在找什么？他说："这儿原来写了个说明牌子，介绍父亲和《啼笑因缘》的故事，没有了！"

1929年春，上海新闻记者东北视察团到北平参观，北平新闻界假座中山公园"来今雨轩"举行欢迎会，父亲应邀参加。席上，经钱芥尘先生介绍，得以认识上海《新闻报》副刊《快活林》主编严独鹤先生。严先生与父亲神交六七年之久，他对父亲的作品的评价："至少可以当得'不同凡俗'四个字。"一见面相谈甚欢，就向父亲约稿。父亲欣然接受，这就是《啼笑因缘》的起因。孕育这本书也是在中山公园，不过是在另一侧，靠近"四宜轩"小山坡上的一所茅草亭子里。父亲坐石墩子上，在石桌子上，写下了《啼笑因缘》的故事大纲。这本《啼笑因缘》是父亲著作中最广为人知，又最为人津津乐道的。

伍哥有些遗憾，再看一眼"来今雨轩"便向外走去。要不是中午有约，我们可以在这里喝茶吃点心，慢慢地体会一下当时的种种，岂不温馨？

我们一路走着，听伍哥讲着30年代《啼笑因缘》拍电影轰动上海的盛况，并因此引发了两家电影公司同时抢拍的"双包案"，最后由明星电影公司拿出十万银元，才摆平了这桩"啼笑官司"。

父亲喜欢这里，这一种情怀，他很坦荡地表现在其他的散文中。1945年重庆新闻界为他举办50岁生日和写作30年的纪念活动，父亲谢绝无效，就"避寿"，溜回南温泉家中。事后，他写了"总答谢"一文：

20世纪70年代香港电视剧《啼笑因缘》剧照

　　……虽然，十六日那天，许多老朋友终于请着夫人和小天使，不嫌长途跋涉，光顾到建文峰下，把三间茅屋涨破了。桃花潭水深千尺，我无法形容老朋友给我的温暖。"上苍假我数年"，到了六十岁以及七十岁，那时，我当在北平中山公园的来今雨轩，备一杯茶，请老朋友赏晚开的牡丹。……以补偿今日的慢待。

　　绕过五色土方坛，再转个弯，不远处就看到了唐花坞。伍哥加快了速度，在前边引路，我在他后面，看着他迈着方步，长大衣敞开着，两个衣角，随着他的脚步移动，左右翩翩摇摆着，我忽然忆起父亲的长衫衣摆，不也是这样翩翩然，当他在家中庭院里，沿着花圃踱步思索时，我在他身后的方砖上"跳房子"相随所看到的一样吗？我沉入回忆中，媛媛甜美的声音打断了我："姥爷好帅呀！是位老帅哥！"她拉着我快步追了上前。

　　唐花坞是座中国古典风格的建筑，进门处是双层屋顶的八角亭，玲珑精巧，古色古香。父亲曾多次带我们兄妹来这里看各种花卉展览。他曾在《野花插瓶》一文云：

　　予襄居燕京，卖书所入，除以供家人浇裹外，余皆作三分用："一以购收木版书，二以养花，三以听戏……"

　　父亲喜欢花，尤其喜欢菊花，不仅用诗文赞美它，而且还常画菊花，我就珍藏一幅他画于以母亲名讳命名"南庐"的写意画《秋菊图》，并在画中题文曰：

父亲留下唯一的一张彩墨国画

托根唯有石

矫叶不知风

　　父亲对菊花在百花凋零后，不畏严寒，傲霜怒放，一枝独秀，不与群芳争艳，也不媚俗，在寂寞中，向人间送去傲霜之花鲜明的风骨和个性，作了形象恰切的赞美和讴歌！

　　父亲还在小品文《小紫菊》中填词一阙云：

浣溪沙

　　添得茅斋一味凉，瓶花带露供（叶仄）书窗，翻书摇落满瓶香。　飘逸尚留高士态，幽娴不作媚人装，黄华同类那寻常？

父亲喜欢花，但最偏怜钟爱的是菊花，为了说明这一喜好，我作一次文抄公，抄录一段他写的《黄花梦旧庐》：

> ……我虽一年四季都玩花，而秋季里玩菊花，却是我一年趣味的中心。除了自己培秧，自己接种，而到了菊花季。我还大批的收进现货。……所以每到菊花季，我一定把书房几间屋子，高低上下，用各种盆子，陈列百十盆上品。有的一朵，有的两朵，至多是三朵，我必须调整得它可以上画。……

好了，似乎有点扯远了，还是拉近唐花坞的菊展吧。进得展厅，左右像翅膀一样伸出一排展室，一面墙有大窗，光线明亮，另一面放满了盆栽的菊花，来看花展的人，个个举着手机，人人在拍照。真是如俗语所说，来得早不如来得巧，因为故宫停展，心不甘情不愿误打误撞地来到这里，没想到这才是适逢其时、适逢其会。菊花精品大观，所有的菊花都是平时罕见的佳品、精品，株株都是精心培育的奇花异卉，形态各异，色彩各异，红的、白的、黄的、紫的、绿的、墨的；珠状的、针型的、管样的、绒毛的、大如碗的、小如盅的，林林总总、五光十色、绚丽多彩地扑入你的眼帘，再加上花香袭人，让人有一种身入龙宫，面对琳琅满目的宝物，有目不暇接的震撼！等到兴奋过后，心情平静，我们才得以细心观赏这些"姹紫嫣红"的菊花。菊展中多以单头的花多，平日难得见到的墨菊和绿菊，今天这里倒有不少，观众不多，以老年人为主，我们得以细细地"评头论足"。丽君恰似如鱼得水，有机会大展摄影才能，她从花的上端，垂直拍下，聚焦花心或是花头，当然，我们也少不得当她的模特儿，陪伴着菊花合影而已。

回程的路上，我们愉快地聊着，从观花到父亲种花、母亲领我们去北海看荷花灯，这些小时候的回忆，无不笼罩在双亲情爱之下。如今，我们哥俩，已近耄耋之年，每忆起双亲就愧疚不已，商量着怎样能为他们做什么才可心安一些。

我这次回国，帮助伍哥整理旧日的信件，发现二三十年来，来往信件中，有父亲的好友，有年轻的学者，多是谈及有关父亲往事，很有一些值得整理、记录的。正好，安徽池州学院的谢家顺教授在筹划出一套丛书，纪念先父辞世50周年，邀我们提供一些文字，这就鞭策着我们加快行动起来，在整理过程中，慢慢读着这些信，心中沐浴着温暖，眼前现着父亲音容笑貌，一种幸福感油然而生。这些幸存的信札，就像被遗忘的记事珠，诉说着白云苍狗、荆棘铜驼的变幻，粒粒晶莹。

张明明写于华盛顿菊韵楼

2016.12.30

附：菊赋（张恨水）

予少小飘零，饱经忧患，遭逢坎坷，赋性冲淡。固嗜物之无多，而小珍之是玩。常采草木，杂诸书翰，自丧志之弗辞，以寄情而焉憾？浸淫滋久，穷愁为惯。当秋季之是临，正黄华之烂熳。蒐集佳种，遍植庭院。或得奇葩，先供几案。恒烛照于深宵，且露探于昧旦。是何奇之未明，乃酷爱之弗断。美哉菊之为姿也。缀苍枝而欲翔，叠修瓣而固散。若仙子之飘飘，胜文雄之侃侃。涂丹以不华，染金珠而无汗。翠羽纷披，叶古老而不妖；遗茎挺秀，枝曲屈以傲岸。恍若有香，玩则稍感。其素魄之无痕，唯幽人之是伴。乃若古墙月上，花在人前；虚牖月晶，影横书畔。翩羽蝶栖，疏鸽鹤按。栩栩欲飞，亭亭生盼。又复细雨重阳，无人小院。闲阶木落，舞莴巾之数条；紫胆瓶寒，飞白燕之双剪。俗态尽除，幽情可贯。羡东篱之依依，正西风之帘卷。时值酒阑灯炧，诗意方兴；鬓影衣光，魂今欲唤矣。亦有钟鸣鼎食之家，环肥燕瘦之眷。列锦成行，持螯把盏。多买胭脂，奴视绫绢。朱阑绮户，纷纷杂陈；金碗玉盆，多多益善。酒肉之具，使秋气为之不芳；珍宝之宣，逼秋光为之转暗。附庸风雅，势同冰炭。未免山鬼笑人，不亦名花色变哉？仆尝濡毫展纸，对影成图；扫地焚香，叠枝为幔。蘧帘纸阁，择秀淡者数枝；明月轻风，耗光阴之一半。徘徊不已，若有所思；俯仰其间，几忘离乱。觉人世之渺茫，爱此花之璀璨。畴风霜而不衰，况鬓毛之屡换！顾金粉之骄人，惧冠盖之莽汉。止争食之何日兮，对孤芳之微粲。又秋风之一年，遂废书而三叹。

（原载 1947.11.16 北平《新民报》）

张伍附识：先父曾说，写小说是业余爱好，要研究的学问是中国历史，要穷经皓首努力学习的是古典辞章，要做的事业是新闻从业者。所以他对诗词歌赋下过苦功，一生探究，可说是无一不精，无一不好。诗词之作，数千首之多，难以搜集齐全，而赋却发表甚少，今选录《菊赋》一首，以飨读者。

履痕旧影

张伍、张明明　二〇一二年三月二十六日

话说潜山

北地春迟，虽说是农历四月，但北京仍然春意盎然，倘若不见芍药盛开，丁香飘芳，怎知这春色深几许？尤其是胡同里高大的槐树，缀挂着串串的白色花穗，微风过处，散发出一股袭人的清芬，这不是那种让人产生醉意的浓香，而是若有若无，飘散在空气中，需要用心去感受的焚檀般的氤氲之气。然而在江南，却已是"春到荼蘼花事了"的初夏了。

就在长江两岸"绿了芭蕉，红了樱桃"之际，2011年农历四月二十四日（公历5月18日），是先父一百一十六岁诞辰纪念，伍、明明兄妹二人约定各自从北京、美国的弗吉尼亚州出发，在安徽安庆聚会，做一次追寻先父少年生活和读书的足迹之旅，我们怀着无比虔诚的心，来了却这个多年的夙愿，因而我们把此次远行称作"朝圣之旅"！

先父是潜山市人，由安徽省安庆市管辖，此处尚有怀宁、桐城、太湖、宿松、望江五县，均属安庆辖治，都是山清水秀、文风极盛的地方，人称"潜、桐、怀、太、宿、望"，现在又增添枞阳县和岳西县。父亲非常热爱自己的家乡，他一生虽然走遍了全国东西南北，但他在自己作品前署名时，总不忘写上"潜山张恨水述"。"述"自然是遵照孔夫子教诲，"述而不作"，加上"潜山"则是不忘故园之意。潜山县是皖河的上游，大自然的鬼斧神工，把潜山雕琢得空灵奇秀、壮丽伟拔，处处修竹翠篁，古树参天，河渠纵横，溪水潺湲，在叠嶂层峦，万山群岭之中，一峰突起，如剑刺云霄，又似擎天石柱，山腰间烟霞缥缈，似彩带环绕，在雄奇峭拔之间，又平添几分妩媚，这就是被明诗赞之为"天下有奇观，争似此山好"的古南岳"天柱山"！天柱山古称霍山、潜山，后称皖山、皖公山、万岁山，乡亲们则俗称"万山"。天柱山在古代就享有盛名，山名始见于《史记》，因山的主峰深藏群山之中，峰呈尖形，故曰"潜"，称"潜山"，秦始皇曾来此巡狩，汉武帝南巡，亲临皖山设台，封天柱山为南岳。天柱自古就是文人诗人寻幽探胜之地，李白、白居易、王安石、苏东坡、黄庭坚等，都为天柱山诡谲神异的奇景惊叹叫绝，纷纷留下诗句，李白赞曰："奇峰出奇云，秀木含秀气。青冥皖公山，巉绝称人意。"白居易则说："天柱一峰擎日月，洞门千仞锁云雷。"潜山如此的壮美，父亲热爱它自然是事出有因了。正因如此，父亲有几个笔名，表达了他对家乡炽热的感情，如"我亦潜山人""天柱山下人""天柱峰旧客"等。虽然如此，但也有一事，使父亲深感遗憾，那就是我们邻县则是鼎鼎大名的"桐城"！安庆地区历来就是人文荟萃、人才辈出之地，桐城县尤甚，自方苞、姚鼐等创立"桐城派"，统治文坛达二百年之久，天下文章，无不宗法桐城，而张英、张廷玉父子，双双入阁，两代宰相前后调和鼎鼐，成为士林佳话，令人称羡不已。因此，潜山人总有些抬不起头的感觉。加之有些人讥讽潜山专出不通的冬烘，父亲年轻时年少气盛，查史书看方志，总想找出点依据，来为本县扬眉吐气，但是他查遍了史书，也丝毫找不出一点感动天地的事由，来与桐城抗衡。在他翻遍了志书的情况下，不料想却在民间找到了可以为家乡争荣光的依据。为此，他在1929年12月27日在北平《世界日报》副刊《明珠》发表了一篇文章：

18岁的张恨水

潜山县秀才

——一辈子不发达

"潜山县的秀才，一世不发达！"这是三十年前，安徽读书士子的一句话，当他们无可奈何，要取信于人的时候，就把这句话来起誓。由此，我们知道安徽潜山县的文风（其实也是官运），是不大高明的了。据说：前清三百年，未曾点过一个翰林。就是再追溯上去，也未曾出过什么伟大人物，在历史上很不容易找着一个挂潜山县的名人，在我二十岁以前，少年好胜之际，曾把一部潜山县志，背个滚瓜烂熟，以为我终不甘"数典而忘祖"，要沙里淘金，找出一个人来。然而结果只是失望。

我为什么这样热心替潜山县人争气，说起来倒是有点羞答答的。因为我若有一天做到了刘邦，那些潜山佬，却是我的"丰沛故人"哩！虽然，我终于是拍案而起曰：得之矣。这或者是庄子所谓"道在屎溺"。然而我觉得"楚国无以为宝"之余，这是我有"人杰地灵"之感的。这究竟是什么？就是北京出版的《梨园外史》，"开宗明义"之下，"大老板程长庚本纪"，给我穷措大吐了一口气。原来大老板便是我的同乡。我有了大老板，较之临邑桐城人士之夸耀张家父子宰相，以及姚方古文正宗，却不相上下。

看官，你不要以为我"喜而加诸膝"的，太看重了一个戏子。我相信五百年之后，人家知道有程长庚，而不会知道衮衮诸公……

从这短短的数百言的小文中，充分表现父亲对世俗社会偏见的挑战与鄙视！在封建社会，演员是被视作"下九流"的戏子，连他们后代，都不得踏进科场的大门，是永世都不得翻身的贱民。然而在父亲的眼中，却比自许高人一等的贵胄达官，不知要高尚多少，是万世流芳的艺术家！

父亲文中所说的程长庚，是京剧的奠基人、"精忠庙庙首"（类似以后的梨园会会长）、四大徽班之一——三庆班班主，被人尊为"程大老板"，住家就在潜山西门外，京剧界至今仍都不直呼其名，所以有"前台不言更（要念成jin），后台不言梦"之说，就是为了避程大老板名讳；也有人说，京剧十三道辙缺少"庚青"韵，并非避讳，事实如何？只好说句"姑且言之，姑且听之"可也。父亲在家乡时，除了在野史、稗官查找有关潜山史料，他还在田间地头与老农闲谈，多方搜集口头传说与民间故事，他认为这些父老口中代代相传的"齐东野语"，是极其珍贵的史料文献，可以补充正史的缺失和疏漏，所以和程氏后人时有交往，对程大老板轶闻逸事，了解颇多。还有国剧宗师、被人誉为"民国三大贤"的杨派创始人杨小楼先生，也是潜山人（另两贤为梅兰芳、余叔岩）。说起杨先生，还有一个颇为有趣的小插曲：

伍在中国戏曲学校就读时，著名的京剧武生表演艺术家和戏曲教育家傅德威先生一次对伍说："杨小楼先生1934年在中山公园水榭收我为徒的仪式，令尊曾光临参加！"我感到非常奇怪，回到家问父亲，父亲说："有这回事，杨小楼是咱们潜山同乡。"而且父亲还曾用"我亦潜山人"的笔名写了一篇文章，专门谈杨先生收徒的事，发表在1935年《南京人报》副刊《南华经》上：

杨小楼系安徽潜山人

潜山出伶人子孙均为燕籍

三十六把黄龙伞尽上舞台

夜深得老客电话，询以曾观刘宗杨剧否？谓其绝似外祖，不仅扮相云尔也。因此，乃忆及杨小楼矣。杨，安徽潜山人，去岁与其收徒时，晤于中央公园水榭，问及籍贯，杨云：家在王家河不远，但生平未回故里耳。因大喜，谓不期于此得见名同乡。意颇欲有所请益。顾杨有嗜好，老而弥笃，拜师之席未终，即匆匆去。愚在平将二十年，甚少入梨园子弟人家，遂未复晤。

愚尝有一闲章，文曰程大老板同乡。长庚盖亦潜山人也。唯其后人有两支，一作官，今讳言程后，潜山别作泉山。官果贵于伶伕？予深鄙其陋。一仍习伶业，名小生程继仙，即长庚之孙也。程家在潜山西门外，在乡时，与其后人不无往返，对大老板掌故，颇知一二，他日当详论之。至杨小楼，予一向认为系怀宁石牌人，恒少注意其家珍。今既至为同乡，他日回故里，或可访得其父一二逸事也（小楼之父曰月楼，与程齐名）。

昔有观潜山风水者，谓该县出三十六把黄龙伞。但龙气不足，将流于亚。于是至清中叶，业伶者群起。戏台上故多帝王，潜山之黄龙伞，遂尽走上戏台。达者曰：五代干戈小戏场。真假帝王，久暂之分耳，何憾焉？此事故迷信不足道，然颇趣，附录于此。据旧京潜山人调查，昔四大徽班北上，伶人十之八九为安徽籍，潜山人尤多。百年来，其子孙流寓北平，因职业所系不能归，最近一代，则多入燕籍，盖数典而忘祖矣。

此外，潜山籍的著名京剧演员还有"同光十三绝"人称"郝老旦"的郝兰田。

为此父亲刻了两方闲章：

　　其一曰，一世不发达的潜山人
　　其二曰，程大老板同乡

　　张伍是从事京剧剧本创作和史料研究工作的，能够和程大老板为同乡，荣莫大焉！

　　有意思的是，2011年的农历4月24日，明明从美国弗吉尼亚州受邀到安徽合肥市，举办"龙在天涯"华府华裔书画家十人展。同时，安徽池州学院也为纪念父亲一百一十六年诞辰举行了"新时期张恨水研究国际学术研讨会"，明明赶往池州，到会聆听各位学者的发言，共襄盛举，为我们的"朝圣之旅"增添了一抹绚丽色彩，预示此行将会收获丰盛，受益良多！

江城安庆

　　在叙说安庆一行之前，先要简单地介绍一下安徽省。安徽春秋时是皖国所在地，故简称皖，位于华东的西北部，跨长江、淮河两大流域，清康熙时置安徽省，以安庆、徽州两府首字得名。安徽省可谓得天独厚，由于我国地理、地貌的特点，在陆地上以秦岭为界，在河流上以淮河为界，淮河干流就是我国南、北方的地理界线。淮河以南为亚热带湿润季风气候，以北则为暖温带半湿润季风气候，淮南系水稻产区，水牛耕种，淮北则是小麦产区，黄牛耕种，淮河以北各河冬季封冻，淮河以南各河则冬季不封冻，所以淮河是我国河流封冻的南界。因而安徽省兼备南北方特点，四季分明，不冷不热，山川秀美，人杰地灵，既有南方的河流纵横，水网密布，青山飞瀑，篁木森森，也有北方的一望无垠的绿野平畴，麦浪起伏，菜花泛金，真是南北迥异，福地洞天！

由于安徽省横跨南北，淮河、长江横贯东西，因而安徽人既有北方人的豪爽开朗，又有南方人的精明细密，所谓温柔与敦厚，融合在一起，形成了安徽人独有的性格特点。

常言说，一方水土养一方人，此言不虚，由于长江、淮河两条母亲河的哺育，不仅长江两岸和淮河两岸风物迥异，植被不同，民情风俗也完全两样，更有意思的是，淮河两岸盛产酒，如亳州古井贡酒、淮北口子窖酒，都是酒中佳酿，蜚声海内外；而长江两岸盛产茶，像黄山毛峰、太平猴魁、祁红、屯绿、六安瓜片、天柱银曲，都是驰名世界的茶中极品，因此淮河流域被称作"酒文化"，长江流域被称作"茶文化"。酒的醇厚甘冽，使人饮后飘然欲仙、遐思玄幻，因此，在酒文化的哺育下，产生了许多思想深邃、逻辑严谨、哲理精深和运筹帷幄、决胜千里的哲圣和军事家，像老子、庄周、曹操、朱元璋等。而茶的清香芬芳，使人品后，在淡淡的苦涩中，回味到津津甘甜，咀嚼到一种复杂的人生之味，让人油然生出一种含蓄而又浪漫的情怀，所以在"茶文化"的熏陶孕养下，产生了许多隽永深沉、温柔敦厚、情感丰富的文学家和艺术家，像方苞、姚鼐、张英、张廷玉、陈独秀、胡适、张恨水、程长庚、杨小楼、黄宾虹等文学巨匠和艺术大师。

长江岸边的安庆市，就是典型"茶文化"养育下的古城，宋时置安庆府，历代袭之，建城至今已有1700余年，民国时成为安徽省会，二十世纪四十年代，迁省会于合肥。据说古人曾望这里赞叹："此地宜建城"，所以安庆又名"宜城"。

安庆是个临江而立的中等城市，四季分明，不冷不热，有山有水，美丽安详，民风淳朴，历史悠久，文风极盛，自古至今，都以读书为荣，大街小巷随处都可听到琅琅的读书声，历来都是人才辈出之地，直到现在，安庆地区仍居安徽省高考录取之冠。抗日胜利后，母亲曾带我们在安庆住了一年。我家租赁的房子，房东姓焦，是学建筑工程，房子是他自己设计的，是一幢两层楼三开门的西式建筑，在当时的安庆市里，算是很不错的房子了。楼前有一片广场，楼边有一眼古井，也许是挨着长江的缘故，井水清冽甘甜，很好喝而且没有水碱，离水井处有一泓池塘，塘四周环布杨柳，鸭群在塘中追逐嬉戏，偶尔也会有一两只白鹅混迹其中，白羽红掌轻划绿波，虽然没有鹤立鸡群那样形单影只，但是"鹅戏群鸭"，却也醒目有趣。塘边井旁，常是张伍和两个哥哥及焦家和我们年龄相仿的两个男孩子弹玻璃球、扔铜板的地方。

至今我们还记得，抗战胜利后，我们历经车船辛苦，风餐露宿，父亲带领我们回家的情景：当轮船靠近码头，岸边聚集了欢迎我们的亲友，安庆文化界自发地组织了欢迎队伍，打着红布横幅，上写"欢迎张恨水先生胜利还乡"。

在一番寒暄后，父亲、母亲在亲友的簇拥下，急不可待登上人力车，向居住地小东门飞驰而去。离目的地还有100米远的地方，父亲看见了站在二楼凉台上向来处张望的祖母，只见他跳下车，急步向前，一个五十岁的老者，做出了一个令人惊世骇俗、目瞪口呆的举动，只见他"推金山，倒玉柱"轰然跪下，泪流满面地匍匐在泥土地上，这重重沉沉的一跪，胜过了千言万语的倾诉，这重重沉沉的一跪，融解了日思夜想的郁结，这重重沉沉的一跪，表达了自己八年来忠孝不能两全的愧疚与无奈……

事后父亲曾有句云：

八载回来喜欲狂，夕阳楼下置归装。

凭栏遥见慈亲立，拜倒风沙大道旁。

飞步登楼一笑盈，座前再拜叙离情。

八年辛苦吾何恨？又听慈亲唤小名。

　　这一个感人的情景，深深刻印在我们兄妹的心际，事隔近70年，还会常常提起它。

　　集中戏曲之大成和精华的京戏，在1949年之前，是被称作"国剧"的，她和中国书画、中国医药、中国武术并称为中华"四大国宝"！很多人都知道京剧的前身是"徽剧"，而且望文生义地认为徽剧诞生徽州，错矣！徽剧不是诞生于徽州，而是生于安庆，早在清乾隆六十年成书的李斗所著《扬州画舫录》就说"安庆有以二黄调来者"以及"安庆色艺最优，盖于本地乱弹，故本地乱弹间有聘之入班

1946年兄妹五人在安庆

者"。清道光诗人杨静亭在《都门杂咏·黄腔》竹枝词中云：

> 时尚黄腔喊似雷，当年昆弋话无媒。
>
> 而今特重余三胜，年少争传张二奎。

余三胜、张二奎都是当时著名的京剧老生演员，"二黄"则是京剧主要的唱腔调式，在清光绪之前，尚无"京剧"之名，而以"二黄班"或"皮黄班"称之，直至二十世纪三十年代，北京人还称京剧和河北梆子两剧合班演出为"二黄、梆子两下锅"。因此京剧孕胎于安庆，诞生于北京，所以著名的戏剧家马彦祥先生说："京剧并不姓'京'，而应当姓'徽'。"

还有一个有着浓郁地方色彩的"黄梅戏"，以其优美的腔调和自然亲和的生活气息，受到广大观众的欢迎，让全国大地各个地方都嗅到了安庆地区独特的泥土芳香。有意思的是，同样都源于安庆，黄梅戏和京剧恰恰相反，她是孕胎于湖北黄梅，诞生于安徽安庆，在这方水土的哺育下，她成为地道的具有安庆特色的地方戏，她的剧目、演员、道白、唱词无不带有安庆特色的色彩。

安庆是我们兄妹旧游之地，几十年后再来，城市完全变了样，显得非常陌生，物不是，人亦非，犹如隔世，只有江边的大树依然，看着滚滚东去的江水，心里不禁涌起了"树犹如此，人何以堪"的感慨。4月27日，我们一行四人来到父亲曾住过的元宁巷，安庆市电视台、安庆报社负责人及"安庆皖江文化研究会"副会长张健初先生早已等候在路口。张先生是安庆地方文化老专家，研究成果丰硕，在专著中详尽地介绍了安庆的街道、古宅、历史沿革和民情风俗，对安庆的一切都了如指掌，如数家珍，有他热心做向导，受益良多。元宁巷是一条狭窄的小巷，在进巷口不远处，伸出了半间屋子的旧房子，几阶石台上，两扇木门在铁栏杆里深深锁闭，门旁有框，里面写着"张恨水故居旧址"几个大字，隔壁上颜色斑驳，看不出是黄还是灰，上下深浅不同，还有白粉涂鸦像是抽象派的不知所云图形，倒是都统一在黄灰的色调里。当时，我们都有些错愕，看着这"故居"，似乎和我们儿时记忆有很大的不同，难道这就是战前买的房子？张健初先生似乎看出了我们的狐疑，他笑着向我们指出："关于元宁巷故居，只是一个象征性的小牌牌，既不是故居，也不是故居的一部分，原有的房子，已经拆毁了，只是表示，这个地方是故居的旧址，仅此而已。""抗日战争爆发，作家张恨水避乱来此，曾在元宁巷置下一处房产，短暂地住过三五天，日后战争吃紧，又携家西上。十多年后，作家再次回宜，就在元宁巷寓所写下了《春日绵绵话安庆》，表现了对故乡的深情。"张先生的一番话，令我们释然，原来如此。1955年父亲大病初愈，自己感觉康复得很好，于是回安徽之心萌然而生。他原来想和母亲一起去，但是家里孩子多，家务事又纷杂，必需母亲料理操持，不能同行。母亲为父亲打理好行装，父亲便兴匆匆只身上路了。

到了合肥，父亲住在和他感情深厚的堂兄东野大伯家里，老哥俩阔别多年，在高兴之余，不免感慨系之，所谓江山依旧，人却老矣！巧的是，在合肥，正赶上父亲60岁整寿，恰恰一个花甲。东野大伯为他举行家宴祝嘏，不请外人，只是家人欢聚，阖家举觞，庆贺这难得的寿诞，父亲是滴酒不饮的人，这天非常高兴，也浮了一大白，事后父亲曾有诗志之：

南下杂感（三首）

乙未六十只身南下，路过合肥。在东野兄处过旧历四月廿四，予生日也。回来，六月初一因补记之。

遍传六十忽然来，单影孤征笑口开。
尚有老兄将弟唤，且由阿侄背人猜。
因缘乱植相思豆，文字难成锦绣堆。
淡泊不多春意在，窗前几朵是残梅。

六十年前是此天，举家拍手笑窗边。
像龙伏浪云何淡，如月追弓影不圆。
南下青山安寓好，北来白手暮烟连。
回头无限缠绵意，一幅沧波梦里缘。

卅年前发陇头枝，偏觉东风得意吹。
浪写官僚牛马走，眼看金粉夕阳时。
偷生病愈方辞药，伴读兴来偶作诗。
若问衰翁老去意，化云孤鹤或相知。

诗中的"牛马走"和"金粉"，是父亲所著的小说名，《牛马走》写于二十世纪四十年代初，是父亲的重要力作，连载于1941年5月2日至1945年11月3日的重庆《新民报》上，"牛马走"三字取自《汉书·司马迁传》，注："走，犹仆也。"父亲巧妙地借用这一典故，把抗日中期，日机偷袭珍珠港前后，大后方的"前方吃紧，后方紧吃"，达官巨贾，酒肉征逐，劳动人民像牛马般的生活，生动形象地描摹了陪都重庆浓雾中林林总总的众生相！小说刚一发表，就引起了读者强烈的共鸣，不胫而走，成了重庆《新民报》吸引读者的一张王牌。"眼看金粉夕阳时"之句，是指父亲得意之作，被文学史家誉为"民国红楼梦"的《金粉世家》，此书是一部洋洋洒洒的百万言巨著，从1927年2月14日在北京《世界日报》副刊《明珠》连载，直到1932年5月22日载完，历时5年多，由上海世界书局出版精本2函12册。如果说《春明外史》一炮走红，把父亲引进了文学殿堂，那么《金粉世家》则使父亲坐上了文学殿堂的金交椅上。此书一发表就引起了巨大的轰动，读者当中竟出现了"金粉世家迷"。北京的评书艺人还把它改编为评书，不仅在茶社说书，而且还在广播电台播讲，现代题材的小说被改编为评书，《金粉世家》是始作先河的第一次，不仅如此，还有好事者，居然作了《金粉世家续集》，自然是节外生枝的事了。

《金粉世家》自发表以来，至今已近九十个年头了，随着岁月的消逝，非但没有被读者淡忘，反而越来越热，始终是父亲的畅销书之一，一版再版，已不知出版几百版。就是进入二十一世纪以来，十年之间也被三十多家出版，有时甚至是三四家出版社同时出版，可见《金粉世家》在九十年间，始终热度未减。有意思的是，这一书名本是父亲自撰的，但是我却看到一粉丝厂拿它来做商标，上海还有一家颇有名气的制衣公司，品牌的名字也叫"金粉世家"。不仅如此，二十世纪四十年代，被改编成电影，由周曼华主演。香港也拍过粤语片，好像是吴楚帆主演。二十世纪九十年代，香港"亚视"曾把《金粉世家》改编为几十集的电视连续剧，主演是汪明荃，易名为《京华春梦》，译为普通话后，在全国各地播映。2003年，由董洁、陈坤、刘亦菲、徐璐等人主演的《金粉世家》电视连续剧，在中央电视台热播，受到了观众的热烈欢迎，据说创下了当年最高收视率。而今年（2011年）又有一家影视公司和我们正式签约，将把《金粉世家》再度拍成电影和电视剧。

父亲在合肥过完了生日，辞别了东野大伯，便兴冲冲赶往安庆，当他踏上了夜梦萦回，"为伊消得人憔悴"的故乡，真是百感交集，感慨系之，阔别十年，前度"张郎"今又来，天还是那样蓝，水还是那样绿，乡音还是那样撩人心弦，城墙还是那样斑驳，振风塔檐下的铁马还是那样迎风叮铃……然而物是人非，斗转星移，他也变成大病刚愈的老者，所谓江水东去，逝者如斯。当迎接父亲的大姑看到父亲行动不便的样子，扑上去喊了一声："大哥……"便哽咽着说不下去了。

父亲在安庆的日子，便住在元宁巷的房子里，所以伍、明明，站在这故址的面前，想到父亲和大姑一家欢聚的情景，似乎传来了父亲那特有的"响喉咙笑声"，泪水湿润了我们的眼睛。

父亲虽然在安庆只住了十几天，所谓匆匆而来，匆匆而去，尽管是蜻蜓点水般的一掠而过，然而这究竟是他幼时"省城"，梦回萦绕的地方，所以他虽然去了很多地方，足迹踏遍了各个角落，而且把这些游踪和观感，形容于笔墨，在他写的《京沪旅行杂志》中，有多篇关于安庆的文章，计有：《安庆新貌》《迎江寺塔》《黄梅戏》《菱湖公园》等，这些散文都发表在1955年9月10日至14日的香港《大公报》上，此外还写了《春日绵绵话安庆》，发表在1955年《安庆报》。这些文章成了珍贵的资料，为我们留下了他最后在故乡游踪的足迹，除了和亲友欢聚外，他去看了迎江寺大塔，

安庆迎江寺

看到修旧如旧、完好屹立的振风塔，父亲非常高兴了，顺便去看了迎江寺的方丈月海，原来父亲和他也是旧相识了，抗战前，父亲曾一度潜山小住，那时月海禅师是野人寨"三祖寺"的方丈，此番相见，应该是旧雨重逢了，自有一番阔别话旧。

说起振风塔，我们还想起了一则趣闻。1946年，抗战胜利后，母亲曾带我们在安庆小住了一年，闲时两个家兄常常带张伍和我们年龄相仿的房东儿子焦家兄弟去振风塔玩，而且是每次去必要登顶。记得有个小伙伴，爬到四层以后，因为是塔身外的檐内，吓得趴在地上，手脚并用地爬上七层塔顶。在塔顶极目远眺，因为当时的七级之塔是安庆城最高处，全城街巷房屋田舍一览无余，江水滚滚，芦苇丛丛，秋天北雁南飞，群鸣叫着飞入江水河流处，虽然那时是孩提时代，也有一种念天地之悠悠的历史沧桑感和对自然的敬畏之感！有一次我们在塔顶内发现了"大江东去"四个字，且题名"张恨水书"赫然在目，且是墨迹未干，我们不免都忍俊不禁，因为此时父亲早已远在数千里之外的北平，所以二家兄说了句耐人寻味的话："冒充别人的名字，又写了句人人耳熟能详的成语，他是图着什么？"

父亲在安庆住了一星期左右，便乘船去往上海，这是他最后在家乡的岁月，父亲可能没有想到，此一别，便再也没有踏上故土，也再也没有喝过长江水……

承蒙张健初先生和安庆电视台的朋友，带我们去寻访小东门和我们曾住过的焦家小楼，几十年未到，明明且是六十五年之后再来，心中自然是百感交集。昔年我们在城墙上放风筝的小东门，已踪影全无，变成了高楼林立的闹市区；焦家的二层三门小楼，也变为五层高的居民楼；那一泓绿波的池塘，变成了高楼的楼基。往日树影婆娑，鹅群嬉水，妇女捣衣洗菜的嘻嘻笑声，似乎仍在耳边回荡，往日半城半乡的园林风光，已成为喧嚣的闹市，在五味杂陈的感触中，还糅杂着一种若有所失的怅然！

在热心的安庆朋友的指引下，我们去拜访六十五年前童年玩伴焦鹩兄一家。我们走进门洞，沿楼梯而上，楼道里边边角角铺着一层铜板厚的尘土、烟头和纸屑，似乎没有人打扫这楼道，虽然印象不佳，但这里是焦家小楼原址，又可以见到一别一个甲子的总角之交，还是异常兴奋，焦君夫妇在家里等候我们多时了。焦家虽然陈设不豪华，倒是窗明几净，颇是不俗，焦兄伉俪也都是双鬓斑白的老人了，都是退休的中学教师。在谈笑中，得知焦兄的令尊是建筑工程师，当年的安庆市地图便是焦老先生绘制的。焦鹣兄昆仲四人，他排行老三，老四焦鹩和我们最熟，只比伍小一岁，二十世纪五十年代，考进北京中央音乐学院钢琴系专业，六十年代初，明明还和他学过钢琴，他也多次来砖塔胡同的家中来玩。巧的是伍曾和焦鹩君在一个大院里工作。在史无前例的"文革"中，伍所在的单位，原中国京剧院强占了被迫解散的"中国人民解放军艺术学院"院址，二十世纪八十年代初，"军艺"重新恢复，而中国京剧院应该搬迁，在没有找到新址之前，两个单位暂时共处一院。一次伍在院内散步，突然和焦鹩"甬路相逢"，而且是经过"文革"之后，我们都在"臭老九"之列，早已失去音讯，所谓"生死未卜"，蓦地邂逅，全都怔住了，如是半晌，才醒悟过来，不约而同地说了句："你还活着哪！"自从中国京剧院搬出后，由于北京城变化太大，路途又远，相见日疏，退休后，均年老多病，这才又一次音信不知。在和焦鹩君聊过天后，他便带我们去后街看一看残留下的旧时痕迹。楼房的后面有一条窄街，街旁是遗留下的后院围墙，围墙还连着两三截横的断墙，地下杂草丛生。焦君对我们说："原来这是你家的厨房，隔壁是你家的小院子。"面对断壁残垣，面对已成衰翁的故人，斯情斯景，无言以对，无限感慨，只在默默相视中。

中国有句人人皆知的话，如果离开故土，奔走他方，叫"背井离乡"，可知"井"在中国人心中有多么重要。井水不仅是那时生

张恨水故居旧址

焦家楼房屋基还侥幸存在

活中须臾不可缺的重要资源，而且是我们家园故乡的标志，当一个人异乡作客孤寂无聊之际，思乡之情便油然而生，而在脑际中浮现出的家乡情景，便总会浮现出家乡的那口"井"。井边打水，是每天必需的工作，自然也就在打水之余，朋友、邻居打着招呼，互相闲聊，说说张家长、李家短，赵钱孙李相互交换情报和信息，自然也增进了彼此的友谊和感情，孩子们也喜欢在井边嬉戏玩耍。我们自然会想到那口清洌甘甜的水井，便问焦君："那口井在什么位置？"焦君指了指楼前一角："在这个地方。"我们看见的是坚硬不平整的土地。能说什么呢？六十五年过去了，恍如隔世。

张伍曾在小东门附近三个小学读书，其中一个在教堂附近，小学虽然已不见踪迹，但是教堂还在。张伍指着小巷深处露出的教堂屋顶，对明明说："我在这里读过一两月的小学，因为是教会学校，星期五要做礼拜，除掉学习国文、算数等功课，还要听圣经故事，回到家总爱讲亚当、夏娃、耶稣、圣母的故事。二水兄怕我年幼无知，受宗教影响，当以为真，便让我转了学。至今我仍然感谢他的当机立断。"从这个教会学校退学后，转入到当时在安庆很有名的公立小学，这个学校的名称和地址已完全忘记，但是在这个学校学的一首儿童歌曲印象很深，虽过去了六十余年，但还依稀记得，便不禁轻轻哼起了那首童年歌曲："树上小鸟啼，江畔帆影移……"

父亲在安庆时，曾多次游览名胜"大观亭"。清末民初，大观亭景区是"皖省第一名盛之地"，被称为省会绝妙江山。父亲的名作《现代青年》，作于1934年，原名《青年时代》，与《黄金时代》（后易名《似水流年》）、《过渡时代》并称为"张恨水三大时代"，《现代青年》被多次改编为电影和电视剧，父亲在此书中

是这样描述大观亭的:

> 走完了这条街,到大观亭来。这里原没有什么花木园林之胜,只是土台上,一座四面轩敞的高阁。不过在这里凭着栏杆远望扬子江波浪滚滚,恰在面前一曲,向东西两头看去,白色的长江,和圆罩似的天空,上下相接;水的头,就是天的脚;远远地飘着两三风帆,和一缕缕轮船上冒出来的黑烟,却都看不见船在哪里,只是风吹着浪头,翻了雪白的花,一个一个,由近推远,以至于不见。再看对面,黑影一线,便是荒洲;那荒洲上,在天脚下,冒起几枝树,若隐若现。计春究竟念过几年线装书,肚子里不免有些中国墨水,他靠了栏杆,赞叹着一声道:"真是洋洋大观。大观亭这个名字,取得不错。"菊芬也是靠了栏杆站着,她倒没有注意着计春看的那些,只是江面风浪里,一群白色的长翅膀鸟,三个一群,五个一群,有时飞起来,让风倒吹着;有时落在水上,在浪上飘着,随上随下,看得正是有趣。

美哉,大观亭!父亲那枝生花妙笔,把大观亭的水、天、帆、鸟描绘得多么灵动,多么空幻,又是多么壮阔,把洋洋大观景色,像画卷般的展现给读者,令人叹为观止!有文献记载:明嘉靖四年(1525),安庆知府陆珂为缅怀元代淮南行省左丞余阙拒降红巾军,战守安庆不屈之功德,在其公祠西面清水塘附近的山丘上筑台建亭。亭成后蔚为大观,陆珂睹物生情,于是命名"大观亭"。

张健初先生及安庆电视台的朋友热心向导,带我们来向往已久的大观亭，所以伍和明明都显得有些亟不可待的兴奋。车子在一条古旧的街道上停下，我们步行上坡进入一条土路，路端是个门，门侧有个牌子，上书"大观亭旧址"。这是安庆的高地，筑有自杀身亡的守城元代将领余阙墓。然而在我们眼前看到的，却是荒草土丘，残砖破墙，几个居民模样的人坐在土堆旁。真是白云苍狗，世事变迁，往日的洋洋大观，变成蔓草丛生，破败荒凉，"荆棘铜驼"，此之谓也。然而知情者告诉我们：1938 年，安庆沦陷，曾两次重建的大观亭成了日军飞机轰炸的主要目标，到抗日战争结束，整个大观亭景区只剩下一些断壁残垣。原来如此，这是战争留下的遗迹，也是日军暴行的见证。张健初先生曾在专著中撰文说："安庆是长江边一条受伤的龙，城东的龙头振风塔，傲然屹立，有盛气凌人的王者风范，但城西龙尾大观亭却伤痕累累，一直有一种忍辱负重的压抑。"

当我们站在大观亭的门口，向长江望去，江水东去，逝者如斯，望着烟波浩渺的江水，想象近百年前的父亲，是怎样感受着长江滋润着他的文思和情怀。

我们一行从大观亭出来后，又来到一条隐于田畴中的小河。说它是小河，因为走近之后，还能看见河旁停着木船，竹篙插在水中，河水只剩在断续的浅洼中，河床里东一片西一块地种了菜，也长着草，还有零零落落干枯的芦苇，一片萧瑟的景象，可见南方也干旱多月了。电视台的朋友告诉我们："这里是皖河。"原来这就是安庆地区的母亲河，就是用它的乳汁，哺育出了皖文化，伍不禁说了声："侥幸。终于看到你了！"横跨河床，有一条小木桥，伍和明明站在桥上，极力远眺，望着伸入天际的上游，那里是潜山。我们深情注视着皖河，整整一百年前，河水涨满了河床，碧水蓝

安庆皖河：父亲从这里出发

皖河中的小舟

天，岸边垂柳依依，一叶小舟，17岁的父亲穿着长衫，站立船头，也深情地望着充满憧憬的未知世界，他从潜山出发，在这里走向了安庆，又从安庆走出了一个闻名海内外的小说巨匠张恨水！

告别了张健初先生和电视台的朋友，我们在街上闲逛，浏览安庆市容，想找一家有本地特色的小馆吃中饭，走过"胡玉美专卖店"，他家的豆瓣酱在安徽可是大名鼎鼎，是家家必备的佐餐品。我们童年在安庆生活时，对他家的辣酱是情有独钟，很自然踅了进去，明明走在各种瓶瓶罐罐前，拿起来仔细看，把手上的东西放下，双手伸到深处，取出一盒三瓶味道的酱。在付钱时，伍问起老板娘为什么在北京买不到了？老板娘快人快语："我们是专卖店啦，不给别的店卖。"伍提了三罐新买的酱，心情甚好地对明明说："这可是胡玉美专卖店的真货，回去送你嫂子，让她这个地道的北京人，尝尝地道的安徽豆瓣酱。"

晚上我们去迎江寺吃闻名江南的素菜，伍在六十五年前吃过一次，再次光临，大有故友重逢的感慨与兴奋。坐在饭店临窗的桌子旁，望着窗外马路上来来往往的行人车辆，马路对面的江边有一高墙，墙上筑有丈余宽的人行道，隔不远就修个亭，供市民到这里散步，远眺长江，饭店另一侧就是振风塔。伍对明明说："母亲到过这里来吃素菜，她老人家怎会想到我们兄妹今天结伴而来，在同一个馆子吃素菜？"

饭后，我们下了台阶，出了迎江寺的门，在街上漫步，想象着父亲曾走过的路，心里涌出了一股温暖而亲切、似曾相识的感觉。这里的街够宽敞，也还干净，我们过了马路，上了沿江的高墙，走走停停，看着暮色中的长江，苍茫一片，船和对岸都掩在水汽氤氲中，此情此景，让我们无限思念天国的母亲。从高墙的另一边走下来，江边又是另一番景象，宽宽的砖地，排着许多长凳，老人带着孙儿，小伙儿和姑娘手拉着手，牵着小狗在这里悠游。岸边绿柳低垂，掩映着画舫酒楼，檐下垂着串串红灯，想必夜晚也有别样风景。

蒙安庆师范学院友人招待，晚上我们兄妹和谢家顺教授、金君去看黄梅戏。剧院是"黄梅戏会馆"，在安庆的闹市中。高台阶之上是一外观传统式的新建筑，里面装修也像旧时老戏院，上下两层。木制的栏杆、廊柱都中规中矩，合乎比例，看着舒服，舞台宽敞，配上精美的装潢，整个剧场典雅宜人，古色古香，但是设备却是先进的现代化电器材。楼上是包厢，楼下中间摆十多张长方桌，桌边排了四把椅子，桌上排列着盘、碟，盘里是各色新鲜水果，碟里盛着糖果、瓜子、花生米和小点心，周围排列着散座。

我们的座位在一楼正中，长桌横放，面对舞台的这一面放两把椅子，两个横头各放一把椅子。我们四人落座后，有服务员过来斟茶，这是极佳的看戏位置。

演出开始了，拉开帷幕，后面有彩色天幕，不时有幻灯影片出现在大银幕上，这个剧场放在北京，也是一流的。按照习俗，很多人喜欢边品茗边嗑瓜子边欣赏演出，不过出于对演员劳动的尊重和礼貌，我们对面前的点心水果，是"原封未动"。演出没有乐队，用的是事先录制的录音伴奏，可是让我们始终弄不懂的是，为什么把音响开到了极限的大，虽说不上是轰天动地，但的的确确是"震耳欲聋"！实在不好意思中途退场，戏曲界称为"抽签儿"，是对演出的大不敬，只好耐住性子坐下去，让耳朵去接受乐声变噪声的折磨考验！不过明明大部分时间，都会用双手偷偷摁住左右耳孔，只能看字幕，一句也没法听清演员在唱什么，所以对整场演出，可说是没有一个字的品评。出现这样喧闹的噪音，我们以为是剧场工作人员的疏忽，不过看看周围观众，仍然是谈笑自若，津津有味地观看演出，也许是我们老了，跟不上潮流了吧？

陈独秀墓

在安庆的第二天清晨，明明发现随身携带的记录本不知遗落在什么地方，本上记有许多人的通讯地址和电话，又一路做了不少笔记，实在很重要。我们立即回到昨日吃中饭的"迎江菜馆"去找，没有找到，又到"胡玉美专卖店"去找，因是早上八点钟，专卖店尚未开门，便记下了大门外广告牌上的电话号码。我们一行四人，便按原计划去安庆市外，瞻仰陈独秀的陵园。

沿路牌指示，从市区拐进一条专用路，不久就到了墓园的服务区，有个展室，陈列着陈先生的生平事迹。展厅外不远的地方，是一个汉白玉的牌楼，过了牌楼，一条长长石板路直通到陈氏墓冢，迎面是一本巨大的石头做成的书，刻着他的《敬告青年》：

一、自主的而非奴隶的

二、进步的而非保守的

三、进取的而非退隐的

四、世界的而非锁国的

五、实利的而非虚文的

六、科学的而非想象的

他和胡适先生创办的《新青年》，是漫漫黑暗旧社会拂晓前的

《新青年》杂志封面碑刻

兄妹在独秀园牌楼前

陈独秀塑像

启明星，为当时进步青年必读的读物，给青年带来了"德先生"和
"赛先生"，打开了一个全新的世界和理想。

大书的后面是陈氏的塑像，另有花台、石阶等装饰。一路走，
张伍就向明明讲述从父亲和张友鸾叔那里听来的有关父亲和陈独秀
的故事：

陈公是怀宁县人，我们是潜山县人，是邻县，由于同乡之谊，
父亲和陈公是很好的朋友，他的文学根底厚，曾任北京大学文科学
长，倡导白话文，是"五四运动"之后"新文化运动"的旗手。他
的《独秀文存》，一纸风行，洛阳纸贵。陈氏始终坚持自己理想和
追求，毫不动摇。当"九一八事变"发生，陈公高呼抗日，身体力
行，口诛笔伐，投身于抗日洪流的正义斗争中，表现出了强烈的爱

国情操和高风亮节的品质！而此时在四川江津的陈公，可说是晚景寂寞，境况不佳。抗战时期，父亲任职的重庆《新民报》有三枝健笔，写出的文章和文艺作品受到广大读者的热烈欢迎和追捧，他们是张恨水、张友鸾、张慧剑，由于都姓张，所以被誉为"新民报三张"，巧的是"三张"都是安徽人，父亲是潜山人，友鸾叔是安庆人，慧剑叔是石台人，是同乡又是同行，彼此尊重，互为知己，人们常说"文人相轻"，他们是"文人相亲"，友鸾、慧剑两叔，小父亲九岁，称父亲为"恨老"大哥，说父亲对他们是"平生风义兼师友"，当然父亲也对他们尽到"老大哥"的责任和义务，不仅如此，我们三家成了父一辈，子一辈的通家之好。由于他们亲如手足的友谊，所以许多海内外媒体，把"三张"认为是亲兄弟，且是言之凿凿，这也算是报坛佳话吧！由于"三张"都是安徽人，以同乡之谊联袂去江津探望陈独秀先生。父亲对伍说："陈先生和我们聊天，只说文章不谈政治！"

　　父亲对陈独秀先生的道德文章和人格风骨，都十分感佩，在1938年至1942年，曾写过四篇有关陈公的文章。1938年陈氏没能当上国民参政，父亲为其打抱不平，写了《哀陈独秀兼及高语罕》一文，发表在同年6月22日重庆《新民报》副刊《最后关头》，文曰：

　　　　……

　　　　敢以老乡资格，告陈、高两先生曰：当参政而能有补于国当参政可也。当参政而不能补于国，抑或甚焉，则必不可当参政矣。不但此也，使不当参政而能有补于国，纵此次被选为参政，吾人亦断断然不愿二君之就聘也。虽然，以二君老战士，乃不能于同舟共济时操一把桨，亦可哀矣。

……

1942年1月20日，父亲又在他撰写的专栏《上下古今谈》发表了《念陈独老》一文。当父亲得知陈公在江津仙逝的消息，"以说不出的一种辛酸之味"，在《上下古今谈》1942年6月2日发表了《陈独秀自有千秋》，"敬以一瓣心香"，"慰陈先生在天之灵，并勉励许多孤介独特之士"。陈翁逝世一月后，父亲深感意犹未尽，于是又于1942年7月4日在《上下古今谈》专栏发表了《吊陈独秀》诗和文：

陈仲甫先生死了一月了。生前凄凉，死后也就寂寞。比之鲁迅先生死了五年，还劳动许多文豪去作起居注（自然不少"我与鲁迅"之类），真有天壤之别。我们不害政治病，也不怕人家说恭维倒霉蛋。佣书小闲，作小诗以吊之。

独秀文存绝版无？已难借作护身符。新青年派凋零尽，海外凄凉博士胡。

生死交情未足凭，文坛久不仗君登？京华无数闲桃李，掔拂唯闻段锡朋。

两儿死后亲朋尽，万里流亡姓字非。终比托翁胜一着，苍头皓首得全归。

摇落宁无庾信哀！陶潜风骨贾生才。于今不是宣和际，我惜陈东肯再来。

闭户三年作野民，安徽故旧遍江津。如何收拾残存者，还是江津姓邓人。

道德文章一笔勾，当年好友隔鸿沟。故人未必痴聋尽，
总为官阶怕出头。

右歪诗六绝，取境不高，可说是打油，但对老先生，
绝无油意。正是林黛玉说的："侬今葬花人笑痴，他年葬侬
知是谁？""吹皱一池春水"，未免"底事干卿"了。

（原载 1942 年 7 月 4 日重庆《新民报》）

诗和文可称是善颂善祷，也写尽了英雄末路，世态炎凉，令人
黯然！

陈翁生前也很关心父亲，在1979年出版的由政协安庆市委员
会资料工作组、安庆市图书馆资料室合作编写的《安庆史话》一
书中，撰文说陈独秀有一天看到张恨水（安徽人）写的长篇小说
《八十一梦》，很替张恨水的安全担忧，又幽默地说："骂别人，
不管怎么骂都可以，可别去骂'三尊大佛'。"所谓"三尊大佛"
指重庆当局最高统治者。

在这里要对高语罕先生略作介绍：

高语罕，安徽芜湖人。一生追随陈独秀，五四运动时，是芜湖
白话运动干将，彼时他写的《白话书信》，受到安徽青年和学生的
热烈欢迎，名噪一时，影响很大。抗日时，避难江津，以讲座和
写稿为生。父亲1919年在芜湖《皖江日报》当总编辑，与高先生相
识，抗战期间，又同在四川，因此互有来往。巧的是高先生与陈翁
一样，也对《八十一梦》有兴趣，知道该书出单行本，向父亲索
书，可是一直未收到，于是写诗一首，发表在1942年8月22日重庆
《新民报晚刊》：

赍索《八十一梦》寄恨水先生

江村长夏乱蝉鸣，蚊蚋欺人体欲鳞。

渴待陈酣八一梦，至今一梦也难寻。

父亲立即回了一信，刊于同日报上：

语罕先生：

读了你索书的诗，我真透着惭愧，咱们天天说别人口惠而实不至，难道自己也这样干吗？可是，我起了一千个誓，我没有冤你。那天在新民报经理室看到你的信，还有新民报二张当面（二张即张友鸾、张慧剑。张伍注），就告诉陈铭德先生，请他挂号寄送你一部书，而且我亲眼看到陈先生在书上签了字，交给文书股由收发处付邮。没想到再版已过，二版卖光，在没发行前送你的一部书，竟会没有寄到，这就怪了。怪透了！没有收到原因何在？不用问了，反正有那么一个原因吧？还是个九九八十一，罪在小弟。为什么我不自己去投邮呢？三版出书，大概至少还得半拉（此字读那，在白话信里面，读起来似乎比个字俏皮点，尊见以为如何）多月，未便请先生再等了。我家里还有一部再版书，请把你的江津地址，写信告诉我，我立刻（好像应当说原班）用快信寄书，除作小包裹之外，凭你说什么，也是白说，不寄。可是在南温泉，倒有个例外，印刷，寄快信，你想会有问题吗？我的通信地点，是南温泉，南泉新村二十七号。邮局同人，太熟了，你不爱写那么多，甚至单写南温泉三个字，也许都可把信寄到。自然，

礼多人不怪，爱详细写更好。书预备好了，就等你的回信
儿吧。这封白话书信，说不定就是五四时代，读你《白话
书信》得来的招儿（招字实当用着，从俗）你瞧，学得像
不像？热天好哇？

弟恨水敬复

1945年，是父亲五十岁华诞，"抗敌文协"和新闻界要在重庆
和成都两地为他举办"联合庆祝张恨水五十寿辰和三十年写作生
活"的活动，父亲极力反对，并计划要学"阔人"避寿南泉，盛大
的庆典这才作罢，但报纸上专刊和祝贺文章还是不少，高语罕先生
在重庆《新民报》专刊特意写了七绝一首：

小诗

恨水先生创作三十周年纪念，得小诗一首，特亲呈贵报，藉博
恨水先生一粲。诗曰：

"五四"狂飙忆未遥，"皖江"巨浪识风标。
笔锋到处成沧海，岂必钱塘始有潮？

父亲与高先生相识时，父亲在《皖江日报》办了《五四周
刊》；又在芜湖《工商日报》发表了长篇小说《皖江潮》（辛亥革
命前后，有一鼓吹推翻清朝统治的刊物《钱塘潮》十分有名，故诗
中引用此典）。

我们带着一种对前贤和父执的敬意，去拜谒了陈公墓，由于人
生地疏，又行色匆匆，仓促中，却忘了买鲜花和祭品，伍和明明深
深三躬，作为一瓣心香，遥祭陈公在天之灵！

走出陈独秀墓园，张伍触景生情，给明明讲了一则轶事：父亲在南京中山陵遇见胡适先生，就问胡氏："你是做考据的，你知道中山陵牌坊上四个字是什么吗？"胡先生答不知。父亲说："是苗文。"胡先生问："你怎么考证出来的？"父亲说："很简单，《辞源》里有。"说罢相视大笑。明明听后，也忍俊不禁，边笑边说："老爷子还挺逗！"

在墓园中，遇见一位从江西来的"准老头"游客，他有一奇特的喜好，热衷于拍摄名人墓，他走过许多名人陵园，还很得意的向我们展示他所拍得的照片，我们只好暗说一句："此公雅兴与众不同。"看到他相机里的记录，明明又想到了她的记事本，打了电话给胡玉美专卖店，店主说确实捡到一个黑皮的笔记本，不过不是在店内，是在门口的大街上。问过本上首页的名字，果然是明明的。于是大家都很高兴，我们之中最年轻的金君自告奋勇，一人驾车飞奔，取回本子，明明为了记事本的失而复得兴奋不已，在高兴之余，也为在商业浪潮下，安庆市民的古风依存，而深感欣慰！

池州的湖

大家重新上路，小金的开车经验丰富，我们都坐他的车，所以先要去池州把谢家顺教授的车子放到他家门口。

池州人口160万，面积8271平方公里。市里有闻名中外的佛教圣地九华山及"中国鹤湖"升金湖、牯牛降国家自然保护区。

谢家顺教授带我们来到一个距池州学院不远的地方，有个很大的湖——平天湖，面积要比西湖大一倍，城市一有了江河、湖泊，就有了流动的灵魂，屋舍、街道、树木、花草都有了主心骨儿，各

池州的水

兄妹行走在池州平天湖畔

自向着主心骨儿展示自己的美丽和依偎。人也显得水灵、漂亮、聪慧。我们一行漫步湖畔走一圈，清澈的湖水漂浮着菱角的叶子，一团团，一簇簇，随水波轻轻荡漾；叶下，看得见湖中水草和小鱼，有趣的是，水中鱼儿嬉戏游动身影清晰可见，吞食昆虫的唼喋声也隐约可闻。湖边垂柳和石块以及岸上盛开的花树，走在行人不多的小径上，令人心旷神怡，从湖面上拂来一阵微风，清新又含着丝丝湿润的空气，沁人心肺，让我们这些久居大城市、被水泥钢筋包围又闻惯了汽车酒精味的人，产生了一种久违的惬意感觉！就在我们觉得身心放松之时，两辆车子在我们面前不远的路边停下，在人群簇拥中，走出了经过精心装扮的新娘，跟在她后面的是新郎，小心地为她提着长长的纱裙，脸上都洋溢着幸福的笑容，再后面是摄影队，手拿照相机和各种设备，给这平静的风景增加了生趣和喜气。

本想找个临湖的饭馆，一面吃点江鱼水产，一面观湖景，岂不是两全其美，可惜的是饭馆尚在建设中，谢家顺教授领我们去他学校附近的土菜馆吃了中饭。多年没吃安庆风味菜，能够再次品尝，也是对故乡思念的一种慰藉。在菜品中，有两样菜令我们欣赏不已：一个是炒藕芽，一个是清炖土鸡。1989年，张伍去美国探亲，和明明从华盛顿驾车去南部佛罗里达旅游，一路之上都是以美国快餐果腹，不是汉堡包就是肯德基，尤其是肯德基鸡块，实在不敢恭维，吃得反了胃，一闻到农场人工喂养的鸡，就会作呕，近二十年来，很少吃鸡，几乎是"闻鸡色变"。然而在池州，谢君告诉我们这不是圈养的肉鸡，而是农民散养的，在田间地头自由觅食的土鸡，绝非肉鸡可比，明明尝了一块，告诉张伍的确好吃，这就是东北人说的"溜达鸡"，不同凡响。在他们劝说下，张伍也尝试着吃了一口，果然，鲜美无比，原来自己觅食的"溜达鸡"与人工饲养的肉鸡，味道是天壤之别，让我们长了见识，"天造自然"和"人定胜天"是不同的，还是顺应自然的好，也就是古人说的天意难违。所以这钵炖鸡，大家吃了不少，算是开了"土荤"；至于那盘只有春末夏初才有的清炒藕芽，是第一次吃到的"水乡菜"，这是我们杜撰的名字，尝试之下，四个字的专语：甜、脆、清、鲜，令伍和明明馋吻大开，可谓大快朵颐！

屯溪的画

吃过午饭，谢教授再次加入我们的行列，四人共坐一车，由金君驾车直奔东南方的屯溪。到了屯溪，已是黄昏，我们选择两年前兄妹二人住过的泰山宾馆，没想到前度张郎今又来，有些兴奋又有些感触。酒店位于新安江畔，对着有名的黄山市步行老街。我们去

徜徉在屯溪老街

那里吃饭，一定要再尝视为人间美味的徽州毛豆腐、臭鳜鱼，这回是遂了心愿，饱啖一顿。吃罢晚饭，谢、金二君自去逛街。

这里是登黄山旅客的必游之处，小街上行人熙熙攘攘热闹非常，商店酒肆，鳞次栉比，除了地方小吃、黄山特产之外，有一与众不同之处，那里没有商业街的喧嚣吵闹，而是弥漫一股淡淡的书香味道，因为小街两旁有很多售卖各种文房四宝、字画文玩、民间工艺的店铺，什么歙砚、徽墨、宣纸、毛笔，一家挨一家，一摊接一摊，让人目不暇接、流连忘返。兄妹二人虽都早已退休，因俗务缠身，忙忙碌碌，不知忙些什么，昏昏终日，这回算是"偷得浮生半日闲"了。二人悠闲地漫步，随走随停，先看见小街旁一个窄巷子，当街摆了个馄饨挑，墙角两张小桌、几把椅凳，三四位顾客正吃着热乎乎的馄饨，伍驻足不肯走了，说："这才够味，真想吃一碗，入境随俗，刚才吃太饱了，只好望挑兴叹了！"

路经一家画廊，灯光明亮，里面传来一阵丝弦之声，原来音响里播放着梅派京剧。在黄山脚下，新安江畔江南小城，能有京戏知音，我们非常奇怪，便循声而进，迎面是一屏风，上挂一幅油画《黄山图》。这条街上的画廊多数是中国字画，看见油画，我们心生好奇，就进去看仔细，油画、京剧伴奏、灯光明亮，有一种不协调的和谐。油画是刀笔并用画出来的，很有气势和味道，旁边有作者介绍：蒋一昕先生，来自澳门，是刘海粟国际艺术基金会第一任秘书长。画廊分三进，屏风后是主展厅，都是蒋先生的油画，中间有些陶瓷作品。靠里有桌椅，音响就在这里曼声播放，明明为了表现自己的京剧常识，卖弄地说："你听！还是《贵妃醉酒》呢。"我们的话惊动屋里的主人，夫妇俩很热情好客，请我们喝茶，我们就坐下来和他们聊起来，蒋先生是这画廊的主人，陶瓷是大女儿做的，小女儿在店里帮忙。蒋先生是上海人，夫人是屯溪人，蒋先生退休后，陪夫人回到娘家。二人都喜欢京戏，蒋太太的父母都酷爱京戏，让他除掉京戏别的都不允许听，不过除此之外，还可以听听昆曲。他们久住这个小城，很难碰到知音，今天和张伍大谈京戏，张伍就给他们讲了不少梨园逸事。在闲谈中，知道明明此次是到合肥开画展，原来是同行，店主人更来劲了，在聊画的过程中，蒋先生无意中说道他曾和著名女画家周炼霞先生做邻居，张伍不觉惊呼："您认识周炼霞？"蒋先生问："您知道周炼霞？"伍说："周炼霞不仅画美，人也美，郑逸梅先生说她是'金闺国士'！"蒋先生说："她的诗词写得好。"伍说："我拜读过她的诗和画，画如其人，诗也如其人，她擅画美女，因为她本身就是一幅仕女图，在女画家中，是姿容最美丽的，可谓'天生尤物'。"蒋先生说用"天生尤物"来形容她恰如其分。在不知不觉中，夜色渐深，在谈兴正浓之际，负有保护之责的金君，打电话催我们回酒店休息，明早要上黄山。蒋先生说："明天再来，我请你们看我的收藏！"

告别主人，离开画廊，蒋先生执意要他的小女儿送我们回酒店，盛情难却，便三人一起走出老街，姑娘直送到酒店门口看我们进去，才转身回家。明明余兴未尽，回到房间后，仍然问起周炼霞先生的情况，伍就把所知她的有关艺术成就，做了简单的介绍：

周炼霞原名紫宜，生于1909年9月3日。江西吉安籍，生长于湖南湘潭，九岁随父鹤年来沪。鹤年曾从尹和白学画，所以她从小就在其父指教下习画，对于六法，自幼就打下基础。十四岁正式拜吴兴画家郑德凝为师，十七岁从朱古微学词，又从徐悲鸿外舅蒋梅笙学诗。周女士聪慧过人，诗词悟性很高，已在沪上诗坛占有一席之地。她不仅与顾青瑶一同掌教锡珍女校，又和顾青瑶、陈小翠、吴青霞、陆小曼等组织女子书画社，称颂一时。1940年以作品参加加拿大国际展会，获金质奖章，而蜚声海内外。"文革"运动期间，大受迫害，不仅批斗她的画为毒草，而且莫须有栽赃她的自度词"但得两心相照，无灯无月无妨"，是不要光明，追求黑暗，真是天下荒唐事莫过于此了！为此她被拳打脚踢，横遭凌辱，而一目受伤。横祸之来，她却鄙视受之，为此她以屈原句"目眇眇兮愁余"刻成闲章以为抗议。周先生的诗也往往妙语天成，记得她曾有《咏冬夜馄饨担》云：

风寒酒渴人如梦，街静灯疏夜未央。何处柝声敲永巷，一肩烟火踏清霜。

说到这里，伍对明明说："累了，要休息了，欲知后事，下回分解。"

黄山的石

5月29日清晨六点钟，我们已经离开酒店，向黄山出发，一路上车子在小山之间车道平缓地上上下下，盘旋行驶，两边的山坡上到处是青绿的茶树。在大城市住久了，退休后，又慵懒惯了，很少能这样早起来，扑面而来的空气，带着山上草木的清芳，沁人心肺，令人精神焕发。明明知道伍哥，自称是个杂货摊，连个小铺都够不上，破破烂烂、杂七杂八的知道得不少，没有一门精的，也没有一样有用的，看杂书太多，能云山雾罩地"海说"，就像北京俏皮话说的"二郎爷缝棉袄——神聊（缭）"。于是明明就向伍哥说："你给我讲讲酒文化和茶文化吧。"

"中国的南北气候以秦岭淮河为界，文化也是以此为界，可真是泾渭分明，你瞧，一过了秦岭淮河，北方人就以吃面食为主，秦岭淮河的南面，这南方人就以饭为主。"明明点点头。张伍又接着说：

"河南产酒，福建产茶。这茶和酒都养出不同的文化来。可是这安徽有点特殊，皖北在淮河以北，产名酒，有贡酒、口子酒，那里的人豪放、纯朴，也比较理性，养育了曹操、老子这样的人。他们的文人吴敬梓写的《儒林外史》就创造了一种批判文学。这是酒文化；淮河以南的茶文化以安庆为中心，出产六安瓜片、霍山黄芽、天柱山的银曲，养育出的桐城派文化清淡如茶香，统治中国古文200年，安庆的茶醇香，就养育了潜山的张恨水、怀宁的陈独秀。中国的国粹——京剧就源于安庆枞阳，由程长庚称霸北京的，再就是通俗易懂的黄梅戏也诞生于安庆。徽州文化：茶以黄山毛峰、太平猴魁、婺源的婺绿出名，养育了戴震和新安江画派的黄宾虹等人。文房四宝，他们就占了三宝：宣纸、徽墨、歙砚。"

一面说着，车子就到了山下。我们换乘黄山旅游公司的小巴士，沿山路旋转而上到半山，再乘缆车到山上。黄山之美，是要在云雾缥缈缭绕于山峦间之时为最。今日太阳高照，只见浅山嶙嶙、崇山矗矗、苍松迎客、白云远浮，一切都清晰地袒露在耀眼的阳光下，虽没有如虚如幻缥缈般的仙境，但当站在凌绝顶上，看见山峦起伏，层岩叠嶂，由衷地感叹造物主的鬼斧神工，把大自然雕琢得如此雄伟壮观，给我们留下了如此山诡云谲的奇景，是人类世世代代观赏不尽的财富！赞颂黄山美丽的诗和文多得不可胜数，我们兄妹自然产生了早有"崔颢题诗在上头"的感慨，竟无一语称颂，不须饶舌才是解人。1956年，中国文联曾组织作家艺术家西北访问团，父亲应邀欣然参加，在兰州应当地有关部门之请，为该市五泉山公园作壁画，画面每幅有一丈多宽，一丈二三尺长。访问团的画家都慷慨挥毫，其中周元亮先生画的是《云汇天都》，所画是黄山主峰，在奇松怪石中一峰突兀，因为黄山是父亲的家乡，所以他便在画上题诗一首：

　　　　豁然天底万山图，怪石奇松盖世无。

　　　　看毕诸峰三十六，白云深处是天都。

　　上黄山是多年心愿，我们兄妹能在七十岁之后，站在黄山绝顶，观此美景，真是心满意足。我们自知体力不足，便让陪伴我们的年轻人谢、金二君去爬山自乐，约好两小时后再见。

　　我们兄妹找了树荫下一条石凳坐下。明明摊开画具，静心画黄山的松，伍便在一旁天南地北神聊，聊到了徽州的新安江，徽商从这里坐船到浙江，也把家乡戏徽剧带出了安徽，传播全国，最后形成了京剧，所以二十世纪五十年代安徽要恢复徽剧，要请正宗的徽剧老艺人，却要到浙江金华来找；新安江还孕育出了名噪画坛的"新安画派"。伍对明明谈得兴起，不料却先后把两个年轻姑娘吸引住了，也不去爬山，坐在我们身边，听故事、看明明作画。直到两小时后，我们朋友爬山归来与我们会和，她们要求和伍、明明合影，才依依不舍离开我们，各自去找自己的旅伴。谢、金二君给我们带来了中午的盒饭，兄妹两个找了个高石阶站在旁边便吃了起来。说也奇怪，自出门以来，吃过的河鲜、山菜及地方特色菜肴，都不及这次山顶"风餐"有味可口，伍边吃边赞："怎么这样好吃？"大家都笑了。

有意思的是，那两位和我们合影的姑娘，其中一位张青小姐居然成了我们的忘年交，大学毕业后，从事新安文化工作，数年来和张伍、明明均有书信往来，真是"相逢何必曾相识"。

因为谢教授要在31日赶回池州学院主持一项活动，所以我们的行程非常急促，下了黄山，就直奔江西婺源，也没机会再到蒋先生的画廊去看他的一生收藏。这回是明明觉得遗憾了。

在黄山半腰品尝风味午餐

婺源的徽州民居

婺源，历来号称最美丽的乡村。1200年来一直归属安徽。唐开元24年（公元736年）洪真谋反，占休宁县周边的鸡笼山为寨，并在歙县一带活动，朝廷发兵，三年平了叛乱。公元740年正月初八这天，唐玄宗设置婺源县，安徽的休宁县回玉乡和江西乐平县怀金乡划为婺源县管辖，县设在清华镇。到了天复元年（901）县城迁至弦高，即现在婺源紫阳镇。以后历经各朝各代，不管地域有什么变化，婺源一直属歙县没变过。直到宋宣和三年，歙州改称徽州。因此，历史上的徽州一直是一府六县：歙县、休宁、婺源、祁门、黟县、绩溪。（其中40年代曾略有小变化）都属安徽管辖。1952年10月划归江西省上饶至今。

从婺源建县以来的1200年，只有最近的60年除外，都属安徽。

婺源的婺字，有一解成古星宿之名即女宿（此处念秀音）。对古代妇女的美好称呼。28星宿之一的婺女是勤劳。唐开元28年，建婺源县时，恰好在京城东南方出现婺女星，下面的人便凑明宋室。玄宗爱美女，就定了婺源为县名。旧时婺源有许多婺女庙，香火很盛。

在地质上同属黄山山脉，从地质地貌上看也属皖南丘陵山区，古有"盘据徽饶三百里，平分吴楚二源头"之称。所以婺源也盛产茶叶和果树，一直有祁红婺绿的美称。这里所产的砚叫龙尾砚，实际上就是四大砚台之一的歙砚。无论地质地貌、民风民俗、生活习惯、语言特色、房屋建筑、饮食居住也都和徽州其他各县基本一样；在经济、文化方面，和徽州其他各县一样行政上属徽州管辖，文化特色属新安江文化组成部分之一枝。

我们到婺源来看徽州民居。

到了婺源已是下午，看不成多少景点，按旅游图所示，就去了离酒店不远的"李坑"村去看看。"李坑"是婺源徽州民居群的景点之一。村口有一个很大的牌子，画着著名景点的分布图。我们沿平整土路向村里开去，一边是小土坡，另一边是蓄了水的田，蛙声此起彼伏，好不热闹。我们久未闻这生气勃勃动的田园交响乐，透着兴奋。停车场蛮大的，想必白天游人很多，此时一对游客正随了导游向外走去。我们则反方向进了村，沿石条板铺的路走，右手是一条小河，颜色很深的绿色，越往村里走，这河变得窄了水也变得浅了，缓缓地流动；左手是民居，白墙灰瓦和每家之间有徽式建筑的马头墙（防火墙）相隔。每户人家靠外的一间房改成店铺，卖着土产：樟木做的手工艺品、小型箱柜，茶叶等，有时大门开着，看得见院子里挂着咸肉、辣椒。也有的将自家房屋改成农村旅馆，农家菜店的。进村口不久，一个高高的木亭，横跨这石板路上。亭的一侧民居向后闪出一块比较宽的空地，一座略为高大的房屋，门口高高地竖着木牌，说明这里是电视剧《青花瓷》拍摄现场。亭中坐着一位老者，八十多岁了，身体硬朗。我们便向老者打听这亭子的用途，他很高兴的向我们讲解，说是亭号"申明"，以前村民有了纠纷，就在这里聚议公断。原本是三层高，"文革"时被拆了一层，修复保留下来的亭子，就变成了两层。

"李坑"村的人都姓李，这位李先生健谈，主动要当我的导游，在村里转了一大圈。他说，村里原有1800人，现在只有300家了，村民出去打工，使得许多的房子空闲着。河水的源头就在村后

倾听老人讲述婺源的历史掌故

的小山坡下，分两支流经整个村子，在申明亭前汇合。汇合后流经
一个石桥，这桥有200多年的历史了，叫"二龙戏珠"。走过石桥，
沿河水向上游走去，后村普通村民的住房比较集于这一带，河的两
岸都是民居，他们劳累一天，此时正在家门前河水边纳凉、聊天、
做饭洗衣。河水变得浅了，也显得不净，驮不动河面上堆着的塑料
瓶子、袋子和废纸，就任它们留在石块上。张伍用手指着河里一条
红色的鱼告诉明明："你瞧见这红鱼吗？这就是'荷包鲤鱼'，因
为肚子大又很漂亮，所以得名，是婺源特产，本应该尝尝。你看村
民捕到了鱼，用网罩住养在这里，供客人来了用的。河水这么脏来
养鱼，你还敢吃吗？想当年河水清澈，两岸人家在河边淘米洗菜、
鸭鹅成群，该是多么美好的江南水乡！"河水拐了一个弯，走过跨
在河上的石板，就来到了李先生的家，门是大开着的，木头建筑，
两层高的小楼房。踏进门槛，是堂屋，迎面正中的墙上最高处挂了

一块横扁，上面写的《善德堂》，扁下贴着大幅的红色寿星图，左右是大红的对联"寿比南山，福如东海"，仍然色彩鲜明，显然不久前，这里曾经热热闹闹为他做了大寿。下面也有条案、方桌，墙板上落下陈年的记忆，已变得乌黑，侧墙上有几张黑白照片，其中一张是李先生的父亲在香港和银行同事的合照。李先生识字，有一定的文化，或许年轻时也是在外面工作的。

出了李先生的家，再跨过河上的石条，隔壁不远是一个老戏台。戏台左右两边有墙成一字型延伸出去，以这一条直线作直径，修了个半圆型的廊子把戏台前的一块半圆的草地围了，廊外河水围绕，还真是个不错的建筑。可惜，现在是杂草丛生，戏台和半圆廊子也是油漆剥落，显的破旧萧索。

李先生带着我们向村子里的深处走去，明明想看个究竟，就跟了走，其他几位原路回到"申明亭"。这村子的后面是一个小山，山坡上有一些庄稼地，一些倒塌的房屋，李先生告知，这些房子和地属于去外地打工的村民，无人管理就成了这样子。山上竹林茂密，空处也有几家村民，盖了小铺子，安放桌椅，也卖点饮料和食物。从这里可以俯视整个"李坑"村。下到山脚，李先生指着一道山泉说："这就是村里人喝用的水。"我问："小河里也是这个水吗？"他说："是呀！"我倒弄不懂，这河水没出村，又无工业污染，何以变得这么脏？

回到"申明亭"和伍哥等人汇合，告别李先生，他要求我们把给他照的相片寄给他，他在明明的记事本上，清清楚楚留下了他的名字：李×保。

5月30日。早餐照例在饭店里自助餐，长长的桌子上满满摆上一溜大银盘（其实是不锈钢的）菜，盘子高架起来，下面有小小的煤油灯燃着火，使菜不会凉。菜盘前面也照例有两样东西：一个小碟子，可以放公用的勺，方便客人用来从大盘子盛菜；另一个就是菜牌。这天，张伍特别站在一个大热锅面前等明明，他说："你瞧！这是什么？"明明走进一看菜牌上写"清汤"，可是热锅里是开水，旁边几个小碗有葱、紫菜、香菜、酱油、香油等，一位服务员正准备给伍哥煮馄饨，她抬头看看伍哥面带點笑地等她回答。明明恍然大悟，记起伍哥早些时候说要到江西去吃清汤。她还纳闷：这汤怎么是"吃"不是"喝"呢？原来答案在这儿。就说："樟树一带叫'包面'的也是馄饨喽！"二兄妹相视而笑。

上午去"严田经典风景"走走。停车场有一个圆拱门洞，上有

来把江南的油纸伞

"舒园"二字，是厕所！好一个贴切的名字，用过厕所之后，谁不舒服呢？明明去西南旅行时，在拍电影《芙蓉镇》的那个小镇子里，导游对大家说："吃完饭请先去'唱歌'，我们再进村。"闹了半天"唱歌"就是上厕所。民间的智慧，各地语言都有令人发谑的创造。

左边是入口，绿竹夹道矗矗入云，人行走在其中，不由得放缓了脚步，左右顾盼满眼青翠。路边闪出一个小径，通到一个艺术品小卖部，兄妹二人各买一把画家手绘的婺源桐油伞，和婺源摄影集。

出了竹林，豁然开阔，眼前是一幅梦中的江南农村。水车、小河、石磨、黄土墙灰瓦的平房。平房的有左右两个小门，门上挂了木牌《豆腐坊》，进了房，可不是磨豆腐的石磨，一横一竖两个长长的整树干制成的工具，一个是轧油机，另一个是排列放铁饼的。同是游客，江南人就比我们懂得多，向我们解释这古老机器的用法，很有意思。

豆腐坊的后面是一条小河，河两岸有许多樟树，一丛青竹掩映着一个木制的水车和木棚。河水清清，可以看到水下的小鱼，不远的地方一条小船，船上正有人打捞河里的水草。这儿的河有人管理，则水清鱼肥，而李坑的河水无人打理，水就脏了，鱼也无人敢吃。两处的农民也不过数里之隔，对待自己的家园怎么就完全不是一样的心态呢？小河上一个最被旅客喜爱的景点，是一座老石桥和桥旁的一棵千年老樟树，经尽了无数历史兴衰、看透了世态炎凉，悲欢离合，便有一种与世无争的泰然。一千二百岁，不见老态，硬朗的身子骨，肌理分明，枝繁叶茂，把个大场院搂进怀里一半。场院有几户人家专卖樟木制造的串珠，带上可以防蚊叮虫咬；小板

婺源的千年古樟

风景如画的环境，来一张难得的合影

（中为谢家顺教授）

凳、扇子骨、笔架等，就连树皮和木屑都可卖，装载小袋子里，放在书箱衣柜的叽里旮旯，"保证不生虫！"村民这样说，"这是香樟，你闻一闻这味道！"原来这樟树还有香的和不香的！明明卖了几串马上戴在手腕和脚腕上，她的手脚已经有许多红色斑点了。

离开大樟树，走过弯弯的小路，经过许多小樟树，来到一个院落，称为"鱼塘人家"，已改为旅店了。小巧的二层木楼，好像供应食物，只见有衣着鲜丽时髦的女子与伴随的人群向小楼拥去，我们就躲开了。

小楼有走廊联结着四个小院，是给四位姨太太住的。都是一间堂屋，左右各一间卧室，卧室上了锁不能看个究竟，不过说是旅店，而且有照片为证，影星周润发、夏玉到此一住！据说是850元人民币住一晚。不知夜晚开窗睡觉时里面有没有蚊子？不开窗时里面有没有冷气？堂屋有一后门通向一个不大的院子，院子里有个水池倒占了一大半的院子，剩下的地方摆了一张石桌，两三个石凳。

因为谢教授要赶路，我们就匆匆离开婺源。说来也巧，出了婺源不远的我们在路旁一个农家饭店吃中饭，店不大，还算干净。店主人是位年轻女士把我们四人让到一个单间坐下，一问她今天的菜，老板娘说有荷包鲤鱼，我们喜出望外，很高兴地要了这道菜，又要了些别的菜。等菜的时候，兄妹二人到外屋来闲逛，厨房门外立着一个大冰柜，有玻璃门，明明忽然看到一个大盆里装了条大鱼，已切成几块，从那个大鱼头判断，这条鱼起码十来斤，肉色新鲜，明明看得馋涎欲滴，就向老板娘要多加一个红烧鱼段。老板娘说："这个不能卖，是别人在附近鸳鸯湖打来存在我这里的。"明明很失望，站在柜前不肯走开。老板娘看我们是远道来的游客，就说："我给你做一小段吧！"明明一听，喜笑颜开，愁云顿去。伍暗笑。为了一条大鱼，一个七十开外的老妪，居然失望和高兴，倏然之间，在脸上交替出现，毫无矜持之态，这就是所谓真情流露，说好听点也许应该是"赤子之心"的"稚态"吧？

等待没多久，饭菜陆续上桌，当然盼望已久的主角自然是那盘"荷包红鲤鱼"和鸳鸯湖大鱼，对于我们来说，荷包鲤鱼果然名不虚传，一吃之下，丰腴鲜美，口齿留香，认为只有开封黄河鲤鱼能为之媲美，一南一北，交相辉映，为老饕们留下了垂涎欲滴的美味！至于那道红烧大鱼，虽然也非常可口，但在荷包红鲤鱼专美前，就显得肉质略微粗糙，而味道也隐含着丝丝草腥味。在一顿饱啖之下，带着满足，也带着依恋，离开了婺源。

南昌一夜

车子离开婺源，沿长江飞驰，在经过九江时，想着庐山就在这里，但此行并没有登庐山的计划，略带遗憾地与之失之交臂。过了九江不久，就进入到鄱阳湖，五月，正是江南罕见的少雨季节，据说今年（2011）的鄱阳湖的湖面少了三分之二，从车上远远望去，不仅看不到一望无际的烟波浩渺的壮观，反而看到湖面中左一个新露出的沙洲，右一个渚滩，心里说不出是什么滋味。然而就在十余天后，我们回到北京，见报载，江西连日大雨，鄱阳湖大水成患，数城市均有洪灾，俗语说"十年河东，十年河西"，哪里需要十年，只需十余日，就是湖泊成沙渚，良田变泽国。汽车过了鄱阳湖，沿赣江奔驰，一转弯，远处迷蒙中露出了雄伟的滕王阁，高高耸立在公路的前方，我们都有些兴奋。这当然不是唐永徽四年（653），唐高祖子滕王元婴做洪州都督时所建的那个，此阁历经战乱，屡毁屡建，眼前所见的是1989年重建成的滕王阁。主体建筑九层，高57.5米，碧瓦重檐，庄严富丽，因屋檐和墙角的多重转折变化，气势恢宏，气象万千。明明今年初，重读了王勃《滕王阁序》，当读到"落霞与孤鹜齐飞，秋水共长天一色。渔舟唱晚，响穷彭蠡之滨；雁阵惊寒，声断衡阳之浦。"就折服于他用词之精美，令人叫绝，千年以来，不知多少人每逢江边观景，就不禁会低声吟诵起这词句。

先父童年、少年住在南昌，他曾经公开说自己是半个江西老表，对南昌熟悉极了，也数次登过"滕王阁"，他曾在自己的力作《北雁南飞》中为我们描述了清末时的"滕王阁"：

到了滕王阁，并没有什么游人，阁下过庭里，有两个提篮的小贩，在砖块地上睡觉。转过壁门，扶着板梯上阁子，扑棱一声，几只野鸽子由开的窗子里冲了出去。楼板上倒也不少的鸽子粪。小秋道："这倒很好，连卖茶的都没有了。"说着，走到窗槛边，向外看去。这里正当章贡二水合流之处，河岸边的船，是非常之多。只因这纯粹东方旧式的建筑，阁子的窗槛，就在下层屋瓦的上面，下层屋瓦，正把阁下的河岸挡住了，所以看不见船，只有那船上的帆樯，像树林一般，伸入半空里来。对面小洲上，一丛杨柳，掩藏着几户竹篱笆人家。在小洲以外，浩浩荡荡，就是章江的水色，斜流了过去。更远，洲树半带了云雾，有点隐约。一带青绿的西山影子，在天脚下，挡住了最远的视线。玉坚拍了窗槛道："有人说，滕王阁是空有其名。我想，他一定是指这阁子上面而言，以为不过是平常一个高楼，并没有什么花木亭台之胜。其实这个地方，是叫远望的，你看，这风景多好，真是阁外青山阁下江，阁中无主自开窗……"

父亲形象生动地向我们呈现了清末滕王阁景象，在文字上作了真实的留存，是很珍贵的滕王阁资料。张伍1975年曾匆匆来到南昌，乘兴来游览滕王阁，然而当时除了有一块滕王阁的旧台基，余外就空空如也，什么也没有。明明尚是初次来南昌，自是憋足了劲儿要登上滕王阁，了却了一个幼年的夙愿。谁知，车子到了滕王阁下，却见数道栏杆、一重围墙把它团团围住了，原来是在建地铁，不能进入观赏，所谓"乘兴而来，败兴而归"。谢教授说："先去酒店，今晚还有南昌报社的记者采访。"

住进离江边不远的洪都宾馆，放下行李，心有不甘，大家一同步行到"八一"桥边，看看能否走近一些，到滕王阁的脚边去瞻仰一下她的风韵。大街上车子堵塞，人行道上人来人往，个个行色匆匆，我们在行人丛中绕行，马路分主路、侧路、人行路，种着一行行的的樟树和花树，分隔着路和路，使得行人多少减缓了燥热的心情。走过几个街口，到了赣江边的大马路，对面是江，却无法靠近，那栏杆和围墙，把个江岸严严实实地围起来了。去滕王阁的路边没找着。我们在桥边一个名叫"柴米油盐"的餐厅里吃晚饭，旁边紧邻的几桌正在举行什么庆典，好几十人，酒喝得半酣，几对劝酒的人和被劝的人纠缠不清，一个声音高过另一个，完全听不清他们在说什么，如果不是兄妹看到他们面带笑容，一定以为他们在争吵。明明究竟在美国生活了三十几年，不知不觉也浸染了美国习俗，笑着问同行的三位男士："每次酒席都是这样吗？"谢教授和金君同声说："都要把对方灌醉，这样才高兴！"伍对明明却另有话说："俗话说'十里不同风'，东西文化也不同，你不能用你那一套习俗，'正襟危坐，只听刀叉响，不闻笑声'来理解中国吃的文化，如果算是陋习，也是例外，只有在婚、寿等庆典，才有'闹酒'的风俗，要尽兴，要欢庆，要纵情地发泄，就要'放浪形骸'一回。其实在中国，平常也有'吃不言，睡不语'的古训。"明明若有所思地说："原来如此。"

晚上，兄妹二人接待了《江西商报·新闻周刊》的记者姜大龙先生和随行的摄影师。访问就在入住的宾馆房间，伍回答了记者提问的有关先父的各种问题，明明在侧做了笔记。

父亲对南昌是有着特殊感情的，曾经公开说南昌是自己的第二故乡，他曾写过一篇短文《伟大的南昌》，用深厚的感情、饱蘸的墨汁，赞美哺育他生长的地方：

> 念过《滕王阁序》的人，对于南昌，有一个很深的印象吧？"襟江带湖，地接衡庐"，这八个字就可以形容南昌一郡的形势。
>
> 光指南昌说，章贡二水合成赣江，环绕城的三面。江西北岸是丘陵地带，接着那巍峨的西山，颇是雄壮的。
>
> 我生长在南昌，民四、五年离开她的怀抱，民二十三年重回去看。城墙没有了，狭窄的街巷，变成了宽大的柏油路。薄瓦木板的店铺，变成立体的大建筑。对于第二故乡，让我震惊，美慕不置。

文中描绘了南昌得天独厚的壮美，也表达了父亲对他的热爱与眷念。正因如此，张伍和明明在南昌虽只短短的一日一夜，却显得那么亲切和激动！

这一天是2011年5月30日。

三湖古镇

翌晨，我们想换个口味，就去了一家港式推车服务的餐厅用早餐，这既不是香港茶楼的那种"饮茶"，也不是华盛顿周末一些粤菜馆供应的"点心"，你只能呼它是赣式港菜早点，也非完全推车服务，茶不是主要的，你到台子上去拿，还有牛奶、咖啡、豆浆。有些小菜还是由服务员从什么地方给端过来放在你桌子上，所有的菜都带有浓厚的赣菜特点。我们终于看见了久已闻名的南昌"清汤"，张伍对明明说："这是馄饨在南昌特有的名称。你记得父亲在《北雁南飞》写的开宗明义第一段吧？"不等明明作答，便口里念道：

> "临江府，清江县，三岁个伢子卖包面。"这是江西南昌城里一种歌谣。清江两字，也有改为新淦的，因为清江、新淦两县的人，在省城里挑担子卖馄饨的很多，差不多是包办了这种买卖，馄饨这东西，南昌人叫作清汤，清江、新淦人叫做包面。三岁个伢子，是说三岁的小孩子。总而言之，是形容清江、新淦对于馄饨业之发达。当然，这不无鄙笑的意思在内。其实这两县是餐鱼稻饭之乡，文化也并不低落，尤其是新淦县属的三湖镇一带，风景幽绝，是令人留恋的一个所在。

　　我们期待已久的地方，我们盼望着"朝圣之旅"的高潮到来！

　　吃过了早餐，我们一行四人乘车继续南行，从"八一"大桥上，再回头来看滕王阁，逐渐消失在江雾晨霭之中，心中涌起一股怅然和遗憾交织的情愫。

　　跨过赣江，车子向樟树、新干奔去，车窗外闪过片片稻田和星罗棋布的湖泊，不时有一两只白鹭掠空而过，斯情斯景，令张伍感慨系之地对明明讲起了一段往事：

　　大约是1963年，不太爱说话的父亲，自母亲仙逝后，越发地不爱说话，深居简出，独自坐在书房里，与那套有两千五百本的《四库备要》为伴。这天，年迈寡言的父亲独自在他那间书房兼客厅再兼卧室的房间里，捧着本地图册，忘神地凝视着一个地方，是那样专注，又是那样地神往，张伍感到奇怪，不就是本作为教具的地图册吗？为什么看得如此动情？听到伍招呼他，他才抬起头，很兴奋地指着地图说："你看，这就是三湖镇，是我念书的地方，美极了！"在充满了怀念的神情中，又糅杂着些许伤感，伍恍然大悟，这不是父亲在看地图，而是在重温他少年时读书的绮丽生活。

　　父亲常常对我们说，他在了解字义以前是很不幸的，没有遇到过一位好老师，从6岁入塾启蒙，直到14岁，都是名副其实地"念书"，即便念懂了，也是有师的"无师自通"，俗话说的"瞎猫遇到死耗子——撞上的"，只是到了三湖镇，才真正遇到了一位好先生。

　　父亲十三岁那年，随祖父到了江西新淦县的三湖镇，这里是南昌通往吉安的要道，陆路可走车马，水路可行舟船，物产丰富，三湖距临江府的樟树镇三十里，距新淦县也是三十里，由于交通便利，商业很发达，这个镇，约莫有千户人家，却有二三十家牙行，四家钱庄，为什么能这样繁荣？原因是这里有一种甜美的物产，乃是橘子，柚子，柑子、橙子。由秋天到春初，外地的客商到此地贩卖水果，又因为赣州出来的木料，编成浅筏，顺流而下，到了这里，赣江变深了，浅筏不能行走，就在这镇边，重新编扎，因之官方又在镇上设了厘卡（税收机关），抽收木税，于是又有了四家钱庄，清末民初的三湖镇是何等的繁华！

父亲在《北雁南飞》中，是这样形容冬天的三湖镇：

> 这河岸很宽，全栽的是桔子树，因为这里已在全国偏南的地方，气候很暖和。虽是严冬，那树叶子依然是绿油油的。树里面是一道长堤，有时在绿林的残缺所在，带着半黄的枯草，还透露出一段来。望河那边，约莫有二里之遥，也是看不尽头的一片树林子。两边绿树中间，夹着一道河水，并没有多大的波浪，两三挂帆的船，在水上慢慢地走着。加之那边绿林里伸出两根旗杆，有几座庙宇的飞檐，飘了出来。这边人行路尽头，有一座烧字纸的小白塔，真是互相映带着风景如画。

如诗如画的江南水乡，在父亲的笔下，活灵活现地展现出来。父亲对这个风光旖旎的水乡有着深厚的感情，1952年，他大病初愈，握笔很难，仍抱病写了几首怀念三湖镇的诗：

橘①

珠颗折来百尺松，南丰橘子喜相逢。

寻踪愿溯荒江上，积翠丛边过一冬。

客居记得在三湖，日照窗棂万颗珠。

最是云开风定后，小姑分绿网珊瑚。

折得芳柑②不带酸，款宾堆积紫金盘。

九年半啖四川境，尊齿于今已耐寒。

剪来抚鬟点秋波，③姑嫂扶梯尚唱歌。

我亦微行分两颗，彼言解渴不算多。

在甚为风韵的村女摘橘，父亲在《北雁南飞》一书中，有详尽的描写：

　　这个时候，是本地人的柑橘收获期，摘橘子取柚的事，都交给少年妇女去办。在天高日晶的情况之下，妇女们还是穿着白色单衣，各种颜色的裤子。胸前紧紧的挂着一块蓝布围襟，把两只袖子高高卷起，卷得过了肘拐，她们的手，虽然有白的，也有黄的，然而却没有一个不是粗

---

① 大者为三湖橘，小者为南丰橘，北京所卖，盖南丰产也。

② 芳柑即四川广柑。

③ 剪橘之后，自将橘子在脸上磨挤一下，盖须装篓，恐剪蒂不尽，伤他橘之皮，然客家看来，甚为风韵。

肥结实的。她们将那粗肥的手臂，搬了一个四脚梯子放在树下，然后爬上去。梯子顶上，有一块木板，可以当了椅子坐。她们的发髻，在这些日子，总是梳得溜光，不让一根乱头发，披到脸上来。于是她们坐在梯子顶上，左手握住了枝上的橘子，右手拿了剪刀，平了橘子长蒂的所在，轻轻剪断。剪过之后，接着把橘子在脸上，轻轻地一擦。当她们剪橘子极快的时候，在脸上也擦得极快，擦过了，才向梯子所挂的一只篾篓子里放下去。乍见的人，看了她们那样一剪一擦，总是莫名其妙，为什么要把橘子在粉脸上这样摩擦一下？其实她们这样很有用意，怕的是橘子蒂剪得不平正，突出一点来，那末，放到橘子里去，装运出口，就可以划破另一个橘子的皮，只要稍微流出一些汁水来，过得日子稍久，不难把这一篓橘子都给烂光。所以剪了橘蒂之后，立刻就在脸上试一试，是不是划肉，当然总是不划肉的。要不，一个巧手的女人，一天可以剪三千到五千橘子，假使有百分之一的橘蒂，会划着脸皮的话，一天工作下来，她的脸皮，成了画家的乱皴了。

父亲对三湖镇，直至到老年仍然有着深切的眷念和感情，并不仅是如画的风景，而是在这里遇到了一位教通了他国文并有着知遇之恩的好老师，这位老师姓萧名甫，字廷栋二字。这位先生在离三湖镇五里路的姚家村设帐授徒，是个半经半馆的私塾，蒙馆是教刚入塾的幼童，先生只教认字，并不讲授内容，经馆则是教较大的学生，先生要开讲，还要教学生作文。这位萧先生是享有盛名的老师，还是个廪膳生，何谓廪膳生呢？在科举时代，童生经过县试、府试、院试之后，成绩优良者，便成为秀才，各县学、府学有半圆形之大池，以桥跨之，名叫泮池。泮者，半也，故学宫亦称泮宫，童生考取后，才能到此，故考中秀才，亦曰入泮。凡是考中秀才，都是县学的生员，俗称进学。入泮成为秀才后，并非万事大吉，为了防止秀才荒废学业，特设岁试，每三年到县学由县学中学官出题考试，成绩优秀者，有廪膳生额缺，可补廪膳生，谓之补廪，就是人们说的"荣食天禄"。据说始自明初明太祖，为了奖励在学生员，将国家之廪米，每年拨若干给优秀生员，所谓"养士之恩者"，就是指此。不知何时改折成银，至于是多少钱，恕伍腹俭，无从查考；不过有一廪生乡试中副榜者（正榜是举人，副榜只是名誉），作一联曰："说甚功名，只免得三年一考；有何体面，倒少了四两八钱。"可知廪膳生每年所得有四两八钱白银。

三湖姚家村的萧先生，是个名廪生，学问好，有教学经验，人也开通，对学生取"放任主义"，他早就耳闻父亲有神童之名，一试之下，果然颖悟异常，非常高兴，合了孟子说的"得天下英才而教之，一乐也"。而父亲呢，认为萧先生是他念书以来，遇到的第一位好老师，不仅教通了他国文，而先生那爱生如子、诲人不倦的精神，也深深感动了父亲，所以对萧先生执弟子礼甚恭，且有一种知遇之恩的敬畏。父亲这一段负笈求学，所谓"出就外傅"的住在经馆的生活，对他的一生起了巨大的影响，直到晚年，他还常常和我们提起这段往事。

父亲经萧先生的施教，可说是文思大进，半年后，六七月间，萧先生下省考"拔贡"。科举时代，秀才除了开间"子曰店"，老死牖下之外，要想学而致仕，途径有二：一是通过科考，经乡试考取举人；一是"出贡"，贡者，贡于京师之国子监，国子监是朝廷设的最高学府，犹如今之学生，由中学而升入大学。考拔贡由学府考取各县府送来的廪生，送到国子监，学业期满，可获得一官半职。萧先生考拔贡期间，出了十道论文让父亲作。

父亲回到三湖的家后，就在祖父办公的万寿宫戏台侧面，要了一段看楼，自己扫抹干净，布置了一间书房。上得楼去，用小铜炉焚好一炉香，叫人撤去楼梯，"划地为牢"，足不出户，闷头读书习作，做起"斗方小名士"来。有意思的是，父亲的书桌上放了四部书：《聊斋》《唐诗别裁》《袁王纲鉴》《东莱博议》。这四部书看似随便摆放，其实细究之下，大有文章，不仅有趣，而且反映了一个新旧时代交替思想冲突的具体明证。前两部书是被当时正统人物视作雕虫小技的"闲书"，看多了会玩物丧志，弄好了，不过是会作几句歪诗、不务正业的"斗方名士"，弄不好，就是个品格不端、识字的无赖；而后两部书呢，则是正途出身必读的经书，学好了，可以代圣立言，学而优则仕，是荣登龙门的钥匙。这四部书虽被父亲不经意随手摆放在书桌，但却意义深远地揭示了父与子的人生选择、价值取向的完全不同，妙就妙在父亲对这两类书，都烂熟于胸，融会贯通于笔端，形成了他独特的文风诗骨，这也可能是父亲始料所不及的吧？

当然，萧先生考完拔贡回来，父亲那十道论文完全交卷了，先生看后，十分满意，尤其是其中的《管仲论》，萧先生竟然亲自批改了，并且还让在父执间传观，获得一片溢美之声。一个十三四岁的孩子，受不得这荣宠，非常的得意，自命为小才子，而父亲"神童"之名，更是不胫而走。

因为如此，父亲一直到晚年，都还充满敬意谈起这位萧先生，而且还把萧先生写进他的代表作《八十一梦》书中，在其《退回去二十年》一梦中，写到"我"因拾到赖总长二公子送女友高小姐白金钻石戒指，被赖夫人提拔为秘书，"我"得意忘形回到家，一脚把门踢开：

> 只见死去的祖父拿了马鞭，我父亲拿了板子，还有教我念通了国文的萧先生拿了戒尺，一齐站在屋里。
>
> 我祖父喝道："我家屡世清白，人号义门。你今天作了裙带官，辱没先人，辜负师恩，不自愧死，还得意洋洋。你说，你该打多少？"
>
> 我慌了，我记起了儿时的旧礼教家庭，不觉双膝跪下。
>
> 我父亲喝道："打死他罢。"那萧先生就举手在我头顶一戒尺，我周身冷汗直淋，昏然躺下。……哈哈！当然没有这回事，读者先生，你别为我担忧！

这一段叙述，说明父亲是把萧先生和他的祖父、父亲视作最敬爱的人！

《北雁南飞》，写于 1935 年，发表于上海《晨报》，抗日战争爆发，父亲避难于川东山村、平津地区，有出版社窃版盗行，父亲于 1946 年收回版权，交由山城出版社出版。有人认为《北雁南飞》《春明外史》《巴山夜雨》是父亲不同时期的"夫子自道"，这当然不是事实，自传是自传，小说是小说，这完全是两回事，不能混作一谈。小说是虚构的创作，父亲自己曾在《写作生涯回忆》向读者做过说明："其实小说这东西，究竟不是历史。它不必以斧敲钉，以钉入木，那样实实在在。《春明外史》的人物，不可讳言的，是当时社会上一群人影，但只是一群人影，决不是原班人马。"

尽管如此，但又不是空穴来风，虽不是自传，却是父亲生活过的背景，通过书中的描写，可以使我们知道那地方的民情、民风、民俗，而书中发生的人和事，又都是父亲亲身经历或亲眼看见的，经过他的加工综合，艺术创作，所以读起来自然亲切、真实可信，不仅引人入胜，而且让你身临其境，书中的人物，似乎就是你身边亲友和邻里，使你忘情地置身其中，所谓"此中有人，呼之欲出"，这就是父亲小说巨大魅力的原因所在。

三湖镇的求学生活，对他的一生和写作都有着巨大的影响，他对这个美丽淳朴的水乡，是充满着深厚的感情和怀念的。他带着一种感恩的心情，写下了这部洋洋洒洒四十万言的巨著《北雁南飞》，我非常喜欢这部小说，它深刻地揭示了"婚姻不自由，诚杀人之道哉！"。书中描写了一对青年男女纯洁真诚的恋情，他们那种"发乎情而止乎理"的爱，却被所谓的礼教扼杀，那个人见人爱的美丽姑娘，为了上一代人的名誉身份，牺牲自己一生幸福，生既非其愿，而求死又不得，连做一个幸福梦的权力都没有！

父亲以真挚的感情、细腻的笔法、栩栩如生的人物、波谲云诡令人意外的情节以及三湖镇民风、民情、民俗的生动勾画，向我们徐徐展出了一幅江南水乡风情长卷！

在这里需要说明的是，《北雁南飞》不是自传，也不是自传体小说，千万不可对号入座，却是以父亲负笈求学的生活环境为背景，为我们提供了了解和探索他少年学堂生活，作了鲜活和生动的参考资料。

张伍和明明都非常喜欢《北雁南飞》这部书，二十世纪五十年代中期，张伍十六七岁第一次读这本小说始，至今读了几十遍，但每次读它，都会被那如诗如画的描绘和叙述以及缠绵悱恻、哀婉凄楚的情节，撩拨得潸然泪下，不能自已。而书中美丽的辞藻和感情真挚的诗歌及四六文的信札穿插，更把这种情绪，渲染到了极致，使人不忍卒读，却又欲罢不能，掩卷之后，每次都会有新的领会和感悟，为之叹息。伍就在父亲向他指出地图册上三湖镇时，忍不住地说："《北雁南飞》写得好，我非常喜欢，学到了很多东西。"父亲微微一笑说："我是用心写的。"怪不得文学界曾称赞父亲是"写情圣手"！这不是夸张的溢美之词，而是恰如其分的评论！

从上面的叙述中，可知父亲对三湖镇一直念念在心，从南昌去往三湖的路上，伍、明明显得十分兴奋，伍对明明说："父亲年老多病，不能重返三湖镇，我们要为他完成这个心愿！"明明点头称是。

早上八时从南昌出发，十时就到了临江镇，出了高速路，到了新干县，在乡间的小路行驶，不知是土路还是柏油路，那上面一层厚厚的浮土，看不出颜色，路的两旁堆着房子高的木料，是通过水运来的原木，还没有加工成木板或木条，这里好像是木料转运站。小路两旁也有小铺子，一个拐角的地方，一位壮年男子当街摆了一个摊儿，两条木凳上面横一块木板，木板上陈列着几大坨猪肉，还有猪肝、猪肺，这种乡村风味，却是阔别已久了。

经过一个乡，名叫上州乡，路边还有间驾驶学校的办公室，里面坐着两位年轻姑娘，时代究竟变了，乡间亦是弃骡车而改开汽车了。金君上前问了去三湖镇的路，说是还有一段乡间小路要走，我们继续赶路，猛然间看到这里有公共汽车，是从南昌开来的。

乡间的路不宽，勉强可以两辆对开。我们注意到路上铺满了一种淡紫色花穗，伍不知就里，问："为什么把花穗散满地上？"明明这回算是抢先回答："这是中草药车前子，铺在地上是让来往车轮碾压，花籽就会掉下来，药农可以省去许多力气。"原来如此，不过以后要服草药，还是要冲洗几遍才好。车子在凹凸不平乡间路上颠簸着，放眼望去，路两旁种着树，那是一种长得很快的杨树。树外是大片大片的的地，已经插了秧，一望无际的绿色，许多地种了车前子，正是收割季节。乡间没有路牌，一路颠一路问，终于颠到了日思夜想的三湖镇。

先去镇政府拜访党委书记和镇长，车子停在镇委员会门外，一块空地，一个渡口，正是赣江边上。镇政府建在江边，这个地方的原址就是祖父办公的厘卡子所在，如今盖起了新式楼房，大门口墙柱上左面挂着"新干县三湖镇人民政府"的牌子，右面挂着"中国共产党新干县三湖镇委员会"红字牌子。我们兄妹二人站在这块空地上四面环顾，望着缓缓流淌的赣江，平坦宽阔，些许微波，闪着银色亮光，一波赶着一波，一浪催着一浪，显得非常灵动有生气，江对岸在《北雁南飞》多次出现的永泰镇隐约可见，影影绰绰的轮廓，有如幻境。想到一百年前，父亲也站在这里，望着渡口上人来人往，渡船如梭，帆墙林立，热闹纷繁，然而现在却寂无渡船，江面上也只有偶见一两只小船划过。江水依然，渡口依然，然而那座烧字纸的小白塔，却不见踪影，我们的心里涌起了一股淡淡的怅惘和若有所失的茫然。正在感喟物是人非之际，谢家顺教授已经和镇上领导联系上了，带我们走进镇政府的大院子，院内有两栋不高的楼房，面对面各站一边。有人把我们引进党委办公室，书记热情地接待了我们，看上去约有四十岁出头，让我们兄妹坐在窗口前的长沙发上，他坐在对面，便介绍起来："三湖镇很美，二十世纪九十年代，我大学毕业后第一次来到了三湖镇，到处是橘林，一片葱

在姚家祠堂里的百年罗汉松前合影留念

绿，微风一吹，露出了屋檐，傍晚农家的袅袅炊烟从橘子林中升起，真是美！四月份橘树开花，香气淡淡的。"橘树遍布的三湖镇，怎么会稀见橘林呐？书记看出我们的疑惑，接着说："种橘在三湖已有700年的历史，1991年一股强烈的寒流袭击三湖，橘树不耐寒，就连百年的红橘树都冻死了。三湖的人有两个特点：一是会读书，二是会喂猪。遭了这个大灾之后，农民就发展养猪和种中草药了。我们的橘子甜中带酸，销路也比不上蜜橘。但是红橘是好的药材，陈皮和枳壳就以我们产的红橘制成的为上品。"

书记准备了两本镇志送给我们。他翻开其中一页指给我们看："张先生《北雁南飞》里面提到的他的老师萧廷栋在镇志中有记录。"能在三湖镇亲眼看到镇志上记载的萧先生（在书中改称姚先生）的事迹，使我们对三湖镇更多了几分亲切感，仿佛父亲口中提及的恩师，姚家祠堂，书中的人物春华、小秋，渐渐从遥远的一百年前时空外，向我们走来，变得可接触，可亲近，模糊依稀想象中的姚家村也变得清晰、立体，我们有种急切走进村的冲动。

这时一位眉清目秀、皮肤白皙的年轻女士，穿着短袖花衬衣，格子裙子，斜背着小包，轻盈地走了进来，手里拿着几张照片。书记介绍说："这是曾青霞副镇长。"我们起身相迎，握手寒暄后，镇长说："这几张照片就是姚家祠堂。去年有人来拍照，给了我一份，你们看这段墙还是老墙呐。"我们看了照片，当然，祠堂已经不在了，照片中是一段墙，墙后是一所新学校。所谓白云苍狗，世事变迁，私塾变学校，虽然新旧交替，但是实质未变，育人未变，学习知识的神圣殿堂未变，我想父亲若天上有知，也当含笑称慰了。曾镇长带着我们去姚家村寻找萧廷栋老夫子的经馆。

从三湖镇到姚家村约有五里路，父亲在《北雁南飞》中是这样描述的：

> 这姚家村去三湖镇不过五里，顺着橘柚林子，慢慢地走来，经过了一带围墙，便有一幢高大的房屋，在广场外耸立着，顺着风，一阵读书之声，由那里传出来。走到那门口，横着的金字匾额，大书"姚氏宗祠"四个字。

我们在年轻的女镇长带领下，进入了姚家村，车停在一棵大树下，沿一段新的红砖墙走。谢教授感慨地说："这个墙两年前我来时还是老墙呀！"墙中一个门，进去就是村公所，村长早已在门口等候，曾镇长将我们双方互相作了介绍。村长便很高兴地把这村公所的前身——姚家祠堂大概的房屋位置用手指着给我们看，现在的一排平房是村长办公室和村里仓库，就是建在原来姚老先生讲学的旧址，隔着院子与村公所对面是一栋破旧的楼房，也是堆村里东西的地方。我们问这院墙怎么重修了呢？村长说老墙塌了，所以重修了。我们看见新墙脚下，还堆着老砖，是灰色的，为什么不能修旧如旧保持那一段、仅有的一段"真实"呢？这个疑惑没有提出来，伍、明明事后想了想，这个"真实"对村里人来说，或许意思不大。院子里正中一条水泥路，正晒着谷物，两边是菜园，种的有玉米和瓜菜，其中有几棵大树，村长指着中间一棵树说："这棵罗汉松是老树，我一直保留着，有人拍电影要买，我不卖。"谢谢村长的坚持，要不然这棵树也保不住。除了这个地址，什么都不是姚家祠堂的了，听了村长的介绍，我们纷纷和这棵罗汉松拍照留念。

一百年前的姚家祠堂，是什么样子呢？父亲在《北雁南飞》中是这样描写的：

这里学堂的斋夫，将小秋引到后进厢房来布置一切，这厢房在圣座的后面，门朝后开，恰是避了先生的耳目。一个两开的窗户，对着有石栏杆的大天井。天井里有一棵大樟树，高入云霄，大树干子，弯弯曲曲，像几十条黑龙盘舞，树叶密密地罩着全屋皆阴。树顶上有许多水老鸦，呱呱乱叫。天井石板上青苔长有十个铜钱厚。厢房墙上，另有一个圆窗户，对了祠堂后的一片菜园子。靠了离窗子不远，有一株芭蕉，一个小土台，上面一口井，井边两棵横斜的梨树，枝上长满了花蕊，有些早开的花，三星两点的，已经在树枝上缀着白雪。

这后门口，是一片橘子林，春交二月，常绿叶的颜色，也变得格外青葱。林子外面，是三湖镇到临江府一条大道，在大道边，盖着有个风雨亭子。亭子外，三四棵垂柳，拖着半黄半绿的长条，掩藏了半边亭子，像图画一样。小秋赏鉴着风景，早已走出了橘林。抬头看时。天上阴云密布，不见半点阳光。抬头看姚家庄上的烟囱，冒出烟来，直伸入半空里去，和那阴云相接。在那茅屋檐下，偶然有两三棵杏花，很繁茂地开着，便更有些春天的趣味。那吹到人身上的风，并不觉得有什么凉气，可是由那柳条子中间梳了过去，便有一种清香送到人鼻子眼里来。

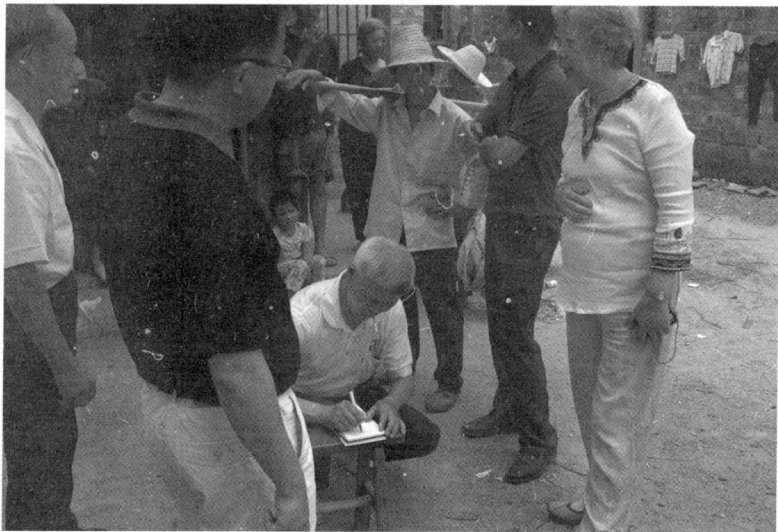

与姚家村村民亲切交谈

姚家祠堂，多美！我们怀着神圣的憧憬，来朝拜父亲读书的祠堂，几十年在脑海里的美丽图画，我们原本预料到百年的时间会可能给它涂上陈旧，不想竟是败落成这种光景，让人揪心的痛。这个祠堂后来从私塾改为小学——春明小学。

村长带我们到村公所后面去看一个学校，砚州小学校长已经迎了出来，手里捧着许多瓶装水，让我们饮用，他说："我们在这里建校，是为了借张老先生的灵气，让孩子们好好读。"我们听了，被深深地感动了，向他深致谢意。村长又引我们走到祠堂前，他指着树下一大片凹下去的洼地，说："这里原来是水塘！"我们看去虽然能见到低洼下去的痕迹，现在是片浓密的艾草，滴水不见。我们没有了来时的兴奋，心中的遗憾却加深了。在离开祠堂前，回首再望，见那棵老罗汉松，在微风中轻轻摇曳，默默无语地向我们摆手再见，也似乎告诉我们，佛云："不可说，不可说。"

年轻的女镇长说："这里也还能看到百年老房子，我带你们去看。"我们心里又升起了一丝喜悦，兴致勃勃跟着镇长拐进一条小路，绕过路上铺的车前子，进去不远，小路闪过一片空地，有几位老公公、老婆婆坐在房阴下歇凉、话家常。一个村民的方便店里面几个老人正在打麻将牌，有小孩子在周围玩耍。我们走近了，村长向他们打招呼，介绍我们兄妹和村民相识："这是张恨水先生的儿子和女儿。"麻将桌旁站起一位老翁脱口而出："《北雁南飞》！"向我们走来，所有的村民都停下了手中的事，友善地望着我们。

张伍不禁问道："您也知道这本书？"

老人："知道。"旁边的老公公、老婆婆也都大声说："我们也知道。"

那位老人用手指着身边一条通向村里的路说："这就是书中说的石板路，现在是水泥的了。"围观的全都点点头。

"这条吗？"兄妹二人都难掩兴奋，齐声问道。

"你们从哪里来？"

张伍回答："我从北京来，舍妹从美国回来的。"

老人急切地问："我还是很久以前读过的，现在还能买到《北雁南飞》吗？"

张伍说："能！近年来已出过好几个新版了，江西电视台计划要拍《北雁南飞》电视剧。"

明明接着道："我回北京给您寄一本来。"说着拿出记事本，请他在本上留名。他在本上写了：江西省吉安市新干县三湖镇砚州村姚某某。

原来这里已是新干县属的砚州村了，不过大家还都姓姚。不想《北雁南飞》付梓问世近八十年了，还有许多读者关心它、心爱它、惦念它，尤其是那些识字不多的老婆婆，也知道它，读过它，不仅是"老妪能解"，且是深得"老妪喜爱"，我们在感动之中，也深感荣幸！

告别了村民，我们顺着那条曾是石板老路，继续向村里走，在一个高高的门楼前站住，门上有宽宽厚厚的砖瓦砌的装饰和檐角高高翘起的屋檐，村长说："这是百年老房子。房主不在这里了，只有他们的老人住在这里看房子，这房子已被一个浙江商人买了，要把整个房子搬到浙江去。"

我们问："为什么村里不留下来呢？"

村长无奈地说："这是私人财产，我们无法干涉。农民要钱用，你看这隔板上的木窗棂，有商人来收，二十元人民币就卖了。"细木条组成的窗棂，大方精致，明明在美国买过一对，要200美元一扇。

大门开着，里面没有人，村长叫了两声，无人答应。村长说这个老人89岁，耳朵聋，已听不清人世的喧哗了。我们随村长迈进门槛，阳光从高高的天井直射进来，垂直落入院中，这个木结构的老屋，木板都因岁月烟熏火燎，变得漆黑，稍离天井几步距离，就看不清楚了。天井四周的屋顶都向中间院子倾斜，下雨天，房顶的水就都流到院中，这也是南方民居的一个特点，含有聚财的意思。天井两侧是存放农具的地方，有大一些的是独轮车，有几个木梯寂寞地斜站在暗处。它不像我们常见的梯子，两侧一样长，用时打开两侧，便像个人字对称着的两侧，平稳地站着。这个梯子不能合拢，一侧的腿是两根直立并行的木柱，中间的横木相连，使其牢固；另一侧是斜伸去的梯子，两侧也用木条相连接，这上面可以站人。这就是《北雁南飞》中，妇女采橘子时所用的梯子了，看到它，也算

三湖镇赣江码头

是不虚此行了。

　　我们穿过天井，向屋子的深处走去，空空的，远离天井的光，即使是白天也很难分辨屋里的东西，隐约看到有个楼梯可以上楼，靠后门有个土灶。这时一位老人从后门走了进来，村长走上前对他大声说话，他仿佛没有听见，也没有反应，他眼光涣散，看着大家，自顾自地走到另一边去了。看着他蹒跚离去的背影，我们想，也只有在这偏僻的农村，一个毫无自卫能力的老人，还能前后门洞开，过着没有设防的生活，这对于大城市里的钢筋水泥建筑，铁栅围窗，钢门紧闭，形成了强烈的讽刺，没想到在这21世纪的今天，还能看到"日不拾遗，夜不闭户"的古风遗韵！

　　已经过了中午，曾镇长说去镇上吃点农家菜，倒不好拒绝。我们一行人，分乘两辆车回到三湖镇，车子拐进一个院子。院里是一栋"L"型的楼房，四层高。外表看上去像个旧式公寓楼，或者旧式办公楼，楼上的栏杆，挂了一横幅，是"沿江酒楼"字样。我们上了二楼，走进一房间，除了中间一个大圆桌、几把椅子。靠墙一张桌子，桌上有暖水壶、茶杯，再没有什么东西了。向来时的院中看去，只是一片黄土地，后面有低矮的旧房子，房前许多散落在荒草中的砖瓦。

　　我们吃的农家菜有炖鹅，是农民散养的鹅，吃起来没有异味，但是肉比鸡鸭略老，还有辣椒炒鹅肝、排骨海带汤、赣江的鱼、炒木耳、炒菜、红烧豆腐、干烧鹌鹑蛋。

　　中饭之后，就要告别三湖，我们又在赣江渡口凝望，看见一个拖船载着一辆卡车向对岸慢慢驶去，拖船搅起了圈圈的波纹，向四周散去，逐渐了无痕迹。我们还在看，等下一辆船，是不是会重演《北雁南飞》主人公李小秋渡口惊艳一幕。

有一只渡船，由河心里泊向岸边，一群男女，陆续地走上岸来。小秋看着乡下人，提筐携盒，却也有些意思，于是背了两手，站在一边看着。其中有个十四五岁的女郎，面如满月，两只漆黑的眼珠，身上穿一件蓝底白菊花褂子，长平膝盖。前面梳着浓刘海发，长平眉上，后面垂了一条长辫，扎一大截红绒绳，根底下托了一子仔绒线穗子，虽不免乡下打扮，干干净净的，另有一种天然风韵。她手上拿了一枝长的腊梅，随着一位老太婆后面走去……

不来三湖想三湖，来了三湖，带着无尽惆怅更想老三湖。

黎川，父亲梦里江南

从安徽安庆，经江西南昌，到新干三湖镇，一路行来，我们得到地方上许多朋友的帮助，但是，我们的所见所闻，只是些父亲生活和居住过的残留痕迹，以及缺头少尾的记忆，无从拼凑起一段完整的故事，让我们徒增无尽遗憾。

最后一站呢，黎川，父亲魂牵梦绕的梦里江南，让我俩充满怎样的期待……

黎川在三湖镇的西南方向，与福建省接壤。1929年3月3日父亲在《上海画报》发表了《旧岁怀旧》一文，其中谈到新城县（即现在之黎川县）：

予前岁为天津某报，作一《万里山水雾烟记》，中有杉关一节，今日言及旧事，犹如忆也。其文曰《芥子园画谱》第四卷，所绘山楼水阁，巨桥水磨，于瓯闽间随处可得之。长桥大抵跨河而通山，桥正中建屋，敞轩而观四面。桥下临闸，以围大数丈之木轮，置闸口中。水自上流头来，激轮辗转如飞，浪花作旋风舞，至为可观。

儿时，随先严客新城县。县为闽赣交界处，距杉关约六十里。是处万山丛杂，林齐深密，驿路一线，曲折于山水间。将及关，两峰夹峡下通马道，仅可并骑，出关俯瞰，势如建瓴。古人南征，以此为天险，信矣。

二十年来，百事都如一梦，唯山色泉声，偶然闭目，犹在几榻间。瓯闽春早，尔时灯节方届，隔河古道，柳条已作盈盈之态。乡人沿山道为圃，满种荞麦油菜，柳下淡黄微紫，可指而辨之也。涉笔至此，有"莫向春风唱鹧鸪"之感矣。

从文中可知，黎川县是壮美秀丽兼而有之。不仅如此，黎川和父亲还有一种特殊的文字因缘。父亲十岁时，因祖父调往黎川，随祖父从南昌坐船赴往，顺赣江南下。南国春早，春节刚过，就已是茅草青青，杂花生树，东一簇鹅黄，西一丛粉红，春江水暖，和风徐徐，令父亲心旷神怡，然而就是在这条江上，在这条小木船上，一个偶然的发现，竟然对父亲一生起了决定性的影响，这是什么呢？这是书，一本《残唐演义》小说书！这本书原是我们四祖父读的，父亲在船上孤坐无聊，就随手拿过来看，这和他读过的《论语》、"三、百、千"等童蒙读物完全不同，原来书还有这样的，从此入了迷，用他自己的话说"跌进了小说圈"。人生的际遇实在

江西黎川寻访座谈会现场

难料，一本书，一次邂逅，一句话，甚至一个眼色，竟然会引导一个人的终生命运。父亲不但迷上了小说，而且还把写小说作为自己一生的职业，成为驰名中外的小说巨匠，假设父亲不随祖父去往黎川，没有在船上发现这本小说，还会是日后成为大家熟知的"张恨水"吗？所以"造化弄人"实在玄妙莫测！诚如佛家所云："不可说，不可说。"

从三湖到黎川，车行需四小时，谢家顺教授也没有来过，他抱了很大的希望，不断地说："黎川是重头戏！"有了三湖的经历，伍和明明未免意兴阑珊，这里不会有什么断壁残垣留下来吧，是否也会和三湖镇一样让人有梦醒后的惆怅？谁知车子一下高速公路，眼前别有洞天。黎川处在花木齐整的绿化环护中，宽大整洁的马路迎接远道而来的客人。十字路口边，竖立着超大的塑像群，黎川的入口彰显着它的经济蕴藏能力，让人一下子消除了长途旅行的疲劳，也让人有了期盼。我们期待着能够寻访到父亲留下的足迹，也期待着父亲描绘的"长桥大抵跨河而通山，桥正中建屋，敞轩而观四面。桥下临闸，以围大数丈之木轮，置闸口中，水自上流头来，激轮辗转如飞，浪花作旋风舞"的廊桥壮观！这个夙愿能实现吗？抑或仍是乘兴而来，败兴而归？因而在兴奋之中，也夹杂着几许"近乡情更怯"的忐忑！

我们的车子拐进一个路口，已有人在路边等待我们，正是县里派来的人。他们的车子在前边引路，我们到了一栋崭新的大楼前停下，玻璃墙面呈弧形，很自信地面对着大片砖石铺就的广场，很有现代感，这是黎川县委和政府的办公大楼。

进了大楼，坐电梯上楼，在楼道里行走，这是个船形的楼，中间有枣核形的天井，两头尖，中间宽，花正开，绿树已成荫。我们被引进会议室，迎面墙上挂着鲜红显眼的横幅："张恨水少年足迹寻访座谈会。"房间整洁、明亮，中间是一组会议桌排成拉长了的口字型，桌上早已摆好水果盘、茶水。出席座谈会的是黎川宣传部有关领导、文联主席、作协会员等文史专家。宣传部部长陈克胜第一个发言，名字很像一个英武的男子，实际上却是一个非常美丽的女士，年纪约在40岁左右，鹅蛋形的脸，一对黑白分明的大眼，剪水双瞳，秋波荡漾，在坚毅自信的目光中，不时闪烁出黠慧的亮点，颀长的身材，行动谈吐落落大方，在恬静之中，又透露出精明干练的强势，处处都散发着成熟女性的魅力。人说：江南水乡，山川灵秀，多聪明美女！信哉，此言！

陈部长发表了热情洋溢的讲话，她介绍了黎川的概况：黎川是个山城，是从江西进入福建的主要通道。共有25万人口，县城只有7万人。由于开发商的投资，黎川修建了五星级的酒店，高级住宅区，新的街道、广场、公园，市民可以在这里休息。近年来黎川涌现了不少文学创作者，他们以张恨水先生在这里度过了少年时光感到自豪。县里对我们兄妹俩表示热烈欢迎，并为这次寻访活动尽可能提供周到服务。

武一平先生是老黎川，生于斯长于斯，他对黎川历史很有研究，他的发言对父亲一生作品做了很高的评价："黎川对张先生成为小说家有很深的关系，从他坐在小船上看起小说，和他的老师那部《三国》，无不是先生和小说结缘的重要原因。我很小在报上看到张先生的小说，一看就迷上了。那时，不是一份报，是好几份报纸上同时都有，非常受读者欢迎。可是，出于政治原因，讲他是'鸳鸯蝴蝶派'，我很生气。他一生所写的三四千万的文字，他尽力把西洋小说的优点用在中国古典小说里，为人类制作了丰富的精神食粮，这是对中国文学事业的一大贡献！"他一番平实又很有感情的话，传达了黎川父老对父亲的缅怀之情，让我们兄妹深受感动。

文联主席吴润发先生也作了发言，他说："过去这多年张先生对全世界都有很大的影响。他十岁来黎川，时间虽短暂，留下的足迹很多。黎川老街和文化都受他的影响，各地来人都要看张恨水在老街的旧居。张先生故居的房间，窗口正对廊桥、黎滩河，风景很美。《黎河》杂志出了六期，有三期都提到这些。今年三月中旬，抚河古语诗会去老街采风，写了许多有关张恨水先生的诗文，黎川的风土人情，历史名人故事。张先生的作品妇孺皆知，改编的电视剧播出，影响更大。听说《金粉世家》又要重拍，几十年前的书写得这样好，一再重拍，可见老百姓就是喜欢先进的文化。现在许多黎川的年轻人也投入了文学创作的行列。张先生乘着乌篷船从北到南，从赣江走抚河到黎川，黎川就和一代宗师结了不解之缘。他在作品中对黎川的细致描写，从黎河流向大海，提升了黎川的品味。"

张恨水的研究者黄健平先生，着重介绍了对父亲生活旧迹的考证研究情况，以及黎川文化对张恨水文学创作的影响。他说："上个世纪初，黎川经济繁荣，文化鼎盛，读书之风盛行。恨水先生在黎川私塾学堂，接受了中国古典文学的启蒙教育，可以说，黎川是恨水先生的文学创作圣地，是黎川的人文山水孕育了恨水先生，赋予了先生的才华与灵气。由此可以看出，黎川的人文山水与张恨水的文学创作，有着深厚的历史渊源。"黄先生还对父亲在中国文学史上的历史地位，作了客观和中肯的评价。

谢家顺教授以张恨水研究专家的身份说："我从2006年寻访张恨水的足迹，以便更好地了解张恨水先生，有助于确定他在中国文学史上的地位。江西是他少年时生活和求学的地方，稍年长，他在南昌时，家里给他请了位徐先生来教书，这位先生是徐孺子的后代，他们家传，不应科举，不做官。这对张先生是个很重要的影响，他一生无党无派。张先生在他的散文、小说中有许多对江西的描写。研究张先生我们不能只停留在文本上，也要研究他的为人。"

伍和妹妹代表家人致了答谢词，也谈起了父亲和黎川的种种情愫。

大家讲过话之后，黎川作协官炳炎先生送给我们《千年沧桑话黎川》《黎川老街》的书，于是"老街"和"故居"就成为我们急于要揭晓的"谜"。我们是在寻找梦的影子，明天，穿过世纪的风雨烟尘，我们是否能够走进父亲的梦里江南？

我们入住在县城豪华的五星级酒店"国安假日酒店"，热情的黎川父老在酒店门楣上拉起了"热烈欢迎文学大师张恨水亲友重访黎川故里"的横标。酒店的外表就气派不凡,停车场足够停下百辆汽车,再过去有一片广场坐落着数根盘龙巨柱,围着两个巨大的雕像,没有走近去看,好像是中国远古时代的人,伏羲氏和女娲?这两位中国古圣面对的酒店却是欧式建筑,屋顶上有欧式人物塑像,大门的遮雨廊下是四对盘龙的柱子,天花板上也挂着大吊灯,大门嵌在玻璃墙上,白色的石框,描金装饰,这中、欧并用的装饰风格和酒店里面装饰风格统一,据说是福建地产商投资,所以处处都带着闽派的南国色彩。大厅内的巨型柱子上,下部是龙头的图案,柱身有着龙鳞的白色刻花描金的装饰,白墙上的描金花纹、盘旋而上的楼梯,配着卷草点金铁花扶手,这些是欧式的,还有欧式的红绒沙发椅、包铜角的大办公桌,也是欧式的,主墙面上白底金龙的巨大壁饰又非常有中国味,一切金色和白色倒映在锃亮的嵌花的大理石上,叫人眼花缭乱。虽然一切都是那么金碧辉煌,但总感觉少点什么,后来我们终于明白,缺少的是书卷气的雅致和洒脱的随意。

卧房里是更豪华的装饰,大号浴缸、大理石的地面和台面、大大的镜子、玻璃隔墙,把水晶灯多次反射,使浴室明亮耀眼。大号双人床,床头是雕花木刻框,嵌绒料蒙面,墙的上方挂了冠型装饰,下面垂帷帐,墙壁、窗帘、桌椅无不显示着这酒店的富丽,就连茶几上的茶具不是描金就是涂银。拉开厚厚的窗帘,再拉开一层薄纱窗帘,放眼望去,远处是丘壑,青黛数抹,近处花木扶疏,中间是湖水一弯,微波荡漾,小亭、月影、星影也随之起伏,一圈圈的越荡越远,我们不觉看得出神。正是:吹皱一池春水,干卿底事?

第二天一早,明明拉开窗帘,向外看去,小湖外的数道丘陵,水汽迷蒙，树丛间夹着民舍，远远地听见鸡鸣犬吠，好一幅氤氲中的田园美景，不由得心神恬适，取出画册记录下来。

在酒店楼下用过早餐后，陈克胜部长和武一平先生及对老街颇有研究的文史人员，带我们兄妹去访故居，逛老街。车子不过走了几分钟，就到了县城老区的精华景点。我们一行下车走进村民菜地，穿过豆架瓜藤，在靠近河边的土埂上站定。我们看见这里是三条河呈丫字形交融，一左一右，一大一小的两个廊桥成直角阵式分据两条河上。我们惊呆了！简直太美了，美得令人疑是仙境，人间怎么有如此鬼斧神工的建筑，这样一座长约百米美轮美奂的长桥，像一道从天而降的七色彩虹，横跨在清澈见底的滩河上，我们这才真正懂得了父亲形容的"长桥大抵跨河而通山，桥正中建屋，敞轩而观四面。桥下临闸，以围大数丈之木轮，置闸口中。水自上流头来，激轮辗转如飞，浪花作旋风舞，至为可观"的美！

陪同我们的武先生指着右手边说："眼前的这条河是社苹河，河上是三孔石拱桥，上建有砖石结构的亭形长廊，名为'横港桥'。"社苹河桥下过，与黎滩河汇合，一起从新丰桥下不缓不急地流走。这一带地势平缓，河水温顺，人们沿河建屋，构成黎川最大的人口聚居地。古时叫黎滩镇，现在名曰日峰镇。

虽说江南许久无雨，可是这里依然是河水汩汩，只见村妇村姑把裤管高高卷起，赤着双足或站在水中，或蹲在短石头堤上，洗衣洗菜，好一帧久违了的"江南水景图"！我们完全被美妙的胜景吸引了，就在此时，武先生用手指了河对岸一栋木板楼说："那就是张先生百年前住过的地方！"我们望着对岸的老屋，两层楼，下面是石砖，上面是木板。木板已经分不清是褐色还是黑色，这就是百年风雨冲刷过后，依然屹立的沧桑之色！武先生继续说："那窗是

2011年在黎川看到的廊桥

先生书房的窗，在书房里可以看见黎滩河，还有河边曾有的两个水车。"

伍和明明都深深地吸着气，又长长地吐了出来。刹那间，心里涌出了难以言喻的激动和百味杂陈的感触，在这种心绪翻腾之中，也有一种"众里寻他千百度，蓦然回首，那人却在灯火阑珊处"的侥幸！我们久久地盯着这百年老屋，眼前似乎展现出了云烟缥缈的海市蜃楼，不禁问自己是梦境？是现实？是真？是幻？

旧时，这里是通往福建省建宁、泰宁等地的咽喉之地。福建来的船只，满载着布匹、海货、食盐和内陆运来的丝绸、茶叶、木材，在桥下穿梭来往，桥上赶集卖菜的人流，整日里车水马龙，川流不息，繁忙热闹，生气蒸腾。两桥相交处，曾是一个生动的城镇贸易集散地。

我们缓步走上横港桥，一面听着专家们讲着历史故事。横港桥

兄妹在黎川廊桥上倾听武一平先生介绍廊桥历史

始建于南宋度宗咸淳年，导福山水合于黎滩河，与新丰桥相望，后多次重修，现在的是清光绪庚寅年重建的。有文记载："廊桥下三个桥孔，洞洞相连，满月的夜晚，洞洞衔月，众月争辉，十分奇异。"我们听着陪同的老黎川的介绍，驻足凝望横港桥，仿佛时光倒流，隐约之中，似乎看到了朗朗月夜，河上泛舟，看那桥，像一朵莲花横卧河上，远处传来玉人吹箫，"横港观月"是黎川一景。

看着社苹河从横港桥下流过，到这儿，与黎滩河汇合，成为更宽阔的河水，黎滩河上的新丰廊桥与社苹河上的横港桥几乎成了90度角，县里人称这两座桥相处的位置犹如"双龙饮川"。新丰桥长90余米，宽4.3米，南通篁竹街，北接南津街，这两端都有商铺、酒楼茶肆、南北杂货，桥上有遮蔽风雨的古长廊，中间是交通要道，桥也设有石椅长凳，行人在这里歇脚，也有许多农民放了挑子，卖点农副产品。张伍向老乡买了一顶斗笠，竹子编的，用竹叶填充在夹层中间，刚编织好的，还带着竹叶的清香，他顺手扣在明明头上，兄妹相对大笑，很是开心。

人走在古廊桥上，如在画中游，既可欣赏桥外河光山色，也可饱览桥上长廊的字画。桥廊上有24对柱子，柱子上的横梁，都置有字画，有山水也有人物仕女，还有花卉鸟虫，都出自本地艺术家书法家之手，武先生也画了多幅。新丰桥始建于明朝弘治中叶（1496年前后），历五百多年，经过多次水灾火患、兵燹战乱，也多次修缮、重建，最后一次的火灾是1984年。现在的长廊是1986年重建，改用水泥桥面，钢筋混凝土的柱子，瓷实雄厚的桥墩仍是五百年前的原物（2016年明明再访黎川，此桥已重修为木结构）。

当我们走到桥中间，陪同我们的武先生说："这里原是一个神龛，也有一副对子：远近青山无墨画，潺湲流水有诗声。"

据记载，这座桥走过许多的圣贤名士，北宋时期的著名思想家李觏（1009—1059）的少年时代，就在这里潜心苦读，后来创办了盱江书院，他的治国思想，成为王安石变革的理论基础。范仲淹推荐他做了国子监直讲，至今在黎川篁竹畅园赤溪，还有李觏读书的"风月亭"；南宋著名理学家朱熹，为了避难，率领弟子来到新城，开辟"武彝堂"，授课讲学；明代邓元锡，在黎川长大，成为一代名儒，是江右四大君子之一；徐霞客曾在这里考察，他的游记使福山、会仙峰等黎川名胜扬名四海。

当然，父亲童年，曾在这桥上，伴着朝阳，披着晚霞，或走或跑，或徘徊或吟诵，不知留下了多少足迹，就像那桥下无穷尽的浪纹，留给我们无限的遐想，让我们去寻味和探索。

我们走下古廊桥，左转走进一条巷子，走几十米，一个丁字路

修缮前黎川张恨水旧居内景

口，迎面一栋二层高的小楼，典型的江南建筑。门口有居民悠闲地或坐或站，话着家常。武先生说："这就是张先生故居了。"

父亲的旧居保护得相当完整，我们看到的小门脸，渲染过岁月图案的白墙，毫不掩饰它的年龄，已经 150 岁了！它坐落于黎川老街的张王殿码头（又称南津码头），新丰桥下，新丰桥巷 8 号。当地史料专家黄健平先生撰文："黎川老街因河而建，码头众多，船运繁忙，而南津码头作为江西与福建两省交通的枢纽，货物集散之地，当时的官府衙门便在南津码头的浪口设置厘金卡（也称厘金局），征收木材、盐税。张恨水的父亲身为盐官（实为税官，伍注），一家便居住在码头的公署之内。"据我们所知，这座小楼，现在仍是县房管局的产业。

我们迈进小门，借着天井撒下的光线，慢慢辨识这屋里的布局和家具。这里住了几户人家，进门处左手边建了墙，围了一间厨房，是为一家，靠后一点也还有一个灶，可能是另一家，也有煤气

2017年修缮的"张恨水旧居"博物馆侧墙

2017年修缮的"张恨水旧居"博物馆大门

灶，矮木桌子，小竹椅子、筐箩、木架，散落在屋子里各个角落。居民在这里做饭，成年累月的烟熏火燎，这一屋里的木板就都成黑乎乎的，呈现出岁月沧桑涂抹的痕迹。右手边，靠墙修筑的有一个木板楼梯，人走在楼梯上，脚下木板颤颤悠悠，还发出咯吱咯吱的响声，拐两个直角弯，就到了二楼。这是南方常见的吊楼形式，二楼在靠河的这面有两间耳房，中间一条窄通道，直通到露台，通道左右各开一个门，可进入耳房，一间锁了门，一间门是虚掩的。门上有红纸，大大的金色"福"字倒贴着，这红和金在暗红发黑的木板墙上，分外刺眼，与这环境氛围太不协调。我们走进这间开了门的耳房去看看，站在房中间环顾四周：房间里很简单的用物，藤箱子、木板箱摆在木架子上，靠着墙。隔板上糊了白纸，房梁上挂着大大小小的篮子，房间虽已是一百多年的老屋，但天花板、房梁、板墙都还完整，并没有腐朽，依然坚实。退出这房间，从昏黑的通道走出，左转就到了吊楼阳台上。阳台不过3尺宽，倚着比腰略高的木栏杆，向外看去，眼前豁然开朗，好一派美丽清纯的江南水乡景色！

这百年前的生活，父亲在他的《写作生涯回忆》里，有详尽的描写：

> 十一岁（伍注：实际岁数是十岁），我和父亲到江西新城县去（现在的黎川县），家里请了一位同乡端木先生，教我和我的弟弟，还有一位同乡子弟。正式开讲，我就了解所谓虚字眼了。但这并不是先生教的，还是由《四书白话解》那里看来的。这个时候，我自己有两个新发展：其一，是在由南昌到新城的木船上，发现了一本《残唐演义》，我

四叔正读着，把我吸引住了，我接过来看下去。我就开始读小说了。上学以后，我父亲桌上，有部洋装《红楼梦》，印得很美，我看过两页，不怎样注意。而端木先生却是个《三国》迷，他书桌上常摆一本《三国演义》。先生不来，我就偷着看，看得非常的有味。这书，帮助我长了不少的文学知识。其二，我莫名其妙地爱上了《千家诗》，要求先生教给我读诗。先生当然答应。但先生自己并不会做诗，除了教给我"山外青山楼外楼"就是"山外青山楼外楼"而外，并无一个字的讲解。但奇怪，我竟念得很有味，莫名其妙的有味。

从文中可知黎川对他的巨大影响，也就是在这里奠定了他的文学事业，是在黎川，他喜欢上了小说，也是在黎川，他喜欢上了诗歌，而且是一种不解之缘的喜欢！十岁的父亲和比他小四岁的二弟啸空先生，感情甚笃，小兄弟俩坐在书桌前，背诵端木先生留的作业，如先生不在，父亲也会给他二弟讲述《三国演义》中的故事，说到高兴处，他们会抬头看着窗外，窗下的黎滩河，水面开阔，繁忙的船只穿梭般来来往往，左手是新丰古廊桥，对面是横港桥，两桥之间是两座大水车，轰轰作响，不时有水鸟掠水而过。堤岸上绿树成荫，树后菜花黄灿灿一片，连着远山，衔着蓝天，天上飘着白云，山腰间，白纱般的山岚雾气，如罗带围绕，更增添了一种缥缈迷蒙的魅力，父亲的芸窗生涯，倒不寂寞。

父亲在《清明哭二弟》一文中如是说：

　　……愚小与啸空同被，后同窗，长复同事，事愚甚恭。其为人豪爽无城府，事母谨，与人无争，一切亦与愚同，故友爱甚笃。且方面大耳，声音洪亮，似可永年，不期竟中道分手。去年北上，愚携束纸壶浆，于荒草乱冢中为之作清明。十年一别，相逢已隔三尺土矣。今年清明，吊之，时正风沙蔽日，旷野萧然，乱坟中两三枯树，鸣其条呼呼有声，状至凄苦。忆儿时与啸空下学时，在校园大树下同打秋千，如昨日事，彼且墓木拱矣，就冢焚纸，低呼啸空名：尔妻儿无恙，知兄来耶？焚纸酹浆，明知荒诞，然不如是，何以慰我惓惓之思耶？归来莫掩其悲楚，走笔为之记。

谁读了这篇手足情深、感人至深的吊文，能不为之潸然泪下？！

我们在木楼上站立很久，舍不得这眼前的景色，更不愿离开这父亲儿时居住过的地方，这个美妙的故事才把片断找到，还没来得及连接，就又要分散了。父亲一生足迹所到，大江南北，乡村城镇，都有许多故事可让我们觅，但故居多不存在，能在江西黎川实实在在踏上他住过的吊楼，甚是难得。说来也巧，就在我们撰写此文时，2012 年 2 月 1 日，看到昨日上海《新民晚报》有篇署名李天杨写的《拆梁林故居，吃了什么"胆"？》的文章，对近日北京某房屋开发商拆毁梁思成、林徽因故居愤而撰文，其中有云："拆除名人故居的事，几乎年年发生。名单开出来，令人痛心疾首：曹雪芹、李叔同、梅兰芳、张恨水、项英、徐志摩、傅雷……这一次，轮到了梁思成、林徽因，再一次令人心痛、心寒。"为此，这个父亲幼年读书故居能完好保存至今，就更显得难能可贵，衷心感谢黎川父老和黎川县委政府！

　　（2017年，黎川政府已将此旧居，精心修缮，并以此为主建筑扩建成"张恨水旧居"纪念馆群，连同老街，广场成为黎川的旅游中心，对外开放。——明明补注）

从故居出来，便步入到黎川老街，这是一条保留得非常完美的明清街道。它朴素的建筑外形，比起徽州屯溪老街，更有一种真实感，没有刻意雕琢的人工痕迹，骑楼下面的长长街道，很方便游人在江南雨水频繁的季节随意行走，街道两旁，店铺鳞次栉比，都是明清建筑，难得的是，它不是仿造，不是"假古董"，而是"货真价实"的原物，并且还夹杂着许多古老的民居，就更加弥足珍贵了。据当地有关人士告诉我们，原来这里是鹅卵石铺就的地面，因为当地居民感到行车不便，才改为沥青路面，是美中不足之处。

探寻父亲的皖赣足迹之旅，使我们感悟到正是这两处灵山秀土、文化民风，才养育成了"张恨水"！父亲自称是"半个江西老表"，因为他生于斯，长于斯，直到十七岁，才离开江西。我们知道江西人是崇尚儒家哲理和隐逸精神的，恰恰这两种学说，融入父亲的血液骨髓里，形成了他独特的性格魅力和文学特色。

正是儒家的"天将降大任于斯人"的历史责任感，使得他在新闻记者生涯和文学作品中，敢于揭露黑暗，针砭时弊，"不平则鸣，为民而鸣"。对于个人则是"威武不能屈，富贵不能淫，贫贱不能移"，虽不能做"达则兼济天下"，却是做到了"穷则独善其身"。在抗日战争时期，他避难川东山村，住在三间茅草屋里，自嘲为"待漏斋"，因为一下雨，草屋就漏，父亲并没怨天尤人，在他的掉了漆的旧书桌的桌腿上，捆绑个竹筒上插着雨伞，他在雨伞的遮挡下，照写不误，他的敬业精神和乐观的态度，深深地感动着我们全家人。为了抗日，他毁家纾难，抛弃了前半生的事业，关闭了他独资兴办的"北平华北美术专科学校"和《南京人报》，手提一只行李箱，只身入川。诗言志，父亲早在1934年看到日本帝国主义侵略军的无耻罪行，他赋诗呐喊：

> 不必功名等白头，早将心迹托浮鸥。
> 国如用我何妨死，事总因人大可羞。
> 腹俭己遭家室累，卖文还作稻粱谋。
> 凭栏无限忧时泪，如此湖山号莫愁。

父亲不仅用诗、用文宣传抗日，而且写了大量的抗日小说，就在1931年九一八东北事件和1932年上海的一二八事变不久的三月后，父亲就出版了短篇小说集《弯弓集》。据我们所查得的数据，父亲的《弯弓集》是中国第一部反映抗日的小说集，就在1932年至1946年的十四年间，父亲凭着一个中国人的良知，竭尽自己的一切，在民族存亡的最后关头，用自己的笔，直接描写了抗日，歌颂了可歌可泣抗日健儿，同时揭露了日帝侵略军令人发指的罪行。这一时期据我们不完全统计，他写了《热血之花》《弯弓集》《巷战之夜》《红花港》《潜山血》《前线的安徽，安徽的前线》《游击队》《大江东去》《水浒新传》《巴山夜雨》等多部小说以及难以数计的诗词散文，1937年至1945年的八年中，他发表了八百万字的抗日作品！

而江西人崇尚的"隐逸精神"，对父亲的影响也是巨大的，他在《写作生涯回忆》中，有这样一段：

十五岁的时候，家里请了一位徐先生教我，这先生是徐孺子的后代，他们家传，是不应科举，不做官的。先生很古板，没教会我什么。只是他那不考科举、不做官的作风，给了我一个很深的印象。我这时本已跌进小说圈，专爱风流才子高人隐士的行为，先生又是个布衣，作了活榜样，因之我对于传统的读书做官说法，完全加以鄙笑，一直种下我终身潦倒的根苗。

父亲所说的徐孺子是何许人呢？徐孺子名稺，江西南昌人，家贫，自耕自耘，累次科举皆不应试，筑室隐居，时称"南州高士"。陈蕃为太守，礼请徐为功曹，徐不能辞，既谒而退。蕃在郡从不接待宾客，特为徐设一榻，去则悬起来，徐要求徐家子孙不能应试，不能做官，世代遵守，从不违背。

父亲受徐先生影响，也是超然豁达，潇洒率真，既做到宠辱不惊，也做到不为名利所动，他从不进官场，也从不进商场，不参加任何党派，也不参加任何文学团体，本着一颗民族良心，仗义执言，为百姓而写。他只在1938年在汉口参加了"抗敌文协"，并被推举为第一届理事，他认为这不是政治，而是民族最后关头之际，作为一个中国国民，是义不容辞的义务！说起父亲不进官场，有这样一则趣闻：大约是1926年左右，张学良少帅读了北京《世界晚报》连载父亲的长篇小说《春明外史》，读其书而心仪其人，亲自到寓所，拜访了父亲，从此做了很好的朋友，并且几次邀请父亲到他的官府任职，都被父亲婉言谢绝了。我曾在旧报上看到"张学良三请张恨水，张恨水三拒张学良"的新闻标题。1930年，张学良少帅亲派副官崔波到北平家中，再敦请父亲帮忙，父亲拿了一把画有

《春燕图》的折扇，并在扇的背面立即赋七绝一首：

> 少帅情深请出山，书生抱愧欠心安。
> 堂前燕子呢喃语，懒随春风度玉关。

　　"请崔副官把扇子转交少帅，他看了自然明白。"父亲不仅自己不做官，也规劝朋友不要做官。父亲的至交、著名的报人"新民报三张"之一的张友鸾叔，抗战时期住在重庆大田湾，房子简陋不堪，父亲戏称为"惨庐"，另一位"新民报三张"之一的张慧剑叔则称为"未完堂"，所谓"未完堂"似乎房子还未完工，另一寓意则是张婶生了九个孩子，老挺着大肚子，似乎总生不完，一语双关，可称谑而不虐。当时友鸾叔生活拮据不堪，很是清贫，某要人请友鸾叔去当他的秘书，薪水要高许多。父亲闻讯后，特意造访"惨庐"，当场用笔画了几棵松树并书七绝一首，以"笑赠惨庐主人"为题送给友鸾叔，诗曰：

父亲送张友鸾叔的"松树图"

> 托迹华巅不计年，两三松树老疑仙。
> 莫教坠入闲樵斧，一束柴薪值几钱。

友鸾叔告诉伍，这是真正的友谊，是朋友间的相互慰勉。恨老劝友鸾，当了几十年的新闻记者，何必涉足官场，追逐名利，岂不成了柴薪？所以友鸾叔珍藏了几十年，"文革"结束后，友鸾叔将这幅画送给了伍，作为纪念。因为明明是搞美术的，伍又转送给明明收藏！父亲不仅规劝过友鸾叔，大约是1930年左右，笑鸿叔正主编北平《世界日报》副刊。一天刚刚领了工资，在回家的路上，看见有人下象棋，双方水平不低，不觉看出了神，回到家，才发觉刚领的工资已不翼而飞，十分沮丧，父亲知道后，写了一组《失窃诗》劝慰他，其中有云："如今悟得为人理，少向输赢角逐中。"可以看出父亲淡泊自甘的一面。父亲对朋友是如此，对儿女也是如此，他要求我们："流自己的汗，吃自己的饭。"

熟知张恨水的人，都知道他有一个特点，就是从不和别人打笔仗，不愿为自己辩白，就是别人指着鼻子教训，他也不还口，并不是他懦弱，也不是他胆怯，他说过："他山之石，可以攻玉。"如果别人说得对，你就改正，如果是恶意中伤，就更不值得费神，一笑可也。他在《写作生涯回忆》中说："我还是一贯的保持缄默，我认为被批评者自己去打笔墨官司，有失掉'有则改之，无则加勉'的精神，而徒然扰乱了是非。"父亲不说话，他也要我们不要替他说话，他认为事实胜于雄辩，只要书在，书自己就会说话。有的书，现在看起来好像很火，但是过几年，就没有人看了，我的书，一百年后，可能还有人看。"果然，父亲的书像《春明外史》《金粉世家》《啼笑因缘》《夜深沉》等，近年来被几十家出版社竞相出版，并且还不断被搬上荧屏，被多次改编成电视剧。最后他很幽默地对我们说："骂我的也好，捧我的也好，都是不要金钱在替我作义务广告。"我们说什么呢？真的服了！

有了以上的感悟和认知，我们对黎川有了更多的亲切感和眷念。从老街出来已近中午，县委副书记顾波先生以主人的身份，热情地招待了我们一行。主人特意选了带有本地特色的菜肴，有一种芸豆，很大粒，做得又甜又酸，好吃。有麻辣红烧小河鱼，味道很特别。有一道菜是豆腐做的，主人自豪地说："黎川豆腐好！"黎川豆腐细腻白嫩，滑溜香甜，我想，少年时的父亲，肯定喜欢可口美味的黎川菜肴吧！

饭后，我们辞别主人，依依不舍上路，离开了父亲魂牵梦绕的儿乡，完成了先父未偿的夙愿！别了，黎川，父亲的梦里江南！

二下江南

张伍　张明明　二〇一六年十月十四日

江西上饶市的"张恨水主题公园"

上饶先父的塑像

"张恨水主题公园"以张公小说人物为塑像

　　大病初愈，明明又背上画夹，带足了药片，从华盛顿飞到北京与兄长张伍会合，再次踏上我们的"朝圣之旅"，沿着父亲履痕，拨开他梦中旧影面纱，一睹生他育他江南水乡的倩影笑靥。不管她隐身在哪个山涯水角，我们都会不惮其劳地去向她膜拜致敬，以了却我们兄妹心头的夙愿！当然，我们还肩负着一个任务，安徽省一家影视公司，筹划拍摄父亲的小说《北雁南飞》为电影。故事发生在100年前清末的江西省新干县三湖镇，我们此行偕同了影视公司的杨总来察访小说描绘的村落、房舍、庙宇、祠堂、私塾等建筑遗存。由于事情是发生在清末，可说是年代久远，斗转星移，时世变迁，加之天灾人祸，兴亡更迭，所谓白云苍狗，荆棘铜驼，故园早已面目全非，真迹难寻，侥幸留下的也都经过历史巨轮碾压，变成断壁颓垣，残砖破瓦，废墟而已，面对斯情斯景，后人只有凭吊太息！

　　然而幸运的是，凡是父亲生活和学习过的地方，当地政府和乡亲，都对先父有着拳拳缅怀之情，常常收到他们发送的各种有关纪念先父的活动和消息，除了举行有关张恨水的学术研讨会，还有安徽省潜山县黄土岭修建"张恨水故居"、江西上饶市修建的"张恨水主题公园"、黎川的"张恨水故居纪念馆"等等，这些桑梓之情，深深地感动了我们，也给我们增强了信心，不怕"踏破铁鞋，众里寻他千百度"，也要把外景地找到，既是完成心愿，也是对桑梓之情的回报。

　　根据制片方理想规划，是要修建一个清末民初江西水乡生活的文化村落，既可以生动活灵活现地展露在影片里，拍摄之后，也可以给当地民众留下一个活的博物馆。这个想法深得我们兄妹之心。于是从二〇一三年开始，我们就在寻找可以拍摄电影的民宅、街市、祠堂、街市和村落。

在二〇一一年初识三湖镇后，二〇一三年确定拍电影，我们一直希望用三湖镇姚家村作为基地，搭建一个影视场，这当然也是当地政府所希望的。可是二〇一三年明明再来看景时，却伤心地发现原来尚留下的一点旧迹又消失了一些。三湖镇赣江渡口，一个渡口堆满了垃圾，另一个渡口修了沿江的石头护堤，不远处正准备新建什么工程。而三湖镇里修了一个商业街，街面宽敞，两边的商铺统一地修了"面子"墙，这种流行的快速整容工程，完全失去了清末商街特有的江南韵味。饶家村（现砚湖行政村）的祠堂，只剩围墙一堵，铁门紧锁，里面荒草杂蒿，长有人来高，祠堂后面原来尚存的一排村办公室用的仓库也不见了，村外长堤旁的几幢旧居也变了样，这完全不符合拍摄电影的需求，虽然有些失望，但还可以另想办法，再寻找一个近似的村子，重新打造一个饶家村。令我们发愁棘手的是，到哪里去找《北雁南飞》书中描写的美丽多姿的橘树林？这是三湖镇的标志，也是书中男女主人公爱情红线的牵引者和见证者，重要的是故事的亮点都发生在橘树林，男女主人公在橘林定情，女主人公在和男主人公离散多年，在生死未卜的煎熬岁月中，突然在橘林深处，听到了对方还健在的消息！而另一女主人公毛三婶受尽委屈，还要在橘林向自己的醉鬼丈夫赔礼认错，那种心不甘情不愿的扭捏作态都发生在橘林，通过缀满枝头的红橘的衬托渲染，使得情景交融，不仅富有地方特色，也充满着艺术个性，如果没有橘林，会减色不少。1991年的那场大寒流，使得三湖镇赖以自傲的橘林损失殆尽，就连百年橘树也都冻死无存！尽管我们兄妹一直不死心，明明曾三下三湖镇寻觅红橘，制片杨总也是数度造访，但都是乘兴而来，败兴而归，始终寻觅不到大片的橘林，那就只好另作他谋。再向南去，可能会找到大片橘林和理想橘树，2016年10月中旬，我们再次南下，绕过三湖镇，径直奔往江西黎川，再去抚州回程经三湖镇，一边寻找橘树林，一边看一看古老民居，听说金溪一带保留得很多。

多情黎川

　　2016年初，黎川向我们发过邀请函，请我们兄妹参加10月15日的"张恨水旧居纪念馆"的揭牌仪式。我们于2016年10月14日下午赶到黎川，另有影视公司的杨凤锦总经理和"池州学院通俗文学与张恨水研究中心"的谢家顺教授。

　　我们兄妹从合肥乘高铁，9：00出发，12：30分到达鹰潭，黎川的车姓主任和一位司机已在车站出口等待。上了他们的车就要找吃午饭的地方，这看似树丛和田野的地方，上哪儿去找饭馆？主任在手机里搜索，说："有。"于是车子七拐八弯停在一条紧挨菜地的饭馆门口，我们下车抬头一看，小楼上挂着"凤家酒楼"的招牌，卖私房菜，店主是位精明能干的年轻女子，温州小凤。递过名片，看了酒楼地址，让我们丈二和尚摸不着头脑，所谓"奇文共欣赏，疑义相与析"，还是公诸同好，以博诸君一哂。名片正中赫然写的地址是：夏埠经济大厦市政府西侧。虽无门牌，无街道名，但阅者自知，决不迷路！

　　进了酒楼，上下二层，放满了花草，爬满了墙壁和屋顶。真草假花混在一搭，看不清真假。二楼上有个小阳台，刚好放了一个圆桌在瓜藤下，小凤招呼我们这里坐下，送上茶水，就去忙着厨房里的事了。我们浏览阳台外三面情况，的确是别有情趣的郊野风情，眼前是一大片地种着各种蔬菜，小凤的父亲正在菜地工作，菜蔬只供小凤使用。我们吃的菜，有野鸡、野猪肉、小萝卜缨、炒茭白、炒四季豆、小河里的小鱼、西红柿鸡蛋汤，这些都是地地道道的没有任何农药化肥的自然养生菜，是在北京和其他大城市万难尝鲜的绿色食品，在饱啖一顿之后，也有一种久违了的感慨。

告别小凤，下午住进国安假日酒店，与自驾车而来的杨总和谢家顺教授会合。傍晚，张春明副县长来看我们，一起用餐，菜菜都有辣椒丁，至此才体味到俗谚"四川人不怕辣，湖南人辣不怕，江西人怕不辣"的层次区别。

张副县长和我们谈了许久，一直未提明日给"故居"挂牌的各项安排。我们问起这件事，他愣了下一说："改期了，你们不知道？"对于这突如其来的回答，我们毫无准备，十分愕然！张副县长肯定地告知我们："发了信息，你们没有看到？"于是大家打开手机，查找来往信件，这改日子的信件却未明确找到，只好笑着说："既来之，则安之，请带我们去看看你们几年新的工程吧。"

张副县长带我们去看刚刚修复的廊桥灯光，这座桥上次来的时候，桥身和桥墩之间是水泥填筑的，这次已经恢复成大火烧坏之前木架结构，轻巧了许多，桥身挂了许多灯光装饰，因为已进入十月尾，河水少，桥两头有广场供游人休息。此时，正是乐声响起，有妇女在翩翩起舞。

走过横港桥，迎面走来一批游客，张副县长和他们打招呼，并郑重其事地介绍了我们几个人，然后告诉我们，其中一位是本地法院的院长。院长听说我们是张公恨水先生的后人，热情兴奋地说："哎呀！太好了，幸会幸会，我喜欢张老先生的书，是忠实的读者。"站在一旁的陪同人员插话："院长的文笔相当好，他的判决书很有文采，在司法界得过头奖。"院长接着说："难得相会，明天中午我请客，咱们好好聊一聊！怎样？"因为明日一早，我们就要出发，只有婉谢，留待来日讨扰。

10月15日，是个星期六，张副县长带我们去老街吃早餐"水粉"。老街整修了一部分，据说有三分之一，把铺面破旧不堪的换上新木头，涂了暗色的漆，感觉上有岁月流逝的痕迹，江南雨水多，有个骑楼也是江南城市建筑的特色。下雨天行人依旧可以逛街买蔬菜，办事，都不会淋湿。

铺了水泥的道路又换成了石板路，平平整整，这种有个性、有特点、有历史深度、有骨架、有灵魂的修旧如旧的建筑风格，实获吾心！

我们进了一间水粉店，面临小街，摆了一溜炉灶，滚着开水的大锅，冒着热腾腾的水汽，一把像面条的米粉放在漏勺里，再在大锅煮好，捞起来凉水中过一下，分在一个大号碗里，浇上高汤（猪、鸭、鸡等骨头熬成的汤），再依客人口味加上牛肉、咸菜、油条、芋糍等，味道鲜美，口齿留香，美哉，水粉！

张副县长带我们看了两幢老屋，是梁、李两家人的祠堂，典型的江南建筑，精巧细致，虽历经两百余年的岁月流逝，仍然风采依旧，美轮美奂！

看过老祠堂，又去河边瞻仰父亲幼年居住的旧居。现在老房子里的住户都已迁出，房间里也没有了破旧的家具，明亮宽敞，旧貌换了新颜。上二楼到了阳台，极目远眺，河水东流，波声潺潺，水鸟翩翩，涟漪泛泛，岸边村姑，捣杵捶衣，笑声不断，好一幅江南水乡图。再望对岸的横港桥，岸边新立了个大大的木头水车，左手边廊桥下的木质装饰，与水车协调的相互呼应，岸边芦苇丛中，闪露出白墙黑瓦的村舍，加之廊桥横跨两岸，在灯光掩映下，犹如七色彩虹坠落黎水，不仅家家都在图画里，几疑身在仙境中。美丽的黎川，父亲梦中的江南！

下午，我们一行又参观了黎川县第一中学，校内有个孔庙，有千年的历史了。庙内外都有大柱子，殿外的柱子是方的石柱；殿内的石柱是圆的，木头的部分已经更换了。庙前的院子，三面是廊，院中有多株桂花树，最大的已有百岁之龄。张伍尚是初次"拜见"如此高龄的桂花树，真是三生有幸，机缘巧合，仅此一睹，已是疲劳顿失，不虚此行了。加之正是深秋，所谓"三秋桂子，十里飘香"，深喜眼福不浅，这棵参天古桂，正是繁花盛开，朵朵星星，缀满枝头，空气里弥漫沁人香气，而又隐隐约约地内含着丝丝的甜味，这一刻我们懂得了什么叫作沁人心脾！妙的是小院寂静无哗，地上布满苔藓，告诉你这个小院人迹稀少，我们琢磨着是不是可用来拍个外景。

但是，橘树林呢？还是芳踪难觅呀！

中田乡坐落在山丘里，乡长程木兰接待，她是一位三十多岁的女子，细高的个子，精干、历练，带我们看了中田乡的老宅区，有十几幢老房，已经空出来了，政府要修缮，打造旅游区。程乡长得知我们此行目的是寻找橘子林，拿出几张新拍的"大红袍"橘子树的照片说，她们村口有几棵，成不了气候。但是程乡长告诉我们，蜜橘熟了，可去摘。她拿出许多小筐筐，每人分一把剪刀，大家跟着她上了小山坡，走了十来分钟来到山坡高处，向远处看去，满山满谷，金红色的橘子点缀在郁郁葱葱的绿海中，蔚为壮观！村民指着几株枝叶低垂的树丛说："可以摘这几棵树的，很甜。"大家兴奋地拿起剪刀，一手握着橘子，另一手握剪刀，去剪断与树相连的蒂,兴高采烈地体验橘农的生活。

这些树上结的是温州蜜橘,与我们要找的"大红袍"橘树林不一样,它的树冠很大,却低矮,村民说故意修剪成这样,采摘容易,减少劳动力!二是它的果实比较小,所以此橘非彼橘,但是汁多甘甜,我们倒是大饱口福,吃了不少蜜橘,真是满口生津,鲜美无比。

2016年10月16日离黎川,向抚州奔去,张副县长坐另一辆车送我们去抚州,在宜黄分手。我们就由当地的朋友带路去看老房子老村落。

美哉古樟

我们此行的目的是看千年古村——流坑,但是我们还没进流坑之前,当地接待人员热情请我们先到村旁去看老树。有古村必有古树,我们也没有在意,因为事先也没有人向我们介绍过或者提及这个古树林,客随主便,接待人员邀请我们去看,也就信步由之,但是走进这个古树林,被眼前莽莽无限古林海惊得目瞪口呆!简直不相信自己的眼睛,人间还有这样的奇景,居然我们此生还有这样的福分,目睹这创物主的宠儿,人世间的奇迹。我们面对的是一个千年古樟树林,一望无际的1200年以上的古树就在你的身旁,有香樟、星金牛、黄檀、椤木石楠等,人走进这巨大的老树林里,扑面而来的是浓郁的樟树的芳香,这种香气不仅包裹着你的全身,而且沁入到你的心脾,从里到外的都是那样的清爽舒适,有一种超凡脱俗的净化之感!人走进这巨大的老树林里,仰望枝繁叶茂的参天枝丫,就像小人国民到了巨人国。多年前我们去过婺源,看到一棵

江西流坑千年古樟林

1200年的樟树，只有一棵，已经是惊叹不已，眼前的巨树海洋，实在是太壮观了，树树相连，虬枝盘结，犹如苍龙探爪，怒向天空，说什么幡盖连营，简直是遮天蔽日，面对这样的人间奇迹，只有感谢造物主的鬼斧神工，我们目瞪口呆，如是半晌，才缓过神来，此时语言显得苍白无力，再次感叹造化的神妙！

在入口处的展牌上是这样介绍的：

中国第一古樟林，总面70公顷，2907棵，牛田古樟林位于江西抚州市乐安县，古樟总数2907棵。其中国家级古树288棵，Ⅱ级古树1056棵。牛田古樟林以其面积之广，古樟之多，树龄之长，在全国实为罕见。2016年，成功入选上海吉尼斯之最，被认定为"规模最大的古樟林——中国第一古樟林"。

出了古樟林，我们不禁感叹，这古树是怎样熬过这一千多年来的岁月更迭，乾坤转换，又是怎样挺过了天灾人祸，刀兵连接，又是怎样扛过了风雨冰霜，寒暑侵蚀的……这一切需要有多顽强的生命力，才能傲然挺立在我们面前，给后来人以昭示和启迪。但是有一点却很明白地告诉了后来人，那就是它们都生长密林中，由于交通不便，人迹罕至，它们躲过了人为的破坏，也躲过战争厮杀刀兵伤害，所谓"藏在深山人不识"，它们远离世外，孤零零的独善其身，寂寞千年，幸哉欤？还是不幸欤？

我们离开了蔚为壮观的第一古樟林，心里有一种不虚此行的满足和充实。接着，我们去探访有着"千年美誉古村落"的"流坑"，让人惊讶的是它被保护得相当好，已经形成一个完善的旅游区，仍然有居民在这里生活，田园气息相当浓郁，还没有太多的现代商业元素，这是意料之外的收获。

旧友重逢

这天晚上，陈克胜主任招待我们晚餐。她是原黎川县副县长，我们相识已有五六年了，是位能干的女县长，一直对我们的事很热心，后来调抚州任台办主任，我们来拜访她，叙叙旧。

大家围坐一桌，对我们此行到抚州来看外景，陈主任表现出了很大的兴趣，立即请人电话落实古宅和橘树林的具体地址，决定第二天去金溪古村。

第二天一早，冒着蒙蒙细雨出发，半小时的车程，到了金溪县合市镇龚家村。树木掩遮着一个住宅的入口处，我们下车，走进小院，已有几位县里的干部在等待，其中有文化部门的许主任，她介绍一位中年男子说："这是周先生，橘林的主人。"周先生用手一指，果然不远处有一片橘林。

我们一行在他的引导下，走进了橘林。这片橘林是周先生私人经营，共有二十亩，林子里有"大红袍"，也有蜜橘，还有橙和橘嫁接在一起的树，结着两种不同的水果。10月下旬，橘子黄了，还没有太红，吃起来也很甜，我们难掩兴奋之情，望着眼前的这片橘林，橘林边还有一个清水塘，和橘林相映成趣，很美，可以上镜。但经我们仔细查看，发现这些橘树都不是很高，问林子的主人，他解释说："橘子高了，采摘不易，所以上面都修剪过了。只留了一少部分树没有修剪，是为了拍照用。"

不管怎样，还是找到了一个可以代用的橘树林。

下午，我们去了浒湾，"浒"字在这里不发《水浒传》里的"浒"为虎音，就念"许多"的"许"音，这算是长了学问。这个村子小河多，干净，有石头铺的宽马路，路边有一列展牌，介绍村中古老的房屋和这里的木板印刷手工业。村里原貌保持很多，政府已回收，准备发展旅游业。

当我们问及这里可不可以找到百年祠堂来拍摄电影，接待我们的县长饶源中说："你们要什么样的古老建筑，我都能找到！"

初识新干县

10月17日，从浒湾到新干县开车三小时，入住新干酒店，晚上就在酒店里的餐厅单间用饭。新干县曾亮县长做东，三湖镇邓兴勇书记作陪。曾县长熟读《北雁南飞》，他说："张老先生在这住了不到一年，就把三湖镇的风土人情写得这么到位。"

张伍说："因为他对三湖镇有深厚的感情。"

曾县长接着说道："老先生写村中妇女剪橘子，把橘子在脸上擦一擦，这些细节都注意到了。"并向我们解释，本地人萧、饶分不清，三湖没有姓姚的，饶廷栋的后人，可以找得到。

曾县长对张伍诙谐地道："我叫你张老，叫你（对明明说）大姐。"

明明回答："那辈分不对了。"大家笑了。气氛一下活跃起来，生趣盎然。

我们向县长报告：2010年来过三湖，想知道父亲少年时的生活轨迹，那时看到姚家村里的破落，心里很不是滋味。第二次来是2013年，就有了拍电影的念头，想借这个题目把饶家村恢复成明末清初的居民博物馆，活的，展现那时代农村的生活状况。

县长听后说："你们的想法很好！"

明明说："我们想找到一些老房子，买下来搬到饶家村，但是人家不卖了。"

县长说："我也想做，叫作'打造文化古村落'，按这个题来做，电影也好电视也好。这是个思路问题，你提这个想法好，把织布、商贩买卖都可以放进来，这会比《金粉世家》更有意思。"

这时杨总向县长报告了工作进展情况："前期工作用了两年时间了，我们会请好的导演，在这两年，黎川比较热情。"

县长问："张老先生在黎川住了多久？"

杨总回答："一年。"

谢教授也补充说："黎川在明清老街修旧居纪念馆。"

县长说："只要我在新干县，张恨水的品牌一定会做。我会打报告向上级汇报，外人到这里来，我不是送烟送酒，我送每人一本《北雁南飞》。"

杨总说："我们坚持二三年做前期，还会用二三年来拍，做后期，要把江西的生活面貌详细展现。这里面有民族文化，社会秩序等，如果现在老人家们不做，将来的导演更不能把握人性和社会秩序的冲突。二婆婆挂匾的那场戏，表现一位妇女用一生的悲哀，换来的苦命牌坊，全村人欢庆，她哭干了泪水的眼睛，没有欢笑，只有涣散聚不拢的光，都是非常有震撼力的。"

我们告诉县长明天要去三湖镇、饶家村，再去看渡口、读书的祠堂、橘子林。

县长当下布置三湖镇书记马上去联络这几个地方，免得我们年纪大的人乱找。

县长说："我们现在就主动思考，如果你们在这里搭摄影基地，我免费供用地。"

聚餐变成了开会，大家谈得很热闹，不知谁提出的问题，为什么叫三湖镇，而不是二湖或者四湖？

流传的说法很多，大家认为以下这个说法较好。因为这里原有一幅对子：

泥州湖州砚子州合为三州

蓬湖腰湖枫林湖聚为三湖

踏破铁鞋

我们耳熟能详的诗句"山穷水复疑无路，柳暗花明又一村"，以及"众里寻他千百度，蓦然回首，那人却在灯火阑珊处"，读完总觉得是诗人夸大其词，是在鼓励你做事要有恒心，要坚持，不要随意放弃，生活中不会有那样巧的事。然而生活有时真的会跟你开玩笑，当你要做一件事，或是一个工作，费尽九牛二虎之力，总不成功，真的有些灰心丧气，干脆放弃算了，但是又有些不甘心，再努力一下，就是这一下，突然峰回路转，前途光明，真如俗语所说："踏破铁鞋无觅处，得来全不费功夫。"这种甘苦就真的在我们身上印证了！就在我们认为此行还是没有找到合适的橘林，灰心丧气地徒劳而返之际，突然在10月18日星期二接到消息，就在三湖有一片橘林，我们闻讯，几乎不相信自己的耳朵，说什么喜出望外，简直是心花怒放，大有绝处逢生之感。一早我们就赶往三湖镇袁河旁。这里有橘林117亩，2874棵橘树，品种有大红袍、温州蜜橘、南中橘、紫壳等，是我们梦寐以求的场景，百年橘树，高大参天，一棵接一棵，郁色葱茏，上面布满星星点点拳头大的红色果子，好一派景色，真是美不胜收！我们来了四五次，到处打听，还远去抚州黎川去寻找，原来你就藏身在三湖，我们好奇地打听，为什么这里还能保存这么多橘树？70、80年的树龄，甚至百年的橘树，没有被1993年的那场大寒冻死而幸免于难的呢？当地人向我们解释，这片橘林旁有一条河，是袁河，这河在这里绕了大湾，三面环绕这片橘林，天冷时，河面有暖气上升，笼罩着这一片林子，使这片橘林得以保存，原来如此。

大红袍，乡人也叫它红橘。所结的橘子个头比较大，皮厚，皮上凹凸的纹理质地也比较粗。蜜橘的表皮就光滑细致多了。吃起来也不像蜜橘那么甜，所以只适合制中药，叫做枳壳。

据三湖镇志记载："三湖红橘是江西著名特产，三湖镇为其主要产区。"

南宋诗人范成大于公元1178年前后，曾在《清江道中橘园甚夥》一诗中云："芳林不断清江曲，倒影入江江水绿。"即是描述三湖一带橘林的繁茂景象。而远在西晋的张华（232—300）所著《博物志》，就有记载新干、清江等也出产柑橘，这就追溯到1700年前的种橘历史了。找到这片橘林是我们此行的最大收获。

希望能在电影中再现父亲诗中所说的"客居记得在三湖，日照窗棂万棵珠。最是云开风定后，小姑分线网珊瑚"的景象。

江西三湖镇成片的百年橘树大红袍

伤心再见饶家村

还带着发现橘林后的兴奋，我们当日再访饶家村（小说《北雁南飞》中的姚家村）。车子从村外的大堤上，转进小村不远处就是原来的祠堂，小说中的主人公在这里读书，再遇姚春华师妹，二人有一场蚀骨铭心的恋爱，却因至亲至爱的父母而屈服于旧秩序、旧礼教，撕心裂肺地被活生生拆了开来。几天前我们在中田村巧遇一位接待我们的乡干部，她见我们之后，把对《北雁南飞》的读后感告诉谢家顺教授，她被父母从小定了亲，长大后反对这个婚姻包办的做法，母亲以死相逼，她不得不顺从，幸而在婚后调整心态，丈夫也对她很好，就这样维持下来。到了二十一世纪，这种事情在农村仍然有，不是我们亲自遇到，还真不敢相信。

祠堂在电影里有许多镜头，是个重要的场景，我们很希望在这里重现经馆的原貌。我们第一次来，2011年这里存了个围墙，围墙上有个门，进去之后就是一个院落，种着蔬菜，后进是一排平房，村办公室和村里的仓库是原来姚廷栋老师讲学的地方，隔着院子，有一堆放东西的旧楼房，院子正中有一棵老罗汉松是唯一原来留下的东西。2014年明明和杨凤锦老总来这里考察，楼房拆了，安了一道铁门，院子更荒凉了，村里人说要建个学校。2016年再来祠堂，外面是新的围墙，墙里一个广场，后面一排教室，修成小学校了。围墙的内墙有几幅照片介绍这地方曾经是"张恨水读书的地方"，修建个小学总比空置荒废好。

我们一行人退出来，在村子四处走走，边走边看，那个"姚春华"家倒是还在，非常破落，木头门窗已被丢失大半，剩下的几扇被主人用木板钉起来了，主人是位残疾人，行走不便，不知他怎样有能力来保护这幢老屋。

当地人告诉我们姚廷栋（萧廷栋）先生有后人，住在离这里150里外，是他孙子。看看时间，今天是不可能去拜访他了，留待日后吧。

村里又有几户人家，推倒了旧房子，修建起新的小洋楼，墙面上贴着瓷砖，虽然说不上豪华，但居住条件是改善多了，但光洁发

饶家村百年老宅：传说中《北雁南飞》女主人公"姚春华"的住宅

亮的瓷砖，和周围陈旧灰暗的灰砖比起来，显得很不协调。反观金溪县龚家村，他们已经有规划地将新房子外面和旧有的村庄建筑风格和用材统一起来。

但愿我们能在饶家村建一个摄影基地，让这个曾经美丽的小村落重新恢复美丽。

万寿宫

父亲曾在1940年4月29日于重庆《新民报》发表《万寿宫》一文，文云："看到报上赣北我军在万寿宫歼敌的消息，便憧憬着儿时神往的西山。江西人最信仰晋修道士许逊，几乎每县每乡均有一座万寿宫，供奉着许真君。而西山这座万寿宫，是许逊故宅，等于江西人眼里的圣城，尤为香火盛地。……这祠为什么要叫万寿宫呢？这理由我还没有在人间找到。但我知道每个许逊神像前，在满清时代都有一块万寿牌，这或许有点原因。"

父亲又在他病前写的唯一自传《写作生涯回忆》中再次提到"万寿宫"。他在自传中，充满感情地回忆道："父亲办事的地方，是万寿宫。我白天不回家，在万寿宫的戏台侧面，要了一段看楼，自己扫抹桌子，布置了一间书房。上得楼去，叫人拔去了梯子，我用小铜炉焚好一炉香，就作起斗方小名士来。"

显然，三湖镇的万寿宫是座宏伟壮丽的道院，我们自然产生了何日一游的夙愿。

既然我们把橘林找到，这一趟南下的目的达到了，到了这里，就要到临江府去看看。三湖镇的人都到临江府来赶集，两地相距不远。樟树镇的杨镇长陪我们到了临江府。

临江府的接待人员领我们参观了两个地方，一是古府衙口，这府衙极像一座小而高大厚重的城墙，城墙上有城楼，城内有一大片花园水池，一大片橘林，一座住宅，都还保持原貌，没有遭到破坏，或许这城门可以在电影里派上用场。第二个要我们参观的是新修的老街，街道平整，两边房屋也是青砖黛瓦新修成的。我们终于看见一个旧建筑，是隐身于这条街里的万寿宫。万寿宫很高，很大，黑黝黝的，看不清原来的墙色是红还是黄，里面烟火缭绕，除了几进正殿还有侧殿，殿院凌乱不堪，都是香火鼎盛，妙的是供有弥陀佛、观音、四大天神、道家文昌君，各占一席，都有香火供奉，搞不清主人是谁，但是你供你的佛，他供他的神，各不相扰，相安无事，堪称一绝！万寿宫只有江西省供奉许真君。接待的人说，目前这个庙无人管理，是民间自发的，政府有意收回管理。因为父亲在自传中曾提到他在万寿宫读书的事，所以我们很想知道万寿宫是什么样子，但是眼前这个万寿宫却完全不是读书的环境。

桑梓情深

10月19日，我们俩兄妹、杨凤锦老总和谢家顺教授，离开樟树市的酒店，冒着一路的绵绵秋雨，经九江回到安徽潜山。潜山县张恨水研究会的几位成员请我们吃了家乡的土菜，边吃边聊，满耳的乡音，亲切动听，十分融洽，我们也大有宾至如归的感觉。研究会已经成立了三十二年，做了许多有关收集和推广研究张公恨水先生的文学作品，自从开发潜山的"一山一水"，山是天柱山，水是张恨水。这一口号提出以来，受到家乡读者和全国读者的欢迎，成绩斐然，令我们感动不已！

先父的骨灰，2012年回归故里，安葬在潜山县博物馆内，同时修建了张恨水纪念馆。2016年也在潜山县黄土岭老家建立了"张恨水故居"纪念馆，并列入安徽省文化保护单位。

回程合肥的路上，我们把谢家顺教授送回池州，依依不舍，挥手告别，剩下我们俩兄妹和杨总继续前行，到了合肥已经是晚上六点钟了。

20日是此次南下的最后一天，我们决定去安徽名人馆看一下。

名人馆外貌雄伟大气，古典式风格，有宋建筑的味道，大而扁的屋顶，很宽的台阶，周围有许多绿化，花木扶疏，免费参观。进门是一个很大的空间，高有三层楼，可以看到对面的玻璃墙，掩映着绿色的植物。墙的前面有一耸立的影壁把这个大厅隔成大小两个空间，前厅和后厅是可以通向左右的交通主道。影壁上有灰色的石雕，是安徽各个时期著名的历史人物组成的浮雕群。

黄土岭张恨水故居

老家潜山"张恨水故居"

张伍和张明明在故居前留影

　　一楼是徽式建筑的小街市，精美，色稳，有岁月感。蜡像人物很逼真，栩栩如生。馆里陈列了从建省以来的所有名人，一个个分时代列出。有关父亲的介绍在第七室，整整的一面墙，有生活照片、著作封面、老黄土书屋和潜山县纪念馆。

　　安徽父老对父亲的拳拳缅怀和深厚的桑梓之情，令我们温暖和感动，安徽对父亲不薄！

　　我们也拍了许多照片，杨总说我们合影一张，就站在一张大照片前，照片上有张伍和父亲，正好旁边有位游客是个年轻的姑娘，

安徽合肥名人馆前厅巨型壁雕

安徽名人馆外貌

在安徽名人馆张恨水展壁前留影

我们请她给我们仨拍照，姑娘说："好幸福的一家人。"指着杨总说："和爸爸妈妈靠近点！"引得我们哈哈大笑。拍完照，杨总对小姑娘道谢，指着张伍对她说："这位老人家是照片上的年轻人，他们是兄妹。"小姑娘也乐了，说："太巧了，我也和你们合照一张。"

第二辑 京俗杂拌

前　言

北京人过年，不论是阔家主儿，还是穷家主儿，都得备有杂拌儿。来了拜年的客人，边喝着茉莉小叶茶，边吃着杂拌儿，天南海北地聊聊家常，谈谈一年来的欢乐与苦恼，再瞻望未来，宾主心里都有一种甜丝丝的温馨之感。您要是出门拜年行个人情什么的，送点杂拌儿，也是上好的礼品，准受到主人家小孩子的欢迎。

什么是杂拌儿呢？顾名思义，妙就妙在一个"杂"字，什么都有。杂拌儿分为粗细两种，细杂拌儿很讲究，您要吃甜的，有金丝枣、桃脯、梨脯、苹果脯、蜜饯海棠、蜜饯玫瑰等，您要吃酸的，有金糕、杏脯、蜜饯红果等，老北京都爱前门外"通三益"的细杂拌儿，先甭说吃，就瞧它盛在福建漆果盒里的漂亮样儿，红绿杂陈，黄白相间，闪映着琥珀色的蜜汁，再配以青丝、红丝和晶莹剔透的反条，真够人赏心悦目的了！粗杂拌儿就简单多了，把瓜子、花生、关东糖、花生糖、寸金糖、挂拉儿枣杂拌在一起，也是有甜有酸的。

笔者两代定居北京，生于斯长于斯，骨子里都浸透了"北京味儿"，可说是爱北京的一切，爱她的历史文化，爱她的风景名胜、爱她的大街胡同，也爱她的淳朴民风，爱游香山北海，也爱逛天桥庙会，爱听京戏，也喜欢评书单弦，干脆一句话：喜欢北京"杂拌儿"！

清末诗人方海槎在《都门杂咏》中说：

京雒繁华咏不成，漫凭丝管写承平。

儿童手鼓铮铮响，此是新年第一声。

笔者趁着腊鼓催春，万象更新之际，借他一句"新年第一声"，给您端上一盘"杂拌儿"，跟您聊聊北京的民俗，没准儿又跟您扯上白塔寺的豆汁儿。不过我可给不了您"通三益"的细杂拌儿，您就包涵着点儿，慢慢品，慢慢尝，解个闷儿吧。

最后按北京人的规矩，给您拜年："您过年好！祝您新的一年万事如意！"

张伍

年　画

　　清人富察敦崇所著《燕京岁时记》中说："每至腊月，繁盛之区，支搭席棚，售卖画片。妇女儿童争购之。亦所以点缀京华也。"得硕亭的《草珠一串》有句："西单东四画棚全，处处张罗写对联。手褶灯笼齐讨账，大家收拾过新年。"说的都是卖年画的"年画棚"。

　　北京的年画很有特色，粗犷中见幽默，颜色鲜艳，大红大绿的，有个意思。从前北京出售年画的分为两种，一种就是上面说的"画儿棚"；还有一种沿街叫卖的，卖画的小贩背着个大布口袋，里面装着各式各样的年画。一到腊月廿三，街头巷尾都会听到悠长而清脆的："画儿咧，卖画来。"的声音，这就是卖年画的小贩吆唤。

　　北京的年画大都是天津杨柳青出产的木版年画，三十年代后，上海的"月份牌年画"，也挤进了北京市场。北京的年画大致分为下面几类。

　　一、祝福发财：如招财进宝、聚宝盆、财神叫门、日进斗金、发财还家等。

二、象征吉祥：如五福临门、吉庆有余、瑞雪丰年、兆民安泰、太平年等。

三、京剧画：如龙凤呈祥、玉堂春、长坂坡、三战吕布、三顾茅庐、李家店比武等。

四、仕女图：如黛玉焚稿、湘云醉卧、晴雯补裘、宝钗扑蝶、昭君出塞、雷峰塔等。

五、滑稽：如群童闹学、耗子娶亲、傻女婿拜寿、绕口令、怕老婆顶灯等。

六、娃娃戏。

另外就是上海出的"月份牌年画"了。

笔者幼时，最喜欢的是五、六两种，每到过年都要买"耗子娶亲"。平时特别讨厌的耗子，经过民间艺人的"创造"，变得那么天真可爱，一个一个的耗子，穿着衣服，长长的尾巴从裤子里钻出来，尖尖的嘴，细细的胡须，抬着轿、打着锣、敲着鼓，吹着喇叭，稚朴活泼，轿子里的"新娘"，端端正正的坐着，显出一副羞人答答的样子，让人一看，就忍俊不经。我和舍妹把它贴在墙上，总要笑个半天。写至此，都有些不能自已了！

娃娃戏也特别可爱，一个个胖墩墩的娃娃，戴着"盔头"，什么"纱帽""罗帽""王冠""夫子盔"，嘴上挂着胡子，有的勾着"小花脸""大花脸"有的扮着武生、花旦、老生，露着白如嫩藕的胳膊和两只肥脚丫，煞有介事的在"做戏"，真招人爱。

我去年春节在隆福寺一家工艺美术商店买到了几张木版年画，有阔别多年的"门神""财神""回荆州""鱼乐图"，而且是明正德九年、明嘉靖十年的藏板。我问了售货员，她告诉我，这是根据河北农村一位民间艺人的藏版印刷的。这些画泥土味浓极了，到现在我也没舍得贴出来。

今年年画又上市了，书店里挂满了一张张的年画，印刷精美，画的质量也很高，买画的人把书店挤得水泄不通，人人都显得喜气洋洋的，是啊，新的一年就要到了，谁不买几张年画哪。

"老北京"过年

　　春节是中国民间传统的盛大节日，各地过节的风俗迥异，但是北京的"年味"最浓，生趣益然。北京的小孩都会唱这么一首儿歌："姑娘姑娘你别馋，过了腊八儿就是年。腊八儿粥，喝几天，沥沥拉拉二十三。二十三，糖瓜粘；二十四，扫房日；二十五，炸豆腐；二十六，炖炖肉；二十七，杀公鸡；二十八，把面发；二十九，蒸馒首；三十晚上熬一宿（音读朽）；大年初一扭一扭。"这首儿歌生动的叙述了从腊八儿到新年所要做的事情，是一幅极富情趣的儿时图。因而北京人从十二月八日，就进入"年"了。

　　北京过年从腊月初八就开始了，这一天要熬腊八粥还要泡腊八醋。腊八粥要用白米、小米、黄米、江米、菱角米、栗子、红江豆、红枣合在一起煮粥，等到粥熟时，再加上染红的桃仁、杏仁、瓜子、花生、榛穰、松子、白糖、葡萄干等。各种杂粮粮店配好出售，各种果仁干果店有售。每到腊七，各家各户，就要剥果洗涤器皿，终夜操作，到天明粥就熬好了。除祭祀祖先供佛外，还要分馈亲友，尤其要送给嫁出的姑奶奶，而且有一条不成文的规定，送亲友的腊八粥不得过午，所以一清早就见互赠腊八粥的，挑着圆笼，往来不绝。腊八醋是在腊八这天，用米醋泡剥尽了蒜衣的紫皮蒜，泡好后将盛器密封（盛器需是瓷陶或玻璃），放在较温的地方保存，一直等到除夕之夜，才许启封，醋有蒜香微辣，蘸饺子吃十分爽口，蒜经醋泡，变成碧绿色，蒜尖上绽有嫩绿的微芽，美极了。

廿三日这天，是祭灶日，传说灶王爷这天要上天庭述职，因此家家户户均要祭灶，祭灶的供品是糖瓜、关东糖、南糖及清水草豆等。所谓糖瓜者，就是用米熬制的饴糖做成圆圆的瓜形，讲究些的在糖上面粘上白芝麻。北京旧俗有"男不拜月，女不祭灶"之说，故此祭灶时，妇女要避进内室。祭灶时焚香燃炮，主祭人嘴里不住说："好话多说，不好话少说。"祭毕将灶王像揭下焚烧，除夕再换上新像，所谓"接灶王爷"。糖是给灶王吃的，让灶王吃了糖把嘴粘上，就不能张嘴讲主人的坏话，清水草豆是给灶王骑的马吃的，这是公然向灶王行贿，灶王"吃了人家的嘴短"，自然也就只好"上天言好事"了。廿三也叫过小年，很热闹，从此就要进入"过年"了。

除夕，北京人叫三十晚上，是年的高潮。这一天从早到晚都是在喜洋洋的忙碌中，要擦抹什物，贴彩画的窗纸，剪挂签，换春联，悬门神对，张灯结彩，正屋中要列长案供全神祃，全神祃又名百分，上有福神、日神、月神、虫王、马王、玄坛、白衣大士、如来佛等神像，案上摆蜜供、蔬果、干果、馒头、素菜、年糕；年糕上插松柏枝，其余供品签上通草八仙、石榴、元宝等，叫做"供佛花"，等到傍晚，灯烛齐燃，院宇生辉，屋内鲜花飘香，祭祖拜佛后，合家团聚，全要参加，大大小小团坐一起吃年饭，酒浆罗列，鸡鸭鱼肉摆满桌上，还有两个素菜，过年必备，一叫"芥茉堆儿"，一叫"豆儿酱"，劳腥之后，吃芥茉堆儿酸辣清凉，十分爽口（有关芥茉堆儿，豆儿酱，将另撰文介绍）。夜十二点，燃鞭放炮，放盒子花。有一种名叫"耗子屎"的花，十分有趣，两头尖尖状似耗子屎，点燃后，在地下放出亮光嗞嗞乱转。小孩子在盒子花的银星闪耀中钻来钻去，欢声笑声响彻云天。此时举行辞岁仪式，家中最尊者居中而坐，家人按长幼顺序而拜。长者要给晚辈"红包儿"，红包儿是用大红纸做成方形套封，内有钱币，名曰"压岁钱"。辞岁后，还要吃素饺子，腊八泡好的醋蒜也在这时启封，以佐素饺，饺子内藏有一枚硬币，谁若吃到，一年万事如意。北京还有个特殊的风俗，就是傍晚时需要将芝麻秸、松柏枝铺满户庭以至大门，凡人行走时，发出哗哗啵啵之声，叫做"踩岁"。

除夕夜不许睡觉，家人团聚，游戏玩乐，谓之"守岁"，黄仲则名句"千家笑语漏声迟"，就是此情此景的绝妙写照。夜愈深，鞭炮愈剧，通宵达旦，不绝于耳。"爆竹千声岁又终，持灯讨账各西东。五更漏尽衣裳换，贺喜拈香倩侍童。"在欢歌笑语中，听到门外一声："财神爷到了！"从初一开始，北京人就要尽情玩乐，逛厂甸、看戏、走会、拜年一直到正月十五的灯节，把北京的年推到了最高潮，市肆张灯放烟火，又有冰灯火判争奇斗胜，银花火树，真是不夜之城。元宵节过后还有十九日的"白云观"里会神仙，至此，北京人才说一句"残灯破庙"，要热闹等来年了。

小金鱼

在北京，首先透给你春气息的，既不是暗香疏影的梅花，也不是牵惹情丝的垂柳，而是那"哎嘿大小——小金鱼咪"的一声吆喊！

北地春迟，当江南水乡已是杏花春雨，草长莺飞之际，北京还是余寒料峭，地冻冰封，春来得晚去得快，她就像临时想起来，匆匆忙忙打个招呼，应个景似的翩然而过。因为春的短促，北京人就更加珍惜她，喜爱她。新年刚过，一元复始，但街头仍是残雪未消，枯枝杈桠，人们都有点急不可耐的盼着春的来临，就在这时，胡同深处会传来一声清脆悠扬的："哎嘿大小——小金鱼咪。"的"叫卖"，立刻驱走了你心头的严寒，自然而然的被唤出了门外。

买小金鱼是愉快的，挑选小金鱼更是充满着情趣的。你瞧，卖小金鱼的挑着挑子，带着一种"诗"的情韵高声吆喊，那个挑子也极富生机，挑子的一头是个大木盆，木盆边沿有两条直上的木板，是扁担的过梁，另一头是个大柳条筐，筐里用干草裹着大小不一的玻璃鱼缸；木盆里盛满了清水，用木条钉成了许多小方格，每个格里按种类、大小、颜色分别安置着小金鱼，好让买主挑购。据说北京走街串巷卖金鱼由来已久，鱼苗来自金鱼池，清人编纂的《日下旧闻考》记载："鱼藻池俗称金鱼池，其民仍畜金鱼为业焉。"稍后的汪启淑在《水曹清暇录》中也说："鱼藻池在今崇文门东，既俗呼金鱼池，居人界池为塘，岁种金鱼以获利，内庭池沼临幸，则取给焉。"可见明、清两代，金鱼池的养金鱼就很驰名，不仅卖给民间，还要供奉内庭。至于为何正月卖金鱼，清光绪时蔡绳格的"一岁货声"书中的"大小金鱼来"一条注云："矮廓鱼挑，贮水，盖覆，正月初间便卖，取'吉庆有鱼'意。"除了图个吉利，再者孩子们都有压岁钱，买卖好做。等到三四月间，卖金鱼的还会增添田螺蛳和蛤蟆骨朵（蝌蚪），据故老传说生喝蛤蟆骨朵可以清火，但是我却从不敢尝试。

串胡同卖小金鱼的，主要是招孩子们一乐，因而价廉物美，木盆里"草金鱼"多，"龙睛鱼"少。草金鱼便宜，耐活，不像龙睛鱼娇嫩难伺候，一盂清水几颗米粒，草金鱼就能"悠哉游哉"了。我和妹妹挑选金鱼，都喜欢红色的，看到那一身闪闪发光的红鳞，就让人感到温暖、热烈。看准了鱼，指给卖鱼的，他便用个"小纱笊篱"把鱼捞出来，放在小鱼缸里。有时我们高起兴来，也会咬牙"豁出去"，买两条"红帽子""黑绣球"的龙睛鱼。买好了鱼，卖小金鱼的还会"白饶"你几根水杂草，不要钱。我们捧着小鱼缸，看着活泼可爱的红、黑金鱼，嬉游在清水绿草间，那一份喜悦，那一份怜爱，真难以用言语形容。"当时经过浑无赖，事后思量总可怜。"那种朦胧的体味和感受，现在我才知道这就是对春的向往，对未来的憧憬。充满着生机的小金鱼缸，在我心头的份量，沉甸甸的越来越重。写至此，临时抓了一首《竹枝词》，不是诗，博一笑而已：

僻巷风吹旧雪尘，金鱼大小唤声频。

红鳞绿草添三尾，始解挑头有早春。

元旦开箱

　　旧时北京梨园界，自年前腊月二十后的封箱，难得休息几天，等到市民真正要过年了，演员们就要"开箱"忙碌了。

　　每年正月初一那天，每个剧团都要举行开箱仪式，在清末民初，开箱仪式相当烦琐，虽然是繁文缛节，但演员们大都"祭神如神在"的虔诚。因为元旦戏都在白天，开箱一般都在观众未进戏园之前的十二点。开箱前先要"大摆台"，大摆台是台中设高台列账，高台上有印匣、令箭架、纸墨笔砚。台前放置旗、锣、伞、扇，台右侧摆鸾驾瓜、镫、钺、棍等，左侧摆兵器刀、枪、剑、戟等。台前栏杆插黄、红、蓝、绿、黑五面大纛旗。（平常演出有的小摆台与此相同，规模略小）。摆台完毕场面（乐队）开始"打通"，所谓"打通"，是乐队奏乐，据说京剧来自民间，在乡村演出前打通招来观众，进城以后，虽无此必要了，但相沿成例，还是要打的，打通分三次，头、二通是"武场（打击乐）敲打各种锣鼓点，头、二通，不一定非要场面中人，戏班里任何人，都可即兴参加，许多擅长场面的演员，就是在打通中"玩票"学会的。三通是吹奏乐，吹奏的都是吉庆的曲牌，如【得胜令】【普天乐】等。三通奏罢，"检场"的在台中摆置放有钱粮纸码得铁盆，然后"吊鱼"撒火彩，引燃盆中钱粮，四个戴假脸的灵官"跳灵官"，撤盆、灵官下，再上两个古装男童，手执扫帚清扫舞台，这两个人叫"扫地童子"。扫完地放台毯。此时观众陆续进场。开箱的高潮是跳加官，按旧例加官和财神脸子（面具）在后台不得露面，需用风帽挡遮，等跳加官的演员（老生或小生应工）穿上红官衣临出台才许戴脸子，跳完加官向观众展现加官条子，上写"恭贺新禧""福禄臻祥"等，紧接上身着绿蟒手捧元宝脸戴面具的财神，即跳财神。跳完财神，放下元宝，展开"开市大吉""万事亨通"的上下联，由前台管事接过，立即贴在戏园两边柱子上，后台管事高喊："开戏喽！"演员施黛匀粉，又哭又笑的舞台生涯，再度拉开帷幕。

开箱后的前六天，都要演"吉祥新戏"，而且不许演有死人的戏，这实际上是怕得罪观众，所以大都演的是《天官赐福》、《百寿图》、《八十封相》（即《渭水河》）、《龙凤呈祥》、《鸿鸾天禧》、《卖石捉妖》（即《青石山》）等。从"封箱""开箱"等旧俗来看，也可看出演员在旧社会中求生难的情况。

元旦开箱还有一个旧例，那就是演员这天不拿"戏份"（工资），只接受班主的"喜封"。所谓"喜封"，是班主给每个演员的"红包"，主演、龙套都一律，红纸包裹封的是像征性的一点钱，只够每人坐电车的钱，也就是演员要尽一天义务，以此来抵消班主年前祭神花费的酒席钱。班主生财有道，可怜龙套一天的窝头钱就"漂"了！

封箱、开箱等旧俗已早被淘汰，不复存在了。

红绒花

　　每到过年，北京的小孩都喜欢唱："新年到，新年到，姑娘要花，小子要炮，老太太要块大年糕，老头儿要顶新毡帽。"形象生动地描绘出了各得其乐的新春图。歌中的"炮"，指的是鞭炮，"花"，是北京特有的小红绒花。

　　北京的姑娘，喜欢美，喜欢花，在朔风凛冽的寒国，新年来了，为了迎接春，她们有一个特殊而又饶有情趣的习俗，无论贫富，不管是老太太还是小姑娘，个个都要戴一朵小小的红绒花，红红的，艳艳的，显得春意盎然。

　　北京姑娘新年簪花，可说是历史渊源，我并没有考证，不知源于何代，但是在明人刘侗等所撰的《帝京景物略》中就有记述："元旦日，小民以鬏穿乌金纸，画彩为闹蛾，簪之。"稍后的《余氏辨林》说："今京师凡孟春之月，儿女多剪采为花，或草虫之类插首，曰'闹嚷嚷'。"这里说的"闹蛾""闹嚷嚷"，就是新年簪花了。我儿时已经听不到"闹蛾"和"闹嚷嚷"这两个词，只知道红绒花，我喜欢红绒花这个字眼儿，也喜欢看红绒花，不管是簪在鬓边，还是作为摆设。北京卖绒花做绒花最出名的地方，是崇外的花儿市，《燕京岁时记》中说："花儿市在崇文门外迤东。自正月起，月初四、十四、二十四日有市。市皆日用之物。所谓花市者，乃妇女插戴之纸花，非时花也。花有通草、绫绢、绰枝、摔头之类，颇能混真。"因为绒绢花作坊商店的集中，所以就干脆叫花儿市了。一进入花市，放眼望去，只见各色各样绢花、通草花、绒花琳琅满目，犹如置身百花竞放的春园中，真是："姹紫嫣红映，花枝爱像生。鬓边娇欲语，活色画难成。"北京的"像生花"遐迩驰名，乾、嘉时期的郝懿行在《晒书堂外集》中就说："闻长老言，京师通草花甲天下，花市之花又甲京师。每天欲曙，赴者熙攘，博致肩头，日间聆深巷卖花声，清扬而远闻。"除掉花市外，像东城的隆福寺，西城的白塔寺等也都卖绒绢花，这些小贩大都手执一根木棒草把，上端捆扎的麦草上，分层次的插着各色绒花。再有就是走街串巷的卖花人了。

　一过腊月初八，你在街头就可以看见这些卖红绒花的，他们用一块干净的蓝布，包着几个匣子，挎在肩上，口里吆唤着："哎，绒绢花哎！"这悠扬清脆的卖花声，准会把我两个妹妹吸引住，卖花人进入你"宅门"，把匣子打开，这二尺见方的匣子是玉米杆做成的，北京人称之为秫秸，外面糊着彩纸，里面托着高丽纸，插着各种各样小红绒花，有喜字、寿字、元宝、聚宝盆、小凤鸟、串梅花、小玫瑰等，这些绒花做工精致，惟妙惟肖。我的两个妹妹能在这些花上，不厌其烦的蘑菇几十分钟，最后才挑出一两样，依依不舍地离去。有时我偶然高兴，也会在白塔寺给她们捎去一两朵，那会使得她们喜出望外。新年的早晨，母亲要给两个妹妹戴上小红绒

父亲和母亲周南

花，自己也在鬓边簪上一朵，看到母亲和妹妹头上的小红绒花，我觉得她们有点变了，有那么一种宛如仙人的感觉，一朵小小的红绒花，使得母亲和妹妹变得那么美！

　　往事如烟，几十年过去了，一到新年，我就想起了红绒花，心里不禁涌起了杨静亭在《都门杂咏》中的诗："梅白桃红借草濡，四时插鬓艳堪娱。人工只欠回春手，除却京师到处无。"是啊，能够留下春天毕竟是人们的幻想。不知不觉两个妹妹都已四十开外了，而且又在万里关山之外，但是我还想在新年这一天，送给她们一朵小小的红绒花，看看那心花怒放，充满着稚气的笑……

忆"灯节"

"弛禁金吾一夜安，上元灯局合城看。庙门挂起高幡处，簇簇人围火判官。"这首清代《竹枝词》，通俗幽默地描述了当时北京过上元节的情形。上元节就是元宵节，北京人习惯称之为灯节。可见这一套是"元宵"和"灯"的正日子，别的食品和玩意儿都得靠边站，是没法争这一日短长的。灯节是北京年的高潮，从正月十三至十七摆灯五天，十五那天叫正灯。过了灯节就是所谓的"残灯破庙"，年就算过去了。所以那几天北京人都得尽情乐一乐，享受年的味道，可以说灯节比大年初一还热闹。在灯节的这几天，街头上卖灯的摊子一个挨着一个，烟火、花炮的摊子也比比皆是，再有就是随处可见"摇元宵的"，甭说也知道该逛灯了。

逛灯是北京人一件大事，在东城八面槽附近有条街叫灯市口，是明朝时专为赏灯的街道。据《日下旧闻考》记载："灯市在东华门王府街东，崇文街西，亘二里许，南北两廊，即今之灯市口也。市之日……灯则有灯则有烧珠、料丝、纱、明角、麦秸、通草等，乐则有鼓吹、杂耍、弦索等，烟火则以架以盒，盒有械寿带、葡萄架、珍珠帘、长明塔等。”从文中可以看出，明朝时候北京灯节就已经是热闹非凡了。灯市口不仅张挂灯，而且也出售各种各样的灯。两旁街道楼房耸立，张灯放花，犹似仙宫琼宇，竟因此成为北京最热闹的地方，直至清末，才失去它的繁荣，看灯也转移到东四、西单、鼓楼前等繁华市区。

早年间，北京商店平时不兴做商业广告，等到元宵节这天，各个商店都要在店里店外张挂纱灯。顾名思义，纱灯是一种薄如蝉翼的丝绢，糊在木质架上。纱绢上用工笔重彩画上各种“戏剧”和民间故事，什么三顾茅庐、水漫金山以及《红楼梦》中的人物等。灯的样式极多，有圆形的、桃形的、长方的、三角的、梅花形的，可以说是样式多种，琳琅满目。挂灯的商店还要放“盒子”。说也怪，那时虽然没有广告启事，可是哪家要放“盒子”的消息，就会准确无误地不胫而走，各商店虽然不惜工本地竞巧争奇，但还是有所收获。北京是文化古城，人文荟萃，所谓“卖菜翁都带京师的烟水气”，习惯使然，各商店自要风雅一番，实际上是在进行一场自我宣传的商业战。您想，哪家商店的灯多盒子好，不就说明哪家资本雄厚，生意兴隆？而倾城看灯的人，自然而然地成了义务广告员，这一招可够绝对的。

北京灯的种类很多，铺子里的灯固然是百花争艳，千奇百态。而住家和小孩子手提的灯也都各具特色。常见的是“年年有余”灯，这种灯是鲤鱼形，鳞纹是用针孔成的密孔，点燃蜡烛后，光亮隐隐透出，很受孩子们欢迎。还有一种“气死风”灯，也挺有意思，它是瓜状，用桐油纸糊成，上下都有绿叶边，这灯风吹不灭，很妙。有钱的人家，将就要挂宫灯，这灯富丽堂皇，价钱昂贵，名

父亲和母亲纪念照

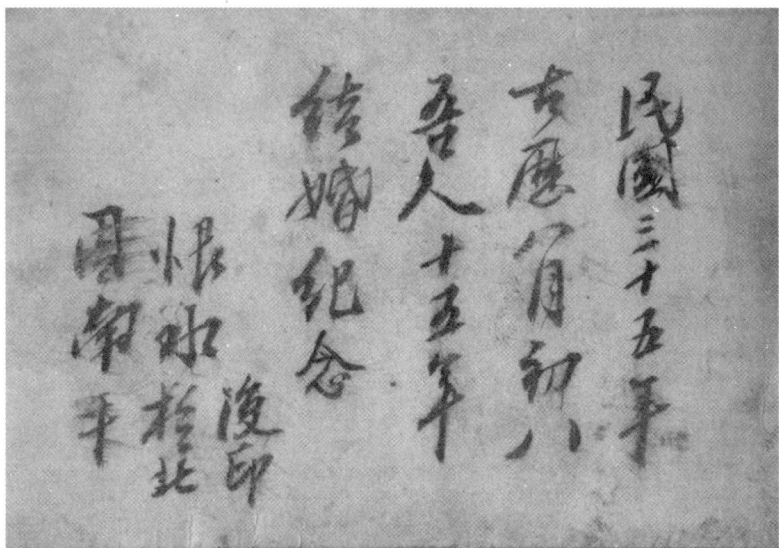

父母结婚15年纪念照后面的题字

目繁多，很难说清。不过北京还有一种有奇特的灯，那就是冰灯。每到严冬，各花洞子就开始制作冰灯了。制作方法很简单，就是把水缸、水盒、水罐等倒置，每天泼些凉水，等冻成冰后，再用少许温水一浇，就可以把缸或盆取出来，一个盆状或缸状的冰壳就做成了，里面点上蜡烛，晶莹剔透，红光闪亮，宛如置身广寒宫，奇妙无比。鼓楼前烟袋斜街有一家山西人开的油盐店做的冰灯精美别致，在冰上雕成"八仙人""嫦娥奔月"等传说人物，而这些冰形人物都是空心的，里面点上红蜡后，须眉毕现，光彩夺目，可说是鬼斧神差。老北京人到这天总要到烟袋斜街看"老西儿冰灯"。

烟火和盒子那就更奇妙了，什么金盘落月、线穿牡丹、葡萄架、天女散花等。我最喜欢的是"老头花"，它是泥塑的小老头儿，长长的胡子，笑容可掬，大小不等，小的二三寸长，大的也不过七八寸高，头顶正中有一个小洞，洞中有纸捻儿，点燃后，会从头顶心喷出五光十色的火花，还滋滋作响。这时我便会和妹妹欢笑着从火中钻来钻去，父母也含笑看着我们玩耍。

说起北京的逛灯，还有一个很特别的应时点缀，那就是到西皇城根城隍庙看"火判"。其实庙名"保安寺"，但人们习惯称城隍庙为火判，本名反而被淹没。火判身高约有一丈五尺，泥塑的，形状为坐像，眼、耳、鼻、口、肚脐均是冒火洞口，坐像在正殿前，极为宏伟。每逢正月十三至十七开庙。开庙之日，用大块的硬煤填进火判的身子里，原来这个火判是个大炉子。等到天黑掌灯以后，煤火烧旺，就见这丈五的判官，眼、耳、鼻、口、肚脐钻出熊熊火焰，火光冲天，灼灼炙烈，威武壮观，令人望而生畏。所谓："狰狞火判列坊间，口吐红烟眼放光。料想热中消不得，甘心毛发尽焦黄。"

　　我永远也忘不了和大舍妹雪后看灯的情景。北京人有句话："八月十五云遮月，正月十五雪打灯。"我不知道这句话有没有科学根据，但一般说来，只要八月十五云遮住了月，正月十五就雪打灯。那天正是十五的清晨，就下起了纷纷扬扬的大雪，一直下到下午三点多钟才停，房上、地上、树上全铺满了碎玉琼瑶，把北京城装扮成了晶莹空灵的银白世界。

　　我早就听说平则门（即阜成门）大街的两家茶叶铺，要比赛放盒子，偷偷地告诉了妹妹。她兴奋得不得了，吵着要我带她去。我们早早地吃了晚饭，一人提了一只灯笼，踏着积雪，就直奔平则门大街了。平则门大街上有茶叶铺、药铺、茶馆、二荤铺、肉铺……平时就很繁华，如果赶上白塔寺庙会，那就更加热闹了。

　　今天是灯节的正日子，真是人山人海，每家铺子都是悬灯结彩，灯火辉煌。我和妹妹挨着铺子看"走马灯"。走马灯最受小孩子欢迎，每座走马灯都是个小舞台，中间有个活动的轴，蜡烛隐在灯的下端，等到点燃蜡烛，由于热气上升，产生一种动力，活动的轴便开始转动，轴上的彩人便"活起来"，什么"大战吕布""三盗芭蕉扇"等故事就现出来了。彩人骑着马拿着刀，你追我赶，当然，不管它转得多快，后面的人，永远追不到前面的人。

　　等到快比放盒子了，两个茶叶铺门前，人群围得水泄不通，我和妹妹小，好不容易从人缝里挤到前面。一会儿就见铺子里伙计全都出来了，先是鸣鞭放炮，别家铺子也同时燃炮放花，什么"麻雷子""炮打灯""二踢腿""旗火"，噼里啪啦之声震耳欲聋，天空中划过一道道彩虹。等到放盒子时，滋滋作响，霎时喷出五颜六色的火花，然后这些火花又在空中变幻出各种图案。两家茶叶铺争巧斗胜，银星闪烁，瑞彩千条，诡谲奇幻，变化万端，火树银花，映照得高耸入云，身披银装的白塔，反射出五光十色的霞彩，真如看到了仙宫胜景。

什么时候，能和妹妹手提小灯笼，去看放盒子，再做一次"孩子"呢?

骑毛驴逛白云观

四十年前，大年初三，我和二家兄在平则门骑上毛驴，迎着春寒料峭的微风，在嘚嘚的蹄声中，直奔白云观。白云观的壮伟，庙会的热闹，山门的"摸石猴""窝风桥打金钱眼"……都使我感到了莫大的兴趣，直到天擦黑儿，在家兄的催促下，才恋恋不舍地步出了山门，举着大糖葫芦和风车，跨上毛驴，在晚霞的辉映下，兴尽返家。一眨眼，四十年过去了，我也在白云苍狗、沧桑变化中，年到半百。"青灯有味忆儿时"，也许正因为到了"知天命"之年，常常会回味起儿时的生活，骑毛驴逛白云观，总是不知不觉的荡漾在心头。

今年北京又举办了"白云观民俗迎春会"，自腊月廿五日至正月初五整整十天。这个消息令我兴奋不已，迫不及待地想重温童年的绮梦。迎春会的头一天，我就去逛白云观，当然，用不着催毛驴，公共汽车可以代步，虽然少了点乐趣，它可是便宜、快当。一到西便门，便见车马如潮，人流如涌，熙熙攘攘，擦肩摩踵，携老挈幼阖家来逛的可真不少。刚进胡同口，就见几匹披红挂彩的毛驴，稚气可掬地迎着游人。旁边服务处的工作人员，拿着扩大器吆唤着招来乘客："骑毛驴逛白云观，五毛钱一位！"许多孩子争先恐后的奔上毛驴。虽然胡同口离庙门只有百米之遥，步行也不过六七分钟，可是您也算是过了骑驴逛庙的瘾，用句北京话说：这就是乐子！您说是这个理儿不是？山门口那叫热闹，卖爆肚的，卖风车的，卖大糖葫芦的，卖耍货的，应有尽有，最使我感到亲切的是久已不见的"咘咘登儿"，这是用玻璃制成的玩具，褐色作葫芦形，底部薄如蝉翼，用嘴在葫芦顶端，一吹一吸，底部一凸一凹，便会发出"噗登噗登"的响声，四十年前，小孩子过年都要吹咘咘登儿。

山门口摸石猴，也是逛白云观必不可少的"节目"，据说摸了那个挺不起眼的小石猴，便会不生病。这固然是无稽之谈，可是它也反映了人们的心愿，也是个趣味，北京人是最懂得趣味的，您可千万别较真，所以有那么多人去争着摸石猴！

窝风桥早已不存在了，庙会的主办者，懂得人们的心理，楞在原桥址搭起了个窝风桥的模型，打金钱眼的人最多，真是围者如堵，争先用硬币打悬挂在桥洞上的金钱眼，如果投中者，一年大吉，万事如意，所以投中者，不禁自己得意非常，也引起围观者掌声，真让人陶醉的"打金钱眼"。

在庙中最引人的还是那上下午各一次的祝福道场，身穿羽衣手执法器的道士向游人诵颂吉祥经。还使我大饱眼福的是，观中文物展览，有吴道子的墨龙真迹、成吉思汗的诏书、刘镛的条幅、赵孟頫的碑刻。

从前白云观要从正月初一开到十九，据说十九这天夜里，神仙要装扮成凡人和民间百姓见面，这就是北京人说的"会神仙"，所谓："才过元宵未数天，白云观里会神仙。沿途多少真人降，个个真人只要钱。"我逛了白云观，没有寻到神仙，寻到了童年的乐趣！

二月一与二月二

　　北京人的年节，是和农桑耕种有紧密关系的。春节和元宵是一年耕耘后，休息欢乐的高潮，过了元宵，经过正月二十三、二十五的小填仓、大填仓，就要准备农活儿了。这就有了二月一的祭太阳神和二月二的龙抬头。

　　我不是考据家，不能引经据典的追溯二月一的来源，但相传始于唐朝，由李泌请以二月朔日为中和节，赐民间以囊盛百果谷瓜李种，令百官献农书，显然是奖励农桑。北京人过二月一很有个意思。这一天大街小巷，小贩背着个圆筐。高声吆喝着卖太阳糕，各个蒸锅铺（就是卖馒头、糖三角、枣饼等蒸面食品铺），也要大量的准备太阳糕。太阳糕是江米（南方人称为糯米）磨成粉后再和成面蒸制成的，形状是圆的，讲究点的印着"金乌（太远的别称）"圆光图案，五枚一层，糕上面有个面作的小雄鸡，有一寸大小。含意是昂宿司日，象征太阳，所以北京人管这个糕也叫太阳鸡糕。太阳糕并不好吃，祭了太阳神后，小孩把它当作零食吃。一般祭太阳神都在正午，正屋列长案，案上有香炉、红蜡，还有一张太阳星君的神像。供品除一般点心饽饽外，主要的是太阳糕。供祭时要将门户上贴的挂钱，摘下焚烧，这叫"太阳钱粮"。听老人们说，这一天还要到左安门内的"太阳宫"去逛庙，余生也晚，并没有赶上逛太阳宫，个中情形，无法奉告，据说是很热闹的。

北京人都知道这么句俗谚："二月二，接宝贝儿，接不来，掉眼泪。"早年间，每逢农历二月初二，有一个很特别的现象，上午十时左右，似乎北京城的妇女像听到命令一样，纷纷走出家门，套车备马，那份热闹，街头巷尾的行人，也大都是妇女，她们擦脂抹粉，头戴红绒花，身穿新衣，或是抱着孩子，或是牵着孩子，大人逗小孩笑，喜气洋洋，妇女的丈夫往往背着包袱，提着点心蒲包，在后跟随，这一天是妇女的节日，是嫁出去的姑奶奶的归宁日。

从前妇女出嫁后，是不能随便回娘家的，过年也得主持婆婆家务，不得回家探望生身父母，而且《老妈妈经》（音令）上说："新媳妇不许住新正月，并不许见娘家正月灯。"（《老妈妈经》为旧时北京妇女约定成俗的规矩，只在口头流传，不见文字记载，但条款分明，颇有意思。）所以娘家父母都等正月过去了，才接女儿回家团聚，尤其是去年新嫁的姑奶奶，是日必须归宁，婆家除特殊意外，也不能阻拦，否则娘家妈眼巴巴地盼望一年中仅有的欢聚，接不来，是要掉眼泪的。

二月二龙抬头，是北京的另一习俗传说，清末诗人有咏云："祭饼熏床虫子收，青龙今日定抬头。剪金贴额邀神眷，还约拈香到涿州。"诗中所述即是北京人当时过二月二的情景。北京人传说这天伏龙驾起，即将行雨。实际上天气渐暖，农作将始，而且冬眠的虫子都要苏醒活动，所以这天要熏虫，这正说明北京人良好的卫生习惯，"二月二，照房梁，蝎子蜈蚣没地方藏。"就说的是这件事。二月初二，北京人还有许多讲究，清早起床首先要念："二月二，龙抬头，龙不抬头，我抬头。"喝茶要一反往日的香片，要喝"龙井"，吃饭要吃"懒龙"。就是吃别的东西，也都得带个龙字。吃米饭叫"吃龙子"，吃面条叫"吃龙须"，吃饼叫"吃龙鳞"，吃饺子叫"吃龙耳朵"，穷人吃窝头叫"吃龙头"，吃煮馇馇（北京一种穷人食品，将剩窝头切成小块或炒或煮，煮的叫煮馇馇，炒的叫炒馇馇）叫"吃龙蛋"，总之跟龙干上了。这天妇女还不许动针线。《老妈妈经》上说：动针线怕伤了龙目和龙皮。

　　还有一件事，也必须在这天完成，各店铺住家户剩下的花炮，要悉数燃放，一个不留。至此年的余波，也就完全消逝。再要过年，就等来年了。

三月往事谈

老北京有句俗语："脱了棉衣就穿纱。"虽有些夸张，确也是实情。幽燕苦寒，春来也姗姗，春去也匆匆，稍有疏忽，就会和春失之交臂了。古诗云："燕地三四月，江南二月时。"江南水乡早已"花到荼蘼春事了"，北京可"正是榆钱才绿后，声声芍药卖街前"。农历三月，蛰伏了漫漫长冬的北京人，才能领略到春的温暖，他们要在自然咨啬的赐予中，乐一点、玩一点、吃一点，尽情享受所谓"老三点"的快乐了。

元诗人萨都剌《京城春日》诗云："三月京城飞柳花，燕姬白马小红车。旌旗日暖将军府，弦管春深宰相家。小海银鱼吹白浪，层楼珠酒出红霞。蹇驴破帽杜陵客，献赋归来日未斜。"诗人感慨良深，在豪华中自有一股凄清景况。不过三月的北京，花团锦簇，弦歌竟日，也尽在诗中了。我童年的时候，北京人都要在这春意深浓之际，骑驴逛庙，郊游踏青，载酒看花，临流醉歌。那时北海、颐和园、中山公园等，自然是红男绿女欢聚之地，但是老北京人则更喜欢到西直门外高梁桥那里踏青，此处天生野趣，毫无人工雕琢，令人有返归大自然之感。那时我家住白塔寺附近，离高梁桥不远，到了星期天，就邀三五学伴，穿平则门，沿护城河步行到高梁桥去玩。四十多年前，从玉泉山流到城里"三海"的河水还很宽，高梁桥一带是"两水夹堤，垂杨十余里，流急而清，鱼之沉水底者，鳞鬣皆见"，时时可见村妇在河边挥杵捣衣，颇似江南风味。当然我们这一群玩童，是不会有这些"雅人深致"的，我们的兴趣是在河沿逮蛤蟆骨朵（蝌蚪）、大眼贼（半寸长的小鱼），玩累了，坐在柳树下听垂钓老人说古，讲述高梁桥来历，一段为民舍己"高亮赶水"的北京建城民间传说，使我们感动不已！直到夕阳西下，倦鸟归巢，我们才每人手拿柳枝及捕获的"战利品"，口里唱着："清明不戴柳，死后变黄狗。"兴尽返家。我那时根本不知道高梁桥的历史沧桑，只是跟着学伴起哄而已。青年时莫名其妙地喜欢上了晚明小品，读了袁宏道的《瓶花斋集》，才知高梁桥踏青，在明朝是京都人士趋之若鹜的好去处，"当春盛时，城中士女云集，缙绅士大夫，非甚不暇，未有不一至其地者也"。近来我家迁至高梁桥附近，遗憾的是，此地高楼林立，桥虽经过修葺，但水已不复存，每日车水马龙，市声嚣杂，失去了那幽静安谧，旷豁疏野的自然之美了。

《燕台新月令·三月》云："是月也，栾枝红，丁香白，炕火迁于炉，芦芽入馔，蒲根肥，黄瓜重于珍，榆钱为糕，蟠桃会，靴师报祖。"寥寥三十几字，把旧时北京三月的盛景，描绘得生趣盎然，吃、喝、玩、乐全都有了。栾枝红，丁香白，正是百卉景艳之时。北京没有江南那样的"邓尉香海"的梅山奇观，它是以少胜多，分散观赏，如法源寺的丁香、崇效寺的牡丹、韦公祠的海棠、摩诃庵的杏花以及丰台的芍药，都是历史上赏花的好去处。到我十来岁的时候，除了法源寺的丁香，还偶有游人外，余者都冷清凋蔽了。北京人看花赏花的重点，已改至北海公园、中山公司、天坛公园等地。先父爱花如命，每逢三四月之交，总要带我们到这几个公园去寻芳赏花，直到晚年，行动不便，依然要扶杖看花，一九六四年他大病初愈，要我陪他去景山、中山公园、天坛公园去看牡丹，父亲在牡丹花前的快慰与欣悦，使我也感染到一种空灵的超脱。又到了花开之时，想到了父执们笑称父亲步履蹒跚，三访牡丹的趣话，不禁黯然伤神！父亲离开我们，已三十五年了！

北京人会玩，更会吃。三月花事将残之际，要摘花做饼。小康之家以上的，家家都有进院，院中又必种花木，有玫瑰花的做玫瑰糕，有藤萝花的做藤萝糕，间便易做，不过是花瓣、白糖、脂油做馅，用面包好，一蒸即可，吃起来芬芳清冽，皓齿留香。届时，各饽饽铺也要卖应时当令的玫瑰饼、藤萝饼等点心饽饽。就是大杂院的穷住家的，也要摘点嫩榆钱，和上两斤杂合面拌上点红糖，做"榆钱糕"。

三月三的逛蟠桃宫，是妇女儿童最喜欢的盛事了。儿时母亲在哄我入睡时，就爱唱："正月正，大街小巷挂红灯；二月二，家家摆席接女儿；三月三，蟠桃宫里去游玩……"因而我对蟠桃宫可以说是心向往之了。蟠桃宫坐落在东便门内，是座道观、庙宇很小，原名太平宫，因庙内有王母之像，故百姓俗称为蟠桃宫。蟠桃宫门临护城河，春波泻绿，软土铺红，妇女爱去，一般登徒子也征逐前往，一座小庙便得以享名京师。三月三这天，城中的老太太、小媳妇、大姑娘便都盛装打扮，邀上三姑六姨，结伴而行，燕瘦环肥，争美斗艳，一座世外的净土，霎时变做衣香人影，摇扬春风的众香国了。所谓："正是兰亭修褉节，好看曲水丽人行。金梁风景真如画，不枉元宫号太平。"更有那些轻浮纨绔子弟，驰马驱车，逐争于香尘软草间，以便博得美人芳彩。再加上五行八作，做艺卖解地招来顾客，真是热闹非凡。有一段《北平俗曲十二景》说得好："三月里三月三，蟠桃宫外好人烟。作买作卖人人乱，各样玩意儿摆得全。冰盘球棒跑旱船，跑热车一溜烟。晡着人儿站立两边，车上挂着一串大沙雁。扬扬得意跑得欢，车沿上跨着一个小丫环。"

　　三月十八日，是梨园行的祭神会，是日全体剧界行祭于精忠庙，戏院剧场停演一日，俗谓"戏子会"。这天各剧团、班社要公宴全体演职人员。对于跑龙套来零碎活儿的小演员来说，这天可是一则于喜，一则于忧，喜的是可以白吃一顿酒席，忧的则是这天也是"说行话"的日子，所谓"说行话"，就是要"接红白帖"，红白帖是现在的聘书，没有接到红白帖，则说明已被该社辞退，接到帖者，都要到班社内谈涨或落工资之事。

　　道光时杨静亭曾有句云："黄花尺半压纱厨，才是河鲜入市初。一尾千钱作豪举，家家弹铗餍烹鱼。"吃黄花鱼是北京人一大快事。清时，三月鱼从天津运来，照例须先由崇文门监督呈进宫廷，让皇帝品赏，然后市中始得售卖，可以证明北京人对黄花鱼有特别的喜爱，吃黄花鱼也成了一种时髦。《清稗类钞》中说："酒楼得之，居为奇货；居民饫之，视为奇鲜；虽江浙人士之在京师者，亦食而甘之。虽已馁而有恶臭，亦必诩于人而赞之曰'佳'，谓'今日吃黄花鱼也'。"读了这则小文，真让人忍俊不禁。黄花鱼，其实就是石首鱼，它的味道远不如江南鳜鱼、鲫鱼，比起鲜美嫩腴的鲥鱼，就大大逊色了。这些寄居北京的江南人，可能是入乡随俗后赶时髦的不得已吧？由于北京人喜嗜此鱼，所以有一句俏皮话，凡是怕事或不负责任者，就会讥之曰："您属黄花鱼的——爱溜边。"自民国后，交通便利，火车贯通，在北京吃黄花鱼就不再是御厨珍品或千金豪举之事了，它已是昔日王谢"桌上味"，"溜"入寻常百姓家。每逢三月，就大批上市，连一些"二荤铺"的小饭馆，也在门前支起炉锅，油炸整条黄花鱼，香飘数里，引得许多卖力气的穷哥们，在炉前长板凳上一坐，来上二两烧刀子（烈性白酒），就着整条刚炸的黄花鱼，其乐悠悠。

我喜欢幽谧疏清的北京三月，我更喜欢姹紫嫣红、花色如锦的北京三月，我也喜欢红尘匝地、游人如画的北京三月。迷人的北京三月，令人神往。

榆钱糕

　　北地春迟，榆杨晚叶。暮春三月，江南早已是杂花生树，群莺乱飞，而北京却刚刚杨柳垂丝，槐桑吐芽。正因为春姑娘太忙，把这里忘了，等到想起来。慌忙地打个招呼应个景，就飘然而逝，所谓来也匆匆，去也匆匆。时间越短，北京人就越发的珍惜春天，他们要尽情地享受春天的温暖，这时候，就要吃"榆钱糕"了。

　　榆钱糕，是道地的北京土玩意儿，别的城市见不到，就是在北京，饭馆、饽饽铺也不卖，要想品尝它的味道，只有到住家户去吃。有一些寄住宿舍、公寓的外地人，虽然在北京住了几年，若问起来，竟会瞠目结舌，不知榆钱糕为何物，这是不奇怪的事。

　　北京的四合院，家家有树，榆树易栽易活，夏日浓荫蔽日，正好乘凉聊天，所以差不多每户都有榆树。每逢农历三月，榆树就绽叶芽了。韩愈的《晚春》七绝云："杨花榆荚无才思，惟解漫天作雪飞。"诗中的榆荚，它的形状像一枚碧绿的小钱，绽满枝头，北京人就叫它榆钱儿。吃得时候，把树上的嫩榆钱摘下来，用水洗净。把它合入发过酵的小米面或棒子面（玉米面），加上红糖揉成个大圆饼形，放进笼屉用大火蒸，大约蒸三十分钟就熟了，吃的时候切成菱形块，简单易做，物美价廉。虽然四月初也有吃玫瑰饼、藤萝饼的，但这可就不是平民食品，穷住家户是不敢问津的。

　　我永远也忘不了第一次吃榆钱糕的情景，那是四十年前的事了。我们经过了八年抗战炮火的磨难，长途跋涉，来到了梦寐向往的北京，而且赶上了北京的春天。我们的新家有两棵高入云霄的榆树，上面布满了星星点点鹅黄嫩绿的小钱，真是好看煞人。母亲是老北京，兴高采烈地提议吃榆钱糕，并且由她亲自下厨去做，父亲虽然并不爱吃，为了凑趣，也没有反对。一声令下，全家总动员，买小米面的去买小米面，买红糖的去买红糖。不用说登高爬梯是我的事，立即脱了鞋，爬上榆树，我那个像"野小子"似的大妹妹，不甘示弱，也光着两只脚丫儿，爬上树，我们俩摘了满满的一篮子榆钱，等到母亲做榆钱糕的时候，我们急不可待地问："什么时候得呀？"好不容易等到下笼屉了。我和妹妹一人抢了一块，连忙吞下去，真是又香又甜，又松又暄，还伴着一股沁人的清香，母亲看着我们狼吞虎咽的样子，由心里笑出来了，旋起了两个浅浅的酒窝。我懂了，这就是春，这就是春的温暖。白云苍狗，四十年过去了，母亲也弃养我们二十多年了，但我总忘不了榆钱糕，忘不了母亲的笑靥，那两个浅浅的酒窝。

北京的四月花事

农历四月，北京才开始进入真正的"春季天"。当江南水乡已是梅子渐熟，春事阑珊之际，北京却是百卉竞艳，花团锦簇之时。这时候，令人头疼的塞外刮来的风漰终于平息了，微雨之后，尘土不扬，不冷不热，正是看花的好季节。

北京是个花的世界，可谓户户有树，家家有花。不要说从前那些显宦巨绅，庭院之中花木扶疏，有专门的"花把式"，有"暖洞子"，那真是奇花异草，争奇斗艳了。就是小门小户的穷家户，也得种点"死不了"（洋齿苋）、喇叭花之类，最不济的还得弄两颗向日葵、西红柿在窗户根下"看青"。清诗人黎士弘《燕京四月歌》云："牡丹四月贱如黄，十五青铜买两枝。"说明牡丹的繁盛。这时候卖花的小贩开始活跃了，你可以时时听到冷僻的胡同里传来："芍药来，杨妃来，赛牡丹来，芍药花。""花儿呀，玫瑰花呀，抓玫瑰瓣。"不见花，只听这悠扬悦耳的吆唤，就让人感到春色宜人了。北京人看花很有讲究，什么地方看什么花，也有个约定俗成的规矩。清末民初，北京有许多赏花胜地，像法源寺的丁香、崇效寺的牡丹、三官庙的海棠、大觉寺的杏花、丰台的芍药等，都是驰名京师的，不仅骚人墨客吟咏其间，就是市井平民也都逢时阖家玩赏，流连忘返。清诗人黄钊《帝京杂咏》有句云："牡丹开遍海棠开，芍药连畦带露栽。日暮游人联骑入，丰宜门外看花来。"丰宜门为金大都的南门，丰台即在此郊外，从诗中也可看出繁花似锦，游人如云之盛况。

到了三十年代，由于沧桑更迭，这些看花胜地，都已湮灭，代之而起的却是中山公园的社稷坛了。据说当年中山公园有牡丹三十余畦，一千多株，芍药花圃一百余处，三千多丛，盛时开放，真如置身花国香海，姹紫嫣红，极目无涯。先父一生笔耕墨种，颠沛流离，虽然留给我们的仅是"手泽无多惟纸笔"，但他却嗜花如命，花种不分名贵，他都一律喜爱，一盆梅花甚或亲手培植的白菜茎"吊篮"，都能使他在写作之余，怡然自乐。抗战胜利之后，父亲和我们回到了当时的北平，每逢四月牡丹、芍药怒放之际，他都要带我们到中山公园去看花。我记得社稷坛西南角有一大片丁香花林，有白有紫，芬芳浓馥，是我和妹妹捉迷藏的好地方，还有那座大藤萝架，坐在架下，看着那一嘟噜一嘟噜紫色藤萝花，蜜蜂嗡嗡地飞来飞去，眼看花色，鼻嗅花香，不醉怎的？说起牡丹的华丽姿容，我想"国色天香"四字评语，虽是老生常谈，却再也恰当不过了，你再用什么美丽的字眼去形容，也不如它来得内涵丰富，形象生动。不过中山公园的牡丹美在多，一是花多，一是品种多，多得让人目眩神迷，不知看什么好。那一望无际的牡丹花，什么绿玉、葛巾、魏紫、姚黄、秦红、赵粉，数不过来也看不过来，红的、绿的、白的、黄的扑地皆是，这些五光十色的花，构幻出一个奇妙的多彩多姿，光璨夺目的仙境，使人产生一种超脱的空灵。中山公园的芍药也美极了，名种也特别多，如白色的傻白、香妃，粉红色的醉西施，紫色的紫芍药等都是，最负盛名的是金带围，这种芍药据说是北宋的扬州名种。花也极其美丽，白色的花瓣洒上红点的胭脂，中间又有如金带相围的黄蕊，故名"金带围"。

　　北京人不仅看花，而且在四月还要"吃花"。把玫瑰花瓣和糖为馅，用白面做皮蒸饼而食，叫玫瑰饼，用藤萝花为馅叫藤萝饼，北京人不分贵贱是都要吃的，吃起来又甜又香，还有一股玫瑰花和藤萝花味沁人肺腑。屈原《离骚》有句云："朝饮木兰之坠露兮，夕餐秋菊之落英。"从"吃花"这点来看，北京人真是个个诗人，都得了楚大夫的衣钵，餐落英，秋有菊花锅，春有玫瑰、藤萝饼，此正是北京人有别于外地人也。

樱桃·桑葚

农历四五月之交，正是"春到荼蘼花事了"，看到那落尽千花飞尽絮的情景，人们都有一种春归何处的伤感。在满目芳菲歇去之时，自然而然地会吟起蒋捷"红了樱桃，绿了芭蕉"的词句。北京没有芭蕉，当然看不到叶大肥硕、碧绿无涯的芭蕉林壮观。可是北京的樱桃林却有两处颇负盛名。一是人人皆知的樱桃沟，"沟"以樱桃名之，可见樱桃树之多，可惜我却从未看到那沟崖处处樱桃花灿烂盛开的情景。我童年时代，交通不便，要到香山后面的樱桃沟，只有骑毛驴，这是小孩子办不到的事，等到我能自行前往之时，奈何只见有"沟"而无樱桃了。再有一处是去往妙峰山的途中，这都是旧时京都人士观赏樱桃花的好去处。

说真话，我小的时候，并不会附庸风雅，去关心樱桃花的开谢，实实在在的兴趣，在于樱桃的"可吃"。每当端午节前后，樱桃就上市了，看到那"焕若随珠，皎如列星"的樱桃，就让人兴趣盎然。

北京的樱桃没有江南的肥大饱满，可是品种多，美丽好看，颗颗都称得起珠圆玉润，像红宝石那样娇小晶莹。而且还有一种像大珍珠的白樱桃，不过很少见到。北京卖樱桃的也"不同凡响"，懂得美。如果说六朝胜迹的卖菜翁都有烟水气的话，那么北京卖樱桃的就有诗人兼画家的气质了。你看他把独轮车歇在胡同里的槐树荫下，车上放置一个荆条筐，筐周衬托白杨叶，里面堆了状如朱丹的樱桃，小贩不时地洒上新鲜的井水，最妙的是旁边放置一块天然冰，周围遍布樱桃，使得本来就异常悦目的樱桃。更加"鲜艳欲滴"，颜色的搭配，协调优美，再加上一声清脆的"哎，大个的红樱桃来"吆唤，构成了一种特有的情韵。我每次买樱桃，都觉得是种乐趣。卖樱桃的用一张大丁香叶，托着十几颗樱桃，他虽然没学过心理学，但是懂得孩子们的心理，最后总会挑一嘟噜带叶的，有长把而连有三四颗一簇的樱桃给你，看着绿叶上，带着水珠的红樱桃，吃一颗，冰凉的甜中带酸，美极啦！女孩们则会把连着的樱桃，挂在耳朵上，当耳环，美来美去。

樱桃毕竟是果中隽品，小孩子不能常常问津，于是一种价廉又和樱桃极其相似的"山豆子"，就大受孩子们的欢迎。近人沈太侔在《春明采风志》中把樱桃分为："樱桃、朱樱、腊樱。方言谓带把为樱桃，无把为山豆。立夏见樱桃，小满见山豆。豆出十三陵者色紫味甜，未出北道者色白。"山豆子粗略一看，和樱桃一模一样，细观察却有区别，山豆子颗粒略小，颜色比樱桃更加红艳，但却不晶莹。樱桃有把（蒂），山豆子则无把。我从来也不知道山豆子的"学名"怎么称呼？问过一些山民，都说山豆子不是树上长的，而是长在山上野生的"筐萝圈儿"，筐萝圈儿就是丛生的灌木林。据我猜想，樱桃和山豆子是两种不同科的植物，因为长得太像了，又和樱桃差不多同时下市，所以卖樱桃的小贩，卖山豆子时，也高声吆唤"卖樱桃"。我和小伙伴都喜欢买山豆子，两颗樱桃的钱，就可以换一大把山豆子，虽然吃起来没有樱桃鲜美，可是着吃，痛快，红艳艳的山豆子，吃到嘴里，酸溜溜的，满口生津，不也算是尝了鲜吗?

北京有句形容热门时髦货的俗谚，叫做："樱桃桑葚，货卖当时。"樱桃桑葚同时下市，也就在五月节前后卖应时当令，"过了这村就没这店了"。桑葚在北京非常普遍，差不多人家院里都种有桑树，桑葚便宜极了，在北京它是介乎于水果和蔬菜之间的食品。古诗云："黄鹂留鸣桑葚美。"榆荫中的黄鹂鸣声婉转之时，桑葚就熟了。北京的桑葚有两种，一种是紫桑葚，一种是白桑葚，驼紫雪白，十分醒目，桑葚汁多香甜，一咬一兜水，真正是物美价廉。小贩卖的时候，不用秤约（音邀），而是用小碗量，一毛钱量一碗，够孩子们吃半天的了。

我童年的时候，很少买桑葚，并不是我不喜欢吃，而是我家后院有一棵挺大的桑树，上面结满了又甜又鲜的白桑葚。妹妹每年都要养蚕，摘桑叶自然是我的工作。等到同学来了，我便会爬上树，摘桑葚，大方地请大家吃个够。同学有时也会带些紫桑葚来，交换着品尝两种桑葚的味道。两个妹妹总会闻风而至，央告着参加"会餐"。后来大妹妹个子高了，她嫌我摘给她不过瘾，她又是个"假小子"般的野丫头，不管三七二十一，脱了鞋，光着脚丫爬上树，和我各自坐在桑树上，挑大个的桑葚吃个饱，一直要吃到母亲喊我们吃晚饭，才在金色的晚霞中，依依不舍地爬下树来。四十多年过去了，但那颗桑树，那白色鲜美的桑葚，伴着苍茫的晚霞和母亲的呼唤，常常在梦中出现。

打"冰盏儿的"

夏日炎炎，无风无雨，闷热不堪。在热浪的席卷下，人们慵懒烦躁，难遣永昼。就连大黄狗，也蜷缩在树荫下，吐着舌头，不愿动弹。就在万籁俱寂，树叶纹丝不动之际，隔巷传来一阵"叮叮沱，叮叮沱"的声音，这声音清脆悦耳，节奏轻快跳跃，似乎有一股凉爽微风，迎面袭来。不用说，北京人都知道，这是打冰盏儿卖果子干的来了。

冰盏，是两个直径约二寸的小铜碗，擦的锃光瓦亮，小贩用右手托着这对小铜碗，上下颠动敲击，用腕力和手指的挪移，控制音响的轻重缓急，在顿挫有致的节奏变化中，打出各种"花点"。据说，原来冰盏是专为卖冰者的响器。明人刘侗等著的《帝京景物略》就说："立夏日启冰，赐文武大臣，编民得卖买，手二铜盏叠之，其声'磕磕'，曰'冰盏'。"可见，明朝时，北京卖冰的小贩就敲击冰盏了。乾隆时杰出的诗人王渔洋也有句云："樱桃已过茶香减，铜碗声声唤卖冰。"但是清中叶后，冰盏已不再是卖冰的

"专利品"，它已被卖酸梅汤和卖果子干者"侵用"了。而且是后来居上，清末民初，卖冰者反而不敲击铜碗，它成了卖果子干的专用器皿，但"冰盏"一名都沿袭下来。说句笑话，北京人也是数典忘祖，就连七八十岁的老人，也不知冰盏因何叫"冰盏"了。

　　果子干是非常好吃的解暑美食。出售者手推平头独轮车，车子干净漂亮，车四周围着蓝布沿，车上有几个白底蓝花的大磁罐和大磁坛、罐、坛上都有盖子。磁坛里装的是果子干，它的制作方法很简单，把柿饼和杏干用微火熬烂，晾凉后加入削皮的雪藕片和梨片，再把它放罐中用冰镇凉。车上另外的磁坛装的是酸梅汤、玫瑰枣、红果酪等。车上的前端，还有一个大木盆，里面盛满了冰块，冰块上码放着汽水瓶。果子干甜中带酸，又凉又香。买的时候，小贩用一个三寸大小的白底蓝花，敞口浅帮的小磁碗，由于帮浅口敞，堆得满满的果子干，实际上容量并不多，但是从视觉上，令买者感到舒服，生意经而已。四十年代以后，改用"江米碗"盛装，江米碗是用江米粉做的，吃完果子干，可以把"碗"吃掉。没有一个北京人不爱吃果子干的，可是吃的时候，又得当心，因为那时卫生条件差，一不小心，就会因嘴伤身。三十年代雪印轩主《杂咏果子干》云："杏干柿饼镇坚冰，藕片切来又一层。劝尔多添三两碗，保君腹泻厕频登。"

　　"打冰盏"车上的食品，都是珍品，每一样都使人馋吻大开，百食不厌。玫瑰枣的糯甜芬香，红果酪的酸甜爽口，都令人回味无穷。但最让我怀念不已的还是那桂花酸梅汤。也可能我对它有着偏好，我不知道还有哪一种饮料，能有酸梅汤这样的魅力，不管是洋的可口可乐、百事可乐，还是土的橙汁、荔枝汁，都没有喝酸梅汤那样又可口又可乐！就算我个人对它的感情舍去不说，北京的酸梅汤驰名京华，那是有口皆碑的了。北京人喜欢喝酸梅汤，故而见之于诗文也多。近人崇彝所撰《道咸以来朝野杂记》中说酸梅汤："向以琉璃厂信远斋及前门大街九龙斋最负盛名。其实不如西单之秋家梅汤。"他说信远斋的太浓，九龙斋太淡，只有秋家梅汤浓淡相适。崇彝曾任清末户部文选司郎中，是道、咸间大学士柏葰之孙，北京世家，对北京市市井风俗，里巷所闻，极为熟悉，所言自然不虚。中国人喝酸梅汤可谓历史悠久了。据清人郝懿行在《尔雅义疏》中说："藏，寒浆，今京师人以充茗饮，可涤烦热，故名寒浆，其味微酸，故名酸浆矣。"《燕京岁时记》说："酸梅汤以酸梅合冰糖煮之，调以玫瑰、木樨、冰水、其凉振齿。"酸梅汤虽然远近闻名，但做法很简单，把乌梅和桂花、玫瑰、冰糖同煮，煮好把滓渣去掉，用冰镇凉即成，但如何配料，火候多少，则就看各人的手艺了。余生也晚，并没有赶上品尝九龙斋和秋家酸梅汤的时代，但信远斋却常常光顾，每到琉璃厂逛旧书店，总要到信远斋喝上一碗酸梅汤，所费无几，而又解了长时间翻书的疲倦，美矣哉！信远斋的酸梅汤固然浓洌甘酸，名不虚传，但我最怀念的还是打冰盏车上的酸梅汤。打冰盏的小贩，大部分都是世代相传，他们耳濡目染，从幼年就熬制酸梅汤、果子干等清凉食品，有一手高超的技艺，他们熬制的酸梅汤绝不比信远斋的逊色。说来有趣，打冰盏的车子都有"字号"，车上除掉上述的磁坛、磁罐外，还有成对的海碗、冰盘、小磁壶，底垫白铜方盘，用铜索链拴牢，方盘四周嵌镶铜钉，漂亮明净，另外还有个尺许长的白铜盘，上面镌着字号，不是"李记路遇斋"，就是"王记遇缘斋"，路遇结缘，怎能不开怀痛饮。再听着小贩一声高亢入云的吆唤："又解渴，又带凉，又加玫瑰又加糖，不信您就闹碗尝一尝，酸梅的汤儿来，哎，另一个味呀。"真个是："底须曲水引流觞，暑到燕山自解凉。铜碗声声街里唤，一瓯冰水和梅汤。"

打冰盏的"路遇斋"，给我留下了许多美好的回忆，除掉果子干、酸梅汤外，我也喜欢喝他的汽水，说是喝也不确然，实际上是喜欢看他"开汽水瓶"。原来那时的汽水瓶很特别，瓶口是个玻璃球，等人要喝时，打冰盏的用一个特制的"木器拔子"（姑用"拔子"一名），上有一槽，对准瓶口，使劲一拍，"扑"的一声，球落瓶中，汽水随汽涌出，你边喝那玻璃球边随而浮动，但瓶颈有凹处，玻璃球绝对出不来，很有意思。由于打冰盏的天天定时而来，和顾客也都是十几年甚至几十年的"朋友"了，买卖双方也问候聊天。我经常去喝酸梅汤，自然和他也熟了，闹着好玩，向他学过"打冰盏"，说也奇怪，那两个小小的铜碗，在他的手里能打出那么多花点和响彻半胡同的声音，到我的手里，竟然暗然作哑，甭说花点了，连点声音也不出。使得小伙伴大笑不已。写至此，我似乎又听到了那"叮叮沱，叮叮叮叮沱"的冰盏声。

天棚趣话

　　著名老报人左笑鸿先生，学识渊博，腹笥极宽，谈吐幽默，妙语解颐。他生前曾对我说过一则趣话。从前人们形容北京的小康家为："天棚鱼缸石榴树，先生肥狗胖丫头。"南北皆知，北京人也自认不错。可是人们却不知福州市的住户，都是长大门上书尺许长的短对联，上县大红灯笼，家家如是，无一例外，而福州人喜吃鱼虾酱与红糟肉，天生一联，可以遥相呼应，即：

　　　　天棚鱼缸石榴树，先生肥狗胖丫头；
　　　　臭鱼虾酱红糟肉，长门短对大灯笼。

　　笑鸿公此语一出，令我喷饭不已，每到夏季，石榴花一开，就会想起这则趣话，也曾想起从前的天棚。

　　清人富察敦崇在《燕京岁时记》中说："京师五月榴花正开，鲜明照眼。凡居人等往往与夹竹桃罗列中庭，以为清玩。榴竹之间必以鱼缸配之，朱鱼数头游泳其中。几乎家家如此。故京师谚曰：'天棚鱼缸石榴树。'盖讥其同也。"我不知别人的观感如何，但是对于像我这样的"老北京"，每每读到这则小文，感到十分亲切，也会引起无限的怀念。我家虽然不搭天棚，但是胡同里的天棚太多了，我到同学家去"串门子"，往往在天棚下乘凉，看书游戏，红花朵朵，凉风习习，令人暑气全消。

天棚又称凉棚。是其他城市见不到的北京一绝。据说北京的"棚行"兴起于明永乐年间，以后逐渐发展，到了清兵入关以后，又兴起了布棚。于是包括席棚，布棚的"棚行"，就固定形成了。棚行里出了许多能工巧匠，他们搭出的席棚，和真的建筑一般无二，令人叹为观止。北京人对身怀绝技的棚匠，是充满着敬意的，西直门内有一条"棚匠刘胡同"，街以行业与刘姓命之，就是为了纪念一位杰出的棚匠手艺人。故老相传，明永乐后，此地居住一位叫刘富贵的棚匠，他的技艺精绝，能用苇席搭出和真的鼓楼、钟楼、牌楼一般高大的苇席钟、鼓楼、牌楼，可以乱真，享誉京师。他的后人，世世代代都继操棚业，一直延续到五十年初期。像西单报子街的德利兴棚铺，即是刘的后人所开。

清末民初，交通不便，来往都是骡拉的轿车代步，坐汽车到西山别墅避暑，或者到北戴河消夏，那都是二十年代以后的事，因而一入夏季，上至王府巨邸，下至普通住宅，就都要支搭苇席凉棚，正如清乾、嘉时期诗人杨米人在《都门竹枝词》所云："天棚高搭院中间，到地帘垂绿竹班。冷布糊窗纱作幌，堆盆真个有冰山。"诗中的堆盆，是大木盆中放置天然冰块，其作用如现在的冰箱。看棚匠搭天棚，是我童年的乐趣之一，他们动作敏捷，手脚利落，真是像清乾隆时佚名诗人《燕台口号》说的那样："席子连翻任卷舒，迎风蔽日引绳余。教猱升木看棚匠，信口成腔曲不如。"棚匠上席棚之前，有个规矩，必须高声大喊："上高喽！"这样就等于通知宅中的妇女，只穿内衣者，请穿上外衣，此时暂不要上厕所，因为棚匠登高以后，对全院一览无余，以防不便。仅此小事，也可见从前的北京人，是多么讲究礼貌。北京的天棚有许多独特的绝活，其一是不挖坑，柱子一律浮立，其二架子完全绳子扎绑，不许用钉子和铁页固定。搭成的天棚漂亮坚固，耐雨经风，又便于拆卸。因为一入秋，天棚就要拆掉。搭好的天棚，占四合院的整个院子，把全院都遮蔽在阴凉之中，东西雨檐还要做成活动的卷窗，可自由拉卷，以便通风。而为红白喜事专搭的喜棚、丧棚，就更讲究了。好的喜棚，门窗户壁一概俱全，四周席壁镶嵌玻璃窗，四檐彩色装饰，玻璃窗户上绘着各种吉祥图案，漂亮喜庆，欣赏这样的建筑，看棚匠巧夺天工的手艺，是北京人特有的享受。

四合小院好纳凉

北京的四合院，美丽温馨舒适。且不说雕梁画柱，假山飞瀑的王府巨第之美轮美奂。就是那典型的方方正正独门小院，抑或是张王李赵合租的杂院，都那么有情趣，有韵味，充满着和谐体贴与关切，可以毫不夸张地说：只有住过四合院的人，才真正体味到"家"的温暖和幸福。

我在四十岁前都住的是四合院，以先住是有三进院子的大四合院，房子并不特别好，但是院子里花木扶疏，绿阴遮盖，花香四溢；后来搬到一所小四合院，房间不多，但是有个不大的小院，父亲充分利用了这个面积不大的小院，种了黑枣树、槐树、榆叶梅、柳树、丁香，并在北房的窗前栽了十几竿竹子，小院顿时改观，竹影婆娑，柳条摇曳，美极了！居住四合院，四季咸宜，春季莳花种树，秋季扫叶读书，冬季围炉赏雪，都是情趣盎然，但最令人心醉的还是夏天的纳凉夜话。

父亲去世后，落寂的北京砖塔胡同43号父亲的书窗前和他手植的黑枣树

　　北京的夏天有个特点，尽管白天赤日炎炎，酷暑难当，但是每当夕阳西下，必是微风徐来，凉气习习，人们精神为之一爽，晚饭罢后，都要在院子里或躺或坐，品茗夜话，从天到地，纵横古今，大至刘伯温修北京城、八国联军烧圆明园，西太后仓皇出京；小至

周甬　　　　張恨水　　攝於三十年代

父母和母亲

胡同口的"羊肉床"羊肉涨价了，接壁儿小二淘换来了一只好黄雀，都是谈论的话题。在无拘无束的"海聊"中，人与人的感情更加贴近了，融洽无间，其乐融融。

我们家的小院，充溢着欢快的天伦之乐。父亲在斗大书房里，笔耕了一天，在清爽的晚风中，在一把旧藤椅中，躺坐静憩，仰看着满天的繁星明月；劳累忙碌整日的母亲，带着妹妹弟弟在树荫下低声细语，我和哥哥总要对枰手谈，棋子叮叮，激战甚酣，有时小弟弟也乘兴参战。高起兴来我们也交换读书心得，争论起来也是面红耳赤，当然吵得最响的是我，笑得最响的是大舍妹。父亲很少发言，他只是默默地看着我们争鸣，当见仁见智不可收拾时，父亲则会告诉我们在什么书上可以找到答案，你们自己去看，这就逼得我们翻书了。夜越深，父亲手栽的晚香玉香气越浓，槐树叶在晚风中沙沙作响，也飘来幽幽的清芬，偶尔飞过一两只萤火虫，则会使两个妹妹欣喜若狂，会拿着"大芭蕉叶"扑打，我们那时自然还不能领略"轻罗小扇扑流萤"的意境，但是"大芭蕉叶"带给我们的乐趣却是回味无穷的。所谓"大芭蕉叶"，是岭南亚热带润叶做成的扇子，这种扇子朴拙耐用，毫无装饰，就是一柄干枯的大叶，北京人很喜欢它，称之为"芭蕉叶"，家家必备，那时没有电风扇，来了客人，主妇必会递过来一把"芭蕉叶"，并会说："您宽宽衣，凉快凉快。"要是溜达乘凉，更是人人携带。清嘉庆诗人得硕亭在《京都竹枝词》中云："三伏炎热暑气饶，如山朵朵火雪烧。亏他行者偷来扇，个个芭蕉掌上摇。"

　　夜话纳凉的高潮，是母亲端来冰好的西瓜。北京的西瓜讲究吃大兴庞各庄的"黑崩筋"，皮薄沙瓤，汁多脆甜，堪称瓜中珍品。父亲从不吃瓜果，他只是看着我们吃；母亲呢，只要我们吃得痛快，则比她自己吃还要高兴。于是我们这一帮"小饕餮"，个个都吃得肚子鼓鼓的，看着天上的繁星，就会唱起："天河出权儿，单裤单褂儿。天河掉角，棉裤棉袄。"一直等到母亲说："夜深了，睡去吧。"我们才恋恋不舍地离开了一院花香、月华风清的小院。

大酒缸

　　虽然素不饮酒，可是交的朋友，偏又都喜爱"杯中物"，看他们三杯落肚，云山雾罩的一顿海聊，使我也有一种微醺欲醉，浑然忘忧的快感，真应了那句"借他人酒杯，浇自己块垒"的套话。因为朋友们好酒，我也喜欢陪他们去"看酒"，尽管是"看"，但久而久之的，也体味到了"泡大酒缸"的乐趣。

　　"大酒缸"者，小酒馆也，它不是指盛酒的缸，北京人是绝不会弄错的。大酒缸是酒肆，却又区别于以批发为主的南酒店，它是专门卖"零碗白干"的小酒铺，是真正喝酒者的乐园。从前，凡是繁华的街头，像东四西单鼓楼前以及临近闹市的胡同，都有这样的酒肆，而又独具特色，和一般的饭馆、酒店不同。"大酒缸"大都是一间门脸，最上等的也不过三间门脸，进门迎面是一张木柜台，有一字形的，也有曲弓形的。店堂里没有桌位，却是放着几个醒目的大酒缸，这酒缸有一半深埋在土里，上面盖着朱红油漆的大缸盖，有圆桌面大小，缸里盛满了酒，据说大些的缸，可装七、八百斤酒，缸盖就是顾客喝酒的桌面。虽然这些酒馆也有名称字号，如"恒和庆""二友轩"等，但北京人一律以"大酒缸"呼之，倘要区别也只在"大酒缸"上面冠以地名，像"后门桥大酒缸""东四大酒缸""胡同东口大酒缸"，闻者自知。大酒缸也有幌子，在店门前高挂一个三尺许立体锡制的瓶形物，中间有两条黄铜箍，下垂尺长红布条，十分醒目。

"泡大酒缸的主儿"，大都是真正喝"烧刀子"的北方大汉。所谓"烧刀子"是高粱白干烈酒的俗称，刀子且又烧红了，喝下去该是多么灼热犀利，难怪喝惯了"烧刀子"的人，再喝别的什么酒，也觉得不过瘾，不解渴了。"大酒缸"一般都没有"热炒"，只准备点零星酒菜，柜台里摆上些小碟，有韭菜花拌豆腐、酥小鲫鱼、煮花生米、豆腐干、辣椒油浇麻豆腐等。但是有许多摊贩却是依赖"大酒缸"为生存的，他们在"大酒缸"门口有固定的摊位，星罗棋布，十分热闹，有卖"薰鱼儿"的（实则是猪头肉、猪内脏）、卖白水羊头的、卖爆羊肉的、也有煮馄饨、炸灌肠的，刀勺乱响，吆唤声声，所谓："爆肚油肝香灌肠，木樨黄菜片儿汤。"这些熟食摊赖"大酒缸"而生，"大酒缸"则又靠这些摊贩而存，两者互为依靠，又各得其利，用句时髦的话，这也是一种"横向联系"吧？开大酒缸的大都是山西人，四十年代后，商业战日渐激烈，所以一些"大酒缸"也就自添了山西刀削面、拨鱼儿等面食了。

"泡大酒缸"的乐趣，很难形之于笔墨，它热烈嚣闹，又温暖惬意；它是失意者的避风港，又能使孤独者得到人生的慰藉。总之，这里没有世态的炎凉，也没世俗偏见的富贱尊卑。有的只是诚挚的同情与友谊，忘忧的杜康，这里能使你脱略形迹，真情流露。

个中滋味，不足为外人道也。近人蒋癯叟有句云："早茶吃罢遛弯回，垂兴缸边饮数杯。一碗白干一包豆，铜元破费十多枚。"上"大酒缸"花钱不多，又乐在其中，在这里没有阶级之分，也不论官爵高低，全都坐在一口酒缸边，认识与否，更不在话下，都可以开怀畅饮，酌酒谈心。

冬天上"大酒缸"更是其乐无穷。当鹅毛大雪漫天飞舞之际，你和二三好友，顶着刺骨的西北风，身后的雪地上，留着你的深深足迹，掀开了"大酒缸"的棉门帘，一阵热气夹着酒香，扑面迎来，熊熊炉火正温着烫热的白干，酒友们满面红光的邀你入座，一口滚烫的酒，一口酸辣适中的麻豆腐，寒冷和烦恼立即被留在那沉重的棉门帘之外！酒过三巡，面红微醺之时，听着酒友们古今纵横的议论，也是人生一大快事。上至刘伯温修北京城，西太后命崔玉贵推珍妃入井，下至那家园子什么角儿要露拿手好戏，李家三爷调理的画眉鸟能哨猫叫狗鸣，这些都是神聊的话题。偶而棉门帘一掀，进来一位身穿光板老羊毛皮袄的车把式，手里举着长鞭，嘴上的胡荐凝着冰珠，卸货刚完，对着常柜的喊一声："来一个！"（一个即是二两。）站在柜台前不佐菜，一口而干，抹抹嘴，冲酒友一拱手，掀开门帘，一溜小跑，跃上一直不停的骡拉的大车，驶向漫漫的风雪之中。这时你才懂得，"泡"字之妙！

荷花市场

市场，是商业激烈角逐的战场，它是喧嚣的、纷扰而动乱的，明争暗斗，厮杀拼搏，都是为了"孔方兄"。但是在市场上冠以"荷花"二字，就显得那么温良礼让，雅人深致，荷花的芬馨，冲淡了铜臭的锈气，荷花与市场，这种不调和的"调和"，正道出了北京人的幽默和趣味。或问：荷花市场有吗？答曰：有之，在北京的什刹海。

近人陈莲痕在《京华春梦录》中说："什刹海地接喧市，游踪较便，裙屐争趋，咸集于斯。长夏夕阳，火伞初敛，柳阴水曲，团扇风前，几席纵横，茶瓜狼藉，琉璃十顷，卷卷溶溶，菡萏一枝，飘香冉冉，想唐代曲江，景亦不过如是。"文字不长，却描绘出了往昔北京人消夏的民俗小景。北京是个内陆城市，缺少河流湖泊，一方池塘，就成了北京人临溪品茗，垂竿把钓的好去处。"海"是"海子"的简称，"海子"是元朝时的蒙古语，即湖泊之意。北京的三海，中南海、北海、什刹海不过是几个相连的活水湖，什刹海和后海相连，什刹海约百十亩地面积，两岸遍植杨柳，湖中种满了荷花，一入夏季，各商肆摊，在岸边搭设茶棚，这种茶棚很有特点，一半在岸上，一半用衫篙支撑着在湖里，大有威尼斯水城的样式。茶棚酒肆，小吃摊位，栉比相连，各种各样的曲艺杂耍，也趁机摆地献艺，丝弦箫鼓，货声高喊，热闹非凡。人们每到傍晚，到这里消夏游玩，叫做逛荷花市场。

笔者父母，不愿意我到荷花市场，因那里三教九流，鱼龙混杂。所以一到暑假，我总是瞒着父母，和小伙伴到什刹海来玩。我们当然没有那种雅兴，坐到茶棚里品茗赏荷。有的是不要钱的杂耍场子，东看一头，西听一下，看一会儿"拉弓开石"，听一段评书，小孩子白看，心安理得。有时豁出去了，我们也会凑几个钱，到正儿八经的杂技棚子里，看"走钢丝""大变活人"。使我最开心的事，是和伙伴到苇塘子逮"老琉璃"（北京方言：蜻蜓）。天擦黑，苇塘里老琉璃特别多，红的、黄的、绿的、蓝的、各种蜻蜓都有。北京小孩逮老琉璃的方法是"世代相传"的。先抓一头母蜻蜓，孩子们叫它"老子儿"，把它系在一株长草上，轻轻挥动长草，功夫水大，就会诱来一个为爱情甘愿牺牲自己的"老哥儿"（雄蜻蜓），如此办理，自然会满载而归。倘若抓到一头通体艳红的"红辣椒"，就大喜过望了。

虽然，我的什刹海"知识"，是瞒着父母得来的，但是没想到，母亲忽然高兴，带着我们兄妹"堂而皇之"逛了一次荷花市场。尽管事隔四十多年了，但好像还是昨天的事。那天很闷热，吃晚饭前，母亲突然对我们说："走，我带你们去什刹海吃'河鲜儿'。"我们一听，喜出望外，尤其是两个妹妹，则是欣喜若狂。这是我第一次坐在什刹海的茶棚里，面对红白一片的荷花，在习习的凉风中，吃着刚从"海"里采来的"河鲜"，真是无比的快乐。所谓"河鲜"，就是什刹海里产的莲蓬、白花藕、老鸡头（即鸡头米）还有鲜核桃仁，到现在我也弄不清，明明是"山鲜"的核桃，怎么会和白花藕列在一起变成"河鲜儿"了？还是北京人说得好：吃的是意思，您别较真！茶棚里卖的"河鲜儿"，先别说吃，看着就够人赏心悦目的了。你看，一个大木盆，里面盛着碧绿的荷叶，堆满了鲜灵灵的莲蓬、白花藕、鲜菱角、老鸡头、鲜核桃仁，中间放着一块晶莹剔透的大冰块，面对伸手可及的荷花，吃着冰凉爽口，脆、甜、鲜、嫩的"河鲜儿"，一股清香直透心里。

母亲很高兴，她让我们玩个痛快，吃了许多小吃，什么芸豆糕、奶油镯子饽饽等。什刹海荷花市场有的小吃颇有名气，像"苏造肉"、南宛北季的"烤肉季"，另外北岸的会贤堂饭庄、东岸的广庆轩茶馆，都是享誉京师的地方。

"当时经过浑无赖，过后思量总可怜。"等我年事稍长，读了近人沈太侔的《春明采风志》，书中辑录了清同治时文曹张叟有关荷花市场的《莲塘即事》诗，前尘往事，不堪回首了。其诗云："岁岁荷花娇不语，无端斗茗乱支棚。斜阳到处人如蚁，谁解芳心似水清。"还有几首也颇堪一晒，《卖茶叟》云："行步蹒跚肩膀斜，有人一碰就斟茶。翻来复云尘浮碗，染指徒悲公子家。"《什不娴》云："作媚装腔百样贫，连敲竹板扭腰身。开言就是莲花落，落了莲花那有人。"诗题什不娴，即"十不闲"，是一种北京曲势，演唱者独自一人，又打又唱，又拉又弹，手足并用，无一闲处，故曰"十不闲"，莲花落也是一种鼓书名，与莲花并无关系，但是莲花落了，荷花市场也就无人光顾了。因而北京人对什刹海的茶棚统统锡其名曰："雨来散。"风雨一来，游客就散。四十年的岁月风风雨雨，使得荷花市场早已不复存在，但是沧桑风雨，却无法驱散记忆，在世事变迁的风雨中，我总忘不了母亲带我去逛荷花市场，也忘不了我听来的一道俗曲："六月三伏好热天，什刹海前正好赏莲。男男女女人不断，听完大鼓书，再听十不闲。逛河沿，果子摊儿全，西瓜香瓜扛口甜，冰儿镇的酸梅汤，打冰乍（盏），买了把莲蓬，转回家园。"

莲花灯

今年的八月二十六日，是农历七月十五的中元节，北京人俗称"鬼节"。从前这一天，非常热闹，各大小寺院都要设盂兰会，燃灯唪经，糊纸为船，长有丈余，晚间焚化，叫做"烧法船"，还要放河灯，超渡幽冥沉沦者。是日，家家户户都要上坟祭拜先人，礼仪像清明一样。这本来是宗教迷信的举动，但传到民间，却变成了送暑迎秋的节日，充满着浓郁的乡土气息和人情味。有一首《北平俗曲》，记述了旧时北京中元风情："七月里秋爽天，盂兰会上正好游玩。玩童最喜黄昏后，点上篙子灯，闹了一院子烟。夜深沉，看法船。金桥银桥，信男善女，僧道念罢经一卷，超渡亡魂早升天。"

中元节，给人带来最大的乐趣，就是看"河灯"了。往昔，这天大街小巷都是卖"莲花灯"的，这种灯都是以红粉纸作成莲花瓣，聚成朵朵莲花，间或也有卖各种花篮、鹤鹭灯的。另外还有农民卖带梗的荷叶和高可一人余的野生蒿子草，这两种植物也是

"灯"，并是舍北京而外，其他城市看不到的"灯"。白天，各善男信女要组织"走会"，所谓"走会"就是在街头巷尾表演秧歌舞，"打五虎棍""耍狮子"等，晚上是高潮，像运河、二闸、积水潭、泡子河等都要放河灯，北京人携老扶幼，倾城而观，可说万人空巷了。看河灯不分贫富，也不花钱，因而热闹非凡，场面也极其壮观。清初著名诗人查慎行《京师中元词》云："万柄红灯裹绿纱，亭亭轻盖受风斜。满城荷叶高钱价，不数中原洗手花。"就连清宣宗道光皇帝也被这场面所感动，曾经写过一首《中元河灯》诗，他说："万盏莲灯水面浮，中元佳夕汤轻舟。繁星朗月光同映，点缀前汀一段秋。"皇帝老官，固然富如天上，但究竟御园禁苑，高墙隔绝，也流露出孤独岑寂之感。

我童年时代，北京城已非往昔时光，"逝者如斯夫"，岁月的流逝，运河、二闸已是涓水不存，积水潭也是只见"有潭而无积水"了。中元河灯集中在北海一处，更成了人们趋之若鹜的所在。抗日胜利后回到北平的第一年，父母带我看了生平第一次见到的河灯，碧波无际的太液池，遍植红莲，"接天荷叶无穷碧"，在成千上万的莲花荷叶上，都点燃了红蜡烛，湖面上漂浮着无数个用西瓜皮做成的"河灯"，有的还在瓜皮上镂刻着精美的图案，瓜皮是绿的，里面闪烁着红红的烛光。此时，皓月当空，繁星满天，微风徐徐，袭来阵阵荷香，明月繁星，花香荷灯，交相辉映，也不知哪是天上的星，哪是水上的灯，只觉得空灵虚幻，缥缈凌空了。

北京《老妈妈经》上说，七月十五的灯不能过夜，必须当晚燃后烧掉，究其根源，谁也说不出个道理，反正约定俗成，人人如此，孩子们也不例外。这一天，家家都要点"蒿子灯"，说是"灯"，其实不是灯。它是把野生的蒿子草，固定在院子里或街门口，用无数个短香头使纸密粘在蒿草上，把每个香头都点着，暗处看来，在香烟缭绕中，点点闪闪，如万点荧光流动。这时候，孩子们人人手上举着一颗长柄荷叶，荷叶上点着一支红烛，在胡同里跑来跑去，高声唱着："莲花灯，莲花灯，今儿个点了明儿个扔！"

初秋红枣

秋风一起，树梢上的枣就红透了，累累盈盈，挂满枝头，浓阴掩绿之中，猩红点点，把初秋的色彩，渲染得格外绚丽多姿，使人心醉的同时，还有一种丰收的喜悦。北京的枣树多，枣的品种多，好吃好看，驰名海内。

也许是得天独厚，北京地区宜于枣的生长，北京人对枣有着特殊的感情，家家庭院必有枣树，郊区有枣林，西山一带更是枣的盛产地，就连里九外七围绕北京的城墙上，也都长满了自生自灭的"酸枣果子"。北京种枣历史久远。南北朝时《汉末英雄记》一书中曾说："幽州岁不登，人以枣葚为粮。"可见那时北京人是以枣为主食的。元人王桢在《农书》中赞道："南枣坚燥，不如北方肥美。"足证北京枣的好吃。可能是北京的枣树太多了，也可能是北京人太喜爱枣了，所以就有用枣来命名街道的，西城府右街里有一条胡同叫"枣林大院"，宣武门外有一条"枣林前街"，枣林前街有一座蜚声中外的唐朝古刹"崇效寺"，是看牡丹花的胜地，但它原来却以枣花闻名于世，因而历史上它就叫做"枣花寺"。寺以"枣花"名之，既富有质朴的泥土味，又饶有谐谑的情韵。二十年代王恒清曾在《枣花寺》一诗中，感慨系之地说："寺中犹忆枣花开，莫向游僧问劫灰。醵饮醉酤蛪尾酒，诗人宴赏牡丹来。"

暮春赏枣花，初秋吃红枣，是北京人的一大乐事。每当春夏之交，枣花就璨盛开了，枣花小而密，金黄中又带有浅绿色，挤挤簇簇密缀枝头，似乎是在浓阴绿海中，洒上了无数颗华光闪闪的金星。枣花虽小，但它的香气却是芬芳馥郁，在令人心旌摇动的浓淳芳香中，还有一股津津的甜味。枣花香浓，蜜蜂成群飞来绕去，静中有动，更兼诗情画意。北方缺少桂花，枣花的形和香，和桂花极其相似，一春一秋，一南一北，可以交相辉映了。

秋天的枣是"实际的吃"，比春天枣花的"精神享受"，来得"功利"。北京的枣种类繁多，据乾隆时出版的《水曹清暇录》中说北京"枣有五种，而密云小者最佳"。关于北京枣究竟有多少种类，我并没有考证，很难下评定，但郊区密云县的小枣却是深受北京人欢迎的，这种小枣并不是鲜吃，而是晾干后，做粽子、切糕、年糕等必不可少的主要原料，京华佳品蜜饯玫瑰枣也是用它制成的。至于鲜吃的枣，当属阜成门外郎家园的枣为最佳，这种枣红而大，脆而甜，所以秋风一起，街头小贩，都是高声吆唤："郎家园儿的枣儿来！"诗人夏仁虎曾在《旧京秋词》中咏道："梨从海氏茔前摘，枣自郎家园里来。冰子苹婆同入市，却输生脆虎拉车。"需要说明的是，北京人称苹婆果为槟子，虎拉车亦果名。海氏茔即海兰察茔地，郎家园即是乾隆时享有盛誉的宫廷画家、意大利人郎世宁的坟园。除掉郎家园枣以来，像安定门外小关的枣也不错。有一种圆粒红色个儿不大的枣，酸中带甜，又脆又酥，好吃又好看，名字也形象，叫"老虎眼"。此外还有两种枣，也颇受北京人欢迎，一是大家都知道的"金丝蜜枣"果脯中的佳品，不用多说了。还有一种叫"嘎嘎枣"，却只受北京人的欢迎了。它是把枣风干后，去掉核用线穿起来卖，小贩套在脖子上，像一串大佛珠，因此又名"挂拉（音那）枣"，这种枣嘎崩脆，姑娘们特别爱吃。嘎嘎枣的"核儿"，也是食品，因为核上还有些枣肉，小贩弃之可惜，所以贱价出售，受穷孩子的欢迎，几分钱买一大把，也可以"磨半天牙"，所以北京人美其名曰"穷人磨"。至于酸枣，那个北京人童年时代没有瞒着父母，偷着上城墙摘酸枣？俗话说：三十年河东，三十年河西。从前被人不屑一顾的野生酸枣，近来被科学家证实，它有极其丰富的营养和药用价值，忽而身价百倍，装潢美丽的"酸枣汁""酸枣露""酸枣可乐"已畅销海外。

月夜下的果子市

　　一年四季，我最喜欢秋天了。北京的秋天不冷不热，无风无雨，天高云淡，气爽日晶，可以充分领略"已凉天气未寒时"的惬意。秋天，还是收获的季节，首先使人感到丰收喜悦的，是水果。每当农历八月，水果就大批下市了，蔡绳格在《一岁货声》中记录了卖果子小贩的吆唤："今日是几来？十三四来，您不买我这沙果苹果闻香的果来，哎，二百的四十来。"形容的多美，听了这诗一般的歌唱，谁都会悠然向往的，所以秋季天逛果子摊，是北京人一大乐事，尤其是踏月夜逛果子市，简直是一种无与伦比的艺术享受了。

　　北京的果子市，四城都有，比较大的几处是：西四牌楼、前门外大街、东单牌楼、后门桥头等。果子市，顾名思义也知道，就是卖果子的市集，沈太侔在《春明采风志》中说："中秋临节，街市遍设果摊。"每当中秋节前两三天，果子市就约定俗成的"开张大吉"了。果子摊鳞次栉比，一个挨着一个，各个摊位的主人，都是八仙过海，各显神通，充分表现了水果色、香、味的诱惑魅力。在皓月银光的辉映下，每个摊位都点上了光可夺目的"电石灯"，水果的堆叠码放，都经过了精心的艺术设计，红的、黄的、绿的、白的堆放的五光十色，而又协调不乱，有的摊主还用水果的形状和颜色组成了吉祥图案，更见匠心。水果种类的繁多，让你目不暇接。瓜类有枕头瓜、小子黄皮瓜、青皮红瓤瓜，还有白皮白子白瓤的"三白瓜"，葡萄有玫瑰香水、公孙、兔儿、龙眼、牛奶等，形状则有长有圆；梨类有鸭儿梨、白梨、金星梨、鸭广梨、棠梨、小金坠子梨；石榴有红、白、粉、紫四色；苹果有红、青、黄三色，此外还有沙果、闻香果、香槟、酸槟、虎拉车、李子、红果、白海棠、红海棠；柿子有盖柿、杵头柿、佛手柿；枣有长枣、红枣、白枣、小枣、璎珞枣、葫芦枣、嘎嘎枣、酸枣；藕有白花、红花、菜藕三种，和藕一起卖的还有秋莲房（莲蓬）、老鸡头（芡实米）、红菱、南荸荠；栗子有魁栗、板栗、颖栗；大落花生、小落花生。此外，还有两种不属于水果类的植物在水果摊上出售。一是红黄两色鸡冠花，一是带枝带叶的新鲜毛豆。这两种植物之所以厕身于水果之列，是为了八月十五供月和给兔儿爷准备的食物。

月光下的各色水果，映射着淡淡的银辉，更显着一种朦胧虚幻的色彩。在拂人衣袂的秋风中，飘来浓厚的醉人甜香。逛水果市的人，似乎也怕打破这不可言喻的"意境"，人虽多而决不杂嚣，带着一种赏鉴艺术品的心情，挑选着水果，摊主人更是殷勤备至，他总会主动的劝你："您不带串玫瑰葡萄？刚摘的，还带着霜呢！"（摊主人决不说买，而只让你"带"。）

当你提拉着一篰包水果，兴尽而返之时，忽然，路边会传来一声："大朵的玉春瓣，茉莉花来。"此时，月光、果香、卖花声、天上的星、摊上的水月电石灯。构成了一幅有声、有色、有味的立体画卷，使你有一种莫可名状的空灵和慰藉。

闲话冬至

　　河朔苦寒，一到冬至，则是风紧雪飘，檐垂冰柱，枝缀雪树，南国儿女是无法领略这阳刚之美的北地风光的，这时候的北京，北海、什刹海、郊外的河塘都冰冻三尺，青年男女最感兴趣的莫过于溜冰了，他们足蹬冰鞋，风驰电掣般地飞行在一平如镜的冰面上，摇曳生姿，真是优哉游哉！清人李静曾用《竹枝词》描述过同治年间溜冰人的情趣："往来冰上走如风，鞋底钢条制造工。跌倒人前成人笑，头南脚北手西东。"从前的冰鞋底下可没有冰刀，而是在普通的鞋底上绑上钢条，滑起来也颇能左旋右转，溜出各种技巧，并不逊色于当今的"花样刀"。孩子们就更简单了，我小的时候常和伙伴们在自制的木板下，钉上两根粗粗铁丝，北京人称这种铁丝叫"豆条"，蹲在木板上，在积雪的胡同里，滑来溜去，现在想起来，还觉得其乐陶陶。

　　旧时的女孩子，没有那么多的娱乐场所，也不许随便到外面去玩，在这天寒地冻，闺中确是百无聊赖，于是就画九九消寒图以为消遣。

消寒图是一枝素梅花，共有八十一个花瓣，从冬至日起，每天染一瓣，并有"上阴下晴，左风右雨，雪当中"的记阴晴法。图傍一诗："试看图中梅黑黑，自然门外草青青。"还有细心的女孩儿用九画的字组成字句，再又钩起来，每日填一笔，如"庭前垂柳，珍重待春风""幸保幽姿，珍重春风面"等，梅瓣染尽，字笔填完，则是桃李争艳，柳丝垂金的九九艳阳天了，从这里也可看出，旧时儿女是如何渴望着春的来临！"学画消寒九九图，红窗费尽好工夫。朝朝和墨审番数，算到花朝得了无。"

"冬至的馄饨，夏至的面。"冬至在北京并不是节日，但是约定俗成的这一天必需吃馄饨，我问过许多"老北京"，他们也都数典忘祖，说不清为什么要吃馄饨，有人说馄饨是塞外浑氏屯氏所制，也有人说馄饨形如鸡卵，颇似天地浑沌之象，所以冬至要吃馄饨，我是越考证越糊涂，干脆不问它是浑氏屯氏还是浑屯，还是北京的馄饨、四川的"抄手"，我都有兴趣，我的那位她，又是纯粹的老北京，乐得这一天扰她一顿馄饨！

冬至以后，则是吃涮肉和烤肉的季节，南城的"烤肉宛"，北城的"烤肉季"，都是高朋满座，大炙子底下，松木熊熊，拿着一尺多长的筷子，蹬着凳子（炙子圆径约五尺，非蹬着凳子则不能烤肉），吱吱有声，吃的大汗淋漓，大有燕赵悲歌之士的遗风，别是一番情趣。倘若飘着鹅毛大雪，你约二三好友，在家里涮羊肉，边吃边聊，屋外一片银装玉琢，屋内温暖如春，确是金圣叹的话："不亦快哉！"当然，旧时的北京，穷人逢至冬至，则就不好受了，从前有一首民谣："数九的天儿，好冷的天儿，出了门儿，阴了天儿，抱着肩儿，进茶馆儿，靠炉台儿，找个朋友寻俩钱儿，出茶馆儿，飞雪花儿，老天爷，竟和穷人闹着玩儿。"如出天籁，令人动情，同是一冬至，苦乐可就大不是一个味儿了。

冬虫与葫芦

老北京人的会玩，简直到了匪夷所思的程度。可能是清人入关以后，那些八旗子弟，有皇上钱粮，俗称的"铁杆庄稼"，有钱又有闲，就尽情地享乐，在玩上争奇斗胜。老北京人，不仅养秋虫，还讲究养冬虫。

什么是冬虫呢？其实冬虫就是秋虫，不过它不生在秋天，而"生"在冬天。按说大自然赋予那些昆虫的生命，是短促的，叶子一枯，它的生命也就终结了。可是会玩的北京人，硬是要和天公斗一斗法，偏偏要在冬天听秋虫的鸣叫，冬令奏秋曲，岂不是一乐。一般养的冬虫，是蝈蝈、蛐蛐（蟋蟀）、油葫芦之类，它们都是会鸣叫的。这些昆虫，是人工在温室里煨出来的。讲究个儿大，翅子长。颜色也有许多说头，绿的不如草白的，草白的不如黑的，黑的不如茄皮紫的，而蓝面红睛的最为珍贵。鸣叫的声音要洪亮、沉重、雄厚。叫声分"本叫"和"抹子"两种，本叫是天声，抹子是在鸣器上点上一种药，使其声音宏亮。但是讲究的玩主儿，还是要听本叫。冬虫里以油葫芦的鸣叫最为好听，有的油葫芦可以翻出十三个嘟噜，有的甚至可以"押黄雀"，就是把油葫芦放在黄雀旁边，久而久之，它就会学黄雀的鸣声。

别说冬虫有这么些个考究，就是养冬虫的葫芦也是极为精致的工艺美术品。葫芦是一种瓜形植物，冬虫葫芦也分"本长"（去声）和"模子活"两种，本长是天生的葫芦，而模子活可就很费功了，它是在小葫芦刚刚成形时，给它套上一个模子，范成形状，模子里还镂刻上各种图案，等到葫芦成熟了，一个印有各种图案，形状美丽的冬虫葫芦就基本成功了。等摘下葫芦后，还要经过晾干，打油几道工序。最后锯去上端，配上一个镂雕着吉祥图案的象牙盖，里面再装上"簧"（共鸣器），就成了。簧的作用是，冬虫鸣叫时，震动簧，可以产生共鸣，听起来，有那么种刚音。冬天养虫，是要把装着虫的葫芦，放在贴身的袋里。

如果，天寒大雪，外面是银装玉琢的世界，您正和二三好友，围炉小酌，赏雪闲话。忽然您怀里的油葫芦，放声高奏，时而翻出十三个嘟噜，时而作出几声黄雀鸣，你听着，不是个乐子吗？

九九消寒图

　　冬至，即是俗谚所谓的"数九"。是时的北京，正是大雪飘舞，河水冰封之际，人们已进入燕地苦寒的"冬三月"。说来有趣，同是冬至，北京人却有完全不同的两种说法，既有"京师最重冬节"，"一如元旦"之说，也有"冬至不为节"之另一说。为什么这样呢？溯本追源，这里还隐含着一段历史兴衰。原来在明中叶以前，北京人每逢冬至，不问贫富贵贱，都要互相拜贺，十分热闹，自从明英宗朱祁镇在"土木之变"被俘后，北京经历这一场巨大的政治勤乱，"冬至一如元旦"的习俗才顿然消失。话虽如此，北京究竟是几百年的首善之区，有不少南方人在此做京官，他们每逢冬至都要按照自己家乡的习俗，设筵祀其祖先，并邀乡亲来喝酒，以解乡思和作客他方之苦。而明、清两朝的宫廷、还是极其重视冬节的，这一天百官"穿戴暖耳"，也就是有护沿的皮帽；宫眷内臣都要穿"阳生补子蟒衣"，所谓"阳生蟒衣"，就是现在极为流行的翻毛大衣了。

　　北京的民间，就不大重视冬节了，不再是"冬至馄饨夏至面"，充其量，也就是吃一顿，馄饨而已。尽管民间的冬至不为节，可是冬至前后一些"应景"的游戏，却使你驱走了严冬的寒冷。《北平俗曲十二景》中云："冬至数九天，当头月儿圆。风筝带风琴，锣鼓响连天。怕的是在空中抽咕冷子断了线。踢毽抖空钟，琉璃喇叭欢。手打太平鼓，口琴满街串。买来的走马灯，点上滴溜转。"读了这生动有趣的曲子，使我又置身于童年的快乐时光中。曲中的玩具，都伴我度过了儿时的生活，其中的琉璃喇叭、口琴已绝迹市上四十多年了。这种口琴不是吹而是"弹"。约两寸许长，系用金属制成弓形状，中间有一簧片，玩时用嘴将其衔住，舌尖鼓动，再用手拨动簧片，即会发出抑扬高低的音调，十分动听，我近来曾在电影中，看到西南少数民族，男女互倾情慕时，"弹"过与这极其相似的"口琴"。

　　冬至给我印象最深的，莫过于画"九九消寒图"了。而北京人画"九九消寒图"，是由来已久的事了。据史料记载，明朝时，每逢冬至，即由司礼监印刷九九消寒图，并附有九首诗，每首四句，从"一九初寒才是冬"起到"日月星辰不住忙"止，估计都是有关时令的韵文，惜乎被人们认作是"瞽词俚语"，而没有记录传抄下来，否则确是很珍贵的岁时资料。笔者儿时，画消寒图的游戏还很盛行，尤其受到闺中少女的喜爱，我的大舍妹，就乐此不疲。所谓消寒图，就是在白纸下绘成几格，格绘九圈，共八十一圈，当然也有绘成梅花的，这和明人刘侗在《帝京景物略》中载的"日冬至，画素梅一枝，为瓣八十有一，日染一瓣，瓣尽而九九出，则春深矣"完全一致。人们从冬至日起，每天根据天气的阴晴用朱笔染一瓣，染法是"上阴下晴，左风右雨，雪当中"，当梅瓣全部染毕，则是九九艳阳，大地春回了，所谓："试看图中梅黑黑，自然门外草青青。"有的人，还在消寒图旁用九笔画的九个字，组成有意义的句子，每笔都要双钩，天天填一笔，等字填完，也是九九完毕。这些九笔九字的组句，大都与春相关，如"亭前垂柳，珍重待春风""幸保幽姿，珍重春风面"等。我那时年幼好动，没有耐心去侍弄这些双钩字和梅花瓣，只是每天都见母亲哄着大舍妹用红笔去涂染那瓣瓣的梅花，我根本不懂也不理解人们怎么会有这些闲工夫。只是经阅了世事的沧桑，才明白了其中的内涵。其实这不是"消寒"，而是对春的召唤，对春憧憬。试想在风雪交加的冬夜里，闺中少女面对红烛，用朱笔点染着迎春的红梅，多么富有诗情，对幸福的追求，对春的向往，又是多么强烈！

明人杨允孚曾有句云："试数窗间九九图，余寒消尽暖回初。梅花点遍无余白，看到今朝是杏株。"又是一年冬至到，大舍妹也年近半百了，不知可还记得这"素梅瓣瓣染成朱，画出消寒九九图"的童趣吗？

冰　嬉

　　一些初到北京的江南人，总把这里的冬天视为畏途，觉得北风呼啸，尘沙扑面，缩手缩脚，难耐寒冬！其实不然。只有冬天，才能真正领略到幽燕河朔的北地风光，这种风光充满着豪放、拙朴、粗犷的大漠情韵。它使你窥探到"忽如一夜东风来，千树万树梨花开"的诗情。北京的雪和冰，尤其令人乐趣无穷，在一片银装玉琢的琉璃世界中，孕育着温馨的生机。古诗云："燕山飞雪大如席。"每逢飞飞扬扬、大雪纷纷之际，就是孩子们尽一日欢之时。我童年时，北京的雪多而大，我既不懂得踏雪寻梅的雅兴，也没有对雪举杯的豪情。雪给我带来的欢悦，就是堆雪人，打雪仗。每逢下大雪，我和小伙伴们就会迫不及待地跑到胡同里，铲的铲、堆的堆，一会儿工夫就可堆起三四个大雪人，这些雪人当然说不上巧夺天工，惟妙惟肖，但是也都形态各异，招人一乐。两个煤球就是眼睛，一块胡萝卜皮就是嘴，再戴一顶破草帽，远远望去，笑容可掬，稚气满面，令人忍俊不禁！高潮的大轴戏，自然是大演全武行的雪仗了。这种雪仗，不是斗将式的捉对儿厮杀般，而是"全军涌上"的混打一锅粥，雪弹纷飞，喊声震天，摔打爬跌，浑身解数，全部用上，天上是雪，地上是雪。身上是雪。在沁人寒气之中，又都大汗淋漓，不到大人来喊吃饭，决不鸣金收兵！

北京大雪之后，积雪不化，北风一吹，冻成厚厚的坚冰，胡同里、马路边，就成了不需买票的天然冰场了。这可是孩子们大显身手的好机会。每到放学后，书包一放，自然有小伙伴来邀"打冰出溜"，您别小瞧了"打冰出溜"这种原始的溜冰，小伙伴里真有高手，溜着溜着，突然下蹲，来一个"老太太钻被窝"，能出溜七八米远，这手"绝活"，往往能招来小朋友的掌声。更有甚者，在毛窝（棉鞋）底下系上"豆条"（北京方言，即粗铁丝），就成了一双自制的冰鞋，还有的小伙伴在一块四方木板下系上两根豆条，人蹲其上，用木棍向冰面一杵，土制冰车飞驰电掣般急速滑出，实在过瘾！可以这样说，凡是北京生来北京长的北京小子、北京妞儿，没有一个是不喜欢"打冰出溜"的。

说起"打冰出溜"，自然会想到溜冰。不过我要说的并不是现在流行的欧美式滑冰，而是土生土长的"伏地溜冰"。说来惭愧，由于我的腹俭，不能引经据典，考证出北京的溜冰，始于何时何代。但从清初潘荣陛所撰《帝京岁时纪胜》中所载："冰上滑擦者，所著之履皆有铁齿，流行冰上，如星驰电掣，争先夺标取胜，名曰溜冰。"可以知道，明末清初，北京不仅盛行溜冰，而且已经有了有规则、有组织的冰上竞赛，这也许就是最早的"冬季奥运会"了？至于那时的冰鞋，当然无法和现在舶来品"跑刀鞋""球刀鞋""花样刀鞋"相比，但也相当精致。清道光时出版的《都门纪略》有详细的记录："冰鞋，木屐下施以铁条，以皮条束足下，拱身摔足，冰上行之如飞，瞬息十数里。"是否"有齿"的是"花样刀"，"铁条"的是"跑刀"，则不得而知了。但我们知道，那时的冰上的健儿，已经有相当高超的技巧，穿上这种冰鞋，可以做出"蜻蜓点水""紫燕穿波"等难度很大的舞蹈动作。同治时代，曾有人用诗描述过这种有趣的场面："往来冰上走如风。鞋底钢条制造工。跌倒人前成一笑，头南脚北手西东。"

值得一提的是，清朝的宫廷，极为重视冰上运动，王公大臣不仅喜爱冰嬉，而且宫廷还有一支训练有素的冰上运动队，这些"专职运动员"，大都是身手矫健的八旗子弟，每当朔风呼啸，河封之后，就要在太液池五龙亭前、中海水云榭前，进行表演，让皇帝、后妃、王公、大臣观赏。皇帝并据表演给予习劳行赏，考修武事。据说宫廷内的冰上运动。场面宏大，热烈非凡，道光皇帝曾经写过两首《观冰嬉》的诗，其中一首云："太液开冬景，风光入望清。推恩绳祖武，敕政廑皇情。竹爆如雷殷，池水若砥平。八旗分整暇，千队竞纵横。瞥睹奔腾亟，欣看组练成。彩球连命中，羽笴叠相鸣。临阅因时举，趋随沐泽荣。帝诚通帝谓，瑞雪即飞琼。"姑且不论诗的好劣，但诗中留下了极为珍贵的岁时资料，却是事实。从诗中可以得知。清宫皇帝观溜冰表演的热闹情景。鸣鞭放炮，彩旗飞扬，溜冰健儿，身着各色运动服，驰滑奔腾，群相竞艺，所谓"艺卖帝王家"，那激烈角逐的场面，够刺激的！诗中的"彩球连命中"，就是"冰上足球"，当时称这种运动叫"蹴鞠"，表演时，每队数十人，各有统领，以革为毬，抛向空中，群起而争，得者为胜。除宫廷外，民间百姓也盛行"蹴鞠"，什刹海、护城河都是平民百姓玩冰上蹴鞠的场地。宫中冰嬉不仅有速滑、冰球、冰上舞蹈，还有一种特技表演叫"打滑挞"，"打滑挞"前，先要汲水浇成冰山，高三丈，莹滑无比。运动员要足登毛猪皮履，从冰山顶上一直挺立而下，到地稳立不倒者为胜，这有些近似现在的高山滑雪。除此以外，还有"冰床"之嬉，冰床又名冰连、拖床、凌床，俗名冰排子。其形方而长，用木板做成，长约五尺，宽约三尺.上铺草帘，底嵌铁条，既可用人拖曳而行，也可用支篙撑之。冰床是冰上连动器械，也是代步工具。外城护城河部有冰床可乘，价钱比车马便宜。一些会玩的游客，每逢雪后，便吆三呼四，携带毛毯、酒菜提盒，去西北城的积水潭。联集十几床冰车，聚饮欢歌。此时月在雪，雪在冰。正所谓"十月冰床遍九城，游人曳去一毛轻。风和日暖时端坐，疑在琉璃世界行"。说来有趣的是，由于西太后喜欢坐冰床，也常在冰床上召见办事王公大臣，当然西太后的冰床华丽无比，在颐和园、南北海都有这种供太后、皇帝、妃嫔乘坐的特制冰床，由太监拉曳。两宫若在此召见王公大臣，必须特旨赏坐冰床。否则不得擅坐，这种赏坐与赏坐二肩舆、紫禁城骑马一样，都是荣幸殊恩，所谓"皇恩浩荡"了。

星移斗转，时代的推移，这些土生土长的"冰嬉"，已被舶来品的"洋式"滑冰所代替。我童年时代，北海、什刹海等地虽然也都设冰场，但已经是时髦男女，足登新式冰鞋，在轻音乐伴奏下，携手共舞了。四十年代末，北海每到冬季，常常举行化装溜冰大会，在众多争妍斗胜的红男绿女中，有一位年近七十的老翁，特别引人注目，此人身穿黑色缎子中式夹袄夹裤，裤脚用黑色裤带系紧，银髯飘洒，在人群中，盘旋急驰，矫若游龙，不单是他的舞姿潇洒轻盈，在一群洋学生里的时髦装束中，他这种中式打扮，反倒是"奇装异服""招摇过市"了。殊不知他的这身装束，恰恰是五十年前，晚清最摩登的衣着。此人就是名闻京师的滑冰名手吴桐轩。据说他有许多冰上绝技，年轻时经常被召进颐和园，表演给西太后看，和京剧大师谭鑫培、陈德霖、杨小楼、王瑶卿一样，都是吃皇粮的"内廷供奉"。不过到我看他表演冰上舞蹈时，究竟是七旬老人，只不过表演些"朝天蹬""夜叉探海"等小技，而脚底也是"洋式冰鞋"，已非"木屐铁条"了。当然吴氏的冰上特技，和今日职业滑冰的冰上芭蕾相比，已不过是小巫见大巫了。

今日地球气候，飘忽不定，北京的冬天已没有往昔寒冷。河封期缩短，下雪也渐稀疏，偶有一雪，看见孩子们"打冰出溜"，却使我不禁感慨系之，童年和冰嬉都渐渐地逝去，但又都深深地映在脑际。

封 箱

北京为历代京师，所谓"首善之区"，人文荟萃，冠盖如云，园馆居楼，管弦竟日，帝王士夫，贩夫贤子，闺秀顽童，无不喜爱戏剧。京剧诞生北京，盛于北京，伶人辈出，听戏票戏蔚然成风。红氍毹上舞步旋迴，一曲歌罢，四座响应，一年三百六十日，朝朝如是，演员也从无休息日，只有到了年底，腊月廿日以后，人人忙着过年，采办年货，听戏的人少了，而演员一年辛苦，也要过个年了。因此每到官府廿日封印之后，各戏班也就开始"封箱"停演。清人富察敦崇在《燕京岁时记》中说："梨园戏馆，择日封台，八班合演，至来岁元旦，则赐福开戏矣。"

戏班称封台为封箱，即是封住戏衣箱，不再唱戏。余生也晚，并没有赶上封箱前八班合演之盛况，只是知道每到腊月廿后，各个戏班单独封箱了。说起来演员一年粉墨登场，好不容易难得休息几天，应该松一口气才是，可是不然，演员在封箱时，只是忐忑不安。因为封箱时要跳灵官，然后在戏箱上贴上封箱大吉的封条。封箱的高潮是祭神，也就是祭"祖师爷"，京剧界的祖师爷，和其他剧种不一样，例如梆子，梆子剧种的祖师爷有胡须，而京剧的祖师爷则白面无须，传说是唐明皇。据传唐明皇能打鼓、能唱小花脸，常在宫中梨园唱戏消遣，并培养了一批演员，开创了演员这一职业，故此被京戏界奉为祖师爷，而"梨园"也就成了演剧界的代称，此事虽系无稽之谈，考无可考，但戏曲界相沿成例，也只可以下八个字考语"查无实据，事出有因"可也。祭神大约都定在腊月廿八这天，各戏班班主邀集全班成员，拈香上供，给祖师爷叩首，然后再请全班吃一顿犒劳酒席，大约都在前门外西观音寺的同庆堂饭庄举行。在吃饭时要向被邀的人发白封套红签的"红白帖"，凡是被邀者都能接到"红白帖"，也就是来年的续约的合同书，演员称之为"红白豆腐"，如果没有接到祭神邀请，吃不到犒劳者，就接不到"红白豆腐"，也就是被解聘了。因此，演员在封箱后，心情非常紧张，只有接到祭神邀请时，才得安然。后来祭神下聘书，梨园人称之为"说行话"的续约一事，改在农历三月十八举行；据九十高龄的梨园耆宿李洪春先生对我说：祭神时除共祭祖师爷外，各个行当还要分祭自己的祖师爷，一位叫"老郎神"，又叫三圣老郎，即翼宿星君，传说演员常在梦中得他传艺，故奉为"祖师"；武戏供"五昌兵马大元师"；武行单供"勚斗祖师"白猿，但是牌位不供在桌上而在桌下；场面（乐队）供李龟年；管衣箱的供青衣童子。至于为什么要供他们，就只知相传如此，原因不知了。

祭神后，演员过了除夕三十晚上，大年初一开始开箱破台，演出吉祥新戏，又开始了无冬无夏的粉墨春秋。

封箱祭神早已成了明日黄花，这些习惯早已随着时间的推移，废然无存了。

张友鸾的"惨庐"与"未完堂"

张恨水、张友鸾、张慧剑是驰名海内外的报人，他们全是安徽人，既是同乡又是同业，所以友谊极深。论年龄张恨水居长，张友鸾、张慧剑同年，但张友鸾月份稍大，均小于先父九岁，故称为张恨水为"恨老大哥"。抗战时三张全参加了重庆《新民报》，因此被人誉为"新民报三张"。

抗战时文人的生活极其艰苦，张友鸾在重庆大田湾的住房，破陋不堪，难遮风雨，先父谑称为"惨庐"。当时有人以报人生活清贫有名，要请张友鸾到官场中去"更换门庭"。先父知道了这件事后，就去"惨庐"看望他，并在"惨庐"画了几株松树，题了一首七绝，以《笑赠惨庐主人》为题送给他。这幅画淡雅隽永，七绝更是寄托深远，诗云："托迹华巅不计年，两三松树老疑仙。莫教堕入闲樵斧，一束柴薪植几钱。"

诗中劝告张友鸾，当了几十年新闻记者，何必到宦海波涛中滚一身脏水。张友鸾看到后，极为感动，更加坚定了当新闻记者的信念，他将此画珍藏了几十年，经过"文化大革命"后，他将此画转赠给了我。

张慧剑也常到大田湾张宅去玩，他赠给张友鸾的住房堂号为"未完堂"。这个雅号有两层意思，一是这几间房屋惨不忍睹，好像还没有完工，所以叫它"未完堂"；再有就是张友鸾的夫人崔伯萍女士生的子女多，一共生了"六个毛"，而且四、五、六毛都生在"惨庐"，张慧剑那几年去，崔女士都在怀孕，好像永远也生不完，所以就开玩笑地

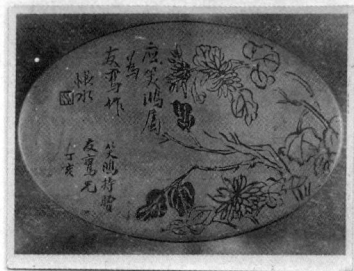

父亲应左笑鸿叔叔之约送给张友鸾叔叔的墨盒

说"未完堂"。"未完堂"是一语双关的玩笑，也是令人喷饭的堂号。

茶　馆

北京人不仅爱喝茶，更讲究喝茶。不论贫富，早上第一件事，就是沏一壶，得喝足兴了，才能出去蹓弯，或者上班。所以在北京，清晨人们一碰面，不是问早安，而是说："二哥，您蹓弯哪，喝了茶啦？"可见喝茶对北京人的重要。除此之外，还有一个特别，在家里喝足了不算，还得特特意意地去"泡茶馆"。这个"泡"字在北京话里很特别，它可不光是指上茶馆喝茶，内涵极其丰富，它包括了会朋友、玩乐、解闷、谈工作、讲生意、"了事"、签约等等。

从前北京的大街小巷遍布茶馆，可是这些茶馆，各有各的茶客，各有各的主顾，要上茶馆之前，需视自己的身份地位、爱好情趣而上哪种茶馆，否则进错了门，被人视为"异类"，非但找不到乐趣，反而感到格格不入，十分别扭。所以什么人"泡"什么茶馆，在北京也成了一种约定俗成的规矩，大家都清楚的。

茶馆虽然也备有茶叶，但是常泡茶馆的人都是自带茶叶，而且多半购自茶叶铺的"零包"，为的是现买现沏，茶新叶浓。讲究些的茶客，还要自带两三朵茉莉花，待沸水将茶沏开后，再把花投入壶内，盖上盖，闷一会儿，这叫双薰，不会把花烫老了，才能保持鲜花的芳香。

常泡茶馆，彼此都熟识，于是成为茶友，这些茶友天天到，座位自然有了固定，茶壶茶碗也是自备的，由伙计代收代洗，并不需带回家去。每逢茶沏好后，在自饮之前，则要手举茶壶向各桌识与不识的茶客相让，口说："请尝尝我这茶，请尝尝我这茶。"而其他茶客都必须欠身还礼，连称："不让，不让！您自请。"这种礼节叫"让茶"。

北京的茶馆，最普遍的是清茶馆和书茶馆两大类。清茶馆只卖茶，不经营其他项目。但有的清茶馆备有围棋、象棋供茶客手谈，很多国手也常到这些茶馆来以棋会友，棋子叮叮，十分热闹，喜棋奕的人，常常乐而忘返。有的清茶馆还悬挂谜语求教，叫"打灯虎"，借此招徕茶客。有名的清茶馆如清末的"高明远""海丰轩"，民国后的"青云阁""玉壶春"等。

另一大类的书茶馆，是每日下午和晚上出演评书，另外收费，只在不说书的上午卖茶，茶客大都是清晨蹓弯，蹓弯回来茶馆歇歇腿，休息休息的人。有名的书茶馆如"青山居""松阴轩""天乐轩"等，许多著名评书艺人都在这里出演，像号称评书大王的双厚坪以及田岚云、张智兰、袁杰英、王杰魁、陈士和等在某书茶馆说书，都能轰动街间，许多"书座"随之而来，清末状元刘春霖、京剧花脸泰斗金少山都是此中常客。

除上述两大类外，还有"口子茶馆""攒儿茶馆""子弟茶馆"就是旧时北京人所说的"人市"，它是一些以卖苦力为生的人等候顾主的场所，如"抬扛"的、"扛肩儿"的等。倘若那家要办红白喜事，需要轿夫或抬扛的，那就到轿夫聚集的"口子茶馆"去找，自有"轿头""扛头"来接洽，要用多少人，什么规格、多少钱、哪天办事都能替"本家"考虑周到，而且保证不误事。

"攒儿茶馆"和"口子茶馆"相似，但不像"口子茶馆"行业专一，是几种互有关联的行业凑在一起等候顾主的场所，像瓦匠、木匠。

"清音桌茶馆"就是变相的票房，一些喜爱京戏的票友，借茶馆清唱过戏瘾，久而久之也就有了固定的"听众"，茶馆主人乐得多卖几碗茶，更是从中凑趣"邀角儿"，自然形成了"清音桌茶馆"。茶馆清唱始于清末的阜成门外"马门茶馆"，可别小看了这儿，许多表演大师在未"下海"之前，都是在这小小的"马门茶馆"清唱起家的，像金秀山、德珺如、恩晓峰、清逸居士等就出自"马门"。以后又出现了多家"清音桌茶馆"，"第一楼""德昌茶楼"等都很有名。

"子弟茶馆"，是满族八旗子弟闲暇之余，借茶馆演唱"八角鼓子弟书"。他们纯粹是为玩，不仅不要茶馆主人的钱，每演唱一次，还要倒贴若干碗"茶钱"，也就是北京人所说的"耗财买脸"。

此外还有一种"大茶馆"，它既卖清茶，又卖饭菜、点心、烂肉面，还带卖酒。这种茶馆都是资本雄厚，店堂宏大，桌椅考究，从早到晚，顾客盈门，十分热闹，有许多人是专门为了品尝"大茶馆"的烂肉面和焖炉烧饼才来光顾的。不过这种"大茶馆"早在二十年代中期，就消失殆尽了。

至于北海公园的"双虹榭""仿膳",中山公园的"来今雨轩""春明馆"等茶社,讲究边喝茶边吃栗子粉小窝头、玫瑰枣的风味,不在"北京茶馆"之列,是另一类,就不详述了。

北京的吆唤

　　我去过不少城市，这些城市尽管风景各异，可是有一样相同，那就是令人生厌的货声，千篇一律的单调叫喊，"老王卖瓜"式的自我吹嘘，赤裸裸的"买"与"卖"，只能使你感到尘嚣的烦乱和纷扰。北京就不一样了，她究竟是历代的"首善之区"，人文荟萃，就连小贩的吆唤都不带烟火味，那是一种艺术，声调的复杂与谐和，就是优美的音乐，词句的夸张与幽默，简直像一首白描体的诗，隽永回味，有那么一股返璞归真的泥土味。

　　我永远也忘不了卖雪花酪的吆唤。"雪花酪"是一种土制的冰激凌，它的颗粒比冰激凌粗大，完全是用人工操作的，用具也极其简单，一个木制的圆筒，中间又放一个较小的圆铁筒，铁筒盛着做雪花酪的原料水，木筒与铁筒的空隙处，塞满洒上盐的冰块，小贩一边吆唤一边用手扯动连系着铁筒的绳子，使之旋转，让原料水搅拌均匀和快速冷却，约二十分钟，就做成了。雪花酪的名称固然美，吆唤它的货声更美。

　　三伏夏天，下午两三点钟，正是使人酷热烦躁之时，而也恰在此时，你会听到门外传来："冰激儿的凌，雪花儿的酪，盛得多来尝口道，桂花糖，搁得多，又甜又凉又解渴！"的吆唤，不用吃，只凭这优美的歌声，就能从心底沁出一丝甜津津的凉意。如果说卖雪花酪的吆唤是优美见长的话，那么卖西瓜的叫卖则以幽默夸张取胜了。请听："斗大的，管打的，脆沙瓤儿！船哪大的块呀，闹块儿来尝，一个大（一个铜板）咧！"多么富有情趣的形容，斗大的瓜，船一样大的块，不说卖，只请您"闹"块尝尝，妙在通篇都没有点出"西瓜"二字，意在言外，完全是晚明小品家数。

　　北京小贩的吆唤，能随着季节的迁移而变化腔调，配合环境，突出货声的情趣。例如春天刚来，卖金鱼的小贩就会拉长声音的叫卖："吆唤大小……小金鱼咧……蛤蟆骨朵（蝌蚪）田螺丝来哎！"随着吹面不寒的春风，给你带来多少活泼的生机。夏天卖甜瓜的就又另是一番趣味，他这样吆唤："哦，吃啦甜来一个脆！又香又凉冰糖的味儿。吃啦，早秧的，嫩藕似的青脆甜瓜来！"还有傍晚卖花那婉转的一声："卖花勒！好大朵的玉兰花茉莉花来！"都让人心旷神怡。雨后，卖五香煮豌豆的提篮上市了，这都是十二三岁的小孩，那清脆的童声歌唱动听悦耳，小孩都学着唱："牛筋的豌豆勒，多给的豌豆赛过榛瓤儿，豌豆哩多给。"我小时候特别喜欢唱这几句，家兄还把它记为简谱，我们在胡同里用口琴合奏，引得小伙伴来听，真是得意极了。秋冬之交卖大花生的，他的吆唤也能给你一种幽默感，他这样形容："落花生，香来个脆勒，芝麻酱的味儿啦！"都能令听者喜悦。北京的吆唤是欢乐的、富有趣味的，它的节奏明快跳跃，歌声起伏跌宕，甚至对许多歌唱艺术都产生了影响。著名的京剧艺术家、谭派传人贯大元先

生曾对我说过，一代宗师谭鑫培代表作《定军山》中那段"这一封
书信来得巧"的"西皮跺板"，就是从卖估衣的吆唤声中化出来
的，细心的读者不妨把这段"跺板"和卖估衣的吆唤相对比，就可
发现这两者惊人的相似。有许多小贩因为常年吆唤，嗓子喊出来
了，有的干脆"下海"，成了著名的京剧演员，远者如金秀山、刘
鸿声、小达子（李桂春），近者如王泉奎等。因为吆唤声好听，北
京小孩都爱学，甚至把它改成了京剧味来唱。例如卖馄饨的吆唤的
第一句"馄饨开锅哦……"很像京剧大花脸的"倒板"，于是小孩
就把它变成了一段花脸唱腔唱段："馄饨开锅呀哦（"倒板"，下
转"流水"），自己称面自己和，自己剁馅自己包，虾米香菜又
白饶。吆唤了半天，一个子儿没卖着，没留神呐……丢了我两把

先父张公恨水的生活照（左三为张恨水，此照摄于1927年2月2日）

勺！"因为北京吆唤的喜悦，自然就引得顾客去买。可是买硬面饽饽的吆唤，非但不喜悦，反而给人一种凄凉哀怨之感。所有卖硬面饽饽的小贩，都是老者，他们总是在深夜才出来做生意。尤其是寒冬风雪之夜，当万籁俱寂，残漏犹滴，你正围炉晚读之际，随着凄厉的北风，传来胡同深处那沙哑苍老的漫长哀号："硬面……饽饽哟……"你真会百感交集，潸然泪下。先父张公讳恨水先生曾说过这吆唤"像深夜钟声那样动人"。

窝脖儿

您如果要问四十岁以内的北京人，什么叫"窝脖儿"？他一定会瞠目结舌，傻眼啦！其实窝脖儿是北京的一种行业，介乎挑扶与脚力两者之间，说白了就是"搬家的"、搬运工。搬运工怎么叫"窝脖儿"呢？简直有点风马牛不相及。不过这正是北京人幽默的地方，这名称带点嘲讽，又带点诙谐，还有那么点无可奈何的辛酸。读者诸君一定认为我是胡诌，不是我卖关子，您耐着性完读下去就明白了。

早年间，科学还不发达，既没有宇宙飞船，连汽车也稀少，更没有什么"搬家公司"之类。交通工具就是骡车、毛驴，后来也时兴了马车和洋车。那时候的北京人要是嫁个闺女，娶个媳妇，搬个家什么的，就得事先到"口儿上"去找"排子车"和"窝脖儿"，商定好了日期、路线、价钱等，到时拉"排子车"的、窝脖儿都准时到达，绝误不了事。

排子车是木制的，连轱辘也是木头的，到后来才有胶皮轮。这种车由一人"驾辕"，另一人拉绊，所载都是体大笨重的家具。要是精致的、怕磕破的值钱摆设，就是窝脖儿的事了。

平时窝脖儿都在固定的"口儿上"茶馆等候顾主，他们都短衣裤小打扮，腰间围一块布包袱皮儿，脚蹬双梁的布底鱼鳞洒鞋，为的是走起来稳当。窝脖儿是终身职业，而且要从幼拜师，否则练不出那样高级的技巧。他们的工具极其简单，就是一块三寸宽两尺长的木板，等到要搬运的时候，把腰间的布包袱皮儿往肩上一搭，把要搬运的摆设、家具用绳子拢在木板上，然后由别人再将木板放在他的后脖头上，他低着头、窝着脖儿大步流星地走下去，要是路远的话，这一走就得四五十里地。

窝脖儿的顶力惊人，能载重一百多斤。大的可载精致的红木家具，如八仙桌、茶几、椅子、箱子；小的如掸瓶、帽筒、花瓶、座钟以及精美的摆设等。再有怕摔怕碰的大瓷缸、瓷器、绣墩等也非窝脖儿莫属。窝脖儿很有职业道德，倘若是摔坏了东西，那是要照价赔偿的。正因为如此，所以他们都练就了一身惊人的技巧，走起来肩不动腰不摆，两腿均匀摆动，脚步敏捷轻盈，看起来又帅又美！北京多风，不管多大风，窝脖儿也照"窝"不误；倘若冬天，地上有冰、有积雪，他们也毫不含糊，决滑不倒，摔不了"马爬"。如果从西直门"窝"到永定门，这四十华里的路程，他们会在中间的熟茶馆歇一站，请认识的伙友帮助把东西放下来，喝杯茶，抽袋烟，然后再动身。倘若是为姑娘送嫁妆，除了收了本家的搬运钱，到了目的地，还要领新郎家的喜钱，这也是约定俗成的规矩，是不用窝脖儿说话的。正因为窝脖儿有如此绝妙的技艺，所以还从没听说过窝脖儿摔坏过人家的东西。

我小时候在北京街头，看见窝脖儿的顶着瓷缸、掸瓶、座钟等，像杂技演员般在眼前迅急地走着，是惊奇而又怀着敬意的。

　　窝脖儿从青年一直窝到老年，几十年的苦力生涯，长年累月的窝顶，使脊椎的最上节，磨出了一个大肉包。等到我年事稍长，看到这沉重的劳力标志时，我在敬意之中又生出一种感叹，不禁想到"任重道远"四字，这也许就是"窝脖儿"有别于搬运工之故吧！当然在人类飞往火星的今天，"窝脖儿"早已被淘汰了，成了历史的陈迹，但我却永远也忘不了他那敏捷而又沉重向前的脚步。

打小鼓儿的

内子最近从杭州回来，给我带了一个小木鱼，木鱼不过三寸大小，做得很精巧。有时读书累了，拿起来敲几下，"笃笃"清脆，倒也令人疲劳顿消，一涤尘怀。听到小木鱼声音，使我想起了已久绝迹的"打小鼓儿"的。

什么是打小鼓儿的呢？说起来这又是除北京以外，别处绝无仅有的"小贩"，小贩不挑筐不推车，不穿短衣襟，而着长衫，手执一面寸许小鼓，一根藤条，漫游街头，边走边敲小鼓，发出"笃笃"的声音，这就是"打小鼓儿"的来了。

打小鼓儿的分两类，一类叫打软鼓的，一类叫打硬鼓的。先说打软鼓的。因为北京是历代建都之地，首善之区，人文荟萃，王公巨富、听鼓候更、进京谋差的人麕集京师。但是荆棘铜驼，沧桑演变及宦海波涛，使得这些金鼎膏粱之家，发生了变化，不得不变卖家产，可是这些人，又都是死要面子，不肯丢身份，要他们进当铺是不干的。于是打小鼓儿的（软鼓）便应运而生了，打软鼓的专门串大宅门，从小拜师，受过专门训练，练就了一双善于识货的眼睛，而且都精通文墨，说话举止斯文一脉，绝不俗，他们不挑筐不推车，夏天穿雪白的洋布小裤褂，脚着千层底黑布鞋，另外三季则是长袍大褂左手执鼓，右手拿藤条，腋下夹着一块蓝布包袱皮，边走边敲小鼓，偶尔吆唤一声，口气之大，能使平头百姓闻而咋舌，你听他们的吆唤："卖……潮银子来买，翡翠首饰我买。"大宅门要变卖东西的主人就会偷偷地把打小鼓儿的叫进去，打鼓儿的先向本家请安问好然后再问货，如玉器金银、古董字画、瓷器宝石、硬木家具等，他们都受过严格的专业调练，很能识别真伪，不会上当受骗，倘若一时他不能识别货物的真假，他会请主人稍等，或是下午来或是明日来再敲定钱数。打小鼓儿看完了货色，便到他们的"口儿茶馆"上喝茶，等他们的同行，在这里他们可以互相商议交换所需的货物，拿不准货色的人，更可以请一位精于某行的同去看货，商定价钱。打小鼓儿的明了卖货人不愿抛头露面的心理，花说柳说地以较便宜的价钱，买下了东西，而以高于一倍或数倍的钱转卖给古董店和玉器行，而这些商店和他们又都是有常年关系的，他们半年也许做不成一笔交易，完成一次买卖，倒可以吃一年，正因为如此，所以还没听说过打小鼓儿有闪了眼的时候。

打硬鼓的和打软鼓的就大不相同了。他们分两种，一种是略高级的，不穿长袍大褂，挑一副荆条编的筐，筐里挂上一层蓝布里，打的小鼓比打软鼓的稍微大一些，他们主要收买旧衣服、旧家具或小摆设等零星杂物，买再转卖给估衣行或旧货店。另一种打硬鼓的实际上比"换洋灯的"（收买破烂的）高一级，他们挑一副竹篾编的大筐，筐里也不挂布里，边打小鼓边吆唤："报纸我买，洋瓶子买，有碎铜烂铁玻璃我买。"和他们打交道的大都是大杂院的住家户。这三种打小鼓儿的，虽然都打一面小鼓，然而他们各有各的对象，都是绝对互不来往的。

听着小木鱼的笃笃声，却使我想起了打小鼓儿的笃笃声，不禁产生了白云苍狗之慨，真是佛云："不可说，不可说！"

闲话豆汁儿

　　如果要想辨别一个人，是地道的老北京，还是蒙事的"老北京"，就给他喝豆汁儿，只有土生土长的北京人，才会对它啜之如甘露，乐在其中；而半拉子北京人，就会食难下咽，一喝就露馅儿，百试不爽，灵极了！

　　豆汁儿其貌不扬，其味难闻，食之极佳。它盛在碗里灰不溜秋的像刷锅水，闻起来还有一股"馊味"，吃起来又酸又涩。可以说它是不好看，不好闻，也不好吃。可是它又偏偏受到北京人的青睐，不分男女老少，贫贱富贵的北京人，都能在一条板凳上喝豆汁儿，就是摩登女郎，也会毫不脸红地在庙会上和卖力气的人"同案共食"。还没有任何一种食品能有这样的魔力，让众口同调！这样说可真点邪门，不可思议？对，豆汁儿的妙，就妙在这不可思议的味道上，而且这味儿还难言说，"不足为外人道也"。

　　豆汁儿是"粉房"做绿豆粉丝过滤下来的粉汁，稠的是麻豆腐，稀汤就是豆汁儿，麻豆腐和豆汁儿都是北京人偏爱的食品。

北京卖豆汁儿分生熟两种。卖生豆汁儿的都带卖麻豆腐，小贩推着一辆木制的平板车，上面放着几个木桶和木盆，桶里是生豆汁儿，盆里盛着麻豆腐，大都下午出车，串街走巷，嘴中吆喝着："甜酸豆汁儿，麻豆腐！"于是买主儿纷纷拿着盆、碗。这些购买者大部分是妇女，因为从前妇女出门不便，所以就买生豆汁儿自己熬。熬豆汁儿也是一门学问，要用文火慢慢熬，而且要不停地用勺搅拌，最主要的是不能"开锅"，这样熬出东的豆汁儿，又浓又香，倘若煮沸了，豆汁儿就"懈"了，水是水，粉渣是粉渣，可真成了"水乳不相融"，这样的豆汁儿就不能喝了。

卖熟豆汁儿分三种，一种是串胡同的，他们挑着担子，担子一头是炉子，炉子上面坐着一口锅，锅里是滚烫的豆汁儿，另一头是放着碗筷、咸菜的木盘，边走边吆喝着："粥啊……豆汁粥哎！"等到吃主来了，把担子一放，炉台就成了桌面，顾客围坐在炉台前，就能"共炉"同餐。除掉挑担子外，也有推平板车的，情形与挑同。另一种是摆摊的。大都在庙会或天桥有固定摊位，规模比挑子大多了，有桌案，案子一角设一大玻璃格，格中置两个大盘，盘中盛满了咸菜和油炸鬼（一种油炸的面食）。再一种就是豆汁店了，像东安市场的豆汁徐、豆汁何，都是其中的佼佼者。

北京人喝豆汁儿也有个约定的规矩，那就是只有在下午三四点钟时，晚饭前才喝，颇有些像英国人的下午茶。而且喝豆汁儿是名副其实的"喝"，跟泡茶馆喝茶不一样，喝茶讲究"泡"，喝不喝没关系，有的茶客连说带吃，什么都想起来了，就是把喝茶忘了。喝豆汁儿决不会这样，喝豆汁完就是喝豆汁儿，没有带闲杂的，也不佐以其他零食。豆汁儿是最廉价的食品，咸菜也只有两种，一种是腌水疙瘩丝，一种是凉拌芹菜和苤蓝和绿的芹菜，色调柔和，要吃辣的加辣椒油，不吃辣的，洒辣椒油，再来一盘辣水疙瘩丝，就着两个"油炸鬼"喝一口豆汁，吃点咸菜，那个味道，可真是美极了。豆汁儿的样子虽不好看，它可是珍品，北京人说它，夏天能消暑败火，冬天能消食化水，营养丰富，价廉物美。豆汁儿刚进进口时，有一股酸涩的味道，在这酸涩之中，又隐隐含着一种津津的甜意，又有那么一股鲜味直沁心脾，让你在无穷的回味中，领略到那么一种难以言喻的美！

豆汁儿和豆浆只有一字之差，但是这两种东西可大不一样。有许多外地人不清楚豆汁和豆浆的区别，闹了很多笑话，有的外地人买了豆汁儿喝了一口，难以下咽，吵闹着说为什么把变质了已经馊了的豆浆拿来卖。弄得卖主哭笑不得。我曾经看过一位外地姑娘，买了一碗豆汁儿，喝了一口，想吐又不好意思，皱了眉端详别人都喝得那么有味，于是又买了一盘年糕，认为要加糖，把年糕和白糖囫囵倒进豆汁儿里，这下更没法喝了，这位姑娘只好放下碗悄悄离去。

外地人到北京，大都要吃烤鸭，烤鸭固然当吃，但更要喝豆汁儿，因为烤鸭的味道说得出，豆汁儿的佳妙说不出。第一次你可能无法消受，你可以再喝一次，过了三次，就不用我劝了，你自己一定会"上瘾"，会领略到那酸中带甜，令人无限回味的豆汁儿。要不信，您就只当上一次当，试试！

瞪眼食

　　北京的小吃，以它独特的风味，驰名天下。且不说什么"小窝头""豌豆黄""茯苓饼""温桲""酪干儿""八宝莲子粥"等脍炙人口的珍品，就是那些纯粹平民化的"豆汁儿""驴打滚儿""豆腐脑""豆馇糕""甑儿糕""扒糕""凉粉"等道地土产，也都以热、香、甜、酸、怪令人百吃不厌。而一个真正的老北京，他津津乐道，有滋有味品尝的并不是外地人争相一啖的"烤鸭"，倒是上述的那些"伏地文章"。您要是打听一个人是不是土生土长的"老北京"就问他喜不喜欢喝豆汁儿，便能一辨"真伪"，因为地道的北京人喝豆汁儿都有瘾，可是豆汁儿那股难闻的味和难吃的味，绝非外地人敢于尝试的。

　　在北京的那些品类繁多的小吃中，有一种很特别的食品，叫"瞪眼食"。先别说吃，光听这名字就吓人一跳，吃东西怎么还得"瞪眼"，二目圆睁吃东西，既不雅也不像话。其实您只管放心大胆吃，要瞪眼的不是吃主，而是卖主。这一说更有点邪乎了，卖吃的瞪着眼看顾客，谁还敢问津呀？那没关系，吃主自管吃，卖主自管瞪眼，互不相干，又互相配合，卖主越瞪眼，吃主越高兴，要不怎么叫"瞪眼食"呢？这名称既贴切又充分显示北京人的幽默。

瞪眼食是一种肉类食品，可它既不是牛、羊、猪，也不是鸡、鸭、鹅。它是"汤锅"货。什么是"汤锅"呢？原来旧时北京拉货、载运、耕地都用驴、马、骡子、骆驼，这些动物老了，拉不动货也耕不了地的时候，就把它们送到一个屠宰场所，这就叫"下汤锅"。卖瞪眼食的小贩，把"汤锅"货，切成寸许长的块，把这些马、驴、骡、骆驼肉块一股脑地煮成一大锅，加上大葱、花椒、大料、姜块，煮的热腾腾、香喷喷，也可称得起色、香、味俱佳。然后把锅置于独轮木板车上，为了使肉保持热和香的特点，下面再放一个煤球炉，锅里老是热气蒸腾，风一吹，吹来阵阵令人馋涎欲滴的肉香。吃瞪眼食的主顾，大都是卖苦力的穷哥们，所以卖瞪眼食的车也大都停放在城门脸附近，等这些卖苦力的歇肩息脚时候光顾。它虽不能说是物美，但的确价廉，况且能吃个热和劲儿，更何况它是肉呢！因而很受靠卖力气为生的人欢迎。

瞪眼食有个与众不同的吃法，它不是由小贩盛给你，而是坐在车两侧条凳上的客人自夹自吃，你看那块肉好，就直接用筷子去锅里夹。卖瞪眼食的小贩每见一位客人夹一块肉，他就在那位客人面前放一个铜钱，吃几块肉就放几个钱，最后按钱的数量收费。倘若有七八个吃主的，那卖主可就紧张了，可真是双目圆睁，眨也不敢眨一下，张三吃一块，赶紧放一个铜钱，李四吃一块，慌忙放一个钱，客人筷子七上八下，小贩两眼左巡右视，头也随之摇摆转动，简直成了"拨浪鼓"那个累，脖子也不结实，脑袋都能晃下来。吃主边吃肉边喝"烧刀子"（烈性白酒），闹个大汗淋漓，卖主也来个"眼忙手乱"，闹个大汗淋漓。因此北京人赐其美名：瞪眼食！但此食品已绝迹市上四十余年矣。

养　鸟

北京的阜成门与西直门之间，有一个官园鸟市。说是鸟市，还不如说是一座民众游乐园更为恰当。因为它不仅卖鸟，也卖花卉、金鱼、热带鱼、蔬菜、民间要货（玩具）以及有关鸟和鱼的各种用具。

可别小看这不起眼的地方，有眼力的行家，真能在这儿淘换（北京方言，寻觅之意）出颇有文物价值的玩意儿。这里最吸引人的还是鸟和鱼。北京人喜欢养鸟，今天就专说鸟。

北京人养鸟，分两种。一种是"听哨的"（鸣鸟），一种是"看玩艺"的。鸣鸟为养在笼子里。笼子是用竹篾编织的，按鸟的种类，笼子有大有小。笼子里装有鸟杠、水罐、食物体等。笼的上端有一个锃光瓦亮的白铜"抓"，以便手提和挂在树上，听哨的鸟，挺讲究，种类也多。常见的有画眉、百灵、红字（沼泽山雀）、黑子（白脸山雀），红靛颏（红喉歌鸲）、蓝靛颏（蓝喉歌鸲）、黄鸟、相思鸟等，其中以画眉和百灵的哨声好，相思鸟最美丽，它小巧玲珑，红嘴绿身，翅梢艳若朱丹，羽毛光泽，果然名副其实，令人"相思"。鸣鸟要蹓，晨昏两次，否则不喜欢哨。每天拂晓，你总可以看见提着鸟笼的人，伴着晨星，漫步在公园或有树林的地方，这就是蹓鸟，不管严冬酷暑，均乐此不疲。刚刚捉来的"生鸟"要"押口"，所谓"押口"，就是把生鸟挂在熟鸟的旁边，去学熟鸟的鸣叫，鸣得的好听的鸟，声音洪亮，宽厚，鸣声长，不仅可以鸣各种鸟类的啼叫，而且还可以模仿猫叫和油胡芦、蛐蛐（均是鸣虫）的"振翅高鸣"，这样的鸣鸟就是佳品，养鸟的人会视之如命。但是如果百灵学了画眉的叫声，或是画眉学了百灵的叫声，这叫"脏口"。不管它原来会多少鸟鸣，也都一钱不值了。所以养画眉和百灵的人，要严格画出区域，绝不挂在一起听哨。清宣统元年出版的《京华百二竹枝词》有句云："天天蹓鸟起侵晨，不是城边即水滨。十指不停忙岁月，翻成游手好闲人。"即蹓鸟写照。

"看玩艺"的鸟，不像鸣鸟四季都卖，它只能从深秋养至初春，天渐暖鸟群北移，这些鸟也就难驯服，再要看玩艺，就须等至来秋。北京人养的"看玩艺"鸟，不外乎"梧桐"（黑尾腊嘴雀）、"老西子"（锡纸嘴雀）、"交子"（交嘴雀）、"黄鸟"（即是鸣鸟也是会玩艺）、"祝顶红"等。梧桐鸟，长六、七寸，黄嘴黑顶，灰身黑翅短尾，驯养熟了，可以不用锁链，能随主人手抛出的弹丸，直飞高空，连续用口接住两枚弹丸，再送至主人手上，北京人称为"打弹"。弹丸考究的是用象牙制的，一般的是石灰和土制成。"交子"有红、黄两种，长四、五寸上下嘴喙交错，有"左搭公右搭母"之说，雌雄极好辨认。驯服后可以开锁衔旗，叼小核桃，会的玩艺最多。祝顶红小于家雀而红顶，技如交子，而灵巧过之。老西子形状如梧桐而黑嘴，羽毛无光泽，会的玩艺和梧桐相似，可是便宜，受小孩子欢迎。

这种鸟不养在笼子里，而是让鸟停站在鸟直架上。所谓"提笼架鸟"的架鸟，就是指此。鸟直架非常考究，长约三尺，有拇指粗细，木质以沉重为佳，紫檀、乌木是上品，其次为老红木，现在一般人都改为枣红木了。有一种"虎皮乌"的，木质上须有天然的虎斑纹；还有一种叫"紫檀雕龙抱柱"的，这两种最名贵，价值高昂。直架的尾端棍尖要包银，以便放鸟时，将鸟架插入土中，现在也都改为锡制的了。

拴住鸟的链子叫"脖索"这也是一项极精致的工艺品。从前讲究要清室"造办处"制造的。最好的索钩儿，是要清内库的钨加银打成，其次是典铜、铜、白铜的。拴在鸟架和系绳处相接的地方，也要"造办处"制的钨或典铜雕空做成锦球，或是制成瓜瓣、八面亭、龙戏珠等形，龙其难的是雕出的花纹必须能活动转环，以便把"脖索"拴在鸟颈上鸟可以左顾右盼。养鸟本无可厚非，但是要像从前那些"闲人"的玩法，就大可不必效法了。

读《王府生活实录》有感

——哭金寄水先生

　　最近，金寄水先生所撰的《王府生活实录》，终于由中国青年出版社发行问世了！承蒙他的哲嗣厚爱，赠我与舍妹各一本。一气呵成拜读之后，百感交集，夜不成寐。文如其人，书写得清丽雅洁，敦厚隽永，倍觉亲切，似又对故人促膝谈心，或把茗闲话诗文，或微醺漫论清室兴亡，或兴之所至，没有题目的"海聊"，谈到高兴处，相与大笑，所谓"世事洞明皆学问"，就在这些漫聊之中，使我受益非浅。然而在把卷之下，寄水先生已别我而去一年有余，不禁又感到惘然！

　　我和寄老的相识，说来简单又有趣。说简单，因为我和他并非经人介绍，或在交际场所中认识，而是他"找上门来"的；说有趣因为他原本是先父的朋友，并不是我的朋友，我和他的友谊是"继承"下来的。寄老小先父二十岁，长我二十二岁，他和先父是忘年交，和我也是忘年交，在我们的交往中，似不存在年龄的隔膜，我称他寄老，他则称我伍兄，倒也彼此相安习惯。寄老平生只敬佩晏殊、纳兰性德、张船山，黄仲则、曹雪芹、蒲松龄和先父，因而对先父执弟子礼甚恭，常常登门问字。我初次和他见面是一九五二年，那时我还是个十四岁的少年，来访的客人很多，对父亲的朋友，我根本不曾注意过，况且当时的人都着蓝布中山装，因而许多登门来访的人，往往对不上号，但为什么偏偏记住寄老了呢？因为有两件事，给我留下了难以磨灭的印象，并让我着实地惊讶了。我记得那天，按惯例父亲总是留客人在家里吃名副其实的便饭，由亲让我到胡同南口去打酒，我知道这是"听课"的好机会了。因为父亲虽然滴酒不进，但他的朋友偏偏又都嗜酒如命，如张友鸾、卢冀野、左笑鸿、张慧剑诸先生，他们往往在三杯落肚之后，便妙语如珠，论今评古，谈诗议文，使我们在欢乐的笑声中，学到了课堂上学不到的东西，所以一听到吩咐我去打酒，便情不自禁地兴高采烈了。席间（应该说是饭间），父亲陪着客人"看酒"，不喝也不劝，只是看着客人尽情地自斟自饮，寄老在酒酣耳热之际话便多了，他说自己不仅对父亲的小说、诗文下了一番死功夫研究，就是对父亲的小说的回目也悉心钻研，并私淑之。谈到高兴处，便当着父亲的面，背诵了《春明外史》的全部回目，从第一回：《月底宵光残梨凉客梦，天涯寒食芳草怨归魂》到第八十六回《旧巷吊英灵不堪回首，寒林埋客恨何处招魂》，一字不差，毫不间断，而且说父亲所有的回目，他都能背诵，这实在让我大大地惊异了一下。饭后母亲对我说，金先生是清室入关的多尔衮十三世孙，这又让我大大地惊异了一下，因为我当时正沉浸在历史小说长卷中，也正刚刚初涉历史，对那位以不足十万人而打败了明朝百万大军的"马上皇帝"（多尔衮死后曾封帝，不久又被废），正发生兴趣，能和他的嫡孙同桌吃饭，觉得不可思议，于是我仔细回忆同桌吃饭里那位"金先生"的模样，自然也是一身蓝布中山装，除了脚下那双"千层底"布鞋和丝袜，还有些"积习难改"之外，实在看不出"天潢贵胄"的"龙子龙孙"不同凡响处。

从此，寄老来得更加频繁，一星期总要来个一两次，若是逢年过节，更是风雨无阻，每次来了都照例在家里便饭，父亲来了稿费，便也请寄老和一些朋友去吃小馆，久而久之我们便稔熟了。倘若父亲不在家，我和兄妹们便陪着他聊天，我们有许多兴趣相同之处，都喜欢章回小说，又都喜欢诗词，又都偏爱纳兰性德、张船山、黄仲则等性灵派，况且又都是京戏迷，扯扯文苑遗事，聊聊梨园掌故，都感到十分欢洽。如果我和兄妹都有事，而父亲又不在家，他则一人在父亲的小书房兼会客室又兼卧室中，随便翻开架子上的书，静等父亲的归来，而父亲，也因在晚年有这样一位年轻朋友，感到欣慰。尤其是母亲病逝以后，寄老来得更勤了，可能是为了安慰年老多病而寂寞的父亲吧，斯情斯景，实在感人弥深。

我记得，寄老每逢写了诗句，总要寄来请父亲斧正。大约是一九五八年左右，寄老的生活更见拮据，他写了四首《岁暮病怀》的七律，其中一首云："贫到无衣尚买花，吟魂未断便风华。尘生涸盏愁难尽，香炧寒窗兴转赊。戒酒已辞千日醉，折梅时对一枝斜。遣怀午夜惟低咏，觅句迟迟手自叉。"固然是性情流露，却又有些"积习不改"，酒仍是没有戒掉，照饮不误！

在"三年困难"时期，物资极端匮乏，寄老为了体谅父亲的困难，来是依然，"便饭"却免了，真正是清茶一盏而已。他虽然是地道的北京八旗子弟，但不喝花茶（香片），爱喝绿茶，和父亲是同道，父亲一生吃、穿、住、用、都非常随便，不喝酒、不打牌，只酷爱饮茶，茶又只限于碧螺春、龙井、六安瓜片三种，每次有了好茶叶，总要留着朋友同享，到父亲这里喝清茶清谈，也成了父亲和朋友的共同乐趣。物资虽少，精神却更加丰富，在品茗清谈中，寄老讲到他少年时的豪奢生活，那种钟鸣鼎食之家，吃喝固然没了边，玩得也离了谱，比如他们家长年雇有一位"花把式"，这个花把式的工作是冬天在暖房养蝴蝶，为了蝴蝶过冬，需要多大的人力去和天公"夺物"，自不消说，而费了三冬之力的蝴蝶，只不过是为了除夕之夜向太福晋辞岁而用。寄老谈及此，也不禁感慨系之，所谓"高明之家，鬼瞰其室"，这样的八旗生活，清室焉得不亡，王府焉得不败！父亲听了寄老讲述王府的兴衰后，曾建议他根据自身的经历，撰写一部长篇小说，必然是惊世警人的巨著，我们听后，也都怂恿他写，在父亲的鼓动下，他也怦然心动，跃跃欲试，那时他正富力强，是写作的好年华，每次来都兴致勃勃地和父亲讨论小说的命意、结构、回目，并将成典"芳草王孙"反其意，用"衰草王孙"作为小说的书名。父亲为了鼓励他写，就说暂时发表不了也没关系，只要稿子在，总有问世时。呜呼，"衰草王孙"终是没有写，固然是寄老慵懒成性，但当时的政治气候，写这样的书，只能四字相送：不合时宜。况不久就发生了史无前例的"文化大革命"，想写也不成了。"文革"的第二年，父亲安然仙逝，在那个特殊的年代，亲朋故旧，都为了双方的安全，避不往来，各自的消息，都要辗转得来。我们和所有的朋友，一时音信不通。也是在"文革"的第二年，在一次"批斗"陶君起先生的会上，我和寄老不期而过，陶君起先生是我俩共同的知友，所以彼此相视无言，等到会后无人处，寄老悄声对我说："老太爷（指先父）仙逝，我早知道了，恕我未能灵前凭吊……"言未已，唏嘘长叹，潸然泪下。这是我们仅有的一次相逢，以后又是避不往来了。不久我听说他进了"牛棚"，后来又听说他出了"牛棚"，妻子早已和他离了婚，他把房子让给孩子，独身寄居在集体宿舍之中，为了他有"一技之长"，让他去校注与文学无干的《本草纲目》，而且听友人说，他在打听我的下落，当我们都知道彼此安全无恙，都长长地松了口气。

噩梦总算过去了，粉碎"四人帮"后，我从朋友处得知他寄居在友人家里，于是去看他，他一见我，先是一惊，后是大喜过望，所谓劫后余生，感慨、欣慰、喜悦、悲戚，酸、甜、苦、辣攒到一块，真是难以言喻了。寄老和我数度长谈，把他在"文化大革命"中写的诗，拿给我看，其中一首《丁未秋登楼有感》云："极目苍茫一望收，哀蝉声里又登楼。有天难问何妨默，无地容理不敢忧。草草余欢凉短梦，沉沉喝酒酿新愁。深杯酌尽肠虽热，始信人间遍地秋。"

寄老知道我喜欢这首七律，所以应我之约，为《春明外史》重版写的跋中，还引用了诗的颈联。寄老还是正直的，不仅在"文革"中是如此，早在四十年代，他的家早已当卖一空，连果腹都困难。就在此时伪满傀儡溥仪，曾邀他去长春承袭"睿王爵位"，寄老义正辞严地对来人说："我金某人纵然饿死长街，也不向石敬瑭辈俯首称臣！"在困难中，他仍然表现了凛然的气节与良知！

十一届三中全会后，山河日新，有了再大的变化。寄老也变得年轻活跃了，求他写字撰文的人也越来越多，他说我本来不是书法家，不敢贸然写字，哪个念过线装书的人，不会涂两笔毛笔字？其实我看他是过谦，他的书法确有些功底，学写董其昌还真有点神似呢。前几年他的小说《司棋》出版后，很受好评，陆续增印了三版，其实这本红楼外传，是他早在一九六二年就写成了，当时无人付梓，现在又大受欢迎，时耶？命耶？说不清了。

三年前寄老搬进了新居"高级知识分子楼"，他曾邀我去作客，一为他做七十大寿，二为贺新居。新居不错，三室一厅，外带厕所、厨房，寄老感慨地说，这辈子讨厌姓爱新觉罗，没想到住进"高知楼"，还是沾了爱新觉罗的光！近年来寄老的社交应酬逐渐增多，心情自然舒畅多了。他曾感慨系之地对我说："不是我进步了，而是老一辈人都作古了，蜀中无大将，廖化岂不作了先锋？"他还是他，失意时不曾怨天尤人，得意时也不曾忘乎所以。他搬进新居后，我们离得很近，因而来往更见频繁。并常有诗文往还，他曾寄我一首《楼居即事》云："二十年前旧梦余，高楼今日又为家。时交四月窗还闭，夜过三更被尚加。低扬吐残方倦絮，繁枝落尽早开花。凭栏极目间云淡，无碍西山醉晚霞。"他毕竟是七十已过的人了，精力体力已大为衰退，他曾经过我说："能写的时候不让写，不能写了偏又找上门来写。"我乘机旧话重提，说他赶紧把《衰草王孙》写出来，以了却一桩心愿。知道他懒，说也白说，但是终于逼出了副产品《王府生活实录》，总算留下了一份珍贵的民俗及历史资料！

三年前，晓薇博士要回美，要我为她介绍几位朋友，我带她到寄老家做了不速之客，寄老热情的接待了晓薇，并且倾盖成交，一见如故，在长谈中，寄老介绍了王府的生活及自己的文学生涯，漫谈中寄老说："虽然当编辑写文章，使自己遭过坎坷，但是不后悔，如有来生，还是要当编辑当记者，写小说。不过再也不必生在王府之家，希望能诞生在苏州，生在可以温饱的平民家庭，不必有自己的房子，而是孑然借居好友家中，门前有树，屋中有书，则愿望足矣。"这一番有趣而坦诚的自白，使晓薇深受感动。"衣带渐宽终不悔，为伊消得人憔悴"，也是"江山易改，秉性难移"。谈话毕，由寄老亲自掌勺，请我和晓薇吃了一顿真正的"王府菜肴"，我是吃过几次的了，晓薇还是初次品尝，赞不绝口。我笑着说，我早劝过寄老改行，扔笔杆抓炒勺，就冲真正王府菜肴，王爷掌勺，几个大字必能轰动，但不能发财，因为来捧场的人都是朋友，朋友是要白吃的。事后晓薇对我说，很高兴认识金先生，大有相见恨晚之意。

　　前年年底，二舍妹从香港回来探亲，给寄老带来一瓶茅台酒。寄老高兴地说，有好酒当与朋友共，你虽然不喝酒，请二兄（二家兄）和你除夕来，由我炒菜，来个"只把微醺度岁阑"（先父诗句）。没想到第三天，他的哲嗣突然跑来告诉我，寄老于昨日（十二月十九日）突然脑溢血，撒手西归了，那瓶茅台酒，请来他所有的好友，在他遗像前共饮。

　　《王府生活实录》从酝酿到动笔，寄老都对我详细说过，虽然他生前没能亲眼看到书的问世，但出版后受到读者的欢迎和好评，当可告慰故人了。关于此书，我想借手他自己的《漫聊代序》说的："因见近年来，社会上出现了不少以清朝（特别是晚清）宫廷、贵族为题材的小说和其他文艺作品，其中固然不乏佳作，但毋庸讳言，有的或多或少掺进了一些水分，尤其是对王公贵族们的一些日常生活、习俗、称谓、服饰、器皿等方面描叙，则往往出自想当然，故有时似是而非，有时扞格不入，既无据，也失真，为识者所笑，以致以讹传讹。"他以过来人，对这些鲜为人知的亲身经历，作了生动详尽的叙述，就不用我再饶舌了。

　　抒发一下缅怀之思，虽然不过是"秀才人情纸半张"，但也算是心中一瓣了。

　　　　　　　　　　　　　　写于一九八九年清明次日

小马五其人其事

　　从前北京梨园界，有一条没有"明文"，但却严格的规定，即所谓"街北的不接街南"的。这里的街，是指前门外的珠市口大街，街南就是天桥，街北系泛称大栅栏、鲜鱼口等地"广和""广德""华乐""庆乐""开明"以及西城的"哈尔飞"众多剧场。如果一个演员不幸误进了天桥的"园子"，你就是有天大的技艺，也休想厕身堂而皇之的"艺坛"，只能打入另册。因为天桥的戏园子都是芦苇搭成的棚，所以又有"大街北大棚活儿"的说法。由于这条没有明文的规定，不知埋没了多少身怀绝技的艺术家，使他们终身在"下九流"厮混，以至抑郁而终。轰动京师而又绝不见经传的杰出演员小马五，即是其中的代表。

　　余生也晚，并没有看过小马五的戏，初次听到他的名字，还是童年在街头看"拉洋片"（西洋镜）时知道的。四十多年前，北京天桥、各庙会以及街头巷尾都能看到"拉洋片"的，很受孩子们欢迎，通过木箱外的放大镜，看到箱里放大了的各种画片，再听"拉洋片的"幽默逗乐的演唱，也是一种淳朴的艺术享受。那时我和小伙伴都会学唱："哎嘿，往里头瞧哪往里头看，一片又一片，小马五的《纺棉花》就照在了里边呦！"虽然会唱，但并不知小马五为何许人也。等到年事稍长，从一些老演员和老戏曲家的口中，才知道小马五是一位杰出的、擅长革新并有独特风格的京剧、梆子"两下锅"表演艺术家。小马五，天津人，专攻花旦兼演青衣，师承关系不清，据说曾受益于清光绪时著名梆子花旦佛动心。小马五先唱梆子后唱京剧，而且都好，是"两下锅"（即又演唱京剧又演唱梆子）中的佼佼者。艺名小马五，真名反而湮没，他的胞弟马六为他跟包也上场唱花脸。小马五十二三岁进京，搭班天桥的剧场，一炮打红，震动北京艺坛，大有满城争说之况。清宣统元年兰陵忧患生所撰《京华百二竹枝词》称赞道："善唱青衣兼老生，是何老妪产宁馨。西腔时调称双绝，塞满京华马五名。"诗后注有：小马五，天津人，年仅十三四，唱西腔之青衣、老生绝无仅有。其唱时调，又独出冠时。凡戏剧曲词，一经其口，必超出寻常蹊径。每逢登场一演，观者无不众如堵墙，其名不著，群呼为"小马五"云。从诗和注中，可以知道小马五的多才多艺及演出的盛况。诗中的西腔就是现在的河北梆子。

笔者曾经留意有关小马五的文字记载，惜乎他错搭天桥的班子，不能进入街北，故此很少看到记录他表演艺术的文章。前几年我有幸认识了已七十八岁高龄的著名京剧文武老生演员宋遇春先生，宋先生曾和晚年的小马五同台演戏，他对我讲了不少小马五的演出情况。小马五扮相漂亮，有一双顾盼生姿的大眼睛，嗓音略沙又内寓清脆，唱起来韵味极浓，功底坚实，"圆场"迅如疾风，而又不摇不摆，能歌善舞，文武昆乱不挡，多才多艺。最大的特点是会表演，演什么像什么，所谓"装龙像龙，装虎像虎"，刻画入微，传神阿堵。据说他在全部《刘公案》中有一折《张三上坟》，堪称一绝，小马五饰演黄夏月，这是一个瞎妇人，小马五在整个表演中，都是把黑眼珠藏于眼眶里，完全是白眼珠表演，其中有个"座子"技巧，他起得高跃得快，在迅疾的跳蹿中，他把外面的素衣飘起，露出里面的花衣，脸上惊恐惧怕，而又不许露出黑眼球，观者无不拍案叫绝。小马五在京剧花旦表演上，有杰出的贡献，被称为执花旦牛耳的筱翠花就学了不少他的"玩艺"。小马五不仅传统戏唱得好，而且勇于革新，被人视为畏途的外国戏、时装戏他演来也是惟妙惟肖，像《茶花女》《纺棉花》都享誉一时，他是北京第一个上演《纺棉花》的演员，在著名花旦碧云霞之前，一曲《纺棉花》，大街小巷无不知。因而才得进入"拉洋片"，像言慧珠、吴素秋、童芷苓等演出的《纺棉花》都走的是小马五的路子。还有一件趣事，把文学名著《啼笑因缘》搬上京剧舞台的第一人，也是小马五。胡蝶进京拍摄《啼笑因缘》影片时，小马五就已抢先演出此剧了，阵容相当整齐，小马五饰沈凤喜、蔡莲卿饰何丽娜、宋遇春饰樊家树、马六饰刘德柱，此剧上演后很是轰动，以后"奎德社"的筱兰英、筱兰芬、李桂云等才演出此剧，童芷苓的《啼笑因缘》更是后话了。

由于梨园界那条没有明文的规定，使小马五这位享有盛誉杰出的表演艺术家，未能进艺林之传，实在可惜。这里需说明一点，"街北不接街南"仅指男演员，女演员不在此例，像天桥出身的女演员，如小香水、金刚钻、海棠红、雪艳琴等，都在街北大红大紫，震动艺坛！

小马五从清末进京，在舞台上活跃了几十年，直至三十年代初期仍盛况不衰，一曲清歌，不知颠倒了多少观众，直到四十年代初期，小马五才息影歌台，云深缥渺，不知去处，给人留下了无限的惋惜，无限的怀念。

回望 张恨水

Huiwang Zhang Henshui

谢家顺 主编

遗珠晶莹（下）

探寻父亲张恨水先生的岁月之痕

张伍
张明明
著

广陵书社

第三辑 两都飞鸿

编者按

　　张恨水先生是近现代中国文学史上一桩"传奇"。他不但是二十世纪二十年代至今最家喻户晓的小说家，同时还拥有许多"第一"头衔，创下了许多无人能及的记录：产品最多；所采用过的文学形式最多；所发表过的作品总数最多，约三千万字；读者最多，是"国内唯一妇孺皆知的作家"（老舍语）；冒名之伪作最多；作品被改编为其他形式的例子最多，其中《啼笑因缘》搬上银幕及荧屏共十四次之多。

　　刘半农说："张恨水是小说大家，成就还超过晚清李伯仁（《官场现形记》）、吴趼人（《二十年目睹之怪现状》）、曾朴（《孽海花》）等人。"赵孝萱："其实张恨水写得也比刘鹗的《老残游记》还出色得多。"夏济安给夏志清的信说"至少他（张恨水）是一个Greater and better artist than吴敬梓。"

　　近二十年来，中国拍摄了数部以张先生小说改编的电视剧：《啼笑因缘》《夜深沉》《金粉世家》《纸醉金迷》《红粉世家》

张伍和张明明

《秦淮世家》等，有的仍在热播。

张恨水先生有五子三女。第四子张伍，毕业于中国戏曲学校，习老生，后任编剧，现住北京。其大妹明明，中央工艺美术学院室内设计系毕业，三十年前移民美国，现住大华府。此栏目为兄妹二人之书信往来。阅其文，平叙家常，娓娓道来，往事历历在目，大有其父之文风。此类文章在华文文坛已不多见，值得一读。

笔者按：此编者按为美国华盛顿《美华商报》华文报纸主编者所撰。

前　言

　　我特喜欢和家兄张伍聊天，话家常，天南海北、古今中外、吃的玩的、天马行空、无所不谈。他虽只年长我三岁，却饱读杂书，又喜和市井小贩、街坊邻里闲扯，知道的趣闻轶事、戏曲典故、北京小吃可多了去了。每次聊天都让我捧腹大笑，我爱把芝麻大的小事拿去问他，他就说："你真得好好恶补中国历史文化！"然后就侃侃道来，我便做个笔记。

　　久而久之，我们年岁渐老，觉着有些事儿没多少人知道了，不如讲给大伙儿听，于是，就有了这个书信专栏。

张明明 2010 年 7 月 3 日

二〇一〇年兄妹两地书（四十三封）

伍哥：好!

六月，在我住的华盛顿市的郊区，夏夜就有许多的萤火虫，我在后院的草地上走过，惊动了草上休息的小精灵，于是我的脚旁浮游一样地冉冉升起闪着蓝蓝的尾灯，向四周飘去，在树丛间起落。我喜欢坐在后院凉台的藤椅上，总是带着极浓的兴致，欣赏着它们飘逸的舞姿，不觉就进入童话般的想象中去，忆起我们温馨的童年，那重庆的山沟茅屋、那北京的四合院……

六月初，华府中华国剧社演了一台好戏，由本地和纽约的资深票友联袂演出，有多位专业演员鼎力相助，台前台后出力不少，你和伍嫂的同班同学沙淑英在此悉心指导。那唱青衣的诸票友，中规中矩尽力演出，身段漂亮唱腔甜美，生角也棒，琴师、鼓师都是专业人士，共演出五个折子戏，《武家坡》《白门楼》《芦花河》，以及《穆桂英挂帅》中的《捧印》和《挂帅》，行当齐全，角色众多，服装考究，和三十年前我初到美国时的票友演出相比，专业化了许多。虽然也有学生跑龙套，在异国他乡能看到这样一场演出，我是知足了，过了瘾了。

五月份，华府华文作家协会请於梨华大姐讲她的女性写作。参加的听众很多，容纳百余人的大厅里，满满堂堂的，座无虚席。她早年写留学生小说成名，也写散文，年届八十，身材娇小，却行动敏捷，她目光炯炯，精神矍铄，一口气讲了近两个小时。她讲完之后，照例回答听众提问，其中一位听众问到她如何走上写小说的路，她回答说："我母亲识字不多，我小时候她每天给我讲张恨水的《啼笑因缘》，我就喜欢上了小说。"这是我所知道的海外女作家，除张爱玲之外，第二位说自己的小说受咱们的老爷子的小说影响的。

我的一位友人是朱家溍先生的亲属，她提起朱老先生，难掩崇敬之情。她说政府归还了他在锣鼓巷的王府之后，他并不要其他照顾，不用汽车接送，90岁的老人，自己每天骑自行车去故宫上班。中国的知识分子真有好样儿的。

明天是美国独立日了，我得去买些蔬菜、鱼肉，儿子要在后院烧肉、烤鱼。

等你回信，就此搁笔。

　　　　　　　　　　　　　　　　　　　　　　　　明妹

　　　　　　　　　　　　　　　　　　　　2010 年 7 月 3 日

明明：

北京这两天进入酷暑，报载前天（7月7日）已达摄氏40度，真个是挥汗如雨，暑热难当。外边正热，不宜出门，又无处避暑，躲在家里，正好给你写这封信，算是消遣如此炎炎长昼。

忆儿时，这个时候四合院里，正是绿槐浓荫，树头蝉鸣，一院子里清凉。胡同深处传来卖酸梅汤打冰盏儿声，有节奏的叮叮当，叮叮当。不吃他卖的果子干，不喝他的桂花酸梅汤，光听这冰盏清脆撞击之声，已是清凉袭人，暑气全消。现时住在水泥钢筋的楼房里，就是热也热得没味儿，哪有一点儿北京夏季天的旧时诗意。

你在信中说到朱家溍先生，我和朱先生倒有一面之缘。那是在1997年，为了纪念我的京剧蒙师——著名京剧表演艺术家、京剧教育家贯大元先生诞生一百周年，受贯先生的女公子的委托，由我和我的同班同组的陈增堃同学出面组织一次座谈会，我们邀请了朱家溍先生参加，他欣然赴会并作了充满感情的"回忆贯先生为人和艺术"的演讲，讲得声情并茂，听者无不动容。会后由我和增堃君代师门答谢，设便宴小酌，邀请了朱家溍、刘增复、吴小如三位京剧票界名宿入席。席间，我向朱公敬酒，三十余年心仪其人，"今日始得识荆"。我知道朱先生喜读清宫史籍，是任职故宫博物院的清史专家，因而向同在故宫博物院任职的二妹蓉蓉打听过朱先生的情况。至于涉及京剧方面，二十世纪六十年代初，我偶然听到电台广播梅兰芳先生演唱的《霸王别姬》，那位唱霸王的角儿，唱得太好了，音色之美、吐字之清晰，把一位英雄末路、生离死别演绎得惟妙惟肖，感人真挚，催人泪下，而且嗓音演唱都酷肖国剧宗师、人称"活霸王"的杨小楼先生。那几句"力拔山兮气盖世，时不利兮、骓不逝兮，可奈何。虞兮，虞兮，奈若何！"在"奈若何"中的一个哭音，把这个失败君王"天亡我也，非战之罪也"的悔痛哭嚎，尽情地宣泄出来，令人一掬同情之泪。我原以为能和梅先生搭配得如此珠联璧合的，除杨小楼之外，只有金少山先生，不做第三人想。唱片播完之后，播音员讲解，饰演项羽者是为朱家溍先生，我简直惊呆了，以为听错了。唱片里的霸王能够把哭声唱得肖似杨小楼，不仅声似而且神似，真是匪夷所思。事后才知，朱先生师从京剧前贤范福泰、迟月亭、陈少五、刘砚芳、曹心泉、钱宝森等，尤其对杨派（小楼）艺术情有独钟，研究有素，造诣精深，神韵酷肖。

可能是人到老年，就喜欢回忆，越发地喜欢听京剧老唱片。在听这些优美的唱腔中，使我得到一种艺术享受和满足，从而排解了时下流行的艺术浮躁所带来的搅乱和烦嚣。在这些唱片中，我尤为钟情余叔岩、孟小冬、杨宝森三位先生，我个人认为他们是划时代的顶峰。自程长庚大老板作为京剧奠基人以来，第一个高峰就是谭鑫培，生行的第二个高峰就是余叔岩，第三个高峰是余先生的入室弟子坤角老生孟小冬先生。提起孟先生真令人感慨唏嘘，作为艺术家，她是一个伟大的成功者，是一个艺术巨匠，令人仰望；作为一个女人，她却是一个失败者，可以用"自古红颜多薄命，可怜姿身如纸薄"来形容。余生也晚，我没有眼福亲自欣赏她的舞台演出。抗战结束，等我们辗转回到北平时，孟氏已经息影舞台，离平赴沪了。不过我却有幸听到孟氏为杜月笙六十庆寿，粉墨登场演出《搜孤救孤》的录音，真是所谓"此曲只应天上有，人间那得几回闻"哪。孟小冬先生这次演出，获得极大的成功，震动了海内外。事隔六十多年，一些老顾曲家有幸看到这次演出的人，回忆往事依然是眉飞色舞，沉浸在一种巨大的幸福回忆中。不过这次演出成了孟氏绝响，之后她就"老大作了商人妇"，虽未嫁，却也和杜月笙正式同居，此处犹惊鸿一瞥，再也没有登过台，也就"只在此山中，云深不知处"了。

我给你讲这么多，你先慢慢消化。我得休息一下，准备看世界

杯足球赛。下封信再把老生的三个高峰和孟小冬的曲折婚姻讲给你
听。

伍哥

七月十日

伍哥：

前天是星期日（七月二十五日），老邻居康君伉俪邀我去费城
看京戏。从我家单程去费城车行三个多小时，还顶着火盆似的太
阳！起初我有些犹豫，康君发来戏单，实在有看头，我便欣然同
行。戏目：《三岔口》《拾玉镯》《铡美案》。

主办单位是费城京剧社，协办单位是宾州大学学生学者联合
会，演出颇具专业水准。

《三岔口》是我在海外三十多年第一次看到的武戏。武丑是原
中国京剧院的戴军饰演，他还在第二场《拾玉镯》中，扮演彩旦刘
婆，和花旦有精彩对手戏，诙谐、风趣、不俗。戴军一专多能，以
前还演过《白蛇传》里的青蛇。

《拾玉镯》里的孙玉娇是你向我提及过、善于踩跷的秦雪玲饰
演。她踩跷上场展示着濒临失传的绝技，身段柔美，动作灵巧，表
演细腻，把一个妙龄少女的娇羞活泼表现得惟妙惟肖，妙不可言，
获得许多的掌声和笑声。演出后，主持人特别介绍了秦雪玲，并让
观众猜她的年龄，台下喊着"十六、二十"，当告之她已六十三岁
时，台下异口同声："哇！"随后数十人拥上台去与她合影。她终
于在离开北京多年之后，成功再现了她的筱（翠花）派艺术。

《铡美案》由天津京剧院康万生饰包拯，他嗓音高亢洪亮，一
张口，就是满堂彩。演秦香莲的是北京京剧院的关静兰，梅派青

衣，唱腔温润委婉，扮相庄重。好戏！

琴师是原北京京剧院的刘振国。

台上卖力演出，台下观众看得如醉如痴，我和康君大呼过瘾。

早晨，我八时离家，到费城的中国城吃中饭，买了孙女要的杭州绸伞，到宾大看演出，再驱车回家，到家已是晚上九时。真够累的。看戏如此，也是家传，DNA作祟，自嘲：老身犹做少年狂！

我的昙花这两天就开！北京的荷花还开着吗？

祝好

明妹

七月二十七日

明妹：

上封信说到我要写孟小冬的故事，现继续下去，这会很长，你就耐心看吧。

民国十二年，由仇月祥携孟小冬北上，出演于京津各舞台。这次的北上，是孟氏人生和艺术的转折点，如果她仍在南方，既没有梅、孟的悲剧姻缘，自然也就没有以女儿身的坤生，能够力压群雄，成为京剧老生行中执牛耳的第一人！

孟小冬先生，虽是唱老生，但却是丽质天成，用"天生尤物"来形容，恰如其人。著名的谭派名票——曾给谭鑫培操过琴的陈彦衡，见到孟小冬惊奇而赞之曰："坤伶须生多矣，才质俱美如小冬者，则未之见。"孟氏此次的北来，眼界大开，所见愈广，愈感所学不足。原来所学是孙派和"奎派"（张二奎），已经无法与被视为京剧正宗的"谭派"争一日之短长了，因而用重金聘请曾给谭鑫培操过琴的著名琴师孙佐臣为之操琴，兼为之说戏。在孙的悉心指导下，孟氏的艺术从博而杂，变为专而精了。以后又拜了陈彦衡为师，陈氏南下后，又向著名谭派名票王君直学戏，精心研习谭派艺术，可说已入谭门堂奥。

此时的孟氏，已从唱"大路活儿"的"杂拌儿"，变为以专攻"谭派"的传承正统道宗而自居了。而孟氏也成为京师第一坤角须生，上座之盛，已可以与四大名旦抗衡。小冬先生在北京献艺之时，正是杨（小楼）、梅（兰芳）、余（叔岩）三足鼎立之日，人们称誉杨、梅、余为"民国三大贤"。而这一时期，也正是京剧的一个新时代。因为在此之前，从程长庚到谭鑫培都是一个老生演员代表了整个京剧界，而到了二十世纪的前二十年代，京剧发生了变化，从审美取向、观众爱好和欣赏趣味，都发生了变化，从"生行"的舞台，悄悄地变成多样化，"三大贤"中就已经是武生、旦角、老生的互为联合又相互竞争的局面，京剧界的新纪元开始了！

"三大贤"中的余叔岩是谭鑫培的亲授弟子，余叔岩对谭鑫培的艺术及为人都崇拜到顶礼膜拜的程度，他在全面继承谭派的基础上，根据自身的条件及当时观众的审美需要，又有所改进，被观众称为"新谭派"。余氏成为继谭鑫培的第二座艺术高峰，他逝世后被内外行公认为"余派"，一个新的流派诞生了！

余叔岩精湛的技艺、醇厚甘美的唱腔、沙中带亮犹如"云遮月"的嗓音、造诣深厚的艺术功底，使他的表演充满着让观众痴迷的艺术魅力和艺术个性。余氏好友张伯驹先生曾对我说："余叔岩的演唱已入化境。"所以不仅颠倒了不计其数的戏迷，也深深地折服了孟小冬，她下定决心，非要把余派艺术学到手不可。正是这个初衷与决定，让孟小冬在感情和婚姻受到挫折后，能够活下去，终其一生都攀缘在余派艺术的峰尖上。1925年，孟小冬开始私淑余派，拜了以教余派艺术而著名的老生教习陈秀华为师，并请了余门弟子杨宝忠为其操琴和说戏，而且经常求教于余氏好友，余派名票李适可和与余氏长期合作的老生鲍吉祥先生等，此时虽未得余氏亲传，但已得到余氏左膀右臂的大力教授，虽未取得真昧，但也步入堂奥了。

就在孟小冬舞台艺术如日中天之际，一件意想不到的事发生了，一个人闯入了她的生活，改变了她的人生轨迹，也改变了她的命运。这个人就是梅兰芳。

伍哥

2010 年 7 月 30 日

明妹：

上次讲孟小冬的故事，才刚刚开始，现继续下去。

1925年8月23日，北京电灯公司总办冯恕，为庆贺其母亲八十寿诞，假三里河大街织云公所举办一场盛大的京剧堂会，由梨园公会负责人、名青衣王琴侬任戏提调，大轴是梅兰芳、余叔岩合演的《四郎探母》，其他角色由姚玉芙饰萧太后，龚云甫饰余太君，鲍玉祥饰杨六郎，姜妙香饰杨宗保，真可谓名角荟萃，花团锦簇，早已轰动京城，戏迷奔走相告，翘首以待。不料离演出一个星期左右的时间，余叔岩派人通知主家及戏提调，说自己因病告假，不能如期演出。这一下子戏提调及冯家都傻了眼，慌忙派人去请别的名角，但是别人大都已有档期，没有档期的角儿，也不愿临时垫背，再说余叔岩已是老生祭酒，谁能冒冒失失去顶这个活儿，万一唱砸了锅，那可是大笑话、大丑闻，因而纷纷辞谢，无人敢应。正在大家急得团团乱转之际，突然有一人提议，不如请正红得发紫的坤角老生孟小冬来试试，虽然有人认为孟小冬虽然走红，但毕竟还是初出茅庐的后生之辈，初次和享誉国内外的大角合作是不是嫩了点，万一在台上发怵，慌了神，荒腔走板，不只她自己崴了泥，还把梅老板也给带砸了，那可没法收场。但是也有人认为这是个出乎意料的噱头，最好的男旦和最好的坤生合作，也许会使堂会更加轰动，如果不放心，可以先对对戏。众人听了觉得言之有理，就这样定了。对戏这天，孟小冬在仇月祥陪同下来到中国银行总裁冯耿光之府，和梅党重要成员冯耿光、齐如山、李释戡等见面。而梅兰芳乍见孟小冬就被这位不事铅华、天生佳丽、秀色可餐、天真烂漫的女孩子吸引，梅兰芳见过的美妇人多矣，但却从没见过如孟小冬，这样小家碧玉，娇憨可爱，毫不造作，女儿爱好是天然的姑娘，美得让人不敢直视，在这一刹那，梅兰芳惊呆了！而孟小冬能够与伶界大王东方标准美男子同台演出，也感到荣幸和光荣。8月23日，冯府堂会如期隆重献演，北京观众早就听到了这乾坤颠倒、阴阳互换的戏报，轰动了四九城，北京人都等着看个"新稀罕儿"！演出这天，万人空巷，争相去听梅、孟的《四郎探母》，果然珠联璧合，相得益彰，观众大呼过瘾！

自此之后，孟小冬更是红得发紫，1926年下半年的某日，当时任财政总长的王克敏五十寿辰，照例又要唱堂会，有人想到梅、孟合演的《四郎探母》为冯恕的堂会增色，至今仍为人所津津乐道，何不再烦二位唱一出。此议一出，立即引得全体筹办者喊好，完全赞成，而且拟的剧目是唱作兼重的带有调侃味道的《游龙戏凤》，这一出可以说是玩笑戏，孟小冬饰演的微行私访的正德帝和梅兰芳饰演的村姑凤姐，配合得恰如其分，成了北京城街谈巷议的聊天内容。两场演出的意外结果，却是梅兰芳的堕入情网。

　　梅兰芳是东方第一美男子，而且是万人欣羡的伶界大王，追求者无数，阅人多矣，为何偏偏只见孟小冬几面，就一见钟情，难以自持？一是梅兰芳见的大多是浓妆艳抹的时髦女子，却很少见孟小冬这样素面朝天、楚楚动人的纯真姑娘；二是孟小冬非凡的艺术天分，让梅兰芳从惺惺相惜，变为我见犹怜，日久生情。但是孟小冬来晚了，原因是梅兰芳在此之前已经有了两房妻子，原配夫人王明华重病在身，在天津疗养，原本生有一子一女，不幸都已夭折，王氏受此打击，抑郁成病，且又一直未能再生养，在"不孝有三，无后为大"的古训下，梅兰芳遵母命，又娶了崇雅女科班出身的坤伶福芝芳为二房，王明华气恼之下，病体更重。如何安排孟小冬，让梅兰芳颇感棘手，但在冯耿光、齐如山、李释戡等重要梅党极力撮合下，梅兰芳自然乐得顺从，委托了齐如山、李释戡二位做冰人，前去孟府做媒。孟家虽然高兴，但是知道梅兰芳已有两房妻室，所以还在犹豫，在两位媒人一再说明婚后分居另过，不在一起生活；而且梅兰芳自幼是兼祧两房，大伯梅雨田膝下无子，孟小冬嫁过去算是大房的儿媳妇，并非偏房。这样孟的父母及小冬本人都很高兴地允诺了婚事。不过孟小冬提出婚前要去天津探望王夫人，梅表示同意，并且愿意一起前去。王明华知道来意后，看到艳光四射的孟，也明白自己已病入膏肓，加之素来就不喜欢福芝芳，她做出了一个旁的女人做不出的举动，她对孟小冬说："孟小姐，如果你同意嫁给畹华（梅兰芳字），我愿为你们做大媒！"并且把自己的戒指取下，戴在了孟小冬手指上说："我愿意把正房让给小冬，这就算是你们的订婚聘礼！"孟小冬感激得泪流满面。谁也没想到，梅、孟的结合，大媒却是梅兰芳的原配夫人，人人都道王明华忍辱负重，但是她内心有多少痛苦，能够向谁诉说呢？

信太长，我有非说完不可的愿望。下周你接着看。别忘了给我照蜂鸟的照片。

暑安

兄伍

7 月 31 日

伍哥：

这两天下雨，凉快了。后院，我放了两个喂蜂鸟的吊瓶，怕它们看不见，还在吊瓶旁放了一件大红色的旧衣服。每天都有蜂鸟来，我现在看见的是绿色的。有一天，我去挂一个小水盆，是给蜂鸟洗澡和喝水用的。正当我伸出手，要把水盆挂上铁架时，一只绿色的蜂鸟在我前方不到两尺的地方出现。我愣着了，停住伸出的手不动，它也看到了我，停在空中不动，我和它就这样足足"亮相"5秒钟。它飞走了，我还是没给你拍成照片。我读了你的信，就到网上去找有关孟小冬的故事，一位是绝代佳人，一位是旷世才子，该是多么令人羡慕的一对神仙眷侣，可是孟小冬却是苍凉一世。你熟悉梨园历史，且听你讲来。

夏安

明妹

8 月 3 日

明妹：

接着上封信谈梅孟的婚姻。

梅孟从惺惺相惜、日久生情到终于结成连理，成为一段梨园佳话，更成了人们茶余饭后的聊天资料，直至现在已经过去了八十个春秋，两位当事人都早已作古，仍然是一个不衰的话题，人们说起还是唏嘘不已！梅孟婚后，可以说是伉俪情深，是被人艳羡的神仙眷侣。然而"福兮祸所伏，祸兮福所倚"，也就是北京人说的"乐极生悲"，这样一对天造地设的好姻缘，只有四年就半途仳离了。梅兰芳是杰出的艺术家，孟小冬也是杰出的艺术家，艺术家都不太擅于中馈之职，艺术家和贤妻良母总有点距离。所谓"天无二日"，孟小冬的理想是驰骋于红氍毹之上，金屋很难藏她这个娇，但是起因却是"吊孝风波"。

1930年，梅兰芳赴美巡回演出胜利归来，7月28日乘海轮抵达上海，8月2日乘"通州"轮离上海，8月5日到达天津。梅下船即得知他的祧母（梅兰芳伯父梅雨田夫人）8月4日逝世的消息，梅当即坐火车回平。梅兰芳在东四无量大人胡同府高搭席棚，大办丧事。下午三时许，一身缟素的孟小冬前来奔丧，却被福芝芳派人拦在门外，正在吵闹之际，梅兰芳在齐如山等陪同下，前来见孟。孟以兼祧之名执意要进去，梅兰芳劝阻，原来福芝芳此时已身怀有孕，以自杀两条命威胁。梅兰芳怕发生意外，不敢让孟进去，最后由孟小冬的舅父（艺名小桂芬）劝解，孟氏暂时回去。虽然化解了风波，但是埋下了裂痕。纸里包不住火，孟小冬吊孝风波在北平闹得满城风雨、沸沸扬扬，好事者捕风捉影地把几年前"梅兰芳被抢"案的主角李志刚说成是为追求孟小冬才去劫持梅兰芳，终至李志刚击毙调人张汉举，而李也被枭首示众。可谓"人言可畏"，说者绘声绘色，言之凿凿，连梅兰芳都有些疑心参半，激怒了孟小冬，加之孟小冬不甘心只做家庭妇女，向往舞台，终于决定分手。她于1933年9月5、6、7日，三天在天津《大公报》头版连续刊登"孟小冬紧要启事"：

孟小冬紧要启事

启者：冬自幼习艺，谨守家规，虽未读书，略闻礼教，荡检之行，素所不齿。迩来蜚语流传，诽谤横生，甚至有为冬所不堪忍受者。兹为社会明了真相起见，爰将冬之身世，略陈梗概，惟海内贤达鉴之。窃冬甫届八龄，先严即抱重病，迫于环境，始学皮黄。

粗窥皮毛，便出台演唱，籍维生计，历走京沪汉粤、菲律宾各埠。忽忽十年，正事修养。旋经人介绍，与梅兰芳结婚。冬当时年岁幼稚，世故不熟，一切皆听介绍人主持。名定兼祧，尽人皆知。耐兰芳含糊其事，于祧母去世之日，不能实践前言，致名分顿失保障。虽经友人劝导，本人辩论，兰芳概置不理，足见毫无情义可言。

冬自叹生活苦恼，复遭打击，遂毅然与兰芳脱离家庭关系。是我负人，抑人负我？世间自有公论，不待冬之赘言。

抑冬更有重要声明者：数年前，九条胡同有李某，威迫兰芳，致生剧变。有人以为冬与李某颇有关系，当日举动，疑系因冬而发。并有好事者，未经访察，遽编说部，含沙射影，希图敲诈，实属侮辱太甚！

冬与李某素未谋面，且与兰芳结婚前，从未与任何人交际往来。凡走一地，先严亲自督率照料。冬秉承父训，重视人格，耿耿此怀，惟天可鉴。今忽以李事涉及冬身，实堪痛恨！

自声明后，如有故意毁坏本人名誉、妄改造是非，淆

惑视听者，冬惟有诉之法律之一途。勿谓冬为孤弱女子，
遂自甘放弃人权也。特此声明。

　　孟小冬的紧要启事，是向世俗社会的挑战，也是向封建礼教婚
姻发出檄文，像一道闪电划过了布满了阴霾的暗空。一个读书不多
的女艺人，大胆地吼出"脱离家庭关系"，她在启事中强调的是名
分、人格、人权，这些掷地作金石声的语言，多么勇敢，多么有智
慧，多么有尊严！孟小冬不是个弱女子，她高大的形象是妇女中的
楷模。尽管孟小冬在人前表现出勇者无畏的精神，然而她究竟是个
孤立无援的女子，在无人处，在母亲面前，她放声号啕大哭，甚至
想以自杀来了却生命，在家人百般劝慰下，才打消轻生的念头，从
此皈依佛门，潜心向佛，让她的心田变成了净土。除了宗教的指
引，还有一样让她能够活下去的勇气，那就是她太热爱京剧艺术，
尤其是崇拜余叔岩艺术，她从此心无牵挂，立志要立雪"余门"，
这成了她奋斗的目标，也是她生的希望。

　　信写太长了，就此打住。下封信我讲给你听，她是怎样全身心
投入京剧艺术。

　　祝好

　　　　　　　　　　　　　　　　　　　　　　　　兄伍

　　　　　　　　　　　　　　　　　　　　　　　　8月9日

伍哥：

　　可惜！可叹！这"红袖青衫两俊人"无缘天长地久。孟嫁给梅
这么短的时间，终以离鸾别凤收场。

　　有消息说，1928年，梅与孟婚后去天津演出，没带孟却带了福

夫人去。孟心有块垒，自己去了天津找老搭档雪艳琴演了十天的戏。这雪艳琴是不是1947年咱们搬到北平后，来咱家给母亲说戏的那位阿姨？我记得她送给母亲一双旗装"花盆底女鞋"，唱《四郎探母》用的。我和蓉妹着实兴奋了许久。我穿了这双鞋在妈妈的小客厅里演戏，观众只有蓉妹一个。不过我演出的戏单可是正儿八经地由父亲楷书亲题，还为我贴在客厅外的红柱子上。想见我小时候够淘气的了。

我找到了短得可怜的一两句孟氏唱段，真叫我惊奇，一位妙龄女子，怎么可能练出这么宽厚又带沙音的老生唱腔呢？男人演女人用小嗓，女人唱男人怎么办呢？那是怎样的难才能苦练出这种声音！真绝！真绝！她是怎么向余叔岩学戏的，你特别讲一讲给我听。

我在后院放了四个喂蜂鸟的玻璃吊瓶，早早晚晚就看见它们像箭一样，从这个瓶子射到那个瓶子，也会绕到花朵的前面，伸着细长的嘴，向花心探一下，等我拿出照相机，它早飞不见了。

华盛顿还是热。我每周末的户外写生，改在室内进行，我有四五位爱画的朋友一起画，下周想起个大早去画荷花。

祝好

明妹

8 月 10 日

明妹：

你信中提到孟小冬去天津演出的事，不是那么回事，因为孟是艺术家，不甘心做个家庭主妇，她的生命价值是京剧艺术。和她搭档演出的雪艳琴就是给母亲说戏的那位阿姨。

　　我接着讲孟小冬拜余叔岩为师这一段故事：

　　一次北平名士窦公颖为上海来平的杨梧山洗尘，请余叔岩作陪，孟小冬也在座，在席中说及拜师之事，孟小冬语失常态地表示："如不收我为徒，我就要自杀了。"举座大惊，愕然良久。余叔岩其实很喜欢孟的才智，但不愿为女徒而大开山门。功夫不负有心人，孟氏终于等到了机会。1938年10月19日，经李育庠介绍，余叔岩在泰丰楼正式收下了李少春为徒，孟小冬认为机不可失，也挽请袁棣庵、窦公颖、杨梧山再次登门说项，余叔岩情不能却，隔了一天，也就是21日，孟氏终于拜余叔岩先生为师，遂了平生夙愿。

　　孟小冬自拜余叔岩先生为师后，苦心用功，认真揣摩，在艺术上，是百尺竿头，更进一步。余氏教戏非常严格，他要求孟小冬把所学的戏全都忘了，梨园术语称"下挂"，重新来一遍，凡是未经整理过的戏，不可正式上台演出，这些孟氏都是遵师命的，她虽然会戏甚多，但是未经余师教过，她从未露演过。余先生教孟氏的第一出戏是《洪羊洞》，在北平西长安街新新剧院首演，孟饰杨延昭，李春恒饰孟良，裘盛戎饰焦赞，鲍吉祥饰八贤王。压轴是李慧琴和李多奎的《六月雪》，倒第三是吴彦衡的《挑滑车》，开锣戏是高维廉的《辕门射戟》，由余叔岩亲自为高徒孟小冬"把场"。戏码的安排有文有武，阵容齐整，人才荟萃，消息未出，已经是不胫而走，戏迷早已是翘首以待了。

　　到了演出这天，孟小冬早早到了后台，精心扮戏，一切准备妥当，就等余先生训示。余叔岩到了后台，看了孟小冬的化妆，说了句："杨六郎快死了！"然后孟小冬重新洗脸扮戏，余先生只是让孟淡淡抹点胭脂，这样既有病容，又不失主角的光彩，真是"画龙点睛"的一笔。孟小冬的演出获得了巨大的成功，人们惊呼她的唱、念、作酷肖其师，疑是余叔岩再世，把一个鞠躬尽瘁为国尽忠的杨六郎，演绎得尽善尽美。台上是如泣如诉的演唱，台下是如醉如痴的忘我，这一场戏不仅癫狂了北平城，也轰动了全国，孟小冬成了新偶像。

自此之后，孟氏开始新生活，非常有规律。每日下午三点开始吊嗓，晚饭后，准八时去宣外椿树头条胡同余府学戏。而余先生交友甚广，每晚都是宾朋满座，谈天说地，评古论今，十分热闹，所涉内容极其广泛，戏剧、音律、书法、养鸽、斗虫、古董等都是谈话资料，往往谈到子夜客人才去。余先生又有阿芙蓉癖，等到吞云吐雾完了，才手捧盖碗，到另一间屋给孟说戏，这时已经深夜一两点了，一直要学到旭日东升，天光大亮。余先生是倾囊相授，孟小冬是悉心学习。就是这样的学习，风雨不辍，一年三百六十五天，天天如此，朝朝如是，孟小冬乐此不疲，一学就是五年，直至余先生于于1943年5月19日仙逝才中止。而且要说明的是，余叔岩是自律甚严的笃人君子，为了避嫌，也为了恪守梨园行的"男师教徒，必有内眷作陪"的口头古训，余叔岩在给孟小冬教戏时，从不两人独处一室，必有余的两位女公子大女慧文和二女慧清轮流作陪，也就是孟小冬学了五年戏，她们两人也学了五年戏。所以，有余迷开玩笑地说："要学余派戏，不用找余叔岩，也不要找孟小冬，就找余家二位小姐就行了。"有爱徒如女的老师，就有尊师如父的学生。有唱片公司找孟灌制唱片，但余叔岩的好友孙养农对她说："你灌唱片，岂不影响你师父余先生的销路？"孟氏一听，谢绝一切灌唱片的邀约，终其一生从未灌过一张唱片。

孟氏拜师后，经过余先生手把手的传授，尤其是在余的指导下，嗓音发生了巨大的变化。余为了训练孟小冬高中音都要悦耳动听，不准她唱高调门，只准唱六字调。最难得的是孟氏居然练成了一种沙音，这种略带沙哑的嗓音，显得苍凉浑厚，完全没有了女声的雌音，这是极其难得的"奇迹"，使孟小冬更加酷肖余派寓险于平、意境悠远、醇厚遒劲的演唱风格。

好了，我下一封信会告诉你，孟小冬的戏迷把她称为"冬皇"的趣事。

夏安

兄伍

2010 年 8 月 15 日

伍哥：

余先生能够这么精心地传授也是件很难的事。靠艺术和技术吃饭的人，总都是"留一手"的，为的是保住自己在这行业里的地位和饭碗。余先生真不简单，能做到倾囊相授，孟小冬悉心学习，对余先生尊重至极，不枉师父一片心血。

上周末，说好了和两位朋友去华盛顿市的一个公园画荷花，天公不作美，一早起来便阵雨不断，画友都不愿出外写生，我便一个人去了我住的这个维也纳小镇上一个公园去画写生。这个公园是会员制，一年交三十五元，全家人都可以来。这天人很少，细雨飘洒，满眼青翠，池塘里虽也有不多的睡莲，但岸边泥泞溜滑无法立足，又无遮雨的棚架，只好作罢。数丈之外另有一汪湖水，养了不少金鱼和乌龟，湖中一座木亭，我便走了过去，稳坐亭中，打开画具，静静地画起来。有游人行走在湖对岸的青草地上，一对父母带着一双年幼的孩子，孩子穿着鲜艳的雨衣，这色彩抖落成一片斑斓撒在湖面上，映在青绿山水中，入了我的画。等他们慢慢走到这小亭子上时，停在亭子的那一端，远远地看着我画画。父亲轻声地对孩子说："这位艺术家在画水彩，不要打搅她。"

其实，从上大学起开始在户外写生，中国人爱看热闹，身后常有人围观，且品头评足，我已练就充耳不闻的定力。

祝好

明妹

8 月 17 日

明明：

你好。北京有了一些凉意，我今天可以一鼓作气，写完孟氏的故事。

我原来对你说过，孟小冬长得非常美，所谓"色艺双绝"，形容她是再确切不过的了，二十世纪三十年代末至四十年代，京剧老生行，孟氏成了霸主地位，上海戏典评论家哈杀黄曾云："目下之孟小冬，已如名伶中之有余叔岩，唱念做表，通身解数，实亦名伶中仅见者。嗓音清脙苍劲，有为富英所不及，亦是天生美才，决非以色相幸致。"天津有位沙大风，办了份小报《天风报》，他曾在报上撰文："置身名利之外，为学在荀、孟之间。"不要以为他是说推崇人性恶的大贤荀卿或是倡导人性善的亚圣孟轲二位贤哲，而是崇拜男旦荀慧生和坤生孟小冬。1938年8月19日他以"微臣"笔名在《天风报》发表《喜冬皇将出台》一文曰：

> 小冬吾皇，息影养晦，将及半年，一般善造谣言者，
> 均谓吾皇诵卷青灯，虔心修度，决意绝迹歌台，此谣一
> 出，天地变色，菊圃无光，而妖祟横行，群思篡窃正位，

予以忧之，乃上表苦谏，务以天下苍生为重，再享四海臣
民以正气之歌、钟吕之音，俾魔云妖雾一扫而空。果然圣
德高厚，再三表示前此休养，纯系圣躬稍有违和，今己霍
然，约定闰年七月中旬必当重现宝相，慰喁喁之望，并属
微臣力辟无稽之谣（按已奉旨恭为辟谣）。从此日月重光，
天地明朗，菊国正统（按谭大王升遐以后，叔岩不出，王
位非此人莫属），赖以不坠，一般窃号自娱之辈，闻此正言
法曲，必当知所戒惧而稍稍敛迹也。吾皇万岁万万岁。

　　从此，"冬皇之名，不胫而走，南北皆知，各地报纸，全以
'冬皇'冠之，不再直呼其名"。1948年底，孤身独居北平的孟小
冬，接到了手帕交又是盟姐姚玉兰的信，让孟来上海，她已做好了
接待的准备。姚玉兰是清末民初的坤伶老生小兰英的长女、杜月笙
的第四房夫人，和孟小冬情同姐妹。当时正值兵荒马乱，孟小冬终
究是一女子，慌乱不知所措，交通极为艰难，无处避走。杜月笙竟
包了一架飞机，派人来接孟小冬。孟在慌乱中，不暇多顾，就匆匆
飞往上海。到上海后，孟氏就和杜、姚同住在杜府，杜月笙是个十
足的京戏迷，对孟小冬的艺术和丽质，崇拜得五体投地，自然用最
大的热情来接待孟小冬，而孟也就安心住下来了。

　　1949年，杜月笙全家由上海迁到香港，孟小冬此时已和杜结
合，自然同行。刚安居下来不久，杜月笙觉得香港还是是非之地，
就想远避法国，并且也给孟小冬办了护照。谁知孟小冬说了一句：
"我跟着去，算使唤丫头呢，还是算女朋友呢？"这一句像是自言
自语低声自问，却像是一声炸雷轰醒了杜月笙，决定不能再委屈孟
小冬。原来孟当初是为了感激杜月笙的知遇之恩，也为了姚玉兰胜

似手足的撮合之情，所以没有任何条件与杜月笙生活在一起，而且杜的身体一天坏似一天，孟几乎是像侍候师父余叔岩般的照顾杜月笙，每日煎汤熬药，殷勤备至。现在又像第一次婚姻再次指出"名分"问题。杜月笙不顾家人的阻挠，决定要堂堂正正地补办一次婚礼，一来让孟小冬有个名分，二来自己身后，也好给孟小冬一个名正言顺继承财产的权利。命运真是捉弄孟小冬，她的第一次婚姻，是梅的原配夫人王明华做媒，她的第二次婚姻，又是杜的第四房夫人姚玉兰的撮合，你说是天公惩罚她呢，还是眷顾她呢？

杜月笙逝世后，孟小冬先生到台湾定居，深居简出，每日诵经念佛。除此之外，也在家授徒，向前来学艺的内外行传艺，把余派艺术发扬光大，播之于海外，功莫大焉！

孟小冬先生于1977年5月26日驾鹤西归，享年70岁。但是孟氏无所出，如何出讣闻，成了问题。幸有杜月笙长子杜维藩识大体，由他出名，称孟为"继姒杜母孟太夫人"，讣告各界。哀哉，孟小冬先生！写至此，我不禁唏嘘长叹！

孟小冬先生是一位孤傲不驯的艺术家，也是一位卓尔不群的奇女子，她的一生，不知是幸呢，抑或是不幸？正是"人生如戏，戏如人生"，此之谓也！这个故事写得太长了，就此打住。

即颂

夏安

兄：张伍

2010.8.20

伍哥：

孟小冬真是位令人钦佩的艺术家。做个艺术家难，做一个女艺术家更难。

　　蜂鸟的照片终于拍到一张好的，寄给你，了却我一桩心事。我后院的鸟有很多种，你那年来美看我，在这儿时见过的红衣主教、蓝玉、淡红肚皮的小麻雀、啄木鸟、野鸽子、野鸭子，我最近看到了浑身鸡蛋黄色头顶和一双翅是黑色的金雀、燕子和小个子的鹰，地上跑的有小黄兔、五道鼠，爬树的松鼠、浣熊以及打地洞的土拨鼠一类的动物，对了，还有蛇。你瞧我家后院多热闹，前院总是有鹿群在夜间光顾。我爱花，每年春秋两季种许多花花草草，多被鹿儿吃光。为此，我花了些时间去寻找鹿不吃的花草。如今我的前院也是五彩缤纷了。

　　昨天给前院的盆花浇水，刚浇了一棵，花丛中一只小兔窜了出来，蹲在我面前的小径上，一动不动地望着我，我只好站着等它走开。这情景就像我跟你提到过的，郊区的公路旁会有特别的标志，一根杆子上有个牌子，牌子上画了一只大雁，后面跟着几只小雁横过马路，开车人就要小心。这附近有湖，湖里有大雁，雁宝宝不能飞的时候，雁妈妈带它们过马路，去那边吃草，你就得停车让路。美国有"行人优先"的交通法，到此时延伸为"行鸟优先"。别处也有为鸭子、小鹿竖牌子的。

　　祝好

明妹

8 月 24 日

　　明明：

　　今日"立秋"，终于度过了炎炎长夏的煎熬。

　　而最令我们怀念的是一到伏天，母亲就会带我们到什刹海"荷花市场"尝"河鲜儿"的赏心乐事。市场本是你买我卖的商业场所，然而加上了"荷花"二字，就一扫功利、倾轧的铜臭味，变成了消暑纳凉的寻芳胜地。据史料记载，荷花市场始于清同治年间，沿河岸设茶棚，添各种杂耍玩艺。清末富察敦崇所著《燕京岁时记》云："十刹海俗呼河沿，在地安门外迆西，荷花最盛。每至六月，士女云集，然皆在前海之北岸。"然而到了民国后，荷花市场变为每年农历五月五日（端午节）开市到农历七月十五日（中元节）闭市，长约两个多月。至于它的吃、喝、玩、乐，民国时期的《北平俗曲十二景》中有生动详尽的描述："六月三伏好热天，十刹海前正好赏莲。男男女女人不断，听完大鼓书，再听十不闲。逛河沿，果子摊儿全，西瓜香瓜杠口甜，冰儿镇的酸梅汤，打冰盏，买了把子莲蓬转回家园。"每当长夏夕阳，热气初敛，吃过晚饭，母亲便会带我们到什刹海纳凉吃河鲜儿，这是我童年时最高兴的赏心乐事了，因为既可以吃又可以看"玩艺儿"，得吃得喝又得玩，三者俱备，优哉游哉！

到了什刹海，母亲总会挑一个面河赏荷而又干净的"雨来散"茶棚（什刹海的茶棚毫无例外地全叫"雨来散"，因为下雨游客就散了），要上一壶茉莉花茶和瓜子、玫瑰枣之类，而最让我们开心而又至今不能忘怀的要算是"大冰碗"了。所谓"大冰碗"是什刹海的招牌和特有的应时小吃，它是在一个大海碗中，放上天然冰块，上铺荷叶，荷叶上摆放着刚从什刹海里采摘来的各种"河鲜儿"，有雪藕片、去了壳的菱角、新鲜的莲子和去了内皮的鲜核桃仁。叫人费解的是，核桃本是地地道道的山货，而此时此地它摇身一变，却成了河鲜，在大冰碗中，它是不可缺少的重要成员，讲究的就是这个调调，管它是山上长的还是河里生的呢？大冰碗色调搭配极其富有艺术想象，晶莹剔透的冰块，碧绿清芬的荷叶，铺满了洁白如玉的藕、菱、莲子和桃仁，带着湖水的浸润，一股似有若无的清香夹杂着爽人的凉意，扫去了酷热带给你的烦躁与不安。吃到嘴里，更是凉、爽、脆、嫩、香、甜、鲜、美混作一团，沁人心脾，口齿间还带着津津的回甘和丝丝的余香，堪称解暑佳品，人间美味！这时带着莲叶和荷花芳香的微风徐徐袭来，真个是衣襟染香，人在清凉世界。

　　母亲带着我们离开了"雨来散"茶社，去吃只在荷花市场特有的小吃——苏造肉和奶油镯子。苏造肉据说始于皇宫南府，那里的太监喜爱吃，后来流传于民间。苏造肉是把猪五花肉及心、肝、肺、肠用一种名为苏子酱的调料熬煮，汤里面不许添加葱、姜、蒜等辛辣食材，只要苏子酱的本味清香，在锅的四周煮上死面火烧，乍看像现在流行的卤煮小肠，二者的区别是：卤煮小肠是廉价的大众食品，而苏造肉则精致多了。顾客大多是店员及职员，吃时，掌柜的不用任何工具，徒手在滚烫的汤锅里捞出肉及各种内脏和火烧，切成小块，浇上汤配辣椒油和蒜汁，肉是肥瘦相间，不柴不腻，心、肝、肺、肠更是酥烂鲜美，有主食有副食，堪称美味，比起洋快餐来，可口多了！从前卖苏造肉和卤煮小肠都是从小学艺的门里出身，所以才练就了"徒手下滚烫"的本领。民国时期的雪印轩主的《燕都小食品杂咏三十首》有《苏造肉》云："苏造肥鲜饱老馋，火烧汤渍肉来嵌。纵然饕餮人称腻，一脔膏油已满衫。"注云："苏造肉者，以长条之肥猪肉，酱汁炖之，极烂，其味极厚，并将火烧同煮锅中，买者多以肉嵌火烧内食之。"二十世纪五十年代后，苏造肉已不见"芳影"。二十世纪八十年代在鼓楼市场，又见阔别多年的苏造肉，我曾带小弟去尝新，小弟吃后赞不绝口。与店主闲谈中得知，当年荷花市场卖苏造肉的是他父亲，因而是家传的手艺，我大有"故人有后"的感慨！二十世纪九十年代中期，鼓楼市场停业，苏造肉已绝迹北京市上。

大饱口福后，母亲便会带我们看一两段十样杂耍，我尤其对古彩戏法和抖空竹的表演感兴趣。直至兴尽，顶着满天的繁星，带着荷花的余香回到家里，一趟荷花市场，整个夏天，都是凉爽的。如今虽然又有了荷花市场，但已面目全非，"是那个庙，不是那个神"。"雨来散"茶棚已被欧化的酒吧和咖啡厅替代，临河品茗，尝新大冰碗，则换成啤酒、雪糕，耳边回响着不再是檀板丝弦的鼓书，而是震耳欲聋的电子乐伴唱的流行歌曲，一切显得那么喧嚣、嘈杂，缺少了老北京人的恬适优雅。白云苍狗，逝者如斯，"春明旧梦已模糊"，往昔的荷花市场，只有在梦中去寻觅了。

即颂

夏安

兄：张伍

2010.8.7

伍哥：

我记得去荷花市场买菱角吃的事。家门口也时有小贩挑了担子来，担子是平底箩筐，上面铺了荷叶，菱角就摊在荷叶上，买了他的菱角，就用一小半荷叶包好给你。

上周末，华府书友会（几年前你曾经给书友会做过演讲）请了汪荣祖先生以《圆明园今昔谈》为题，畅谈圆明园的荣华和沧桑。汪先生是历史学家，是中央大学人文研究中心主任，1981年第一次回北京，眼见圆明园遗址，就被这历史的伤疤深深震动。二十多年间，他博览有关文件，深入细致地研究，写成了英文的《追寻失落的圆明园》，并在美国获奖，现已有中文版。对于圆明园的先后五位皇帝在建园、设计、规划过程中所起的影响，从建园开始到园毁的150年内园子里都发生了什么事，他侃侃而谈，如数家珍。对清皇室的腐败，治国无力，致使国家衰落，外国侵略，导致该园被烧毁，国人心中的感受，他举了个例子来说："1860年，陈寅恪的祖父正在茶楼喝茶，看见北京城西北郊外浓烟滚滚，听人说是圆明园被烧了，他悲恸大哭。"

圆明园是中国人的哭墙，不可忘记的国耻！

祝好

明妹

2010 年 8 月 30 日

明明：

前几天，经过白塔寺，看了面目全非的砖塔胡同和我们住了49年的旧居，已了无痕迹，真是五味杂陈、感慨系之。

砖塔胡同是北京为数不多的最古老胡同之一，至今已有七百多年，它经过多次朝代更迭，也经过了多次战火的熔炼，更是经历了沧桑巨变，岁月无情的剥蚀，虽然已不再完好，但是它以残缺的体态顽强地挺立着。砖塔胡同还在，还在为北京市民服务，人们还在这里生活，这实在是奇迹！虽然你会为它的荆棘铜驼的变幻而唏嘘，但你也会为它承载着如此厚重的历史而感动。

胡同东口外的"砖塔"，实际名为"元万松老人塔"。相传金元间，有高僧法名行秀，自称万松野老，来到燕京居从容庵，他博大的胸怀，高深的佛法，受到了当时金章宗的极大赞赏。元朝定都在北京后，元世祖及首相耶律楚材慕名师之，投身门下，参学三年。万松老人常对世祖讲经说法，告之以"以儒治国，以佛治心"，切勿施使暴政，祸国殃民。万松老人圆寂后，耶律楚材特为建塔，塔为七级，高一丈五尺。清乾隆十八年，奉敕重修，级仍其旧，并加合塔尖，石额名"万松老人塔"，然此额早已无存。1927年，时任交通总长叶恭绰捐资重修，亲自为其题额曰"元万松老人塔"，我们看到的额名即叶所题，至今塔及此额尚完整，北侧就是我们一住五十年的砖塔胡同，地以塔名。历经时代变迁，芳名未改，仍叫砖塔胡同，实属罕见。砖塔胡同的古老，在元杂剧《张生煮海》中也有所反映，在剧中第一折张生与龙女定情后，张生的家童曾问龙女的侍女云："我到哪里寻你？"侍女云："你去那羊市角头砖塔胡同总铺门前来寻我。"说明元大都内就已有砖塔胡同了。至于那个"羊市"，不知是指紧邻砖塔胡同北侧的羊肉胡同还是你上学的"女三中"（现已恢复原名"帝王庙"）大门前的羊市大街，则不得而知了。

抗战胜利后，我们回到了北平，住在北沟沿甲23号，后门在砖塔胡同，这所有着三十几间的房子虽谈不上豪华，但是它有着四层院落，院子里有很多树，父亲又种了很多花，真个是花木扶疏，绿荫掩映。在母亲的精心安排下，可说是冬天温暖，夏天凉爽，非常舒适。因这所房子是母亲毕生的"私房钱"买的，所以父亲以母亲周南的名字作纪念，取名"南庐"。1949年，父亲突患脑溢血，一个靠笔耕墨种为生的人，不能写稿，生活立刻显得拮据，母亲为了让父亲安心养病，就把"南庐"卖掉，又因为父亲的书多，看病方便，就在砖塔胡同西口里买了一所小四合院，砖塔胡同43号（"文革"时改为95号）。房子虽然小多了，但是适于养病。在父亲的精心设计安排下，小院里种了多株榆叶梅，迎着大门种了一棵白丁香，还有两大盆石榴树，挨着石榴树还有一棵柳树，父亲在他的书房前，种了一株黑枣树，还有二十余竿翠竹，甬路两旁还种了五颜

1921年北京地图（圆圈是北沟沿甲23号，五星是砖塔胡同95号）

北京北沟沿甲23号

六色的"死不了"（学名洋齿苋），东屋前父亲又和你松土浇水种了一株葡萄。莳花种树，父亲不愿假手于人，喜欢自己动手，兄妹当中唯一有此殊荣、能够与他共同"耕耘"的人，就是你了。每当春天，粉的榆叶梅、红的石榴、白的丁香、绿的葡萄藤、摇曳的翠竹、参差的垂柳丝，姹紫嫣红，满院生香，惹得蝶舞蜂飞，鸟鸣婉转，每个人进来都会赞一声"好美的小院"！

砖塔胡同是条很长的典型北京胡同，西口是北沟沿，东口是繁华的西四牌楼。胡同里有朱门府第，也有大杂院，更多的则是小康人家的独门四合院，门口都有楷书漆写的对联，如"忠厚传家久，诗书继世长""向阳门第春常在，积善之家庆有余"等善颂善祷的语言。人们形容北京的中产之家是"天棚鱼缸石榴树，先生肥狗胖丫头"，砖塔胡同也不例外，稍有盈余的人，几乎是家家如此。不知为什么北京人喜爱这个调调，倘不这样，就似乎不像个家庭，并且富于传染，那些外省市在京的住家户，也都无一例外，岂非怪事。"文革"后期，我常去看望"劫后余生"的左笑鸿叔，闲谈中我说及此事，左叔幼年曾在福建福州住过，他说福州住家均是长门黑色短联，门口高悬红灯笼，福州人又喜欢吃红烧肉和虾酱，可成绝对：

天棚鱼缸石榴树，先生肥狗胖丫头；
臭鱼烂虾红糟肉，长门短对大灯笼。

此语一出，令我喷饭！

北京的胡同真是丰富多彩，也是北京的性格特征，胡同里的四合院则是北京的灵魂，胡同没了，城市的特性就没了，四合院没了，北京城的"魂"也就没有了，所以让我们好好保护北京的胡同，好好保护胡同里的四合院！

你常说想念北京的四合院，我就给你讲讲咱们家的四合院。以飨乡愁！

祝好

伍哥

2010 年 9 月 5 日

伍哥：

你越说越让我想北京的"家"，那个给我快乐、安全的四合院。不论是北沟沿的大院子，还是砖塔胡同的小院，一从外面进来，看见妈妈、爸爸，就知道回了家。家，因为有了父亲和母亲，就觉得温暖。虽然我们小兄妹也吵闹，可现在回忆起来，只剩温馨。

我按照幼年时的记忆，勾了一个北沟沿甲23号的图。这院子已经是改良的"四合"院了。

你瞧，没有南屋。我小时候怎么会那么淘气，爬在父亲窗前的枣树上看书，他都从不大声说我。可能都是跟你学的，在四川山沟里爬树练出来的。

我住在马里兰时，有一位邻居傅铎若大姐，她也是砖塔胡同的邻居。不过，她住东口，我们住西口。她老念着砖塔胡同，只要我们一谈起砖塔胡同，那话就长了。铎若大姐是位多才的艺术家，师从爱新觉罗·溥儒，后随意大利画家、雕塑家彼得·刺扎利学习。她的油画和雕塑都很棒，又自创一派水彩宣纸画。我常拿画去请教，她有问必答，对我组织的书画会也大力支持。

她的父亲傅泾波是司徒雷登先生的秘书。

砖塔胡同的邻居，到这儿又做邻居，真是缘分。

再聊

明妹

2010 年 9 月 8 日

明明：

砖塔胡同历尽沧桑，见证了白云苍狗的变化，它似乎是挖掘不尽的宝藏，住得越久，就越会感到新颖，你每天经过的胡同，你躲阴凉的老槐树，你打油盐酱醋的小杂货店，你司空见惯的门墩儿……敢情一打听，他们都有一段历史，一段故事。油盐店的老掌柜是曾经抱过褓襁中你的爷爷辈，墙根下晒太阳的老翁居然经历了张勋复辟时代，看见过身穿袍子马褂头戴顶子花翎，满街上跑活古董的怪现象。

砖塔胡同历史久远，自然也住了不少名人，除了傅铎若女士家，与我们住的同时，离家数百米，就是父亲老友邵力子先生的府上。邵先生也是新闻记者出身，早在1919年，邵先生与叶小凤（楚伧）先生，在上海主办《国民日报》。当时父亲年仅23岁，尚是一个默默无闻的文学青年，曾给该报副刊投过短篇小说《真假宝玉》和《小说迷魂游地府记》，邵、叶二位慧眼识珠，全部录用，所以他们是相交有年了。1955年，邵先生突然轻装来访，老友相见，父亲很是高兴，晤谈甚欢。闲谈中，父亲曾对邵先生说，他对简化汉字不是很赞同，对传统的文化会带来影响，对书籍的横排，也认为不如直排好。邵先生临走时，父亲送给了邵先生他在香港新出版的《梁山伯与祝英台》小说及国内出版的《白蛇传》和重版的《八十一梦》，这三部小说都是他1955年首次出版的书。后来邵先生搬出了砖塔胡同，他的房子就给文化部党组书记齐燕铭住了。

砖塔胡同中间，有条南北走向的小胡同"核桃瓢"，把口处的房子就是父亲的同事也是中央文史研究馆馆员、清代末科翰林邢端（冕之）先生府第，左笑鸿叔每年来给父亲拜年后，总要到邢先生家去拜年，似乎成了每年例行的"公事"。说来也巧，"文革"中，邢先生家房子被"缴了公"，给邢先生拉车的老任，就给分配到咱家小院来住，他住的那间小西屋曾是你的卧室，你去了四川，这间屋就给老任住了。我常和老任聊天，无意中知道了邢先生的一些故事，据说字写得极好，尤其是馆阁体，可惜我无缘得见邢先生墨宝，但是我却在文史馆亲眼得见另一清代末科翰林陈云诰先生当场挥毫，可谓眼福不浅。

离咱们家不远，往东走大约200米，有一个高台阶小黑门的院子，这里住着反对袁世凯、首举义旗的蔡锷将军的公子蔡先生一家，蔡先生任职《光明日报》，他有五个女儿，从一毛到五毛，五毛是小弟北师二附小的同班同学，由于小弟的关系，我也去过蔡先生的家。大约是1961年，蔡先生被调往青海省，过了两三年，小弟在街上遇到五毛，据她说她们家已调回北京，匆匆一别，就再也没有五毛及其全家的下落及消息。去年春节，我去给友鸾叔的女公子张钰二姐拜年，她告诉我，她的对门是我们砖塔胡同的旧街坊，我问是谁，她说是蔡锷的儿媳。我听后十分惊愕。五毛的母亲知道我来后，兴冲冲地跑来叙旧，谈起了在砖塔胡同住街坊的往事，常常和外婆一起在居委会开会，我听后，大有恍如隔世之感。人生聚散，实在难以捉摸，有的朋友分离多年，音信皆无，不知怎么东绕西绕地就又绕到一起去了，岂非玄妙！

北京不仅有诗意和富有历史深邃的宁静，它也有喧闹的世俗，只说从晨到晚，胡同里小贩的吆唤声，它不仅让你馋吻大开。也许北京是数百年来的"首善之区"之故，那些肩挑背贩的"引车卖浆者流"，都有着谦谦君子之风，不抢道，不争生意，虽然没有协议，但是有个数百年来的约定俗成，准会错开钟点，按时把东西送到你的家门口来，说来也怪，他们既没有钟表，误差不会超过十分钟，彼此不会冲突。据老于此道的人说，是看老阳儿（太阳），这么做对顾客是信义，对自己则是行规，所以你按着钟点，去买需要的东西，绝不会错。

这会儿，你准要问我，串胡同的小吃，都有什么。我先让你回忆一下，下封信我再细说。甭管怎么着，我比你大几岁，就比你记得小时候老北京的事要多，等着吧！

祝好

伍哥

2010 年 9 月 10 日

明明：

看到你画的砖塔胡同95号咱家大门，能想象你从那小门内马上

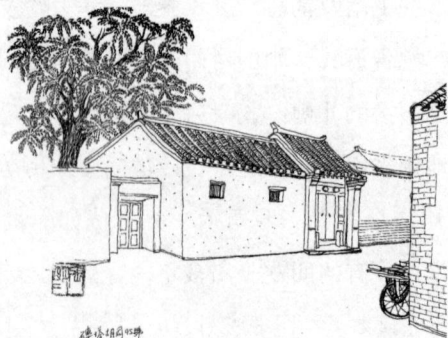

砖塔胡同95号

要走出来买零食呢。

在我的记忆中，除掉卖菜的、打梆子卖油的和摇"拨浪鼓"卖杂货的日用品之外，光吃食就有：糖三角、馒头、烧饼（烧饼就分芝麻、马蹄、驴蹄三种之多）、油炸鬼、芸豆卷、豌豆黄、馄饨、面茶、茶汤、杏仁茶、油炒面、豆面丸子、炸豆腐、煎灌肠、豌豆糕、豆汁儿、酸梅汤、果子干、吹糖人的、画糖人的、捏面人的、肥卤鸡、熏鱼、羊头肉、菱角、鸡头米、打铜锣卖糖食的还有打冰盏以及傍晚盲人打着"报君知"（小锣）或吹着笛子算命的先生和深夜卖"硬面饽饽"的，一挑跟一挑，一车跟一车，伴随着吆唤声，络绎不绝。老北京小贩的吆唤，更是一绝，其旋律之优美，腔调之婉转，词曲之夸张幽默，既是动听的歌曲，也是一首白描体的诗，不像别的城市市声那样赤裸裸的"买"与"卖"。它寓"广告"于艺术，让你在一种美的享受中，不知不觉地被感染、被接受。最令我难以忘怀的是胡同里卖"心里美水萝卜"的，这是位近郊的中年妇女，每当冬夜九点多钟，随着凄厉的北风，从胡同深处会传来"水萝卜"的吆唤声，她的声音沙哑中带有亮音，是所谓的"云中月"，低沉雄浑，宽厚苍劲，带有沧桑阅尽之感，就像金属撞击般的拨动着听者的心弦，让你情不自禁地弹奏出凄凉的共鸣！父亲为此，曾填词一阕，发表在1947年北平《新民报》副刊《北海》。

白话摸鱼儿（禁夜市声）

卜居西四之西，街巷偏僻，值此冬防禁夜，愈感幽静。晚来佣书小倦，掷笔起立，窗外凉月半环，霜寒压瓦。自启门户视之，长街如洗，寂无行踪，偶有三轮车过，始觉犹是梦境。忽闻"萝卜赛梨辣来换声"，正是川居八年梦想境地之实现也。归室构思，填《摸鱼儿》一阕。因押换字，非用驽端韵不可（押上声入声，便不好听）。此韵极狭，颇为所苦，既成，亦颇引为得意也。录供读者一粲。

满长街电灯黄色，三轮儿无伴。寒风一卷风沙起，落叶枯条牵绊。十点半，原不是更深，却已行人断。岗亭几段，有一警青衣，老枪挟着，悄立矮墙畔。

谁吆唤？隔条胡同正蹿。长声拖得难贯。硬面饽饽呼凄切，听着教人心软。将命算。扶棍的，盲人锣打叮当缓。应声可玩。道萝卜赛梨，央求买，允许辣来换。

笔者按：此调以幽咽见长，平仄一定，填词家向不通融。十点半之十字，宜平，我没法换。硬面二字宜平，萝卜赛梨之赛，亦宜平。吆唤声中，硬面向叫成银棉，赛呼成筛，只好从俗矣。反正是打油，我想见笑大方，也没关系也。

父亲把北平冬夜的特有情韵，描摹如画，一幅萧瑟市井图，赫然在目！此词一出，深受读者欢迎，事隔60年，还有一些词章爱好的老读者，向我说及此词，激赏不已，认为俚句入词，不仅幽默，而且生动，没有深厚的诗词功底，是很难安排得如此妥帖恰当的。

1955年，农村搞了高级合作社，集体耕作后，这个卖水萝卜的农妇，就此不见芳踪，斯人、斯事及低沉的"水萝卜赛梨辣来换"之声，却深深地留在记忆中了。

祝好

兄：张伍

2010 年 9 月 19 日

伍哥：

爸爸也真够逗的！

我要给你补充一点资料，你上封信说到砖塔胡同的历史，傅铎若大姐还翻箱倒柜找了1930-1935年之间测绘的一张北京老地图复印件寄给我，我自己也有一张1921年制、近年复印的北京地图给你看。她手边有张剪报，特意寄来给我，我摘抄一段给你。

在元、明、清三朝，砖塔胡同长期是戏曲活动的中心地区，即所谓的勾栏瓦舍地带。元代是杂剧艺术的繁荣时期，元代都城是北方杂剧的中心。城内有众多大小的勾栏，演出杂剧，砖塔胡同就是其中之一。

清代，砖塔胡同曾经作为神机营所辖右翼汉军排枪队的营地。但是不久，砖塔胡同又恢复了元代"歌吹之林"的面貌，成为曲家聚集的地方。

你说起北方的吃，我还想起母亲教我做"榆钱糕"和"藤萝饼"的事。"榆钱糕"是在春天的时候，把榆树上刚刚结的榆钱（一粒种子周围一圈薄膜，好比一粒摊鸡蛋，蛋黄就是种子，周围是蛋白），一簇一簇取下，用面粉、水、一些调料和了，上笼屉蒸了吃，是咸的。北京人家种藤萝很是普遍，在小院里搭个架子，春天看那一撮紫缨垂挂，蜂蝶萦绕；夏天放一把藤椅在花架下乘凉，摇着蒲扇，仰望星空，指点牛郎织女星向孩子们讲故事，品着茉莉花茶，那才是老北京的四合院的夏景。"藤萝饼"也是用春天的藤萝花、油、面、糖合成面，烙成饼吃，这是甜食。你说对不对？

另外两个地方我想是打字是失误，也需更正：

9月17日的文中，第二段倒数第四行"1949年首次出版的书"应改为"1955年首次出版的书"。

全文倒数第四段的词中"听着教人心"的"心"字后面应加入"软"字。

听你讲砖塔胡同的故事，这条小巷又多次回到我的梦中，我想它会永远留在我的记忆里。不久前，我以北京的影壁为素材画了一幅壁画。在作画的过程中，体会到：白墙灰瓦的胡同里巷子太窄，除却几株老槐，竟鲜少其他绿化立足之地。院子里尽管是花木扶疏，这院墙之外，只好任夏日曝晒，冬雪肆虐，不像现在的街道，拓宽之后可以栽花植树。

父亲爱花，我从小耳濡目染，养成习惯，走到哪里都要想办法种些花花草草。在马州我住了二十年的老房子，我把前院的草坪全部改成花池和小石径，外面再用矮矮的铁栅栏围起，长年都有花开，冬天也不例外。管理花需要很多时间好体力，我已觉得力不从心，不得不搬离马州的家，搬来维州和儿孙同住。两年下来，这个家的花园也已是花团锦簇，有照片为证。

此信结束时，我人已到北京。明天我来和你一起赏月。

祝你阖家快乐

明妹

2010 年 9 月 21 日

明明：

但是在北平也有许多不尽如人意的地方，例如有人形容北平是"无风三尺土，下雨一街泥"，所谓"道路不平，电灯不明，电话不灵"。那时胡同大多是土路，一到雨后，胡同里成了烂泥浆，这时我喜欢光着脚丫，在胡同里逮"老琉璃"（蜻蜓），这是我童年雨霁时快乐融融的事情。然而大人们都是苦不堪言，父亲曾经自度一曲，作为自嘲，发表在1947年8月21日北平《新民报》的《北海》副刊：

夫子喟然叹不成曲

　　夫子喟然叹，叹一声命悭，我邻居绝少大机关。也没有新贵大公馆。那马路修成不知是哪年，到如今，直的是沟，横的是斑，高的是堆，洼的是坑。好一似波浪腾翻，好一似山脉绵延。刮风是沙满天，下雨是泥浆遍，天晴也不见怎方便。走路坐车，不是脚板儿咯着，就是身子整个儿颠。若说山林城市，那才冤！咱这条马路呀，光秃秃地，没一棵树影儿圆。

　　若要派款，咱这儿可不漏捐，若要派人，也是照份儿摊。保长老爷是老是少，是肥是瘦，咱会不了然，终年谁也不打个闲照面。若有事，凭个纸条儿传，盖个图章，那就算完。

　　市立医院既远，市立学校又偏，一切市民福利，咱这儿少缘。不信吧？您就说停电，远从去年把时间算。咱这儿灭灯，没一天儿间断。若说别条街停两遍，咱这儿就得停三遍。

　　这一些原因，就是缺少大机关，阔公馆。咱祷告老天，结个善缘，鬼使神差，让二三阔人向这里搬。那时间，马路平坦，秩序完善，管保还是终年不停电。可是这里越寒酸，阔人越不向这儿搬。忍着啵！夫子喟然叹。

读了这曲，谁又能不喟然长叹呢！这就是旧时的砖塔胡同，我们就生活在这丰富多彩的胡同里，它的美好或不足，都是我们成长的过程，所以我们眷念它，喜爱它。

即颂

秋安

兄张伍

2010 年 9 月 17 日

明明：

昨天翻腾旧书，突然信手掂出了1958年上海出版周瘦鹃先生作的《花花草草》散文集。翻阅中意外发现了书中夹了一张用铅笔写的字条，字迹潦草不堪，细读之下，原来是我写给你的，怪不得字写得跟鬼画符般的难看，而且这本书也是买给你的。现在读来另有一番感慨，所以，抄录如下：

　　明明：

　　这本书于你颇有帮助，它很详细地把一些花草的性格品种介绍出来，料你一定很喜欢的，并且艺术性很强。本文作者周瘦鹃先生是海内外名作家，文中穿插一些诗词，也会使你受益不浅。

　　此外，你在家帮我找一下《清宫琐记》，有用，小蓉可能知。一定要找《清宫琐记》，勿忘！

兄伍

看着这本52年前出版的薄薄小书和有些发黄的字条，真如打翻了五味瓶，酸、甜、苦、辣、咸搅和在一起，涌上心头，真是百感交集！1963年，你随中央工艺美术学院到苏州去实习，父亲亲自给你写了介绍信，所以你有幸见到了周先生，承蒙他亲自接待，参观了他的紫罗兰盦里的各种盆景，可谓艳福不浅！奇怪的是，这本《花花草草》和纸条是怎样度过了这半个多世纪的多事风雨？又是怎样躲过了"文革"的呢？但是这本书的作者没有那么幸运，"红卫兵"暴徒奉张春桥指令，对周瘦鹃先生进行大规模批斗会，陪斗的是大名鼎鼎的推理小说《霍桑探案》作者程小青先生。批斗会后，周先生以"士可杀不可辱"的儒家风骨，愤而投井自尽了！再读《花花草草》，唏嘘长叹，不禁把"树犹如此，人何以堪"，易一字变为"书犹如此，人何以堪"！惜哉，痛哉！

说起来花草，此时是初秋，正是北京鲜果花卉上市之时，所谓"已凉天气未寒时"，熬过了炎炎暑热的煎熬，现在是不凉不热，秋高气爽，"一年好景君须记"之际，正好买些鲜花，作为案头清供或室内瓶插。我喜欢长枝绽放十样锦，红的、粉的、黄的、白的涠插一起，瓶子最好是玻璃敞口的，花不要多，每样有一两枝就够了，既有繁花似锦的感觉，又不是堆砌；荷花也好，含苞的白莲，盛开的红莲，使得室内洁净脱俗；最好的是白洁如玉的晚香玉，它默默地插立角落的几案瓶子里，等到夜阑人静，爬格子累了，突然闻到了阵阵似有若无的幽幽之香，妙就妙在它不是浓郁的芳香，而是以一种淡淡的清芳，并非扑面而来，却是袭人心底，让你疲劳顿消！北京卖花的分两种，一种是卖盆花，一种是卖插花，除了庙会有固定摊位，大都走街串巷，边走边吆喝。父亲在他的代表作《啼笑因缘》第十五回"柳岸感沧桑翩鸿掉影，桐阴听夜雨落木惊寒"一章中有对北京走大宅门花贩的生动描写，为了免得你查书，我作一次文抄公：

家树刚一转身，只觉得有一阵香气扑鼻而来，看时，有一个短衣汉子，手里提着白藤小篮子站在身边。篮子浮面盖了几张嫩荷叶。在荷叶下，露出一束一尺多长的花梗来。门房道："糙花儿！我们这儿天天早上有人上菜市带回来。没有花吗？谁叫你送这个？"那人将荷叶一掀，又是一阵香气。篮子里荷叶托着红红白白鲜艳夺目的花朵。那人将一束珊瑚晚香玉，一束玉簪花，拿起来一举道："这是送小姐插花瓶的，不算钱。"说毕，却另提了两串花起来，一串茉莉花穿的圆球，一串白兰花穿的花排子。

北京的妇女，特别喜欢项戴茉莉花球，或是旗袍大襟上别着白兰花排，要不就是头发上斜插着一排白兰花，每当夏末，夕阳西下，月上柳梢，看到三三两两的女士，佩戴着鲜花，漫步街头，真个是风情万种，女人韵味十足。

卖花人不仅五颜六色的花枝好看，而且叫卖声也极其优美动听，所以诗人词客，往往为它歌之咏之，所以词牌中就有《卖花声》一调，足见词章喜爱之深了。

我要听你说说江南的消息，先打住。

祝好

兄伍

2010 年 9 月 26 日

伍哥：

前天，我平安到达合肥，除了开会，有机会去参观了李鸿章故居和包公祠。现在的李鸿章故居，只有原来的十二分之一，它位于闹市之中寸土寸金之地，能保留下来，也真是不容易。建筑为典型晚清江淮地区民居，布局整齐，结构严谨，用料考究，做工精美，雕梁画栋，占地约2000平方米。它和北京的恭王府比较起来，前者是民居，后者是王府。我对宅子里里外外的石雕砖雕和木刻极为欣赏，对宅子的主人之一生颇有感慨，就借用梁启超的话来说："吾敬李鸿章之才，吾惜李鸿章之识，吾悲李鸿章之遇。"

包公祠有一口古井，是实物，有一条河叫包河，河里有两种产品，值得一提：一是河中的鱼，黑面，百姓称为"铁面鱼"；河中的藕，因为切开之后，并没有一般藕一样有丝相连，称为"无丝藕"，合称"铁面无私"。（一笑。）

合肥博物馆，分老馆和新馆。新的还在修建中，老馆位于市中心。我和我在华盛顿市的画家朋友们将在这里办个画展。我去看了一下展室的情况。其时正在展出当代的30名书法家的作品，虽不是假日，馆内参观的人挺多的。安徽真是个文化底蕴深厚的地方，我以自己是安徽人而自豪。

你在信中提起周瘦鹃先生，真叫人为他的死扼腕。大学三年级的初夏，我和全班同学去苏州上"园林建筑测绘"课。某天，我找到小巷深处，高墙上的一个不大的门，正是周先生的家。我向看门人递上父亲给周先生的手书，不一会儿，他清俊的身影出现在小院的深处，手里拿着那封信，急步迎出，见着我就说："你长得很像你的母亲。"引我去他的书房，详细询问了父亲的近况。我请他给我们班的同学做个演讲，他欣然应允。然后，他让我随意参观他的花园。他家的房屋并不很大，可是他家的花园却是很可观的，无数形状各异的盆栽、盆景，搭配着清丽、古雅的高的盆子浅的盂，树根、青苔，意境万千，使我大开眼界。临别时，他在我的小册子上题了字"明明者月"四个字，半个多世纪过去了，我仍然留着呢。

我今天会去天柱山下的老家潜山。人在旅游中，所以总有好照片给你看。

祝好

明妹

2010 年 9 月 29 日

明妹：

你的旅行总是来去匆匆，浮光掠影，可和我的风格不同。我喜欢慢慢地看，细细地品，特别是江南，小桥流水，洇染的诗情画意，勤劳精明的乡镇百姓，给你许多许多惊叹，便牵动成你脸上一个接一个的莞尔。你的感受都大大打了折扣。

就说卖花的吧，你得细琢磨。据说卖花声最为悦耳动听的是苏州和北京，一南一北相互比美，各有特色。苏州卖花者和北京不同，不是男子，而是豆蔻年华的江南水乡女儿家，吴侬软语娇滴滴的叫卖，不仅好听而且勾魂摄魄，见之诗词就不足为怪了。早在一千多年前的南宋，陆游就有"小楼一夜听春雨，深巷明朝卖杏花"的千古名句。明朝汤显祖在传世名作《牡丹亭》之《闹学》一折中，丫鬟春香也唱出"听一声声卖花，把读书神岔"，如歌的卖花声，使人无法安心读书，足见魅力之大。清代彭羿仁有《霜天晓角》咏《卖花词》一阙："睡起煎茶，听低声卖花。留住卖花人问：红杏下，是谁家？　儿家。花肯赊，却怜花瘦些。花瘦些关卿何事？且插朵，玉钗斜。"清代诗人《两当轩集》的作者黄仲则也有即席分赋："何处来行有脚春？一声声唤最圆匀。也经古巷何妨陋，亦上荆钗不厌贫。过早惯惊眠雨客，听多偏是惜花人。绝怜儿女深闺事，轻放犀梳侧耳频。""摘向筠篮露未收，唤来深巷去还留。一场春雨寒初减，万枕梨云梦忽流。临镜不妨来更早，惜花无奈听成愁。怜他齿颊生香处，不在枝头在担头。"听花声和卖花声交相辉映，好一幅听花图。

黄仲则是曾经在北京和江南都生活过的人，这两首诗不知写的是北京街头的卖花声还是苏州小巷的卖花声？但是从"一声声唤最圆匀"可知说的是江南水乡女儿家的卖花声。

据我所知，可以和苏州姑娘卖花声比美的则是北京的卖花声。北京卖花声没有姑娘，清一色的是壮汉。他们虽然没有吴侬软语的娇、甜、嗲、糯，则有河朔壮汉的苍凉呜咽："玉兰花儿嘞，茉莉花儿啊！套花瓶儿，江西腊哎哎大红花，哎矮糠尖（伍注：矮糠尖是北京人称呼的一种花名）尖儿嘞……"一南一北，一婉约一豪放，各有特色，各具特点。

2004年，我曾经苏杭一游，带着一种寻歌的心情，来到苏州虎丘。听说虎丘这儿花农最多，所以有一种侥幸的心理，希望遇到卖花女，亲自听听"一声声唤最圆匀"。虎丘山下果然听到卖花之声，非常高兴地寻声而去，不料未见妙龄少女，却是四五位五十许的卖花婆。她们拿着茉莉花串和玉兰花排，向我兜售。我虽然有些失望，但是听到她们说着地道的苏州话——正宗的吴侬软语，虽然声音已略显沙哑，但却添了些沧桑意味。看着她们布满皱纹的脸上，留下了岁月的印痕，我突然有一种感动，这些农妇三十年前不就是久久渴望一见的豆蔻年华的卖花女吗？我心里有一种惆怅，一种隐疼，因而向她们每个人买了花串和花排，放在宾馆里，真是香气满屋，直至我离开苏州，余香犹伴。什么时候再听到那吴侬软语的卖花声呢？

为了纪念向"文革"抗争愤而自尽的父执周瘦鹃先生，我抄录他的一阙小令《浣溪沙·咏卖花女》作为这封信的结尾。

生小吴娃脸似霞，莺声嘹呖破喧哗，长街唤卖白兰花。 借问儿家何处是？虎丘山脚水之涯，回眸一笑鬓鬖斜。

等你回北京我陪你去中山公园看菊花。
即颂
秋安

兄：张伍

2010.10.1

明明：

中秋前后正是北京一年好景君须记之时，来旅游的人涌入北京，大街小巷人流如潮，人头攒动，处处拥堵，因而懒得出门。凭窗望去，一片高楼林立，挖土机隆隆作响，建筑工地热闹非凡。就在这喧腾声中，一座座摩天大厦拔地而起，一条条胡同逐渐消失了。面对这日新月异的城市，心情极其复杂，可说是一则亦喜，一则亦惑。喜的是北京变得年轻了，有生命力了，居民的居住条件改善了；惑的是，这五朝古都的风貌很难寻觅了，心里有一种怅然若失之感。我一直认为，一座城市有着它的独特性格。北京的性格是什么呢？就是四合院和胡同。一座座独具风格的四合院，是北京城的灵魂。由四合院组成的一条条胡同是北京城的血脉。由灵魂和血脉组成的北京城，以其独特的性格魅力，傲立在世界城市建筑群中。它有别于巴黎或纽约，我们就是在四合院和胡同里长大的，它已经融入我们的生命里。

　　1946年底，我们经过了八年抗战的辛酸，回到了父母视为第二故乡的北平，母亲用毕生的积蓄七根金条（七十两黄金）买下了北沟沿甲23号的一座花木扶疏的四合院，称为"南庐"。这也有一个故事，你恐怕不记得了。父亲先到北平创办《新民报》，我们还留在安庆。父亲每隔几天就会写信给母亲，有一封信中，父亲手绘了南庐全景，因为"北平的家"是父亲完全按照母亲的意思代她购买的，母亲看了之后非常满意，高兴地把信和这张图片也让我们看了，我所以记得清楚。

　　你的信中曾描绘了北沟沿甲23号的院落情况，我觉得还不完全，需要补充一些。南庐有四进院落，三十多间房。陈铭德伉俪送了一套西式家具，父亲自己又买了红木家具，有书橱、写字台、转椅、多宝格、大圆桌、小茶几等。父亲写作需要安静，母亲便带着我们住在后院，中院是父亲的书房和会客厅，哥哥们也住在中院，让他们也有一个安静的读书环境。南庐并不豪华，但是非常舒适，并不像南方某些小报所载：张恨水在北平有王府似的宅第，出入有小汽车。汽车是报社的，不过是父亲专座，用句北平俏皮话："老妈抱小孩——人家的。"最使父亲满意的是，这个院子的树木多，每进院子都有树。前院是汽车房和门房，有一棵高大的椿树，穿过浅绿色的四扇门，转过门便是中院，这里有两株槐树、两株枣树、一株白丁香树、一株榆树。三进院里有一株开白花的桃树和一株槐树。房后的狭长后院里，有两株桑树。父亲的书房前是一片牡丹花圃，并有两株盆栽的石榴树，书房前有两个很大的金鱼缸，里面种着荷花，并没有养鱼。你说有荸荠，也有可能，父亲在中院的甬道两旁种满了"死不了"。这种花开起来五颜六色，绚丽斑斓，很是好看，栽下去就活，所以北京人才这样叫它，其实它的真实名字叫"洋齿苋"。父亲又在白塔寺买了许多许多草本花，种满了院子里的每个角落，著名老报人张万里叔，还送来了一株藤萝，并带来花把式，和父亲一起把藤萝种在前院，支起了架子，经过父亲的一番劳作和布置，院子里可说是花木扶疏，绿荫掩映。春天，院内可热闹了，艳红的榆叶梅和粉白的桃花，灿若云霞，笑迎春风，待到牡丹、藤萝盛开之际，飘出醉人的芳香，招来一群一群的蜂蝶，在姹紫嫣红的花丛中翩翩起舞，海棠花也可能有，我记不得了；初夏一球一球的枣花和雪白的槐花，散发出似兰似桂的幽香，沁人心脾，当盛夏之时，则是浓荫罩院，火红的石榴花热烈开放，盆中的几朵白莲，在肥硕碧绿的荷叶中亭亭玉立，一扫盛夏的炎热。清晨、傍晚，小鸟在枝头上啁啁啾啾，鸣叫不休。父亲的书房就在鸟语花香的环境中，六只红木有机玻璃的书柜装满了他到北平新买的2500余册的线装《四部备要》，多宝格上点缀着一些"假古董"，也有他亲手制作的小盆景，朱红的柱，浅绿的窗，加上"书香"袭人，实在是一个写作、读书的好所在。信，先写到这儿。下次我告诉你父亲对这院子的评价。

祝好

伍兄

2010 年 10 月 2 日

伍哥：

你说江南江北卖花者的不同风格，挺有趣。这两天在江南别说卖茉莉花和白玉兰花的村姑了，连村婆也没见到一个，倒是陶醉在桂花香溢满了江南的水乡小镇。我从安庆取道九华山，到南浔水乡寻古，时值国庆假期，小镇人头攒动，擦肩接踵，要想寻古，就只有早起晚睡了。

我们一行四人，到达南浔已是七时许。夜幕之下，小镇灯光点点，不明不暗，辨路不易。就近大路旁找到一家民营的小旅店投宿，平房，有小床两张，床头柜、衣橱等，墙上还挂了一个不大不小的扁平电视机。有浴室，有后窗一扇，黑漆漆的植物勾了个轮廓遮着窗子的大半部分。新修的房间倒也干净。我注意到有一个电蚊香，立刻放在床头柜上。

既已入住，就去找饮食之处。两辆三轮车拉了我们去河边，不足十分钟的路，时时闻到桂花香。沿河，一侧是农家小饭店鳞次栉比，临河一溜木桌木椅。紧靠着河沿儿有木制"美人靠"，既是栏杆也是客座。桌椅与饭店堂座之间是人行道，游人如织，三轮车和摩托车也来往不断。店小二捧着菜盘子，穿梭其间。我们坐在河的这边，向对面望去，一串串大红灯笼高悬，河岸丈把宽的石路供游人行走，临街的民居皆辟成商店，卖些丝巾绸帕、菱角河鲜、当地的卤猪脚、红烧肉、湖笔、竹刻，文雅的美味的民俗的，琳琅满目。我们吃着农家菜，看着对面熙熙攘攘的人群，分享着他们的快乐。河面上偶有小篷船的摇橹声吱嘎而过，把人群的噪音吸纳到涟漪无声的起伏里。

回程再经过桂花树下，夜愈深香愈浓，令人陶醉。第二天一早，我去河边画水彩速写。眼前，石桥上停了一辆红色的汽车，浓荫遮着，倒映在小河里，红绿相映；耳边，河边浣衣姑娘软语圆匀；闻着阵阵而来的桂花香，微醺，真美！

我们是最早一批进入"小莲庄"的参观者，先去丝商刘墉的花园。一进门，眼前一片十亩荷塘，荷花已谢，田田荷叶已显苍绿，猛然一阵浓香沁心入肺，抬头一看，金灿灿的桂花缀满枝头，树下有湖石堆叠。我忽发奇想：如果选十二金钗里的一位来醉卧石上，身上洒满桂花，你说应该是湘云呢，还是黛玉呢？

祝好

明妹

2010 年 10 月 4 日

伍哥：

我还没有办完事，需要再在上海停留两天。我把"上海好有一比"，你定会问："比作何来？"我的回答："纽约是也！"和你对个戏词，一笑。上海的热闹、繁华，各种事情的发生、变化的频率，就是高！用眼花缭乱，或是迅雷不及掩耳，都不为过。这和你信中的那种宁静和淡远真是对比。

我常说自己是"老北京"，其实也不完全，我对江南的风情也是极为倾心的。我在南浔吃的一道菜，是用湖中鲜藕，把孔中填满糯米，蒸熟之后，切片，再用糖醋烹调，勾芡，清纯可口，留有齿香。菜汤，是用河中的菜叶做的，清淡而滑润，为"莼鲈之思"，而回乡为民的张翰，他说："人生贵得适志，何能羁宦数千里，以要名爵乎？"不过后来的几道菜，草头炒豆腐、炒鳝鱼、红烧鲶鱼（当地河中的一种鱼）、炸臭豆腐都偏咸。问了服务员，告之，厨房两个师傅吵架，所以没有平日的水准。碰上了，也就自认倒霉，一笑了之。

在南浔，我们去参观"张石铭旧宅——懿德堂"。张石铭（1871—1927），南浔四象之一、巨富张颂贤之长孙，国民党元老张静江堂兄，一位富有深厚文化底蕴的儒商。他的宅邸中西合璧，各类建筑风格房间达244间，其中的欧式舞厅、壁炉、法国手绘刻花玻璃，别具风格的芭蕉厅，都让我印象深刻。芭蕉厅为生活用厅，是家人用膳的地方。楼房为中式结构，前设轩廊，地面铺设法国彩色瓷砖。厅内的长窗和半窗的窗格采用西欧式，厅前走廊置有芭蕉叶落地罩，四周均是芭蕉叶状木雕扶栏，芭蕉叶栩栩如生，动态可人，叶上的水珠原是用宝珠镶嵌而成，现已缺失。

转过甬道回廊，忽到一厅，见一年轻人高坐在桌子上，用双脚作画。交谈之后，知道他大名归晓峰，是幼年因触电失去双臂，后以口、足代手，学习书画篆刻。我很佩服他自强不息的精神，我们购买他的作品，并合影留念。

下封信，告诉你上海的故事。

祝好

明妹

2010 年 10 月 5 日

明明：

我要不是摔了一跤，也跟你一起去南方了，还是说北平吧。

父亲曾在《雨丝风片》中这样描述这个院子：

> 阶前一夜雨，枕上五更凉。看书三页，拥衾浑卧，不觉东方既白，快哉雨！晨起，新绿满院，小步徘徊，首拂低枝，风飘下两点三点雨，诗意盎然。屋后小院一弓，终年不履人迹，期间野菜蓬生，开紫花如球结。启户视之，有微芳一阵扑人。觉花之自得，远胜于我。

写的多么有情趣，这是咱家院落的写照。父亲还写过一些描述院中的花木的小品，都得到读者的激赏，我选录一篇：

枣花帘底

在很少数的词章上，看到有枣花帘底的字句。青年在江南，是时不省悟这种环境。自到北平以后，所住的院落，总有枣树。每当花开的日子，嫩绿的清荫下，撒上满院子的幽兰香气，实在不错，假如书房就在这枣树底下，门口垂下帘子，更添了屋子里的一片清荫。北平开枣花的日子，照例是端午前后，身上还可以穿夹衣，人就感到轻松。在清晨太阳未出时，院子里曙光清和，或在上弦之夜，天空上挂着半钩新月，枣花就特别的香。人也就感到适意了。

中午，在枣花帘底，隔了浓荫，看树外的阳光，也别有趣味。我家有两棵枣树，花是晚开的，近日才有绿星星的群蕊。因为上意，短吟一绝曰：

小坐抛书着古茶，绿荫如梦暗窗纱。

苔痕三日无人迹，开遍庭前枣子花。

我对这个院子的记忆，则没有父亲"超凡脱俗"的领悟，而是非常实际的"功利主义"。夏初，我会爬到后院的桑树上，采摘肥大多汁的桑葚，边摘边吃，当然也分给你吃。仲秋，我会爬枣树上，拿竹竿打熟透了的枣，这种枣不大不小，滴溜圆，红艳艳的还闪着亮光，故而北京人称之为"老虎眼"，甜中略有点酸，一咬嘎嘣脆，甭提多好吃了。高兴起来骑在树枝上边吃边唱不成调的京戏："我正在城楼观风景，……"不过乐极生悲，枣树上有一种绿色的虫，有细微的毛刺，北京人叫它"洋拉子"，给它"拉"了一下，让我疼了半天。

你爬树的本事，当然是从我这里学的。你说的榆钱糕，是这样：母亲是老北京，生与斯，长于斯，对平民化的"土吃儿"一向情有独钟。我们初到北平的时候，正是"杨花榆荚无才思，唯解漫天作雪飞"之际。诗中的榆荚，北京人称"榆钱儿"。母亲看满树的榆钱儿，为了庆祝全家团聚，兴高彩烈地提议吃"榆钱糕"并且由她亲自下厨去做。父亲虽不太爱吃，为了不扫大家的兴，便也含笑同意了。一声令下，全家总动员，有的去买棒子面（即玉米面），有的去买红糖，（你记错了，榆钱糕是甜的。）登高爬梯是我和哥哥们的事。我脱了鞋，爬上榆树，摘了满满一筐榆钱儿，你和妹妹只能在下面跑来跑去起哄。妈妈围了围裙，把榆钱儿洗干净，和进发酵的棒子面里，加上红糖，揉成圆饼，放进蒸笼用大火蒸。蒸好，母亲把它切成菱形的小块，黄黄的加着点绿色。还没放进盘子，我们几个孩子就一人抢了一块，三口两口吞下肚去，真是又喧又松，甜津津的，伴着一种沁人的清香，父亲看见我们狼吞虎咽的样子，呵呵的笑了，母亲的脸上也绽了笑靥，漩起了两个浅浅的酒窝儿。

这是儿时的回忆，北京四合院子的家。

祝好！

兄伍

2010 年 10 月 14 日

伍哥：

我曾去看过赵登禹路（北沟沿）甲23号的房子，什么也找不到了，"了无痕迹"。那棵原来在后门厕所旁的老槐树还在。花开叶落六十年，它不认识我了，或者它认得，只是把一切都看得很平常，抖抖羽状叶子，轻轻晃动细枝，算是和我打个招呼。

在上海，友人小杨引我去了石门库田子坊商业区。我在网上见过报道，但总不如亲临其境的感受深，许多小型商店各具特色，吃得用的穿的看的，且有牌子已经打响了的店铺，也有颇具名气的艺术家设的商店自产自售。这些店铺和石库门里的居民同处一条弄堂。我逛着觉得挺有意思。友人引我去见一位石库门画家李守白，他和妻子开了一片小店，墙上陈列着他画的工笔——老上海石门库建筑。另一种风格彩色的剪纸——三十年代上海仕女风情画。柜台里也有他作品的印刷品、小型捏塑等。画家与小杨是朋友，所以对我们热情接待，介绍了他的作品，还特意送我一张他签名的彩色剪纸。吃了茶，谢过主人，我和小杨融入人流中向石库门巷子里走去。一家高档服装店，取名"金粉世家"。专门量身订做旗袍和男士西装。我向小杨笑了笑说："帮我照个像，就在这个招牌下。"服务小姐走过来说："我们这里不准照像。"小杨说："应该对她网开一面，她是张恨水的女儿，你们不是用她父亲小说的名字取的店名吗？"服务员犹豫了一下说："好吧！"马上又补充说了一句："我们登了记的。"我说："我就觉得有趣，没有法律问题。"拍照之后，继续向巷子里走去，到了底，只见一位大妈站在另一弄堂的大铁栅栏门口颇为激动高声喝斥："你们天天来吵，我们住在这里被你们闹的不安宁。烦死了！你们你家门口可愿意天天被人吵？"游客望着她，带点欠意只好笑着转身离去。

友人安排了半天让我去逛逛"世博"，我表示兴趣不大。友人说："那怎么可以！"
我的婉谢真有点反"时
尚"。折衷之后，我
乘火车返回北京的那
天，去看看"世博"的
夜景。另一位和我一同
从美国回中国的蔡君陪
我去看夜景，到达"世
博"园时下午四时许，
园很大，那一天已经入
园三十万人，除去各国
展览馆入口处的人龙
之外，倒也不觉水泄不
通，宽敞的街道有免费

上海田子坊"金粉世家"

公共汽车，有交费的小型电动车，步行还是主要的。广播里说需要
排队入馆参观在二小时以上的有美、意、德等馆，排队一小时以
上有西班牙、泰国……等。我向蔡君说："我们只看没人排队的
馆。"我们去了巴西馆和另一个非洲馆及世界环保展示馆。环保馆
人很少，陈列着实物、图片、数据、模型，警戒世人关心地球的生
存环境。那两个馆也实在没什么好看的，只有些图片，最后部分是
个小卖部，买了些工艺品。

我也想看看英国馆，那个海胆一样的建筑夜晚发光会是什么样
子，坐在馆外的椅子上，总傍晚等到天黑，它还是黑糊糊的一团，
问及附近的卖饮料的小贩，回答说："就是这个样子呀！"我扫兴
而归，回首望"世博"园和上海，夜色中灯光灿烂，每栋高楼都用

彩灯勾勒出不同轮廓，五光十色的上海。再见！

今晚回北京。

祝好！

　　　　　　　　　　　　　　　　　　　　　　明妹

　　　　　　　　　　　　　　　2010 年 10 月 15 日

　　明妹：

　　上海一游，你是蜻蜓点水，你慢慢说你的上海观感，我还是说我们家的故事吧！

　　1949年5月下旬，晚饭后，父亲给两个读初中的哥哥补习英语。讲着讲着突然他罗里罗嗦口齿不清起来，而且愈说愈困难，两个哥哥越听越觉得不对劲儿，抬起头来看父亲，只见他困难地站起身，摇摇晃晃地向前走，两个哥哥赶忙扶着他，把他搀扶到躺椅上躺下，谁知父亲一躺下，就昏迷不醒了。两个哥哥吓坏了，立即大叫起来，全家人赶来全都慌做一团，还是母亲沉得住气，立即打电话请一位和父亲有数十年之交的张大夫火速赶来，张大夫很快来了，经他初步诊断，父亲可能是脑溢血，可能很危险，要立即送医院。母亲赶紧分配了家人，把父亲抬送到离我家最近也是北平当时最好的医院——中央医院。经检查确认是脑溢血，危在旦夕。随时都可能停止呼吸。经过医生的全力抢救，父亲昏迷数天之后，终于醒了过来。但是他的记忆力受到了很大的破坏，除掉母亲他还认识外，其他的人全都不认识了，说话相当困难，口齿极不清楚，仍然没有脱离危险。那时母亲怀着三个月的身孕，她完全不顾自身的安全，也住在医院里，日夜陪侍父亲。父亲的吃喝都要母亲一口一口地喂，还要为他接尿接屎。苍天不负有心人，在医生的全力治疗和母亲的精心护理下，奇迹终于发生了，父亲的坚强的意志，战胜了死亡，他活过来啦！父亲住了一个多月的医院后，才回到家里，一个靠砚田耕耘的人，突然丧失了写作能力，使家里的经济来源一下断绝，平素又没有什么积蓄，家中人口又多，母亲很着急，又得瞒着父亲。于是，她变卖了自己的全部首饰，给父亲看病，并维持家用。虽然家里当时的经济很拮据，但是母亲省吃俭用，还是为父亲营造了一个很好的养病环境。

可能是因为父亲有病吧，我们兄妹反而更加和睦友善了。虽然，我们的饭菜都极其简单，几乎顿顿都是窝头和白菜汤，窝头是贫民食品，一种用玉米面做的低级主食，所以当年底，小弟弟出生时，昵称就是"小窝头"。谁知卅年河东，卅年河西。当时最便宜的食品，它的价格，反而超过了富强粉的白面馒头和舶来品——面包。

生活的简朴，反而使我们懂事和用功起来，十七岁的全哥，为了减轻家庭的负担，负笈远学，考上了远在数千里之处管食宿的长春电力专科学校。我至今还记得，当他向母亲依依告别之时，母亲流下了恋恋不舍的眼泪。

父亲的身体恢复得令人吃惊的好，两个月后便能"牙牙学语"，三个月便可扶着手杖练习走路，三个半月时，居然能出门看望老友。父亲到医院复查，大夫高兴的连连说：张先生恢复的这么好，真是奇迹！真是奇迹！

母亲为了更好地给父亲治病和养病，卖掉了她用一生积蓄购置的南庐。为了不过多地干扰父亲，母亲设想周到，一者父亲的书很多，如果搬的远，搬运起来很麻烦，也难免有所遗失，二者要选择离医院近，便于父亲去看病。巧的是离南庐后门只有百米之遥的砖塔胡同西口内43号正要出售。母亲去看了这所房子，是一个典型的小住家儿的四合院。房子虽然不太好，但是也有十间房子和一个小院子。母亲便用了一百五十疋五福布置下了这所房子。在五十年代初，买房用布，以物单位作价，实在新鲜。我把它写下来也算是历史见证。经过整修，重新油漆门窗，装了抽水马桶，父亲种植了许多花木，小院显得十分温馨、美丽。

　　我们自1951年的夏天住进之后，便再也没有搬过家。母亲、父亲都在这个小院里仙逝的，我们也在这个小院，渡过了少年、青年和壮年。二水兄和我及你、蓉妹、小弟都在这个院结婚、生孩子。所以这个小院已经成为我们生活中的一部分。对它有着浓厚的感情。我至今还常常梦到在那里生活的情景，醒来则知是梦，唏嘘不已！

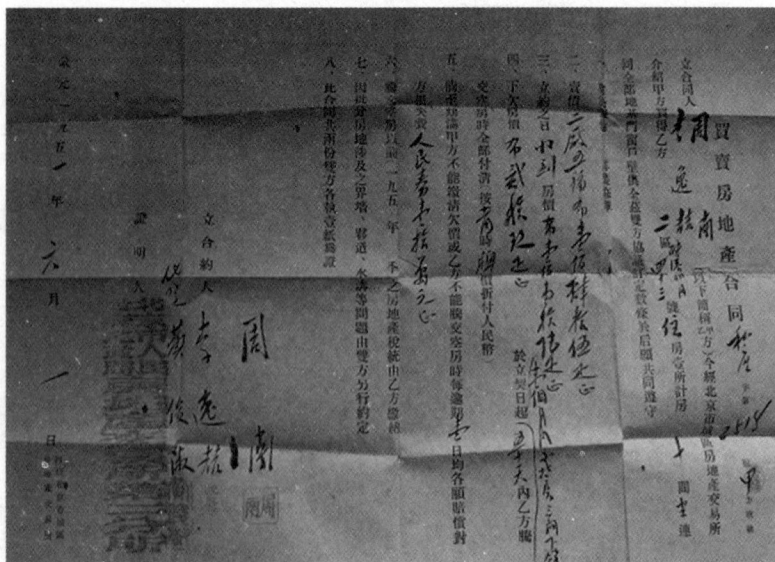

砖塔胡同43号买房契约

　　父亲本来就喜欢莳花、种树。父亲写作累了就在院子里辟地松土，而且他有一个特点，每当做这种"劳力活"时，他都要亲力亲为，不许我们插手。只有一个例外，只有你才可以和他共同"耕耘"。全体兄妹中，只有你才有此殊荣，我们还巴结不上，母亲常常说他重女轻男。不过呢，他要到白塔寺买花和种子，却叫我去帮他拿这些东西。因为二水哥上大学了，全哥又离家在外，小弟又太小，只好让我来干这些体力活了。父亲到了白塔寺的花市，他会受到很大的欢迎，因为他是这里的常主顾。花把式会招呼他：张先生您来了，今儿个您挑点什么？有一次父亲挑了一根光秃秃的棍子，我问父亲"买这么一根棍儿干什么呀？"父亲笑着说：这是柳树。我看着这根光秃秃的棍子，实在难以想像它和临风摇曳的柳丝有什么关连。父亲看见我疑惑的样子，笑着说：不信，你就看。父亲回到家，把这根棍泡以一个大水缸里，每当有机会，我总会跑到缸边去看一看，两天三天，都毫无变化。一个星期后，有门！我看见这个光秃秃的木棍底部，长出了银白色的根须，顶部已经有一个个小苞，隐隐约约绿色的小芽似乎要破皮而出。父亲把它种在了北屋外的西侧，为它施肥浇肥，半年之间，这棵柳树枝枝桠桠的生气蓬勃。数年后，它居然是垂柳依依，迎风舞动了。

　　父亲又在他的书窗前种了二、三十竿瘦竹。下起雨来，倒也竹声潇潇，颇有情趣。他又亲自种了一棵黑枣树。这棵树在这小院里四十年也成了大树参天。每到秋季都是果实累累，年年丰收。引得邻居小孩跑到院子里打黑枣吃。又在迎门处，影壁前，种了一株白色的丁香花。在西屋外，种了两株榆叶梅，一株深红，一株粉红。然后，又在你们耕耘的那块小园圃上，栽了一棵葡萄，并搭了架子。还种了紫色的月亮菜、玉簪花，红色的美人蕉、西番莲、凤仙

花、草茉莉花等等。每年更
换，而且还买了两大盆石榴，
放在甬路的两侧。再加上原有
的洋槐和椿树。每到春天，百
花盛开。夏天是浓荫罩地，这
个小院虽然说不上是美轮美
奂，但是却足以称花木扶疏，
一院芬芳。每逢客至，都会情
不自禁的赞一声：好美好香的
小院。这个美丽的小院，也留
下父亲吟咏它的诗句：

50年代父亲在莳花

消夏杂咏

野花小院净无泥，竹叶临窗万个低。

好是三更明月上，轻描淡影粉墙西。

七律·茉莉

素衣却说内人行，翡翠枝衔粉态妆。

夜到月明微有影，绝无人处但闻香。

开来团玉三分白，陪得清茶一味凉。

红袖当前笑缓手，诗魂留下伴斜阳。

真个是读到佳句字也香，多美的小院呀！真让人怀念。

祝好！

兄伍

2010 年 10 月 16 日

伍哥：

上火车是晚上，在软卧车厢睡一觉，醒来就到了北京。一点不耽误事。

雨后的一天，趁着蓝天无云，秋阳和熙，我要去砖塔胡同走走。花一元人民币坐公共汽车，到白塔寺下车。我站在十字路口，前后左右张望：赵登禹路在我身后，像一条古老流动的长河戛然而止，前边变成了太平桥大街。不过，我认准这应该还是赵登禹路，白塔寺在我右手边，对的！刚举步向前，忽见一块牌子指着159中学（我读书的中学，原叫女三中）也在右边，不是在左边吗？我有点迷糊了，再想想白塔寺不会搬家，确实在我右边。我就向太平桥大街走去，这街比原来宽了两倍，平房变成十来层的大楼，找不到一点可以捕捉的少时痕迹，我看见了羊肉胡同，有门！下一条就是砖塔胡同了，可是走了很远到了丰盛胡同还不见它。问大楼前的门卫，都是外地人，完全答非所问。我返回那十字路口，再看看路牌和立着的地图，刚巧一位年长的妇女走过，我上前问路："劳驾！您是老北京吗？"她停下步子说："是呀！"我特高兴地问："砖塔胡同在哪儿呀？"她用手那么一指："你看见那大楼吗？一过大楼有一条小胡同就是。"谢过她，我又返回太平桥大街，果然，走过大楼前的砖地，一个小小的胡同闪了出来，口上立了个牌子，红底白字"砖塔胡同"。

我很兴奋地拐了进去，看见了你说的那棵槐树。继续向前，两边都是很难看的楼房，走到这儿，胡同向南闪出去一二十米，有个"丁"子口，对着丁字口，新盖的平房，应该是原来43号的地点了。不过也难说，这丁字口也不是原来的了。儿时的家，没了！我的心也就空落落的了。

我是从西口向东口走的，中间一段胡同还依稀能看出旧时面貌，和核桃瓤胡同交接处附近保留的旧门面多一些。到了东口，就是西四了，再向南就看见了那个砖塔。此时正围着绿色的网维修。塔南边是"北京基督教会缸瓦市堂"，老布什在这里做过礼拜，如今重新修整，前面的墙和大门拆了，从大街就能看到教堂。我特意拍了照，要给好友傅铎若大姐看看。

这次回国没能和你同去旅行，是因你摔伤未愈，只好等明年你身体恢复得强壮了，我们再去旅行。

多保重！我回美国后再给你写信了。

明妹

2010 年 10 月 20 日

北京基督教会缸瓦市堂

伍哥：

你好好养伤。明年，你陪我去砖塔胡同再走几趟，把左邻右居的门，再给我说说。我看了中学同学李家的门，不敢确定是不是她家的了，怎么变得那么小了呢？

你说得对，金窝银窝，不如自己的家窝。回家之后，全身放松，倒时差用了一个星期，那几天真难受。我虽然没有神经到半夜起床洗衣做饭搞清洁，也不能整夜睁眼躺着，睡既不能，醒也无聊，就把从北京带回来的书、画拿来翻看。我把你保存的几张砖塔胡同老房子照片，复印了一份，现在拿出来看了又看。夜半拥被半坐半卧，听窗外秋雨打在花叶上，照片上的家，由清晰变模糊，由眼下到遥远，从无到有，又从有到无。那黑枣树旁应有一丛绿竹，在这样的雨天，那翡翠叶子上也会银珠滚落，融入这滴答声。怎么不见了呢？是不是父亲仙逝之后，它们也不堪悲痛，枯瘦焦黄，羽化而去了？

枣树后的北屋房沿，仿佛我当学生时，刻剪了许多红色的剪纸"挂千"，又悬挂在屋檐下，正飘舞在大雪纷飞的农历年，我们穿上新衣从这屋跑到那屋，围着双亲兴奋地看雪，小院喜气洋洋，那情景永生难忘。

黑枣树下，曾经有一株蔷薇花，每年春天，枝头堆满粉红花球，弯垂到地。父亲会坐在藤椅上，晒太阳，喝着茶，欣赏着它。我就端个小板凳，坐在父亲身旁，和他聊天。

那张大门的照片，已是90年代的了，门上的红漆尚有大部分幸存。

1996年，小弟是最后一位离开这个家的，移民来了美国。那时

张恨水手植黑枣树

旧时庭院残犹立

故居寥落

从此故居只向梦中寻

北京已开始大量拆除四合院。小院无人居住，二水哥曾向有关单位表示，我们愿意将该小院交给北京，作为文物保留。但是对方回答，他们也无法保证，能够保留这个小院。小院难逃被拆的命运，只好出售。这张照片是要拆还未拆时照的。记得网上有人呼吁，请保留张恨水先生的故居！当局无人过问。

最后这张，无言可对。直让我睡眼变泪眼，从此故居只向梦中寻。

回美过了七八天之后，时差总算倒了过来，我可以和别人一样黑夜睡觉，白天工作，过正常生活。我恢复了给孙女和小孙子上的中文课，指导他们俩画画，也开始做中国饭菜给他们吃。前天是万圣节，好不容易等到天黑，他们化了装，换上奇装异服，手提小南瓜灯，和邻居的孩子组成小鬼一群，跳着蹦着，挨家挨户地敲门讨糖去了。儿子拿了手电筒跟在后面保镖。我在家里等其他讨糖的小鬼来，散糖给他们。闹到八点多钟，孩子们尽兴而回，一进门，先把讨来的糖果倒在桌上，高兴地数着"成绩"，我在一旁看着他们，小脸蛋上绽出天真的笑容，满足、幸福。

我望着望着，孙儿的那张脸竟和三十几年前儿子的脸重叠在一起，同样的万圣节，同样天真的笑脸，不同的南瓜灯下数不同的糖果……习俗的延传不断，是由活着的人传给下一代的。生命承接不重在物质而在精神，我想到这里，压在心底的那雨夜的惆怅，渐渐轻淡了。

我等你的信，谈谈我们的儿时的节日吧！

早日康复

明妹

11月2日

明妹：

你已经把时差顺过来了。很好。我也见好，每天出门溜个弯儿，活动活动。

你不必为失去的砖塔胡同的故居伤感。身外之物，都终究会归为泥土。好好读读父亲的书，那书中的文彩和父亲对生活的积极的心态，我们能领悟到一二，就终生受益。

你在电话里又问起我的贤内助。谢谢你惦记着，你嫂子也是七十有多的人了，服从自然规律，慢慢养病吧。亏得你想的出，还想看她的《香罗帕》！怕是来生了。不过，我可以给你看一看，当年你嫂子台上风华正茂时的剧照。且谢知音。

《香罗帕》以其跌宕有致的情节，巧妙的艺术处理，浪漫夸张的表演和颇具匠心的笑料安插，紧紧地抓住观众，使人们在隽永幽默的微笑中，领悟到一种优美的感情。

《香罗帕》是中国戏曲学校实验京剧团，根据川剧移植改编的。改编后的《香罗帕》，根据京剧艺术的特色，汲取了地方戏的生活气息和夸张手法，融会贯通，使其独具一格，充满了生活的情趣，极富诗情画意。戏中描绘一对年轻的未婚夫妻，互相恋慕，于是相约在未婚妻房中晤谈，不料未婚妻的母亲拉女儿去姨妈家做客，未婚夫急中生智，藏在衣箱中，未婚妻又被姨妈强留过夜，母亲独自归来，发现衣箱中的未婚婿，恼羞成怒，经调解，始息怒。于是，自己藏在衣箱中，开女儿的玩笑。女儿回来，仍以为箱中是未婚夫，引起了一些误会，惹起了一些笑料，最后，母亲玉成其事，完成花烛。

中国戏曲学校实验京剧团把这出戏演得轻松活泼，色彩强烈，获得了很大的成功，受到观众的赞赏和好评。《香罗帕》这出群戏，有四个旦角，所以实验京剧团在角色分配上，是很有巧思的，剧中的小姐（未婚妻），由刘秀荣饰演；母亲，由你嫂子柯茵婴饰演；姨妈，由张曼玲饰演；丫环，由刘长瑜饰演；相公（未婚夫），由张春孝饰演。这些演员都是中国戏曲学校的高材生，他们都受过许多表演艺术家的教授，在表演上都自有特长，可以说是各有千秋。由于阵容的齐整，配合的严密，更加使《香罗帕》花团锦簇，绚丽多彩。

《香罗帕》在表演风格上，有一个显著的特点，那就是全剧的舞蹈动作并不多，完全凭细腻的表演、念、唱的功力，引人入胜；注意了揭示人物的丰富感情和微妙复杂的内心世界，刻画出一个个栩栩如生的女性典型。这些形象又都各具特点，身份不同、性格不同，使人感到真实可信。戏中利用了浪漫夸张的表演手法，愈发把喜剧效果渲染得色彩强烈。演员们为了刻划出丰满、真实的形象，她们在表演上有一个共同的特点，那就是"演人不演行"，突破了原有"行当"的束缚，而是把表演和技巧运用，植根于人物的感情上，这是很有造诣的艺术见解。当然，喜剧是要引人发笑的，所以她们在表演上，又都采用了夸张的手法。这是一些可贵的大胆艺术尝试。刘秀荣为了刻划天真、活泼、娇美的小康人家的小姐，所以在花旦、闺门旦的路子中，又揉合了青衣的一些表演手法，在庄淑娴静中，略带活泼，矜持做作里又含有羞涩，把那种掩饰下的天真未凿的气韵，触入观众的眼帘；你嫂子扮演的母亲，则又在青衣的路数中，汲取了地方戏贴旦的一些特点，把一个爽朗、善良而又带幽默感的妇女，演得维妙维肖。当她初见未婚女婿，那种喜不自胜，喜上眉梢的"下场"表演，处理得很有感染力；张曼玲则又把青衣和花旦融合一体，把姨妈的心直口快、热情、直率的性格，渲染的绘声绘色；刘长瑜虽采用了花旦的方

《香罗帕》，左为柯茵婴，右为张春孝

左起：刘长瑜，刘秀荣，张曼玲，柯茵婴

法，但她却把那个小家碧玉，灵慧、活泼、热心、天真的丫环演得传神阿堵，别于其它戏的丫环。

由于每个演员都演得好，演得生动，所以使这出戏回味无穷，成为各剧团竞向上演的剧目之一。在提笔给你写信时，我彷佛又置身于剧场之中，领略《香罗帕》的精湛表演。

想当年，我老伴儿的风彩，真不错！

祝好！

伍哥

2010 年 11 月 7 日

伍哥：

你不说我也知道这《香罗帕》绝对错不了，瞧这阵容就明白了，都是你们学校的佼佼者。照片上的伍嫂子可真漂亮！刘秀荣是我很崇拜的演员，她和她的丈夫张春孝，那时侯可是"名角儿"，台上也常演夫妻，我常常去看他们的戏。刘长瑜文革中演《红灯记》中的小铁梅，几乎是家喻户晓的人物，而那时刘秀荣却很少演出了。

你校的杨秋玲也是我崇拜的一位，她的《穆桂英挂帅》，也无人能及。可惜，去年回北京，伍嫂告诉我，她已病逝了。还是你陪我去买了她的《穆桂英挂帅》的录影带，我开车的时侯，常常唱：风萧萧，路漫漫，星光惨淡……

想着她在台上，扮相俊美，音色甜润，身手矫捷，英姿勃发，真是个"帅"极了，"酷"极了。咳！斯人已乘黄鹤去……

我们这儿又调时间了，一秋一春都要调。秋天向后拨一小时，春天向前拨一小时，跟着阳光走。上周末开始冬季时间，即周六的晚上时钟向后拨一小时。周日，照例我和几位画友去户外画写生，我是招集人，就给大家发了电信，通知大家把钟拨早一小时到波多马克河边集合。发了信，我把钟向前拨一小时，就睡了。第二天一早，天还黑，我看钟已是七点半，就马上起床，匆匆离家。到了河边，太阳才在树林后面探头，冷嗖嗖的，我看表已经九点了，同伴还没来，就自己沿河走去，太阳出来了，照着后背暖暖的，就在河边太阳下坐下开始画。一个多小时后，其他画友才来，见着我就哈哈大笑说：你要把钟向后拨一小时！冬天啦，你反而早起！结果，我比大家早到两小时，不过，我比别人先完成一幅画，这足以解嘲！

　　多保重！

明妹

2010 年 11 月 10 日

　　明妹：

　　你这糊涂劲儿，这辈子没见改进，幸亏你早去了画画的地方，要是晚去两个小时，该多不好。好在你们一年只改两次时间，下次可别这么大意。

　　你喜欢的刘秀荣，在《秋江》一剧中，曾和张春华搭配得珠联璧合，相映生辉，为我们展开了一幅生动活泼、浓淡有致的"秋江赶船图"，张春华刻划的风趣、诙谐、善良的老艄公，给人留下了深刻的印象。

　　张春华武功超群、技巧娴熟、翻扑敏捷，不论是"大跟头"的"前扑""出场"（跟头名），还是"小跟头"的"加官""案头"，他都能随意挥洒，运用自如，在表情上更是独到，尤为别人所不及。他的《时迁偷鸡》《时迁盗甲》《蒋平盗印》等戏，都表演得维妙维肖，绘声绘色。他的动作，巧、快、轻，在表演这些戏时，都是"轻如飞燕"，可又是"矫若游龙"；跟头的翻扑，技巧的运用，都没有一点声响，却又敏捷得叫人眼花潦乱。他的《五人义》《酒丐》《三盗九龙杯》等戏，则又以流利清亮的念白，细腻的表演、优美的身段、工架，刻划出有血有肉，活生生的人物来。张春华的表演非常注意刻划人物，他在艺术创造上，非常刻苦，他善于汲取其它姊妹艺术的特点，作为补充丰富自己艺术中的"营养"。正因为这样，他就在漫长的艺术道路中，一步一步地深入堂奥中。

你记得张春华的《三叉口》吗？他和张云溪于1951年，首次演出。张春华扮演崭新的刘利华，一举成功，闻名国内外，这已是人所周知的优秀剧目了。张春华的刘利华，演得活龙活现，技巧的运用，令人叹为观止，尤其是"摸黑格斗"的一场，真是静如处子，动如脱兔，对打时，快似旋风，亮相时，又兀然亮住，如凸出的浮雕一般，精、气、神无一不佳。真如北京人说的："吃萝卜就酒——嘎崩脆！"

就此打住，下次再聊。

兄伍

2010 年 11 月 13 日

伍哥：

这几天接连着好天气，湛蓝的天空，纯净得像希腊的海水，你看看挂在你家客厅里墙上的那张画，我在希腊的小渔村画的那张，就那么蓝。飘着羽毛状的白云，和熙的阳光撒在树木、房屋和花花草草上。毕竟已到深秋，树木脱落了熟透的叶子，枝杈间露出了大小不一的斑斑空隙，嵌着宝石似的兰空，烘托出深红、金黄的树叶格外耀眼亮丽。看着不由得心动，忍不住要画。

上周末，《美华商报》的老总周续庚、吴家鑫伉俪请专栏作家和报社编辑、记者在"海珍楼"吃中饭，大家见个面，彼此联络一下。"海珍楼"位于洛城，你也去过的。

老板沈实先生，亲自接待。沈先生在餐饮业已经工作三十多年，我从他开的"一品小馆"开始，就去吃过的。"一品小馆"因原址拆建他用，他自己开了"海珍楼"，素以海鲜出名。

除了报社工作人员，我们几位写专栏的，林熙、李秀亭、夏劲戈等，好友韩秀则因才从台湾回来，旅途辛苦身体不适而不能出席，你，则由我代表。我们坐了一桌。把点菜的任务交给沈老板去张罗。他安顿好厨房，坐下来和我们聊天。我一向尊敬沈老板，难得他在餐饮业摸爬滚打三十年，仍不失儒雅风度。把他的餐馆，视做事业，精益求精，并把饮食文化认真提到宣传中华文化的高标准来要求自己。他语不急、声不高的说："我希望能教会美国人知道什么是中国菜！"就为了这一句话，一个信念，沈先生三十年如一日，走进厨房，和厨师商量每道菜肴的质量，更系上围裙，卷起衣袖，亲自下厨操作。他虚心征询意见，用心琢磨，力图改进。从市场到菜场再到农场，他亲自考察，选择上等原料，为满足顾客所需，不辞辛苦，事必躬亲。

我有一位朋友，对所有的麦面粉制品过敏。连酱油里面那一丁点的面粉，吃了都过敏。有一天我们来"海珍楼"吃饭，讨论菜单，看哪一样菜，她可以吃。沈先生走过来说："我这里有不含面粉的酱油。"朋友大喜，吃过之后，还在网上向她的"同病相怜"俱乐部的会友介绍了这件事。不过，沈先生说，用的人不多，买一瓶这种酱油，要用很久。

　　话说这天，沈先生给我们配的菜，有龙虾、炒蚬、椒盐虾、排骨汤、花菇油菜，大家吃得愉快，沈先生也高兴。座中有位年轻记者能饮，沈先生拿出自用的白干招待，他问："各位敢不敢试试河豚？"周社长说："河豚味美，卵巢和肝脏有剧毒，没有好师傅不敢卖这道菜。华府中餐馆，就此一家供应！"众人说："沈老板的，我们敢吃！"手掌长的河豚一人一只，是用花菇红烧的，果然肉嫩味美！

　　酒过三巡，大家更是兴致高涨。这时，沈先生让服务员端上一盘新鲜蘑菇来，他给大家介绍，这里一共八种菌类，分别是：金针菇、木耳、花菇、五龙菇、蟹味菇、神龙白雪菇、王子菇和鲍鱼菇，有的是他亲自到滨州去买的。是他推出的一道"环保"菜的用

三姑六婆汤

沈实先生讲蘑菇

料，全素，连高汤都是素的。取名叫"三姑六婆汤"，为了好看，他用压模纸盘来盛这个汤，下面是小煤气灯加热，端上桌又新颖又别致，又有看头。接着服务员端上"三姑六婆汤"让我们品尝。大家看了这道菜的造型，先叫了个："好！"尝过之后再叫了一声："鲜！"

他做事是这样敬业，"海珍楼"的口碑一直都不错。他现在又开始尝试下午茶的服务。

我们吃得好，还听了沈先生的美食介绍。

你下次来美国，我带你去"海珍楼"吃河豚和下午茶。

祝好！

明妹

2010 年 11 月 16 日

伍哥：

啊哈！我知道你和我一个毛病——爱吃。我等你往下说。

我前两天和二水哥通了电话，他又回医院去治疗，心情还好，语调平静，只是医院里人声嘈杂，也无法细谈，交代了事情给我，就挂了电话。

北京的医院，我去了几次，管理混乱，无次序，真叫人咋舌。前年我曾去北京的中医医院，挂了专家号看我的中学同学萧承宗（北京四大名医萧龙友之孙女）。一般医生挂号8元，专家100元。这专家的诊室理应好许多。其实，不然。上了二楼，这里有许多的诊室。走廊里，沿墙两排木头长椅，和六十年代的陈设一样，病人等在各位医生的门外。我确定了一间是萧大夫诊室，就坐在沿墙长椅上，观察动静，等了一会儿，没有护士叫号，无论早来的还是晚来的，大家纷纷走进诊室把病历放在大夫的大桌子上。我也别傻等着了，只好走进去，里面已有几个病人在等候就诊。诊室够大，临窗4张大桌子，面对面放着。这边坐着两个大夫，桌子的横头坐着一个病人，医生在问诊。对面坐着萧承宗大夫，她的右手边坐着两个年轻的大夫，是她的助手或是实习医生，桌子横头也坐了一个病人，萧承宗大夫一边正在给病人看病，一边写处方，同时向助手解释处方。医生们的后面围了一圈病人，瞪着眼瞧着正在回答医生问话的病人，我觉着得病的人像是被公审一样，毫无隐私可言。我把病历放在一叠病历的下面，准备退到诊室外面，忽然背后一只手，伸到我的前面，把一份病历插在一叠病历的中间，医生看了他一眼说："排队！"医生和病人都没有尊严，医生无法专心看病，也难于敬业，病人也难得到足够的关怀，谁的错呢？这样的医院位于北京的城中心。

周末，华府书友会请了胡适先生之子、胡祖望的夫人曾淑昭女士讲演，谈的是胡适先生生活的点滴。夫人毕业于金陵大学，1944年获历史硕士学位，如今，已是八十八岁的高龄，仍然思路清晰，一个半小时的演讲，不用稿子，一、二、三，甲、乙、丙，头头是道，有条不紊。那天她身有小恙，嗓子痛，还是坚持给大家讲演。用她的话说，是随兴而谈。我摘记给你：

胡适先生，因为喜欢《天演论》里"适者生存"的哲理，而改名"适"。安徽省绩溪县上庄村人。考取"庚子赔款"，来美留学。他本是不信宗教的，到美后，一度对基督教有兴趣，但反对在教堂举行婚礼，认为教堂的肃穆把原本喜气洋洋的婚礼气氛冲淡了。他不喜欢不诚实；反对学生罢课；他希望有好人政府，不喜欢专政；还有一样，他不喜欢到人家脱鞋。

后来他曾游学欧洲，1946年任国立北京大学校长，1957年任中华民国"中央研究院"院长，1962年开会时心脏病猝发病逝台北南港。

胡适先生一生，生活简朴，他花许多钱买书，只有脚上的鞋，因尺码过小，必得定做，反而成为全身上下最昂贵的一件行头。1958年到1960年胡祖望夫妇和儿子也住台北，一家五口常常见面。孙子来时，胡适把玩具摆在小桌上与小孙子玩，也和孙子在方格纸上一起写字念书。每天十一点，他就会走进书房，写信，看书，工作到四点。他除了看经典著作，也看不被人重视的小说，像《水浒传》，把它们提到经典小说的高度来研究。

胡适先生一生提倡民主，提倡白话文和新诗，非常重视朋友的友谊，朋友就像他的生命一样，和丁文江、徐新六、徐志摩等人都有非常深厚的情谊，可惜这几位都英年早逝，而且都死于非命，他写了新诗悼念他们。胡适先生和赵元任也是很好的朋友，他的诗许多是赵元任谱曲的。傅斯年和他是亦师亦友，茅咨水也是他的好朋友。

曾女士说："家公的好人缘是难得的，别人攻击他，侮辱他，他极少反驳。容忍比自由更重要，他对人平等博爱、海纳百川，这些是家人最崇敬的。"

下面是我加的：胡适先生逝世后，蒋中正写了这样的对子：

新文化中旧道德的楷模
旧伦理中新思想的师表

写多了。下次再聊。

祝好

明妹

11 月 17 日

明明：

天气已冷，北京进入冬季，正是围炉闲话之时。按照旧时北京人所谓"吃一点、玩一点、乐一点"的老三点，应时当令，该是烤肉上市之际。说起吃烤肉，却有一次使我深为感动，永难忘怀。

2006年，我满69岁。按照北京《老妈妈经》的说法，过九不过拾，虽然不见诸哪本书哪一章哪一款，但是约定俗成，是不能更变的。既如此，那么是年的农历三月十五日就是我的"七十初度"了！有劳你和薇薇，一个从美国华盛顿，一个从加拿大多伦多万里迢迢赶来，特意为我祝嘏添筹。

说实在的，我虽然感到十分温暖，但也愧不敢当，经你们一而再，再而三地起哄，说什么"人生七十古来稀"，况且我这代人，真可谓"余生不幸"。比如我生于1937年的国难当头，父亲为了抗日，毁家纾难，只身入川，按照事先父母的约定，母亲抱着襁褓中的我和长我三岁的全哥，登山涉水，渡汉水闯三峡，还要躲避日机的轰炸，历经千难万险，终于来到重庆，和父亲团聚。从我略谙世事伊始，就在川东山村中，躲避了八年日机轰炸，防空洞生涯刻骨铭心；我求学于二十世纪五十年代初，正是政治运动席卷神州之际，我又在这劳什子的文艺学校，是所谓阶级斗争的风口浪尖，一场运动紧接着一场运动，一批人倒下，另一批人又跟着倒下，侥幸没有倒下者，那根阶级斗争的弦绷得紧而又紧，随时都有断弦的可能；我毕业于三年大饥荒之时，分配到沈阳，一路之上，满目疮痍，盲流遍地，食物紧缺，怎当一个"饿"字了得！人们最大的乐趣，就是回忆往日的"吃"，而且还为此创造了一个新名词"精神大会餐"，尽管如此，还要打起精神去演出，我不禁想起清末民初大诗人易哭庵的名句"满眼哀鸿自歌舞，听歌人亦是哀鸿"。我工作于史无前例的"文革"中，可以说无工可做，天天斗争，朝朝批判，打倒之声，此起彼伏，日夜不断，今早去上班，不知晚上可会下班，因为随时随地都有"揪出"的可能，真个是提心吊胆，惶惶然不可终日！而且这种日子长达十年之久。等我步入中年，应该是事业有成的人生阶段，可是赶上百废待兴，拨乱反正，等到一切梳理通顺，可以按部就班，我却是"夕阳无限好，只是近黄昏"，退休了。

杜甫说"人生七十古来稀"，何况我这一代人，一场斗争接一场斗争，正是"与人斗其乐无穷"，筛了又筛，箩了又箩，用北京人的话"全须全尾儿"，一点黵（念zhǎn，北京方言，瑕疵的意思）没有地熬到七十，确实太难了！这么一想，似乎也值得自己犒赏一下自己，借此家庭小聚一回，也是人生不亦快哉之事，于是在受之有愧、却之不恭的情况下，就恭敬不如从命，选择了"烤肉宛"家宴。

说实话，虽然过去已有三年，但至今想起，仍然被这亲情和友情深深感动。二哥二嫂、你、薇薇、克劳斯伉俪、毳毳、念伦伉俪及我和你柯姐、惜惜、天天一家四口，团团围住像圆桌面大小的大铁炙子，这阵势已有三十年未见，心里不禁暗叫一声："侥幸，大铁（炙）子，别来无恙！"因为自从"文革"以来，这种自烤自吃特殊风味，就被"破四旧"除掉了，二十世纪八十年代，尽管恢复了烤肉，但已不是自烤，而是由厨师放在盘子里,端上桌,就像爆羊肉一样,风情尽失,完全没有了粗放的河朔豪情,所以我就很少吃烤肉了。这次不然,完全恢复了大块吃肉、大碗喝酒的"武吃",我虽然像父亲是滴酒不进的人,但是看到大家酒足肉饱,我虽未饮酒,但已被这温馨的情意,灌得醺然欲醉。

这味儿,怎一个"美"字了得。不过你得等下封信分解了。

祝好

伍哥

11 月 20 日

伍哥:

给二水哥买的药已经寄出,邮局的人说6—10天可以收到。有什么事需要我办,就请告诉我,我会尽力去办。

那年,我去新疆玩,旅行团一定安排游客吃烤肉,一定有个名菜——烤全羊。可惜这道菜好看不好吃,烤得的肉又柴又膻,咬不动。不过,新疆的烤羊肉串挺好吃。两年前,小弟请我吃他做的烤羊肉串,他是用"孜然"把肉腌了的,他说是新疆做法。东南亚一带的烤羊肉串,这里可以在饭店吃到。不仅羊肉,鸡肉、牛肉都有。我家就常做给孩子们吃,把肉切成薄片,先用酱油、胡椒粉腌一下,把肉用一根细竹签串起来,就放在后院的烧烤炉上,明火烤,不断翻动,变金黄色即可,要沾花生酱吃。我忘了你来美时,我有没有给你做过这种烤肉。

大炙子上烤肉,我们这里称为"蒙古烤肉"。进到饭店,就见一口桌面大的平锅,一位师傅站在旁边,手里拿着一双长筷子。这口大锅和这位师傅被围在一圈玻璃挡板里,外一圈桌子上摆满了肉

友人克劳斯教明明做烤肉

片、豆芽、青椒、葱丁、姜末、蒜末、料酒、酱油、香油、醋、糖等等，不下二十种，客人自己从各个碗、盘里选择喜爱之作料和肉，交给大师傅，你在旁边看着，他把这一碗东西倒在大炙子上，呲啦一声，随之一缕热气腾空而起，香味扑鼻而来，三拨弄两拨弄，肉一变色，把菜肉拨弄到大炙子边，扒拉到一只干净碗里，得了！你就端走去吃吧。虽然，这也有一点野趣，可就没法子和"烤肉宛"的那个豪放劲儿比了。

当然，你七十大寿时我们去吃的"烤肉宛"是比较考究的，我们要了一个单间，一家人围坐了，等烤肉时去隔壁一间屋，中间一个大炙子，已经烧热了，肉、菜码子和作料排列在靠墙的桌子上，有位女服务员在一旁帮忙，每人自己拿自己烤，薇薇的丈夫是德国人，竟也熟门熟路，我这里还有一张克劳斯吃烤肉的照片，我给他的评语是"有模有样"！

祝好！

明妹

2010 年 12 月 1 日

明妹：

二水哥和我常通电话，他想吃的时候，我还上街给他买烧羊肉吃呢！我再接着说烤肉吧！

烤肉始于何时，已无详细记载，有人说是清朝入关，由满族人带进北京的，也有人说是蒙古人带来的，总之是塞外食物，由于它是草原野餐，所以并不讲究，只是肉类新鲜，杀了牛羊以及捕得鹿、狍子、獐等，割下肉来，用铁叉叉肉，架上松枝燃火便烤，也没有酱油、葱等调料，只蘸着细盐吃，细嫩鲜香，非常可口。进入北京后，逐渐演变为用大铁炙子，下架松木或松塔，作料也由细盐变为酱油、醋、料酒、卤虾油，外加葱丝、姜末、香菜叶混在一碗，另以空碗贮白水，小碟盛糖蒜，再加黄瓜条，用来解腻。吃烤肉的程序是，将肉片用白水涮过，再蘸混有各种调料的酱油汁，用长可三尺的"箭竹"筷子夹住肉在铁炙子上翻烤，愿意吃嫩的愿意吃老的，任君随意。由于烤肉源于塞外野餐，所以至今还保留着足踏板凳自烤自斟的原始状态。在这里斯文不得的，就是名媛淑女，要吃烤肉，对不起，你也得入店随俗，手拿长筷，脚跐板凳！

虽然烤肉何时进入北京，已无从查考，但早在清道光时潞河杨静亭在《都门纪略》的《都门杂咏·烤牛肉》一诗中云：

> 严冬烤肉味堪饕，
> 大酒缸前围一遭。
> 火炙最宜生嗜嫩，
> 雪天争得醉烧天（酒名）。

可知在清朝中叶，烤肉便已流行京都市上，清末民初，烤肉已被北京各个阶层人士欢迎，它也成为北京代表食物之一，不过当时是吃烤羊肉为主，以前门外肉市正阳楼最负盛名，1935年出版的《旧都文物略》曾说："八九月间，'正阳楼'之烤羊肉，都人恒重视之。炽炭于盆，以铁丝覆之。"

切肉者为专门之技，传自山西人，其刀法快，而薄片方整，蘸蘸酱而灸（炙）于火，馨香四溢。食者亦有姿势，一足立地，一足踏小木儿，持箸燎罩上，傍列酒尊，且灸且啖，往往一人啖至三十余样，样各盛肉四两，其量亦可惊也。民国时期署名雪印轩主在《燕都小食品杂咏·烤羊肉》一诗云：

> 浓烟熏得涕清清，柴火光中照醉颜。
> 满盘生膻凭一灸，如斯嗜尚近夷蛮。
> 注曰："铁篦之下烧以木柴，以羊肉之薄片，蘸酱油或卤虾油，就篦上烤食之。"

到了二十世纪二十年代后，烤牛肉也盛行于市，家庭吃烤肉没有小铁炙子的，便以烙饼砂制的支炉代替，也和铁炙差不多（可惜砂支炉已于二十世纪六十年代绝迹市上）。这时候，正阳楼已不能独步市上，又有三家声誉鹊起，而此三家都是大众化的小本经营，吸收广大的食客，赢得了极佳的口碑，被人称为"烤肉三杰"！这便是"烤肉宛""烤肉季""烤肉王"。这三家各有特点，鼎足而立，难分优劣。"烤肉宛"由回民宛氏兄弟三人共同经营，哥哥宛老五本是一个饼子摊的摊主，设摊在宣内大街安儿胡同西口，在盛行小车子卖镗炮肉时，宛老五就安炙子卖烤牛肉，由于它选料精，专用小牛肉，做工细，烤出来香飘长街，鲜嫩可口。烤肉由正阳楼专卖达官巨贾的高档菜肴，转为大众化的平民食品，不仅受到工薪阶层的青睐，也受到广大劳动者的欢迎。由于是小本经营，那些兜里只有几毛钱的主儿，也可大摇大摆地进去尝新，照样受到热情招待，因此由摊改为棚，由棚变为店，一个炙子也添到两个炙子，每日顾客盈门，门前也常有汽车阶级慕名光顾，但宛氏兄弟并不忘本，仍然是摊棚作风。

"烤肉季"坐落在什刹海前海东北角，后海东端的两海汇合处的银锭桥畔，岸边杨柳青青，迎风摇曳，后临荷塘，微风过处，荷香阵阵，风景绝佳，季家便在柳荫下架设铁炙，专卖烤羊肉，虽不能曲水流觞，却也迎合了文人雅士的登临乐事，所以一些附庸风雅的人，便趋之若鹜，来者云从。季氏是通县人，汉族人，烤肉季创始人季德彩，从清咸丰末年起，每年农历五月初一至七月十五荷花市场开市之日，均在银锭桥畔义溜河沿，临时设摊经营烤肉，至今已有一百多年历史，也可算得历经沧桑了。烤肉季与别家烤肉不同，别家都是于农历八九月开始卖烤肉，烤肉季却是专卖夏季，随着荷花市场的撤销，烤肉季便也收摊回乡。

　　"烤肉王"设摊于天桥附近四面钟，夏季售卖卤面、爆肚等清真食品，每到立秋日，无论天气冷暖，准于那天添设烤肉，由于地势高爽，四野空旷，每到农历九月九日，大有重阳登高的情趣，所以食者云从。据说烤肉王之出名，是因为做生意诚实，牛羊肉绝不混掺。1955年，我就读的中国戏曲学校从西城迁至半步桥，离陶然亭不远，烤肉王曾在陶然亭内开店卖涮羊肉，我曾去光顾过一次，可惜没有吃到烤肉。1956年公私合营后，烤肉王即已绝迹于北京市上。鼎足而三的局面，则变成了"南宛、北季"平分秋色了。

　　祝好

伍哥

2010 年 12 月 3 日

　　明明：

　　我很少看电视，原因是打开电视就是广告，铺天盖地，画面是矫揉造作，词句是夸夸其谈，天上有地下无的神乎其神，而且是一而再，再而三地播，他那里是不厌其烦，我这里是不堪其扰，看电视成了乐不敌苦的事情。北京人常说："惹不起，还躲不起吗？"干脆来个眼不见心不烦，关机大吉，你又其奈我何！我虽然讨厌自卖自夸的广告，但是有一个广告，虽然事隔五十年了，但我至今还能背得出广告原词，创意之独特，词句之新颖，想象力之丰富，只有超乎常人的构思，才能创作出这样空前绝后的广告词，说句"匠心独运"，绝不过分。这则广告，我当时曾经寄往你就读的中央工艺美术学院，据说你在宿舍念给同屋的同学听，同学们笑得前仰后合，说是你害得她们没有睡成午觉。如果你忘了，我愿意再提醒你一次。

那是1959年，我毕业分配到沈阳，在北市场看到了一家画像社，门口用墨笔楷书写了一则大广告，原文如下：

本社画像，任君需要，保证作到：

少可变老，老可变青年；

男可变女，女也可变男；

眼睛可大可小，眼皮可双也可单；

眉毛可长可短，脸型可尖也可圆；

酒窝随意添。

怎么样？这种匪夷所思的奇文，不仅妙笔生花，且是空前绝后，绝非我能杜撰得出的，至于画出来的像，是你不是你，像你不像你，则非画像者负责，广告写得明白，"任君需要"，顾客自选，"像责"自负，怨不得旁人！此文还有一特点，那就是意识超前，现在许多女孩子醉心"整容"，花许多钱，受许多苦，还要冒着手术失败、落得残疾的风险，做一个"人工美女"，这个"美女"，是用手术刀雕出来的，至于这个"人工美女"，还是不是你，像你不像你，也由你自负，美容手术者也是不负责的，那些自愿的变性者，当然也是"男可变女，女也可变男"，两者的区别是，前者只需一支笔，没有任何皮肉之苦，不过生活中，你还是你，美容或变性，全在纸上，可用"顾影自怜"及"画饼充饥"来形容；后者则需挨数刀之苦，要想复还"庐山真面"完全没有可能，还要有至尊好友和你"乍见不相识"以及"冒名顶替"的心理准备！

说起上述广告，我倒想起可和这则妙语惊人广告相比美的戏词。我自幼就进了戏校，受过严格的京戏训练，等到年岁稍长，多读了几本书，才知京戏唱腔美，也有《打渔杀家》《群英会》《四进士》等唱腔优美、唱词雅俗共赏、富有个性的好戏，但是也有一些移自地方戏或艺人自创的戏，实在是词句不通，俚俗不雅，用京剧术语说，就是"太水"，有的为了合辙押韵，不通得可笑，例如"马走战""马能行""将身且坐莲花宝"之类，简直让人莫名其妙。等到我学习了元杂剧和明清传奇后，才知什么是如诗如画、情真意切的好剧本好唱词。比如元曲《西厢记》长亭送别的唱词："碧云天，黄花地，西风紧，北雁南飞。晓来时，谁染霜林醉？都管是别离人泪。"真是情景如画，遣词用字都妙到绝伦，谁听了都会为之动容，黯然神伤！传奇《牡丹亭》的《游园》唱词："原来姹紫嫣红开遍，似这般都付与断井颓垣，良辰美景奈何天，赏心乐事谁家院？朝飞暮卷，云霞翠轩，雨丝风片，烟波画船，锦屏人忒看的这韶光贱。"词藻之华美新颖，情意之悱恻缠绵，堪称叹为观止，千古传唱！这些剧本，既可供剧场演出，也可作为案头文学，让人阅读。

但是我要告诉你的绝妙戏词，既不是元曲，也不是传奇，而是来自田间的地方戏，这些地方戏的作者都是民间艺人，戏词道白虽然俗，却俗得那么有趣，尽管滑稽突梯，细一想却也合乎情理，因为来自农村，所以皇帝、皇后、文官、武将全是道地的庄稼汉口吻，听来让人喷饭。"奇文共欣赏，疑义相与析"，我抄录几段河南梆子，供你一笑，这些戏词，都是我听老艺人口述给我，抄写下来，珍藏至今，先告诉你个小段，剧名不知：

　　牵马来到潼关，不知是何地面，待我下马一观，上面三个大字，潼"啊关"。

　　怎么样，够绝的吧！先别笑，更可笑的是《陈州放粮》包拯出场引子：

　　一根笏板腰里别（插入），小辫一歪就发邪（发脾气）。有人问俺名和姓，姓包名公字老爷。

　　包拯见到皇帝对白如下：

　　仁宗：下面黑漆漆一团，敢么是包黑儿么？

　　包拯：俺不是包黑儿，是他娘的谁？

　　仁宗：俺有意派你到陈州放粮，你可愿意？

　　包拯：闲着也是闲着，待着也是待着，去他妈的吧！

（唱）

　　包文拯拿着大被套，

　　陈州放粮走一遭。

　　王朝马汉一声叫，

　　老爷的胡子跑掉了。

　　包拯放粮回朝，等待仁宗宣召，其中的对话有这样两句：

　　八贤王：臣奏万岁，包黑子放粮回朝。

　　仁宗：宣他娘的上殿。

　　等到为包拯庆功设宴时，宋帝唱：

　　　这是那正宫娘娘替你烙的饼，

　　　万岁我亲自给你卷大葱。

　　如此皇恩浩荡，包拯怎么不感激涕零！这样的布衣君臣，堪称礼贤下士的平等楷模！你一定会说，皇帝的御宴再怎么简陋，也得八盘八碗吧，完全是夸大其词的逗笑。其实不然，你如果去过中原山区就知道，那里的农民，从前很苦，平日只能喝点棒面稀粥，能吃上一顿高粱面的饼子，那就是上等佳肴，至于燕窝鱼翅，更是闻所未闻，连做梦都梦不到。我有一位忘年交姚老先生，1950年他曾在平谷山区一所乡村中学任教，他告诉我一个笑话，大可和皇后烙饼、皇帝卷葱前后呼应，据说是姚老先生邻村的真实故事：

　　某村的村长，为人热情，办事认真负责，经常召集村干部开会，因为没有办公地点，就借他家作为会议室，一开会往往错过了晚饭时间，村长就叫村长夫人包饺子请客，这也是村长笼络村干部的一种手段。一次村干部为了表示感谢，对村长夫人说："村长非常能干，将来一定会高升，说不定会当总统。"村长夫人问："什么是总统？"村干部说："就是从前的皇帝。"没想到村长夫人气急败坏地说："不行！不能当总统！"村干部问："为什么？"村长夫人回答："你想啊，当个村长，五六个人的饺子，我都忙不过来，当了总统，那得有多少人吃饺子，还不把我累死！"怎么样？足可博你一笑吧。

　　还有一段《孟子见梁惠王》的陕西梆子唱词，比皇后烙饼、皇帝卷葱还绝，令人拍案称奇的是，完全用地道的庄稼汉语言注解《孟子》原文，毫不牵强附会，幽默诙谐，令人忍俊不禁，为了让你对照比较，我将《孟子》原文附在唱词后括号内。

梁惠王唱：

梁惠王泪巴巴，叫一声孟二哥你上前听咱的话，（梁惠王曰）

老子，当年谁不怕！（晋国天下莫强焉）

这句话，瞒不过你老人家。（叟之所知也）

到如今，咱当家，（及寡人之身）

东边和那山东老儿打一架，（东败于齐）

丢了咱一个大娃娃！（长子死焉）

西边与那陕西老儿打一架，（西丧地于秦）

丢了咱一个二百二，又一个四百八！（七百里）

南边与那湖广蛮子打一架，他要咱尊他声爸。（南辱于楚）

真羞煞！（寡人耻之）

咱今儿要想一个报仇的方法，（愿比死者一洒之）

孟二哥，你的高才，请你说了吧。（如之何则可）

真是妙语解颐，已达到翻译界所谓的达、诂、顺最高境界。

兄张伍

2010 年 12 月 6 日

明明：

要是问你，什么对老北京人影响最大，印象最深，该怎么说呢？先别回答，仔细想一想。如果我告诉你，既不是金碧辉煌、宏伟壮丽的故宫，也不是美轮美奂的颐和园、北海、天坛、景山等皇家园林，更不是霓虹闪烁、商店鳞次栉比的王府井和高楼林立的金融街，你就该问那是什么呢？其实就是那极不显眼、市俗化、平民化的庙会。凡是老北京，无分贵贱，不论阶级，"庙会"在他的心里，都有着特殊的地位，因为每一位老北京人，都在庙会中度过他快乐的儿时，可以说是庙会的精神已浸润到他的脑髓里、血液里，甚至对他的性格成长，都有着很大的影响。比如老北京人的达观、幽默、含蓄、语言诙谐、爱交友、好客套等性格特点的形成，庙会也都有着不小的作用。

庙会，是我国城乡特有的一种集商业、文娱、消闲于一体的集市，往往借助佛、道两教的寺庙举行。据说源于古代的"社祭"，所谓社祭，就是祭祀土地神的地方，古代称为土谷祠，以后叫作土地庙，是个很古老的习俗。唐朝诗人张演在《社日》一诗中云："鹅湖山下稻粱肥，豚栅鸡栖半掩扉。桑柘影斜春社散，家家扶得醉人归。"

北京的庙会始于何时，未见详细记载，据传源于辽代，"上巳春游"就是。明人刘侗、于奕正所著的《帝京景物略》中《东岳庙》云："三月廿八日帝诞辰，都人陈鼓乐旌帜楼阁亭彩，导仁圣帝游。帝之游所经，妇女满楼，士商满坊肆，行者满路，骈观之。"清人于敏中在《日下旧闻考》中说："都城隍庙，以每月朔望及二十三日有庙帝市。市之日，陈设甚夥，人生日用所需，精粗毕备。"从文中知道，明清时，北京的庙会就热闹非凡了。

北京的庙会是东西南北城都有，日期从一日至十日都安排得满满的，周而复始，循环反复，不用登广告，北京人都知道。每月逢三是土地庙，逢四是崇文门外的花儿市，逢五、六是白塔寺，逢七、八是护国寺，逢九、十、十一、十二是隆福寺。这些庙会除崇外化市外，都是各庙宇每逢节日或所奉神之诞辰，商贾小贩也乘机设摊售货，相沿成习。一九三〇年北平市政府将庙会日期由农历改为阳历。此外还有定期开放的庙会，如：三月三日的蟠桃宫，正月初一至十九日的白云观，正月初一至初十的大钟寺，正月初一至十五日的厂甸以及四月初一至十五日的妙峰山娘娘庙，都是北京人必游的地方。在每月例开的庙会中，尤以东城的隆福寺和西城的护国寺最负盛名，人称"东西两庙"。清道光时学者杨静亭就在他影响很大的《都门杂咏》中《竹枝词》中写道：

> 东西庙（东曰隆福寺，西曰护国寺）
>
> 东西两庙最繁华，不数琳琅翡翠家。
>
> 惟爱人工卖春色，生香不断四时花。

白塔寺以地处阜成门大街通衢要道，再加上那尼泊尔式高入云霄的大白塔，大有后来居上之势，与东西两庙，成鼎足三分。白塔寺始建于辽代寿昌二年（1069），原名大圣寿安寺。元至正二十八年（1368）遭雷电击坏，明天顺元年（1457）奉敕重建，赐额妙远寺沿用至今。但寺却因塔俗称白塔寺，本名反而湮没。白塔寺还有一个传说，甚为有趣，顺便抄上一段父亲老友著名报人马芷祥老伯在他的名著《北平旅行指南》有关轶闻：

> 昔时白塔忽裂成两瓣，海眼中水浸浸然溢于塔外，都中人皆大恐，附近居民尤甚。匠人以塔巨，无术以葺，寺僧束手无策。市中忽来一老人，持大钟，负铁锯，口呼锯大家伙于庙之左右。人问之则业锯缸者，授之破坛令锯。

老人笑曰：我锯大家伙耳。易于巨缸，老人犹小之。市人怒曰：偌大缸老奴犹嫌小，白塔体巨大，今裂矣，如何不锯之？老人诺而去，市人莫不匿笑之。是夜忽闻塔上有声叮叮然，若锯之者，庙中人群异之。及天明则塔已缝合上，有大铁锯数枚，塔身围大铁箍三匝匝焉。今铁锯已无，铁箍犹存，盖老人即鲁班之化身耳。

民国时期有署名徐国枢的诗人在《燕都续咏》组诗《白塔寺之七铁箍》云：“佛说因缘一缝开，结缘因待有仙来。玄机妙算无人识，七铁箍成亦异哉。”这几道铁箍，我青年时期尚在，二十世纪六七十年代，白塔寺大修，铁箍遂不复存在，不过也带走了一段美好的传说。

信过长了，先写到此！

祝新年好

兄张伍

2010 年 12 月 23 日

伍哥：

白塔寺年前的那个热闹劲，用摩肩接踵来说，一点也不过分。你讲历史，增加了我对它的理性认识。那时候我十来岁，对历史掌故没有兴趣，吃的和玩的是我第一需要。我爱逛白塔寺，就是喜欢那人挤人的热闹劲。一进门的右手边有个卖绢花的小摊，插着许多通草做的头花，还吊着小花骨朵，总让我想起舞台上的青衣花旦。另一些绢花，花心还撒上玻璃粉，阳光下闪闪发光，60 年前，那可是稀罕得很。我总是站在那儿流连忘返。

今年的圣诞，我没有特地去看灯，不论白宫前面的灯，还是摩门教堂的灯，都没去看。不过，动了心，本想去纽约看橱窗灯饰，没找到伴儿，就算了。儿子带了孙儿孙女去墨西哥度假，我就在家照看小猫和小狗。我请了我的画友到家里来聚会，大人孩子一共二十位。平日不常见面，有事就发个短信，打个电话。天气好时，我邀了画友到户外画写生，天冷了就不行了，所以大家有一阵子没见面了。甭管怎么说，人多过节才热闹，哪儿的节日都一样。朋友中画国画、写书法和篆刻的有毛戎老师、王纯杰、靳杰强、孙宇明；画西画的有傅铎若、韩金晨、张京媛、黄晓波、庄晓丽、蔡德诚等。（还有一位画甲骨文的彭查理和画抽象画的李洪涛，没能出席。）大家围在一桌，谈笑着，交换书画界的新闻和轶事。

这里的画家除了作画、书法之外，还要必有另一个职业是可以领工资的，有些画家在校教书，或开设画室授课，用剩下不多的时间进行创作，有了一定数量的画就办展览。有些画家、书法家，经常到学校、社团、图书馆、博物馆去表演中国画和书法，借此向美国人和华人的后代介绍中国文化。每年的中国春节，许多团体组织庆祝活动，在大商场、学校和图书馆里你会看到武术、剪纸、写春联、民族舞的表演，而书法和国画的表演，你就一定会看到我的这些朋友的身影。他们都在做文化的传播工作，不求名，不图利，全凭一份对中华文化的爱心。

王纯杰获第16届"全球中华文化艺术薪传奖"，10月去台湾，接受"立法院"院长王金平颁发奖杯，前"考试院"院长邱创焕颁发证书。今天傅铎若大姐告诉我：她的两个雕塑，一是赛珍珠的半身像，另一个是佛利尔·沙可乐美术馆前馆长汤玛士·罗覃的头像均被佛利尔·沙可乐美术馆收藏。年纪最轻的庄晓丽最近也以一幅野外油画写生获奖。和这些朋友在一起,我很受启发,一年来我的画也大有进步!

其他人的画我以后慢慢介绍给你。

今天小雪,像筛糠似的,没成气候。不过,纽约大雪,我们这儿很冷。

新年就到了,上礼拜和蓉妹一家、小弟一家去吃了晚饭,挺想和你去吃火锅,热热乎乎的多好!

祝新年好

明妹

2010 年 12 月 27 日

明妹:

行!你来北京,我陪你吃火锅去。

关于白塔寺,我要和你聊的,不是那个超脱尘世、木鱼轻敲、青灯黄卷的世外禅林,而是红尘喧嚣、商贾云集、游人如织的"庙会"。它包罗万象,三教九流,占卜星相,吃的用的,看的玩的,乡村的城市的,应有尽有,您钱袋囊鼓,在庙会里保管不够,您一文不名,也尽可在庙会里享乐一天,摩登的仕女和上了年纪的老太太,也都各有所需,心满意足。新的和旧的非常融合掺杂在一起,在市俗化的"尘世"中还带有一种神秘感。

咱们离白塔寺很近,每逢庙会之日,下午一放学,就和同学"泡"在白塔寺里,对那里的一摊一贩,犄里旮儿,都非常熟悉。每当庙会,从阜成门至马市桥约三里的街市,真是人头攒动,摩肩擦踵,挤满了游人,人声车声闹成了一片,刚进庙门口,远远地就听见卖"估衣"的吆喝声。"估衣"就是贩者平时从各宅门收买来旧衣服，然后再拿到庙会来卖，衣服种类，五花八门，什么都有，大褂、裙子、马褂、西服甚至还有前清的蟒袍官衣，形形色色堆在木板支的摊案上。卖估衣的吆喝，是极有特色的歌唱艺术，甲乙两贩，边拿着衣服翻来覆去让顾客看，边一唱一和如二重唱般地吆喝，曲调抑扬顿挫，词句夸张幽默，明明是一件四成新的衣褂，他硬说成是老布结实耐穿："这个哪吆唤来卖，里外三新，结实耐穿，才卖您几毛钱，就买来啵！"能招来不少顾客，只为了听"唱"围住摊子。我的京剧启蒙老师、著名的京剧表演艺术家贯大元先生对我说，伶界大王谭鑫培先生，在他的《定军山》剧中著名唱段"这一封书信来得巧"和《珠帘寨》中数太保的"跺板"，就是取材于卖估衣吆唤曲调，巧妙运用，成为脍炙人口、流传至今的唱腔！清诗人栎翁在《唱估衣》诗中云：

如山夏葛与冬裘，念旧怜新任意收。
南北摊多两小市，东西声哄四牌楼。
衣无长短量凭尺，腔接高低巧转喉。
真眼好磨看入骨，长安人海口如油。

庙门口还有一个固定的摊子，没有庙会的日期，也都在庙门口设摊，只要看到耀眼生辉的"大铜壶"，就知道这是"李记茶汤"。大铜壶是卖茶汤的独特标志，"茶汤"是北京特有的食品，用炒熟的糜子面，用开水冲沏，面上撒红糖，再加上山楂条、青红丝、葡萄干、核桃仁、瓜子仁等一些果料，就是北京人喜爱的"八宝茶汤"，茶汤摊还卖油茶、藕粉等冲沏食品。老北京管这个摊叫"茶汤八"，因为掌柜的行八，故有此称。母亲带我去逛白塔寺，总会给我要一碗"八宝茶汤"，"茶汤八"经过"文革"后，到二十世纪八十年代中期已七十多岁了，在阜成门里重操旧业，许多老顾客闻风而去，生意兴隆。民国二十四年，老报人张醉丐在马芷祥所著《北京旅行指南》赋诗《茶汤》二首：

> 沿街吆喝热茶汤，一把铜壶到年忙。
>
> 惹得孩童争购食，铜元破费爱加糖。
>
> 维持生活是铜壶，小本经营太不拘。
>
> 一碗水冲杂合面，笑他世事最糊涂。

进得庙门，头院东侧是卖山货、日用杂品的地摊，什么锅、盆、碗、筷、扫帚、簸箕之类。西侧是卖切糕、粘糕、驴打滚（豆面糕）、江米藕、牛肉饼、腰子饼、炸油墩子等食品搭棚设座摊位。庙的二院是"唱小戏"的布棚，所谓"小戏"就是"蹦蹦戏"（评戏），剧目无非是《老妈开嗙》《打狗劝夫》之类。此外，还有"河北梆子"戏棚，偶尔也有"草台班子"京戏，在这里唱一两出耳熟能详的文戏。说评书的、唱大鼓的、说相声的也在此撂地演出。二院东侧是所谓的高摊，上支布棚连成一片，能够遮阴挡雨，是妇女最感兴趣、流连忘返的地方。我有好故事，下次接着说。

祝新年好

兄伍

2010 除夕

二〇一一年兄妹两地书（十三封）

伍哥：

白塔寺在我的童年和少年时代，简直就是乐园，堪比现代孩童心目中的迪士尼乐园。虽然没有米老鼠、唐老鸭、白雪公主什么的，可是我心里的孙悟空、猪八戒、铁扇公主，能在这儿看到，不论是玩具、画片、拉洋片都少不了准备这些招徕小朋友。更何况，那些平价的小吃，母亲总是乐意买给我们吃，也和我们一起吃，望着她脸上那种欣慰的笑容，也是孩子能讨好母亲的一种满足。

适逢新旧年交替，社区里少不了也有各种欢庆活动。除夕，华人社团举办庙会，在室内有文艺演出和小吃。我想了想，选择不去，和儿孙全家去吃意大利饭店，吃披萨、通心粉，点了红酒和果汁，互祝来年平安。小小的欢乐，无限的温馨。

华府作协有个写作小组，由女作家於梨华主持，元月2日在她住的退休老人公寓大院里，一个舒适的小会议厅举行。你刚读完她的小说《焰》，称赞她的文笔好，我已转告了她。她呵呵地笑了。

於梨华年近80，比我年长，故我称她梨华大姐。她从1956年用英语写成《扬子江头几多愁》，获米高梅公司在加州大学设立的文艺奖第一名，1961年开始用中文写作，有《梦回青河》《又见棕榈，又见棕榈》《雪地上的星星》《别西冷庄园》等二十几部小说及散文出版。2010年的新书是《秋山又几重》，由台北允晨出版，书的封面庄重大方，只几条沉稳成熟的平行色带横排，就有了作者秋月寒江之美。她送我一本，签了名，递给我的时候说："这个封面印得真精致，我好喜欢！"一脸孩子般得到冰淇淋时的笑容。

她对喜爱写作的几位后来人说："你一定要热爱写作，要有天分才能。要坐下来，坚持每天写几小时的时间，集中精力，不受干扰。不要急于写成、变成网上那种粗糙的东西。写好了，要多看，要舍得删减，句子删得越多，文字越动人。"

"写小说要有故事。打开书，一开始就要抓住读者。文字布局美，一页书的文字，高低错落，有空白，不要密密麻麻一大篇。段落不要太长，不要讲理论。人物要生动，对你创作的人物，要有爱有恨，用心来写，才能打动读者。对话要活生生的，很'白'，很直接，老人小孩语气都是不同的。"

她说，参加写作小组是很有助于写作的提高的。美国最有名的位于爱荷华州写作工作室（Creative Write Work Shop）培育了许多优秀作家。她也参加过作家卡罗琳·戈登（Caroline Gordon）和诗人艾伦·泰特（Allen Tate）所办的写作班。在班上学习他们合写的书《The houseof Fiction—An Anthologyof The Sort Story》，听他们分析讲解如何写作小说，受益匪浅。

她还要大家多读中外名家的作品，学习好的作家怎样创造人物，怎样描写出不同的人物。海明威去欧洲之前的作品非常可读；

张爱玲刻画人物；琼瑶小说的故事性强，古文也好，特别吸引涉世不深的少男少女。

梨华大姐转身对我说："你父亲（张恨水）的书被说成是'蝴蝶鸳鸯派'，这是非常不公平的，他的作品总是随着时代走，抗战时期的《巴山夜雨》，写的是时代的故事，表现了作者的民族良心。"

於梨华希望这个写作小组能提高大家对写作的兴趣，她说当你进入了自己创造的小说世界，你想怎样写就怎样写时，真是其乐无穷。她留了作业，每人写个短篇小说，六个星期交稿。

瞧！我有这么好的老师，或许也能写出一两个故事给你看。

冬绥

明妹

2011 年元月 4 日

明妹：

能有像於梨华这样的资深作家给你们辅导，真是好福气。不过，你自己的努力还是最根本的。

陈一川给我录的40年代的老歌曲带子，我时常听，很奇怪的，听这些歌就会想到小时候的种种，好像某一天我听这歌时在做什么都能在眼前重现，又忽然他的身影出现，重叠着我和他谈笑正欢……见着他的时候，别忘了替我问好。他是个博学之士。

上封信说到布棚下面的"女人街"，（当然，这是我套用的现代词，那时候还不兴使用这词呢）。这里卖的东西有衣服鞋帽、布匹料头、袜子内衣、绒花料器、胭脂香粉、毛巾网布、头油及梳子篦子、化妆品、花样子、耍货（玩具），摊上摆满了刀、枪、花脸面具、大头和尚、不倒翁、弹弓、铁环、陀螺、空竹、风筝、兔捣对、刮打嘴……真是琳琅满目，百货杂陈，这里有三种东西，非常稀罕，至今记忆犹新，一种是"蛤蜊油"，是把蚌壳去掉肉，里面装上凡士林油配上香料，再把壳合上，看去就是一只只蛤蜊，环保美观，价廉物美；二是"猪胰子"，这是用动物胰脏制成的香皂，里面不掺加任何化工品，"胰子"是老北京人对肥皂的统称，大概根源于此，我并未作考证，我姑且言之，你姑且听之可也；三是"大肥子"，这东西就更新鲜了，它是一种树的果实，名为皂荚（形状像大扁豆），从前的妇女拿来作为梳头油用，抹上它，头发便油光乌黑，一丝不乱，这三种用品，非常符合当前倡导的"环保理念"，没有任何化学原料，对人体也没有任何伤害，取之自然，还之天然，值得称道。

塔院西侧连接后面一块空地，这里是我和同学最爱去的地方，有吃的有玩的，可以让你尽情享受，既可大饱口福，也可大饱眼福。小吃摊有扒糕、凉粉，有炸灌肠、豆汁儿、炸回头、羊霜肠等。扒糕有凉吃热吃两种，夏天凉吃的作料与凉粉相同，所以和凉粉同卖，吆唤是："扒糕酸辣凉粉哦！"热吃则是与炸灌肠同，蒜汁加盐，浇上即可，豆汁是一个很大的摊子，掌柜的姓什么我早已忘了，不过他的摊子很干净，用蓝布加云牙四周围上，案上置大蓝花盆，里面堆满"油炸鬼"和咸菜丝，夏天则改凉拌的芹菜段、苤蓝丁，绿的芹菜配上白的苤蓝再浇上辣椒油，绿的、白的、红的颜色搭配得协调爽目，看着就能让你馋吻大开，母亲带我逛白塔寺，总要和我在豆汁摊上喝上两碗，否则像是白来一趟庙会。豆汁儿，只有北京有，怪就怪在仅是城里人喝它，出了城圈，除了海淀因为旗人多，其余四乡八邻的人都不喝豆汁儿。豆汁儿是粉房作绿豆粉丝剩下粉渣水，经发酵而成，此物可说"面目可憎、味道可厌"，它的颜色是灰不溜秋像涮锅水，它味道闻起来又馊，难以下咽。可是当你"大胆"地硬着头皮喝下几口之后，你就会感到它的妙处，那种酸中带甜、甜中鲜美让你口齿生津，回味无穷，没有任何食品能够代替它。北京人喝豆汁儿上瘾，所以你要问一个人是不是真正的北京人，就让他喝豆汁儿，外地人绝对无福消受，就会原形毕露，百试不爽！老报人杨曼卿咏《豆汁粥》云："糟粕居然可作粥，老浆风味论稀稠。无分男女齐来坐，适口酸甜各一瓯。"张醉丐也有咏《豆汁》七绝两首云："一锅豆汁味甜酸，咸菜盛来两大盘。此是北平新食品，请君莫作等闲看。""麻花咸菜一肩挑，矮凳居然有几条。放在街头随便卖，开锅豆汁是商标。"北京还流传一首儿歌："谁要喝豆汁儿啊？还得找老西儿，酸酸的，辣辣的，酸黄菜，哼唉哟。"可见豆汁儿对北京人影响重大，所谓"一日不可无此君"，绝不是夸张之词，人们把思乡之情称为"莼鲈之思"，对北京人说应该改作"豆汁之思"才对。我要告诉你的是，北京小贩吆唤豆汁是："粥哦，豆汁粥啊。"故此有"糟粕居然可作粥"之句。另外，全国除北京外，只有河南的少数城市有豆汁，不过那里不是喝豆汁儿，而是用豆汁煮面，也很鲜美，你我在洛阳吃的"浆面条"就是。

炸灌肠也是母亲和我必吃的一种小吃，说是灌肠，并没有肠，不过是用白薯粉和红曲做成类似猪肠的条状，小贩卖时把它切成薄片，用猪油煎焦，盛在碟中浇上蒜汁盐水，焦脆而带蒜香，也是老北京人很喜爱的小吃，不过和炒肝一样的"名不副实"。老报人张醉丐先生咏《灌肠》云："粉灌猪肠要炸焦，铲铛筷碟一肩挑，特殊风味儿童买，穿过斜阳巷几条。""老饕习气总难除，食品精研乐有余。油炸灌肠滋味美，长安街畔聚仙居。"从诗中可知早期的灌肠是把团粉灌入猪肠内，后来逐渐才去掉猪肠，还不算完全的"欺名盗世"。聚仙居我虽未曾领略，但是最早的灌肠店叫"福兴居"，在地安门外后门桥畔，据说他们的灌肠，曾给慈禧进过贡，二十世纪五十年代歇业，但福兴居的厨师转入街对面的和义斋，我曾多次问津，这里的灌肠，果然不老不皮，外焦里嫩，不同凡响。

还有两种特殊的食物也是北京特有的，一种叫羊霜肠，一种叫炸回头。所谓羊霜肠，是羊肠子灌上羊血，因肠子上的油，白似霜，故名霜肠。北京称卖生羊肉铺为"羊肉床子"，羊肉床子店外，放置两条长长板凳，上搁桶装羊血，以便别的民族把不便拿进店里的食物放在凳上，买羊血交易完毕，便可以店外自取羊血而去，所以卖羊霜肠的小贩，虽卖的是羊身上的东西，却都是汉民。小贩把一条条肠子像蛇样盘踞在热气蒸腾的大铁锅里，远远就能闻到一阵膻腥气，吃不惯羊肉的人，都会避之犹恐不及，不过爱吃者大有人在，吃时加香菜、芝麻酱、辣椒油、酱油和醋，味道鲜美，但是和羊霜肠同煮的还有"羊房子"，所谓羊房子就是羊胎盘及未出生胎羊，我总觉得此事有些残忍，所以从未吃过"羊房子"。"回头"是一种清真食品，实际上是炸饺，馅是大葱和牛羊肉，但是为什么叫"回头"，我也没有搞明白，有人说是"回饨"之讹称，不知真假。老报人杨曼卿有诗咏《回头》云："光明何处苦难求，前路茫茫正可忧。座客群惊名目别，蓦然听得唤回头。"

塔院的西侧有块大空地，这是我和同学们最爱去的地方，这里有许多民间艺人在此说书唱戏，也有许多医卜星相跑江湖的，看相、算命、拔牙的，卖虫子药的，练把式带卖大力丸的……要多热闹就有多热闹。

著名的面塑艺人"面人郎"在此捏江米面人，在他的巧手捏塑下，什么"八仙过海""姜太公钓鱼""猪八戒背媳妇"一个个栩栩如生的形象，霎时在他的手中活灵活现变幻出来。

　　还有"吹糖人"的和"画糖人"的，都能让我驻足欣赏。这两种小贩也和捏江米人一样，全是民间工艺家。吹糖人的人坐在一个木架后面，架子上插着各式各样的"糖人"：小鸡、小鱼、石榴、老鼠、大肚弥勒佛、壁虎斗青蛇等，卖糖人遇到顾主时，便从小炉子上微火熬煮麦芽糖的小铜锅里，取出一块糖稀，用手捏团，团到糖稀微温，放入嘴内，用牙咬住，用力去吹，外面合上木制模子，模子分开，形象即成，趁热粘上细棍，再涂以红绿颜色，糖人便可出售。最受孩子们欢迎的便是"猴儿拉稀"，很少老北京童年时没买过"猴儿拉稀"，这是用模子制成猴形糖泡粘在细大棍上，猴足下粘一糖稀小碗，碗内盛糖水，孩子买后，高兴已极，长久舍不得吃。画糖人的也很受孩子欢迎，小贩有一个小转盘，上画各种形状，如：石榴、蟠桃、仕女、立体飞机、小汽车和小糖饼等，你转动指针，针指何物，便画何物，当然多数是糖饼，若指到立体飞机，买者便会喜出望外。画糖人小贩用长柄手勺从铜盆里擓（kuǎi）出熬煮的麦芽糖稀，趁热向抹着油的石板倾倒，边倾边画，一会儿工夫，便可画出一只带叶的蟠桃来，然后用小棍粘上，非常有趣，如果是"立体飞机"则要费些工夫，他要画机身、机翼、螺旋桨、机轮，还要粘连在一起，用细木棍一托，十分精美，所以有的地方称之为"糖画"。

伍哥

2011.1.21

伍哥：

　　你信里提到2006年，你、我还有我在初中结交的好友泰利结伴去洛阳看牡丹的事。我翻了一下当年做的记录，关于"浆面条"，只有简单的记录：用豆汁，放入热油锅煮开，放青菜、小油菜、胡萝卜丝、花生豆，入绿豆面。那天我们在真不同饭店吃的洛阳水席，所有的菜都带汤。其他的有：米酒满江红，用米酒加番茄酱，煮开，上面漂几粒米；玉条，是一种植物的根，也是只在洛阳才能吃到的；燕菜，相传武则天要吃燕菜（燕窝），厨师用细萝卜丝做的，上面用鸡蛋皮做的装饰；洛阳熬货，肝、肚、心、肺等熬的汤；洛阳鱼片，鱼沾面炸，放在汤里；酸汤焦丸，肉丸炸好，端一碗热汤上了桌，再将肉丸放进汤里。

　　在洛阳还吃过的地方小吃有炒扁垛，把粉条和团粉蒸熟，切条，用青蒜炒；糊涂面（面疙瘩汤）；煮豌豆皮。在洛阳不能不吃羊肉，所以吃羊杂烩、喝羊肉汤是必点之菜，好在我们北京长大，训练有素，这难不倒我们。

　　乘公共汽车从洛阳到开封只用了两个半小时，票价42元人民币，马路平坦，路旁种了许多许多小白杨树。开封有太多的历史遗迹，你指点着路旁的地名跟我说，这都是戏词里提到过的，没想到我会身临其境。

　　入住蓝天旅店。第一件事，我们去了会仙楼吃开封菜。你忘不了的鲤鱼焙面，面是手拉的，细如发丝，然后油炸，放在红烧黄河鲤鱼的上面，人民币38元一份。不过我觉得炒红薯泥有意思，先把红薯蒸熟，打成泥，另用油、蜂蜜、糖三者拌成汁，锅热后把此汁放进去，再倒入红薯泥炒。炒小油菜美其名曰"江南绿"。凉菜是豆腐干和红枣，汤包则是开封出名的一道主食了。

当晚，我们去逛夜市。一拐进那条步行街，就热闹起来。只见马路两旁，摆满了各种小吃摊贩，支着大锅，锅里滚沸的汤汤水水，热气腾腾，烟雾缭绕。我们很兴奋地挤在人群中，沿着摊贩一路看过去，卖的大都是本地食品：刀削面、胡辣面、馄饨、锅贴、牛羊肉、羊蹄、肝肺汤、红枣百合粥、八宝粥、山楂汁。有的黑乎乎一锅，不知是什么，为了安全，我们只尝看得明白的小吃。

摊贩的后面有许多桌子和凳子，要买了食物方可入座。你发现一位手抱吉他的卖唱姑娘，正沿桌向客人招徕生意，有的客人很不耐烦。你不忍，就跑去买了一碗甜糖水，找个座位坐下，请那姑娘过来随便唱一曲。问她哪里人，回说安徽，你说我们是同乡，请唱个黄梅戏吧。她唱了《天仙配》和《打猪草》各一段。你给她20元，她怯懦着不好意思收取。她说是三个姑娘一起从农村来，合租一处，月付300元，白天去上班，晚上出来唱，收入比在工地打工的丈夫挣得多。她的道具是一把吉他，一个戴在头上的小话筒，一个手提式扩音机，还有一份塑料膜包着的歌单。

你望着她离去的身影，面色微哀地说："已经比月容（注：家父小说《夜深沉》里的女主人公）先进多了！"

这一幕，我印象很深，一晃的工夫，都过去5年了，不知那位姑娘有没有回家乡？

祝好

明妹

2011 年元月 12 日

伍哥：

你说"炒肝"是"名不副实"，我有同感。以前母亲带我去西四牌楼的一家小铺去吃"炒肝"，端上来一看，第一，它不是炒的，是一碗很浓的羹。第二，它的内容以几片肠为主，一两片肝而已。不过很好吃，我每次回京一定得去护国寺小吃店吃一碗。

你说的这些北方人吃的羊肉、羊肠，南方人是不大问津的。我曾和一个旅行团去新疆，导游特别给那些南方人说明，羊肉是新疆人的主要肉食，请大家好歹品尝一下。

我去过希腊，那个古国山多平原少，羊是很主要的肉菜。他们用山羊奶做的奶酪里是不含胆固醇的，而且用个陶罐盛着，看着那装饰就有食欲。我的老板是希腊人，我和他一起出差时，他就带我去看古迹，也总是带我去吃烤羊肉。在离雅典一小时车程的山里，有这么一个小镇，小镇的主街上，有这么一个家庭饭馆，烤羊肉相当出名。小店坐落在主街的十字路口上，一个石砌的灶，就把守在路口最显眼的地方，老远，车子一拐进镇子，就会看见那个灶，明火碳烤的羊肉，香气四溢。灶的旁边是饭馆，可是人们喜欢跨过石头马路，到户外的座位来坐，葡萄架下，摆了桌椅，点上蜡烛，人们望着星星月亮，闻着花香，喝着啤酒，吃着香、嫩、软、滑的烤羊肉。那滋味叫我终生难忘。

除了烤肉，也配沙拉和面包。沙拉酱只用醋（葡萄酿成的）、糖、盐和橄榄油调成。面包也是沾橄榄油吃。橄榄油不含胆固醇，地中海的橄榄油也是出了名的。

回美国后，我去了这里的希腊饭馆吃烤羊肉，哎！真是和那小山城的烤羊肉大相径庭。

我和你一同旅行时，是走到哪儿吃到那儿，见什么吃什么，如果只是我一人出门，就没那么随心可意了。某年去约旦出差，休息的那天，一个人跑到外面去玩。有个说英语的导游，带我去看古迹，买纪念品。我说要看看当地人的生活，比如，他们在哪里喝茶。他带我去了市场的一头，一片空地上，支了一个毡棚，棚里一个小炉子，烧着挺大的火，铜壶里煮着开水，火边还放有中东人抽的水烟壶若干。走进毡棚避风，立刻暖了许多，周围有木板和砖搭的长凳，上面盖了毛毡，算是座位。我就在这儿喝过地道的约旦茶。如今，只记得那茶小小一杯，是又浓又涩，色重如咖啡。

我的伊朗女友阿提菲，经常给我煮茶。她们用一个茶壶放入茶叶，注入开水，再把这壶茶放在另一盛有开水的容器上熏5分钟，这才加糖喝。

下次再谈

祝好

明妹

2011 年元月 18 日

明妹：

你的零碎回忆，都给我许多想象空间，蜻蜓点水也好，骑马观花也罢，读万卷书，行万里路，相辅相成，能深入当然是必要的。

上封信说了白塔寺的小吃。除此之外，这块空地，还有许多艺人在此表演，据我记忆所及，有马贵宝的摔跤，常荫泉的评书《三侠剑》，兰剑舒边卖药还带正骨，在这些走江湖卖药作艺者中，还夹杂着点痣的、摸彩的、套圈儿的，还有一家卖胡琴的摊子，这位卖琴的摊主，从早到晚都在那里拉胡琴，琴声代替了叫卖，很少休息，不过这位制琴家兼奏琴家又兼售琴家，拉了一辈子琴，琴声咿哑，总也没成个腔调！

后院中有一个无人不知、无人不晓的演出团体，那就是艺名"大妖怪"及其妻女的滑稽京戏。据说"大妖怪"原来在天桥和"天桥八大怪"之一的"云里飞"合作，"云里飞"死后，就单独挑梁在庙会撂地，"大妖怪"脸上抹白粉，戴个头箍，箍后拴个翘小辫，两只眼睛永远像喝醉了酒似的布满红丝，"大妖怪"不仅能拉会唱，他们团体里的艺人，个个全才，一人身兼数职，生、旦、净、末、丑行行全会，真是所谓"六场通透"。角色刚下场，立即就是"场面"（乐队），手上打锣，脚踩铙钹，每人都是同时打两三样乐器，服装行头极为简单，便服上场，头顶一个纸糊的纱帽，帝王将相，才子佳人，贩夫走卒，全是他，唱着半截，能和观众即景生情地搭话，逗得观众哈哈大笑，演出就算成功了！还有一位艺名"小蜜蜂"（本名张秀峰）在此唱过"西路蹦蹦戏"，后来改唱滑稽大鼓，以长篇《刘公案》享名，很受听众欢迎，我也听过数次。除了"大妖怪"为白塔寺庙会一绝外，还有一个更绝的，那就是"活动电影"，这是绝无仅有的庙会特产，你可听明白了，所谓"活动电影"是没有"电"的"影"，它是一座黑布围起来的方形帐篷，里面挂有一块三尺方的破白布，帐篷外两侧各放长凳，观众坐在长凳上，睁一眼闭一眼，贴着圆洞往里看。"电"影放映时，小小的放映机上有一面大镜子，通过太阳光的反射映像，每一次放映不超过四分钟，片子是老得不能再老，没头没脑地剪那么一截无声影片，"放映员"边放映边高喊："赛活的，快来看，大闹酒馆啦！"其实喊的内容与放映的影片是风马牛不相及，毫无关联，观众大都是小孩，花个极少的钱，看个影子乱动，也能招一乐。如果是下雨天或是阴天，天公不作美，没有"电"，"影院"只好关门大吉，等有了太阳，再来看"赛活的"。这样的匪夷所思之事，说给现在的孩子听，一定认为我是胡编乱造，说实在的，我真没有如此丰富的想象力，凭我是杜撰不出来的。不过，千万不要小看庙会的撂地艺人，他们潜移默化的教育功能，远非教科书所能达到的。二十世纪三四十年代，教育不普及，不要说农村，就是城市里卖力气的劳苦大众，他们也都是没有上过学的文盲，因而他们就在庙会艺人那里，获得了历史知识、文学营养和驾驭语言的能力，不仅如此，这里对他们的道德规范和价值观的形成，也是影响巨大的。可以这样说，这既是城市平民的生活乐园，也是市井贫民的知识课堂！

庙的后门元宝胡同是鸟市，这里卖鸽子、兔、小金鱼以及梧桐、画眉、百灵、交嘴、老西儿等鸟和蛐蛐、蝈蝈、油葫芦各种秋虫，偶尔还能看见一些卖驴、骡、马大牲口的贩子。有意思的是，他们每人手里拿块大毯子，有买者来了，用毯子盖着两人的手，嘴里不说话，用他们的手讨价还价，只见他们时而摇头，时而皱眉，甚至跺脚，如果成交，两人莞尔一笑，撤毯放手，走到一边交钱，你说怪也不怪！

白塔寺的西门夹道，则是出售鲜花之处，四时各异。如果说庙会是热闹的、喧嚣的，这里就是安静的，那边是市俗的，这里是文雅的。这里的"花把式"都有极高的莳花本事，各种花木都栽培得极好，逛花市的人也和庙里的人截然不同，大都是文人墨客，他们静静地欣赏和挑选着花木。父亲嗜花如命，写作累了，他会让我跟着去买花，春天父亲会买一些碧桃、榆叶梅、西府海棠、芍药等春天开的花，夏天则会挑选荷花、晚香玉、美人蕉、西番莲等，秋天自然是挑选他最喜爱的各种菊花了，新年前夕，父亲会买数盆梅花和水仙，因为父亲常去，卖花的把式看父亲来了，都很客气地招呼："张先生，您来了，今儿个您挑点什么花？"置身于姹紫嫣红的花卉中，几乎忘掉身处闹市中。如果说和母亲逛庙会是大饱口腹之欲的物质享受，那么和父亲逛庙会则是美的教育的精神陶冶。

那个新旧杂陈、市俗而又带点江湖秘笈的白塔寺庙会，真令人怀念。

即颂

妆安

兄张伍

2011 年 1 月 23 日

伍哥：

你别说，那蹦蹦戏和滑稽京戏，我真看过不少次呢。"大妖怪"的剧团水平不差，而且不是"山寨版"，不过是没有机会登"春晚"，套上华服，配上五光十色的彩灯动景，得把许多"星"呀、"帝"呀比下去。人的一生，机遇和成败实难预料。

华府已经进入严冬，中国农历24节气对这里也是准确的，正是大寒季节。今早八点钟，我看了窗外的温度计，指示为华氏28度，即摄氏零下三四度。

住在这里的华人商店，早已打出各种广告，为迎接兔年宣传。华人的各种组织，学校和团体也将会有集会、文艺演出、联欢会等等。在马州有一个商场，多年来一直在春节期间给华人提供场地举行庆祝活动，包括小型的亚裔书画展、中国民俗展、武术太极拳表演、书法家写春联等。我的几位画友皆是热心人，还带着他们的美国学生上台表演。

我加入武馆拜师学太极拳，已有两年多的时间，教练裴康凯也常带着学员去表演武术，耍龙等。裴教练擅长杨氏太极，他的夫人张桂凤教练幼年和李连杰是师兄妹，和同一师父学艺。他们的两位千金均从小受训，国际武术联合会2010年12月在新加坡举行青少年大赛，大女儿裴瑛荣获一枚金牌。说起我的太极拳，已经学会杨氏全套103式，通过考试，晋级桔色腰带。我每天都会打一套，算是锻炼身体。

遵你的嘱咐，每见到陈一川，都代你向他问候。我曾向陈一川表述过我的心情，年纪大了，懒得去人多的地方凑热闹，连看电影听戏也难得去一次，美其名曰学会放弃，其实心有不甘。于是，一川引经据典地宽慰我，他说：

"为学日益，为道日损。损之又损，以至于无。"

"做学问，读书，每天都有进步是好的。人要'悟道'，提升自己的道德修养，就要舍掉人间的东西，你再放弃多一些就'得道'了！"说罢两人哈哈大笑。

昨天，我们几个朋友聚会，又和陈一川伉俪见面了，在座的还有韩秀和夫婿杰夫、夏劲戈伉俪、夏瑞昌李宪伉俪等人。大家都记得你，我也替你问候了。

落座，大家从喝香槟酒谈起，几样小菜的做法、餐具的摆设、瓷器观赏、桌布的选择，转入读书的心得、中文书和翻译的外国文学作品的选读，又从希腊、罗马文学谈到俄国文学、日本文学……在座的都是饱学之士，熟读古今中外，我只有敬陪末座，洗耳恭听的份儿。对我而言，可用得上"为学日益"啦！

你今年做了腊八蒜吗？就到腊月二十三了，北京还有"糖瓜"吃吗？

也许，我应该回北京去过个年，重温童年的梦！

祝好

明妹

2011/1/24

明明：

北京至今也没有下雪，江南的杭州、上海等地，倒下起了大雪，岂非怪事？因而在胡同里打"冰出溜"，滑自制的木板钉"豆条"（北京土话"粗铁丝"）的"冰车"，已成了梦中的回忆。再过几天就是农历年了，中国人最大的节日，想起了2001年在华盛顿过的圣诞节，因为是我第一次在国外过洋节，虽然已是十年前的往事，但仍然记忆犹新，宛如昨日，家家户户挂彩灯，摆放圣诞树。平安夜我们去教堂看教徒做弥撒，尤其是听唱诗班在管风琴伴奏下合唱的圣母颂及赞美诗，真的有一种超凡脱俗的心灵净化！不过我还是更喜欢过中国的"年"，尤其是在北京过年，它虽然也有宗教色彩，但是更多的却是它的市俗化、红尘化和人情味，这些糅合在一起，就变成了一股独特而浓郁的"年味"，虽然俗，却俗得那么有情趣，那么有风韵，因而大家就都"未能免俗"，按照《老妈妈经》的约定俗成条款，分毫不差地"过年"。北京有首儿歌，把过年所要做的事，叙述得非常清楚：

老婆老婆你别馋，

过了腊八就是年。

腊八粥，喝几天，

哩哩啦啦二十三。

　　二十三，糖瓜儿粘；二十四，扫房子；二十五，炸豆腐；

　　二十六，炖猪肉调羊肉；二十七，杀公鸡宰母鸡；二十八，把面发；

　　二十九，蒸馒首；三十晚上熬一宿（音 xiǔ）；

　　大年初一去拜年："您新禧！""您多礼！""两手白面不揣你，到家给你父母道新禧！"

　　所以说，一进入农历腊月，就算是拉开了"年"的序幕。年的第一个高潮，也就是农历十二月的初八日，这一天北京人都要喝腊八粥，关于腊八粥，众说纷纭，莫衷一是，不过大多数人都比较认同纪念佛祖之说。近人崇彝在《道成以来朝野杂记》一书中云："十二月初八日为浴佛日，各寺观煮粥供佛。"《燕都游览志》说帝王"十二月八日，赐百官粥"，以后流传民间，家家户户争相效仿。

　　北京的腊八粥，有粗细之分，凡是杂米相掺，豆枣同煮，待出锅前，放些果料、青丝、红丝，撒上红糖、白糖即可，就是粗粥，细粥则不然，那可讲究多了。据北京古老传说，腊八之日，雍和宫怎样为皇宫熬粥？豫王府的腊八粥名冠京师各王府之首，是怎样的味道？因无文字记载，已不得而知了。但是多尔衮的十三世孙金寄水先生是我的忘年交，他的尊翁是承袭睿亲王之爵位的。寄水先生童年，虽已是辛亥革命之后，但是百足之虫死而不僵，关起门来，他还是过着养尊处优的"少王爷"生活的。据他告诉我，熬腊八粥在睿王府是一件大事，由太福晋（他的祖母）率领仆妇们从腊月初三就开始忙活，王府的四大间正大殿，升上四五个头号大白泥炉子，炉火熊熊，室暖如春，仆妇们淘洗粥米的，剥果煮豆的，各执其事。太福晋则事必躬亲，系上围裙，亲自指点，一一过目。细粥的粥米约有十种：莲子、芡实、菱角、薏仁、粳米、江米、黄米、大麦米、高粱米、小米，然后用熬成的红江豆，红小枣两种汤煮上述各种米，耐火的先煮，易熟的后放，要熬的粥色纯红，不见一豆，必须文火慢熬，才能成"细粥"。粥熬成，就要放粥果，粥的甜美，全在粥果，计有：密云小枣（剥皮、去核）、栗子、青梅、琐琐葡萄（白葡萄干）、糖渍樱桃、杏仁、榛仁、松仁、核桃仁、瓜子仁、花生仁等，要把这些"仁"洗涤漂白，一部分用红曲染红，在粥面上摆成吉祥图案，真是百果杂陈，五香十色，既好看又好吃。腊八一早，将那些细瓷小碗盛上细粥，分供佛殿、家庙。然后，粥盛瓷罐，果摆攒盒，馈送亲友。而且还配四样粥菜，四样点心。粥菜是山鸡丝炒甜酱黄瓜丝、山鸡丁炒粥果（核桃仁、杏仁、松仁、花生仁、琐琐葡萄）、兔肉丁炒榛子酱、香菇爆面筋；点心是猪肉干菠菜馅的提折包子、枣泥方脯、火肉（火腿）烧饼、玫瑰黄糕，另外，还要送两棵大腌白菜，这些食品，装入圆笼，派人务必在当日午前送到。金先生形容的粥菜和点心，让人馋涎欲滴！不过在二十世纪八十年代中期，寄水先生总会柬邀我及其二三知己，到他家过年，而且由他亲自下厨，上述几样菜品，我大都尝过，王府佳肴，果然不同凡响，且是货真价实的"睿王储"亲自掌勺，令你羡煞吧？腊八这天，还有一件事必做，那就是"泡腊八蒜"也叫"腊八醋"，把蒜瓣洗净，用瓷罐或玻璃盛醋泡蒜，然后密封起来，等到除夕之夜，吃饺子时，再启封罐子，说也奇怪，一只只的蒜瓣变得翠绿，尾尖露出嫩嫩绿芽，煞是可爱！吃起来蒜瓣微酸带甜，醋则酸带微辣，所谓"腊八醋儿胜屠苏"了。咱家初到北平那两年，我在胡同里，还看到腊八那天，不少人手提圆笼，行色匆匆地赶着去送腊八粥，一方面是礼节，另一面则也有争奇斗胜的心态，凡事讲个人情，也得讲个"面儿"。这就是北京人。

一说起过年，我的话就来了。不过现在我得和你嫂子一块去买年货，回头再接着写。

再聊！

兄张伍

元月 29 日

伍哥：

小弟今早乘机回北京过年去了，明天就会和你和二水哥见面，你们哥几个可以围炉话旧，热闹过个兔年。

我在美国住了三十几年，那种思乡的情结中，最大的一个就是中国年前前后后那一段时间的忙碌、热闹、亲人团聚、好友重逢，说不完的故事，吃不尽的美食，看不完的好戏连台。这"年味儿"是乡愁中含欢乐成分最多的，不会因我离家日旷而生疏，反而时间越久越在心中扎得深，像陈年老酒，品起来甘甜、醇厚。

你信中所述的睿王府腊八粥种种，叫我惊奇不已。以前你也向我提过，没怎么在意，如今白纸黑字仔细读来，可真了不得。十种米熬成的细粥，堪称现今的健康食品，我收到友人寄来的食疗菜单，其中一味就是用十种米熬粥，天天吃一碗，你就无灾无难活得长久。说到这儿，我起身去翻书，随手抽出1962年北京出版的《清代北京竹枝词》，里面没有腊八粥。我倒意外发现，书中的分类，赫然有"时尚"一类。我还以为这词是现代年青人发明启用的呢，真是孤陋寡闻！

农历兔年初一是这个星期四，上班的人家就难得在三十晚上守岁。于是这个周末和下一个周末，便成了华人欢庆农历年的热浪高峰。我的许多朋友是画画的和写书法的，他们会有书画展出和书写春联的活动。毛戎老师的墨云山社有活动。30日的早上，他们与华府侨教中心联合举办"万里同心、全侨一家——迎春挥毫赠春联"活动。下午在盖城鲍尔公园活动中心举行年度新春书画展的茶会。我约了蔡德诚一起去参加。

会上毛戎老师说，墨云山社由他和王纯杰发起，已经成立了16年，以中国书画为主，每个周六都有书画练习，从未间断。本来的名字是HARMONY，音如"翰墨"，是和谐的意思。他希望通过切磋书画广交朋友。毛老师积极推广中华文化，也是大华府京剧社的骨干之一。他也是坐七望八的人了，只要他能力所及，他都不推辞，这里一结束，马上他又要去慈济写春联。我组织今年5月将在安徽举办的"龙在天涯书画展"，他也是热心支持的画家之一。

窗外仍是白雪遮盖着草地，真希望能分给你一半的雪。你那里就不干旱了，我这儿也不会出门难了。

兔年吉祥如意

明妹

2011 年 2 月 2 日

明明：

过了腊八，在"沥沥拉拉"的日子里，市民们就开始忙碌购买年货，首先映入眼帘的是画棚和写对联的摊子。早在清中叶嘉庆时诗人得硕亭在组诗《草珠一串》有云："西单东四（东四牌楼西单牌楼皆极热闹，故俗名西单东四）画棚全，处处张罗写对联。手摺灯笼齐讨账，大家收拾过新年。"按北京旧俗，腊月十五日开始就有画棚出现，清末富察敦崇《燕京岁时记》在《画儿棚子》云："每至腊月，繁盛之区，支搭席棚，售卖画片。妇女儿童争购之。亦所以点缀年华也。"除固定画棚外，也有身背包袱串胡同卖年画的小贩，抄本《一岁贺声》云："画咧，卖画。"注云："卖杨柳青大小张画，俗呼'卫抹子'，以苇箔夹之，肩负。"除了天津杨柳青年画外，北平市上还有河北武强木板年画能与杨柳青争一日之短长。至于山东潍坊与苏州桃花坞的木版年画，则未曾得见，不过上海的"月份牌年画"倒也颇受欢迎。我童年时，很喜欢杨柳青的"娃娃戏"和"耗子娶媳妇"木版年画，好像年年都要买。过了腊月十五，胡同里便会响起童声吆唤："卖草卖料咧！"这是穷人孩子利用年前，卖点祭灶用的祭品，挣点小钱，小孩挎的小篮里，摆放着一份份的干草和豆料，这是祭灶时为灶王所骑毛驴的供品。

腊月二十三俗称"小年"，是腊八后的又一个年前高潮。这一天要祭祀"一家之主"的灶王爷，北京人有"男不拜月，女不祭灶"之说，祭灶是家中男人之事，妇女是不能参加的。北京儿歌云："灶王爷，本姓张，一碗凉水三炷香。今年小子混得苦，明年再吃东关糖。"可见灶王平时清苦，上供只凉水一碗而已。至于灶王是什么典籍上记载姓张，只好说一句"恕我腹俭"，无从查考。所谓关东糖，是江米所制，源于东北。前清，每年冬季，东北客商从关外贩来关东糖、关东烟、吉林松子等东北土产。祭灶所用的"糖瓜"，分有芝麻和没芝麻两种，用关东糖做成甜瓜形，中心是空的，大的是倭瓜形，重有一二斤，殷实家庭，也有供南糖的，所谓南糖，或是用芝麻或是用花生仁，用冰糖熬制而成。

灶王像分"单座"和"双座"，商店供的是灶王单人相，住家户供的是灶王爷和灶王奶奶俩人相。不管是"单座"或是"双座"，旁边都有一匹不知是驴还是马的坐骑，由于平日缺食少料，所以瘦弱得比狗还小，真奇怪灶王和灶王奶奶两个人骑着它，愣没把它压趴下，速度还挺快，从二十三至三十晚上，仅仅七天，就能从天庭回到地上，还不知天宫是否还在太阳系中，若是在别的恒星系里，简直比光速还快！供品中的草料就是给它上供的。上祭时，主祭人点上香，念念有词，好话多说，不好话少说。所谓"辛甘臭辣，灶君莫言"，然后用关东糖在灶口上一抹，表示将灶君尊口封住，俗话说"吃人家的嘴短，拿人家的手短"，吃了你的糖，被你封了口，自然是"上天言好事，回宫降吉祥"了。咱们家不信宗教，没有这些礼数，看到同学家里，那种"祭神如神在"的一本正经，心里未免好笑。不过还有件事，至今仍让我感到有意思。贪污受贿，古来有之，不过行贿的人，受贿的人，都是袖来袖去，暗中交易，见不得人的。像灶王这样堂而皇之地公然受贿、行贿之人，虽是在夜色朦胧之中进行，但也是高烛煌煌，毫不掩饰，说得是"明火执仗"，尽管行贿受贿只是一盘价廉物劣的关东糖，但还是有玷声誉，似乎不值。但再想，是小人而不讳言小人，总比满口仁义道德，背地男盗女娼要强，这样也就释然了！不过要告诉你的是，安徽潜山家乡的"小年"，是腊月二十四，父亲曾于1958年赋诗《潜山春节》（十首）其一是：

廿四①风晴好晚天，家家坟上响千"边"②。

灯笼燃烛门前挂，迎接"先人"③过小年。

父自注：①廿四，谓过小年。是日须家家迎接祖宗来家过年。

②"边"，即爆竹也。

③"先人"即吾乡所谓祖宗也。须办三牲并备爆竹，向附近坟山迎接。若是过远，是则不请，但悬起灯笼迎之。家中祖先堂上，只办三牲，放"边"一挂焚香礼拜。

北京还有一首关于过年的民谣："送信儿的腊八粥，要命的关东糖，救命的煮饽饽（即煮饺子）。"意思是喝了腊八粥，年就要到了，故曰"送信儿的腊八粥"，腊月廿三，要糖瓜祭灶，此时债主就要催账要钱，到了除夕之夜，更是奔走要账。正如清同治时诗人在《增补都门杂咏》中云："爆竹千声岁又终，持灯讨账各西东。五更漏尽衣裳换，贺喜拈香请侍童。"北京究竟是五朝"首善之区"，要账也要个礼数，不会凶神恶煞般地硬逼，过了午夜子时，就不会再要账了，让借钱人安心过年。北京人除夕之夜十二点，一定要吃饺子，就闯过了年关，故说"救命的煮饽饽"。

兄伍

2011 年 2 月 7 日

明妹：

华府的中国城我还有印象，照片上已全然改样，比之以前是繁荣兴旺了。不过，你的年过得就太简单了，这也是受速食快餐的影响吗？听听旧时北京的"年味"吧！

腊月二十三后，就要开始采办年货了。每家每户除了采买鸡、鸭、鱼、肉和各种蔬菜外，还要购买形形色色的爆竹、烟花、起灯、二踢脚、麻雷子，女孩子戴的绒花、灯草花以及剪纸、挂笺等，还有两种除了北京外，其他省市都罕见的东西，一种是蜜供，一种是芝麻稭、松柏枝，大街小巷挑着担子的小贩吆唤着"松柏枝、芝麻稭"除夕之夜，把松柏枝、芝麻稭洒在户庭至街门及行走之处，踏踩有咯咯吱吱之声，名曰"踩碎"，"碎"与"岁"同音，借此表示把一年的晦气都已踩去。年前还有一奇特年景，是别的城市所没有的，就是"送蜜供"，蜜供是满族进关后带来的食品，是为过年上供用的，二十世纪三十年代有一佚名诗人咏《蜜供》云："满洲名产出关东，砌渍油煎手艺工。堆砌应师泥瓦匠，方圆宝塔太玲珑。"（自注：蜜供为满洲点心，以油煎蜜渍之小长方面条，粘成浮屠式，中空，有方圆两种。高则一尺至三五尺不等，为新年中之供品，故曰油煎。）北京的小住家户，为了省事方便，也为了免得年底拿出一笔可观的供品钱，便向熟识的饽饽铺（点心店）"零存整取"，按月店家会来收取定钱，把白纸折子签上字交给买主，到年底会按照定金把蜜供送来，真正做到"送货上门"，北京人称之为"打蜜供会"。所以到腊月二十七八，便会看到饽饽铺的伙计，挑着前后都有高可数尺的蜜供，蜜供尖上还插有红绿色的小纸旗，奔走于大街小巷，蔚为奇观！

还有春节玩的玩具，一曰布布噔儿，二曰牛喇叭，三曰"弹"口琴。先介绍布布噔儿，用玻璃制成的褐色葫芦形玩具，底部薄如蝉翼，用嘴在葫芦顶端一吹一吸，底部一凸一凹，便会发出布噔布噔之声，小孩都喜欢玩它，只是易碎，万一吸入嘴里玻璃碴，很危险，所以家长大都不让玩；牛喇叭也是玻璃制成，长可三尺的长杆，底部是圆形喇叭，用嘴吹起来呜呜作响，不过小孩吹不动它，大都是十七八岁小伙子吹的；"弹"口琴就更绝了，你要注意，是"弹"而非"吹"，这是铁制一寸半左右弓形状玩具，左手执着含在口中，右手食指弹着弓尾细铁棍，嘴里配合着呼吸，便会发出

"的都悠的都悠"的轻脆之声，确有意思，很像西南少数民族地区的一种乐器，不过少数民族的乐器能吹奏出旋律，而北京"口琴"只能弹出"的都悠的都悠"。上述三种玩具我童年时尚见过，二十世纪五十年代初就已绝迹市上，大有"白头宫女在，闲坐说玄宗"之慨了。

北京的年菜，除了鸡鸭鱼肉外，有几样小菜，无论贫富，是家家必备的，一是炒闲什，二是豆豉豆腐，三是炒豆酱，四是辣菜，五是芥末墩，这是五样凉菜，除北京外，是其他城市所没有的，我问过离北京很近的天津人和保定人，他们都是闻所未闻。先说炒闲什，把水疙瘩、胡萝卜、面筋、豆腐干切成极细的丝，用素油、酱油炒熟后，淋上香油，晾凉后撒上香菜；豆豉豆腐做法是，把北豆腐切成三角形小块，把豆腐块炸好后，捞出沥干油，然后锅内放底油，把豆豉炒香（一定要用北京酱园自制的豆豉，它与南方各省的豆豉味道截然不同），把炸豆腐放入，放上水文火熬煮，成熟后撒上香菜即可；炒豆酱是用猪皮熬成汤，然后把煮熟的花生米、黄豆、水疙瘩丁、胡萝卜丁一齐放入，晾成冻就成豆酱；辣菜是把新鲜芥菜头（千万不可用蔓青）切片，红皮萝卜擦成丝，芥菜片用开水焯一下，趁热放入容器内，立即撒上萝卜丝，如是反复，一层芥菜一层萝卜，把热汤倾入，密封，食时加香油和醋，辣味钻鼻，味道殊异；芥末墩是你嫂子的拿手菜，年年必做，取白菜内心，切成寸段，用马莲叶拴牢，在开水锅内迅速焯烫，只需数秒即捞出入容器，立即放入芥末面再放入白糖，最后放醋，先后次序不能乱，也是反复一层白菜一层芥末一层糖和醋，层层叠起，趁热加盖密封，放在阴凉处三天左右，等其自然发酵。这五样小菜都必须凉吃，尤其是在大鱼大肉后，吃起来别有风味，解腻开味，堪称佳肴！小弟向你嫂子学会芥末墩后，过年时请华盛顿的朋友小聚，吃到芥末墩，客人无不交口称赞。

我永远也忘不了1947年，我们回到北平后的第一个年，也许是经过战乱、阖家团聚的"年"，一向不过问生活琐事的父亲，也未能免俗，跟着母亲张罗起过年来，因而"年味儿"就特别浓。年前，我和两位兄长到父亲工作的新民报社玩，父亲让本家文哥带我们去前门外买爆竹的事，所以就尽兴地买，什么"麻雷子""二踢脚""钢鞭""起火""老头花""耗子屎"……买了一大堆。父亲自己在白塔寺买了两盆梅花、六七盆水仙以及迎春花等，摆在他的书房里，真个是花香袭人，春意盎然！父亲一向有除夕写诗、元旦作画的习惯，就是在避难川东山村之时，他也是积习不改。回到北平后的第一个除夕，也就是1947年1月27日，曾写组诗为：

丙戌旧历除夕杂诗（八首）

西北寒流倒海来，大都万户雪成堆。

琼楼玉宇真如画，粉饰江山又一回。

萧条永巷绝行踪，几户低门掩雪中。

尺许红联糊白纸，却书人寿与年丰。

十年重到浑如梦，又写春明度岁诗。

夜坐无人梳白发，闲听爆竹忆儿时。

久无余力忧天下，又把微醺度岁阑。

斗咏友朋零落尽，一年一度是诗寒。

故都宫阙甲天下，玉琢银装却当真。
转忆岁寒诗画里，几多暖厂未归人。

白发慈帏烛影前，江南今夕几时眠？
一般儿女成行后，人子思亲是晚年。

记得巴山度岁时，茅檐墨黑雨吹丝。
四邻尽睡天如坠，豆大灯光独写诗。

漂泊归来愿未赊，难除积习负年华。
枕边得句披衣起，夜半敲诗煮苦茶。

丙戌除夕，与到燕家人小聚。风雪漫天，意兴阑珊。忽接笑鸿兄电话，问得诗未？以予有此积习也。予漫应之，便欲命笔，而西城停电一夕数次。时全街灯火，小庐独黑，颇为懊丧，遂不复作。就寝后，片断有梦，忽为光焰惊寤，视之，灯来矣。枕上不寐，间有断句。乃披衣起，见炉火尚红，煮水作苦茶，籍添诗兴。伏案疾书，不觉八绝。其间阑韵，系二十五年除夕在白门友家斗咏之律句，"久"本作"已"，又作"只"，友人颇爱咏之，为之传抄。忽忽十年，斗咏者不存一半，且天各一方，实深感慨，诗成后小跋，已五点半矣。

我写这些是因你当时尚幼，未必记得。每逢年节读此，倍觉思亲。今日初七，父亲仙逝已44年矣。

下次再说吧，就此搁笔。

兄伍

2011 年 2 月 11 日

伍哥：

你信中提到的几个玩的东西，我还记得。我就吹过"布布噔儿"，要是按照现在的儿童安全要求，绝对不能给孩子玩的，是"太悬"（危险）了，一吸进喉咙里，后果不堪想象。可是你说的牛喇叭、弹口琴我就没印象了。我帮过母亲做豆酱，还有炸蛋饺，拿个大汤勺，在小火上，放点油，一勺蛋汁，等蛋汁成蛋皮，我就放一小勺肉馅进去，母亲就把蛋皮对折，成个饺子。我们会炸一个下午呢，然后放在小四合院的大缸里，天然冰箱，极为环保，盖上木头盖子，压上石头，猫就偷不了。芥末墩，我始终没学得会，勉强做出来也味儿不对，所以还没有待客呢。

我过年的长度舒展自如，属于小打小闹，不做大型庆祝，拖拖拉拉过了半个月，这两天在纽约侄女张进的家，外面冷也没打算出游，倒是侄女婿说，难得来一回，去吃牛排吧。昨天周日，孩子也在家，我们去了个有百年店龄的牛排店彼得·路革尔（Peter Luger Steak House），先要预订座位，以免大老远跑来排队。该店建于1887年，家庭代代相传，根据介绍他们每天一早去屠宰场选肉的，必得是家庭成员，只用toploin那一小部分的肉，是后腰脊上的那块。店门一点也不起眼，里面古色古香，白墙面，挂着古老传统的装饰壁毯和壁灯；深棕色木柱和梁木，高屋顶，挂着老式吊灯，都有年头了。木头桌子木头椅子，连桌布都不用。除了牛排，也有汉堡包、炸薯条、炸洋葱圈。服务生总是先问你牛排要烤几成熟。

牛排端上来在盘子里嗞嗞响，冒着烟，香气四溢，放到桌上，略带褐红，焦边，切开来外焦里嫩，用本店自制的酱，沾肉吃，味道鲜美，口齿生香。值得一提的是，他们吃西红柿（番茄）的方法，把熟了的西红柿，切去头尾不要，中间的切片，排放在长盘子上，客人自行取了放在自己盘子里，也用这个酱沾了吃，别是一番滋味，比沙拉酱好吃多了，甜里带微酸略辛，清甘爽口。这也是我的过年的一部分。

我把父亲的书又拿出来看，那些过年的诗和散文真是妙。散文要写得精炼、流畅、易懂，文中含诗情画意，作者也必是有情真意实心境的。

十五你会吃什么元宵？

祝好

明妹

2 月 14 日于纽约

明妹：

吃牛排也算过年，真有你的。这么说那年我们去夏威夷，是年前的半个月，吃的大龙虾，也算过年的预餐了？乱了套了。还是安老规矩吧。北京的元宵是在糯米粉里滚出来的，不是南方那种糯米面捏出来的。我当然吃传统北京元宵。

上次信中说起父亲的诗，我需要给你解释一下。

父亲在跋中所云到燕家人小聚，是指母亲带你和蓉妹，按父亲所嘱，先我们从安庆出发，到南京乘飞机到平，赶着春节前，和父亲相聚过年，而我们则在数月后才乘海轮到天津再来平。父亲所以第四首阑韵，有深意在内。1935 年父亲受成舍我先生之请，到上海办《立报》，工作完成后，正拟北返，一日父接家中两电，嘱勿归，因日本在北平的特务机关，正在北平搜捕新闻教育界反日人物，父亲榜上有名，不得已再转至南京自办了《南京人报》，是年农历除夕，父亲与母亲应老友名医叶古红先生之请，聚饮于叶府，其时雪花如掌，冻雾迷天，宇宙银装，荒林积素。古红先生于小楼上盛备年饭，案上瓶插腊梅、天竹，红烛如椽，相映成趣。叶夫人魏新绿女士，著名京剧票友，是母亲好友，与母亲约好，学天津女儿装，鬓插红花，身着红袍，父亲说自己哀乐中年，苦笑而已。座中客人有郭冷庵、陶荣卿等三五人，俱是能诗之士，围座把盏，即席赋诗，父亲作有一律，全诗大都忘记，其中之一有句"已无余力忧天下，只把微醺度岁阑"，此句寄托遥深，是父亲别有感慨的抒怀。事后，被著名诗人易君左先生（易氏是清末民初诗坛祭酒易哭庵先生哲嗣）见到，激赏不已，一和再和。然而，十余年过去了，当年把盏赋诗诸位父执，在战乱中，不是驾鹤西归，就是浪迹天涯。父亲和母亲面对劫后的北平，共度良宵，虽然风物依旧，但是斗转星移，物是人非，今夕何夕？父亲诗中在欣慰中流露出荆棘铜驼、沧海桑田的沉重历史感！

　　因为是战后回北平的第一个团聚年，母亲兴冲冲地忙着办年货，操持年饭。本来家里请了位厨师，但是父亲吃惯了母亲做的饭，所以年菜还是由母亲烹调。看母亲做饭炒菜，简直是一种艺术享受，她切菜时，姿势优美，手法灵巧，切出的丝、块、条，均匀整齐，码放美观，红、白、绿、黑，颜色搭配得谐调丰富，看去似乎是一幅静物写生。母亲做的饭菜香甜可口，鸡蛋饺、烧蹄膀、米粉肉、红烧狮子头是我们传统年菜，尤其是她做的"什锦菜"堪称一绝！母亲虽然生长于北平宣南，自从嫁给父亲后，走南闯北，为了适合

　　父亲南方人的口味，所以母亲的菜，是兼善南北两地之长，什锦菜就是在炒闲什的基础上，又吸取了南方菜的特点合二为一，母亲用面筋丝、豆腐干丝、冬笋丝、胡萝卜丝、芥菜头丝、口蘑丝、芹菜丝、黄豆芽等，各自用香油焖炒然后合成，炒熟后冻起来，吃时凉香适口。

　　除夕之夜，母亲在门窗上贴上了许多红色的"挂笺"，客厅正中点上了红烛。饭前，父亲按照家乡风俗，让二水兄点燃了长长鞭炮，接祖宗回家过年，然后在院子燃起了烟火，有一种"老头花"，最受欢迎，其外形是个泥制的老头，头顶有捻，燃点后冲出一丈多高的火树银花，母亲带着我们欢笑着，尖叫着从"银花"中钻来钻去，父亲含笑站在屋檐下，看着我们嬉闹。晚饭太丰盛了，除了母亲亲自卤酱的猪肘子、猪肚、猪肝等凉菜外，还摆上了一个紫铜火锅，炭火熊熊，屋内温暖如春，火锅密密层层码着白肉、丸子、鸡蛋饺、海米、口蘑、白菜、冻豆腐、香气扑鼻，令人垂涎欲滴。

　　吃完这顿令人难以忘怀的精美家宴，父亲做出了一个惊人之举，他居然开禁，同意推牌九，由父亲作庄，他把一堆钱往桌上一放说："把这些输光了就算。"结果，"输家"是父亲，而且他让我们"赢"得一样多。

　　在我们的腰包鼓鼓之后，夜已深了，父亲带着我们上街，去看除夕之夜的北平街景，我们冒着料峭的春寒，在"千家万语漏声迟"的胡同里散步，父亲喜欢看胡同两侧大门上新贴的春联，这也是他多年习惯，他边看边对我们说，春联从魏晋就有了，那时贴的是鸡画，悬苇索，插桃符，桃符上写神荼、郁垒二神之名，这就是古时的春联，作用是逐疫，并不是祝福。到了五代十国，西蜀国主孟昶喜欢文墨，每年除夕都让人题写桃符，他降宋那年，亲自题了"新年纳余庆，佳节号长春"十字春联，就开了写春联的新河。听着父亲滔滔不绝的引经据典，让我们又惊奇又佩服！

回到家，已经是深夜十二点了，按照北京习俗，要吃饺子，母亲事先在一个饺子里暗藏了一枚硬币，谁先吃到这个饺子，一个都会吉祥如意，财运亨通，我们兄妹都希望有好运，结果这个包着硬币的饺子，被全哥吃到了！在哄闹欢笑声中，吃完了这顿饺子，然后结伴向父母辞岁，当然也得到了压岁钱红包。

夜深了，爆竹声仍然声声不断，父亲又于人静之时，伏案写《守岁诗》，其中有首云：

> 一杯淡酒几篇诗，积习难忘不算痴。
>
> 此夜自劳犹是笔，半生客去怕留髭。
>
> 长天如墨星都暗，小院无人岁又移。
>
> 闲看邻家传爆竹，硝磺味里立多时。

多么空灵，多么富有意境，在热闹喧哗中，轻轻拨动着你宁静的心弦。门外传来一声："送财神的来了！"一元复始，万象更新，新的一年来了。

即颂

元宵节好！

兄张伍

2011 年 2 月 20 日（农历正月十五）

伍哥：

我去纽约的时候，从维州家里开车去华盛顿市的火车站，30分钟（一路顺利没有塞车）。车票是前一晚在电脑上买的，足不出门，点几次键盘，输入姓名，赊账卡的号码，打印出一张"票"来，凭"票"上的暗码到火车站的自动售票机前，向电子灯光下，这么一晃，就印出一张真正的火车票来。老人和小孩及残疾人士先登车，我轻松自如，慢慢悠悠地就上了车，车上人不多，坐稳之后，望着窗外，准时准点，火车徐徐启动。我在车上不能阅读，因为头会晕，就安心欣赏窗外景色。

早春二月，地上背阴处，片片积雪，阳光下也还是金灿灿，色彩鲜明。我喜欢乘火车，也喜欢看铁路两旁的风景。有人对我说："那有什么好看的，全一样，电线杆子，嗖嗖嗖，从眼前刷过，大树桩子，嗖嗖嗖，一样从眼前刷过，你能看见什么？"我不辩解，可是我真觉的有味儿。你要把眼光向远处看去，电线杆子后面的田畴，村庄，天边的山峦，是慢慢地移动的。而且，中景的树木、房屋和远景的苍山翠屏，在透视点的更动下，有移步换景的特殊趣味。

华盛顿的火车站，华丽庄重，井井有序，让人乐意逗留，三个半小时后我到了纽约的火车站，顿觉紧张、乱哄哄，从33街出来就是第八大道，可以看见雄伟的邮局。每个人都脚步如飞，匆忙赶路。好不容易过了马路，佺女婿已开车来接我回他们的家。

在纽约住了七八天，气温显然比华盛顿低好几度，而且风大，总是听到楼外呼呼的响。元宵节那天就忽然热了，楼下街边球场，寂寞了一冬，一下子就喧腾起来，几十个孩子、半大小子穿了短衣短裤，在蓝球场上飞跑。

我回来的那天早上，去河边拍了两张曼哈顿的照片，对面高楼林立，河水微波荡漾，一缕阳光照在面前的柳树上，婆娑的柳枝竟然是绿纱隐隐了！

祝好！

明妹
2011 年 2 月 22 日

第四辑 书信集萃

张恨水公给明明的信（十三封）

编者张伍、张明明注：一九六三年至一九六六年，父亲曾经三次脑血管痉挛，每次均昏迷不醒，须经医院抢救，住院月余。康复后，记忆力减退、说话口齿不清、握笔困难。尽管如此仍坚持亲笔为女儿写信，以抒解思念之情。虽然已词不达意，但字里行间舐犊情深洋溢纸上。至今读来，仍令我们热泪盈眶，潸然泪下，感动不已。

第一封

明明吾儿：

你二十一号的信，我于二十四日收到了。你在绵竹团聚着半月多的光景，这又跑着一些川北路，到了梓潼了，这个县历史上很有名，有地名为剑阁，我们看《三国演义》就知道了。你在这山区要好好的过，看看山区，就比在北方，要好得多了。你说你有钱来，可以寄我。难为我儿，常常挂念我！这里很暖和，明年三月，天气暖和，那时候你要往北京走。那时候你要动身，我也不用得挂心了。我这儿是很冷的，今天这里刮北风，我很怕冷，这封信是小伍哥到研究（院）带去发的。

　　此祝

　　你好

父水书

（1965 年）十一月廿九日下午

第二封

　　明明吾儿：

　　细想起来，吾有半个多月，没有给您（你字之误，下同）写，恐您挂念，就抽空写封信吧！这封信您看我不是笔好一点儿吗？我自己还是这样吧？我这里，饭依然是一小碗，睡觉倒是很好，闭上眼可以睡到大天亮。只是右腿还不能走路，我想这病要慢慢的好。性子急不得，等您回来，或者就完全好了。蓉蓉，她没有信寄回来。我也不知道何以这样忙？连信都没有工夫写。她说了，等您工作定了，她知道了给您写信。她的工作地点如下：河北省邢台县晏屯公社晏屯大区工作队。此祝

　　你好

父恨水书

（1965 年）十二月十日

第三封

明明吾儿：

你有两个星期，没有给我来信。我非常的挂念。你在工作期间也照样的挂念我吗？说话期间就是新年了，你这已交二十余岁了，离开我也有一年多了。吃饭怎样，睡觉怎样，回头你写信千万告诉我。至于您(你字误写)的家用，我极力节省对付着过吧。你的全哥，昨日寄了二十元回来，这又过了一个月。将来怎么样，那就看我们怎么过。蓉蓉给你来信没有？她向家里也没有来过信。我的病有点儿转机，针还是照样扎，慢慢地好吧！路隔千里，全家都在挂念你。有空就照样来信吧。此祝

您（你字误写）好

父水书

（1965 年）十二月廿十日

第四封

明明吾儿：

你寄给我的信，都收到了。你现在住老大娘家，住的里外都很好，我很放心，你就在这里住下罢。你寄信，问起家中兄妹怎么样，我现在对你所问，逐问答复如下。第一，你小水大哥工作如常。二兄二水病已经好了一大半。三兄小全早就回来了，他回长春以后好久没有来信，昨天

他回了一封信，廖廖百十多个字，还寄了一条棉裤给我，我就放了心。你问起小妹蓉蓉，她往邢台县出差已经有两个月行动，也非常的好。你问起四兄，他也就早回来了，现在柯婴茵也住在家里。你的小妹张正，也往行义住了有一个月。你的小弟张全他也是往行义，住了有三个星期，现在行动自由，除了上学平常都不在家，也不写信，也不动笔，这就非常的顽皮。你在外挂念许多人，许多人都很好。你挂念他们，他们也挂念你。你得好好儿的工作，免得他们挂念。你非常挂念我的病，打针有许多天，见好一点。可是我的右腿非常的动作不方便，于今洗澡也走不便。看来，就马上会好吧？此祝工作

顺利

父水书

（1965年）十二月十四日

第五封

明明吾儿：

前日吾寄一封信，吾儿收阅已久矣。吾信中有草草的一语，恐吾儿误作别解，以为快上加快之意。其实我"马上"并没有快上加快之意。我仔细一想孔夫子对他的弟子们这样说过"欲速则不达"，你还是照你一样，你认真作去。蓉儿来信说是二十五日来京，可是这个时候还没有到，大概今日晚晌，一定会到。成都过年怎么样，和江南一样吗？高□□说一定二十八九日准到，大概还有个两三日时候准来。你伍哥天天过七、八时以后准上各戏馆里观摩（。）

你二哥还没有放假吧？此祝

新年进步

父恨水书

（1965 年）十二月廿五日

第六封

明明吾儿：

你看了古迹如何，假使你当了古人又当如何。新年有几天假期，你当然去成都羽军家中。他们待你如何？要问上一问。我对你个人都不勉琐（碎）着问上一问。你当然知道我对你在外私人行为，总以客气为上。

我们对门近日又锣鼓哄然的响，这就近说（？）新年到来矣。新年到来，我自己就告诉自己，七十二岁矣。我自己没有几年活。我儿能够把公事草草完毕，四月尾把包袱掉脱，那就算我之大幸矣。高□□去年说是来。随后果然是来了。算是我们这个团圆席添了一双杯筷，你蓉妹信说是二十五日准来北京。这算添一席又补这么一席矣。

你那里有小孩过年，又增长一年。新年小孩要添什么就斟酌着把就便东西把罢。

此祝进步

父恨水书

（1966 年）一月廿三日（可能是阳历一月）

第七封

明明吾儿：

春节前，吾寄儿两书，至今未复。想必吾儿忙，所以未有作复。这时寄两笔钱一四十元一二十元吾都收到。吾儿肯勿远念。吾家因为儿都外出，所以也是平平而过。儿在山头一人过年，想必不乐。好在你居外，只是两月有余，混混就过去了也。吾儿全哥前日过京华往昆明去，在梓潼打听你一下，未知吾儿会晤见他没有。

此祝快乐进步

父恨水书

（1966 年）二月六日

第八封

明明吾儿：

你已有半月多没有写信来告知一切，我非常的挂念。

说起来日子也不算多。可是每晚盼着半夜醒了枕头哭湿了半个。你工作还没有了，工作了时同我写封信来。

千万千万

此祝

进步

父恨水书

二月二十八日

（此信应写于 1966 年明注）

第九封

明明吾儿:

三月尾写信均悉! 家中还有粮吃,你又何必寄。不过这一点,全可以看你的孝心。我现在提步困难,总是懒动,你何时完了,望你写封信告诉我,我也好放心。现在家中无事,所以不必写信。这里无事要你傍(帮)忙。可是三月二十一日下午五点二十分,这里发生地震。末尾二十三、四点□□□□钟又发生了一次,可是北京这样望望未发生什么事故。我当时很不放心。打发伍子向学生打听,还好,学校通信无事,这里有一张纸是学校向各家回信。我这在家里才放了心。我写字困难,才用钢笔,我儿看了,不免吃上一惊,其实没有什么。我儿(勿)又为这事不放心。

此祝进步

父恨水

(1966 年)三月廿四日

明明注:1966 年 3 月 21 日、23 日邢台发生地震,蓉妹正在邢台。家父很是不放心。写了一封信给我告诉详细情况。这时他已不能用毛笔写信,是用钢笔写的。

第十封

明明吾儿:

我在四月十三傍晚五点十几分接到你的亲笔信,非常的高兴。你说的你在青年有一翻(番)贡献要献给国家。是呀! 我非常的同情你的主张。我现在七十二岁的人。说我落后,我也承认。但你们要前进,我决不能在后面拉你们后腿。你们放手前进吧!至于说到家庭经济困难,这困难用不着我说。我们把家用的掉开瞧一瞧,就明白了。这里自十五日起做买菜每日很定了一元用,徒还嫌不够。每月在储蓄银行挪扯着补贴。你伍哥十五日起去到甘肃口□算一算要到十月方能(方能,二字重复——明注)底才能回来。茵樱一道前进,家中越发没有人了。前日发动一个消息河北邢台几县五点二十分,发生地震,有好几县人畜颇有损失。我听了这话,顿时就急得什么(漏字——明注)赶快就命五(应为伍——明注)哥向中央美术学院打听,还好一会美术学院向各家发通知邢台县发生地震,学生都无事。你那儿想必吃了一惊,信尾忽然看有你一首七绝,你压韵压得都不错,只是平仄调换的不对,这不要忙,用心学一学就会了。等你回家来慢慢儿学吧。此祝

　　进步

　　　　　　　　　　　　　　　　　　父恨水书

　　　　　　　　　　　　　　　　　(1966年)四月十六日

我写字还是不行,这封信写了我一夜。

第十一封

明明吾儿:

前日接得吾儿平安家信,据信上说,吾儿拢上四清,吾(五——明注)月中可以结束,月中前后离村,这就一直跑往儿的单位,商量儿放几天的假,然后买得通票乘火

车前来北京，据吾儿估计月底可以回家。我接了信，念给外婆听，举家人都十分欢喜。可是你欢喜等，就等着瞧吧，这不过信上几句话。据我的信念，据信上几句话，那还不足为平（凭——明注），等吾儿来了，那欢喜，才不算迟。据吾儿信上说，潼关树上不错，托人看看有（能给）我作手杖（的）没有？这是吾儿孝心，这托人看了（有）作手杖（的）没有？这要是碰机会，有，我就心领了，没有就算了吧。这火车要经过西安，一路上吾儿□跑一路之上要多加小心。此嘱。此祝

一路小心

父恨水书

（1966 年）五月四日

第十二封

明明吾儿：

你的信我接到了。家中粮食并不欠缺何必急寄。说到你回家路上要仔细受寒，要多穿几件衣服说到底是那天回家确是你要回信。老高在京休息他就很愿往我家跑。家中都很愿意跑。蓉蓉说是五月尾回家，可是五月过了她还是在邢台。

此致

进步

父恨水

（1966 年）四月八日（可能是六月——明注）

第十三封

明明吾儿：

你上次给我的信，我于六月十二已经接到了。你忽然接到你的上司寄给你的指示，要照原来的命令，要□□长一个半月。要我给婆的口信就这样说的。好在你寄我两次你信外加家用二十元。我也照常收到请你放心。这一个半月算起来日子非常有限。接到我这封信以后，经过，照常打听打听也就日子快到了。你妹蓉蓉也照信来说，也就七月初来家。这样看起来这日子不远，就可以见面了。

此嘱

一路福星呈

父恨水书

（1966年）六月

我的字就抖不停。

罗承烈先生给明明的信

罗承烈，著名报人和社会活动家，重庆《新民报》创始人之一，为《新民报》的崛起立下了汗马功劳。与父亲共事多年，成为挚友，他晚年发表过充满感情的回忆先父的文章，留下了珍贵的资料，在我们收集先父的资料中，也给予了我们鼎力相助。建国后，他任过多届全国人大代表。

　　明明同志：

　　奉读来信，知有乔迁之喜，对学习工作更有利，谨以为贺！在北京、成都等大城市，人说："找房子比找老婆更困难。"但你们那里却容易解决，值得羡慕。过去退回来是原信，由于当时我生病住院，读了你写的恨老回忆录，感到很兴奋！遂信笔写了一封专信。现在看来，已属"多余的话"了，不过也可反映我对恨老崇敬的心情，还是寄给你吧！其中有些意见是不值一顾的。

　　最近看来《人民日报》（四月二十日？）於梨华一篇文章，题目是《我的留美经历》，是写给祖国的青年朋友的。文很长，占了《人民日报》整个版面，可说是有骨有肉，情文并茂。她原来也是在重庆读书的，后来随父母去台湾，后又去美国勤工俭学，吃了不少苦头，现已成为一位女作家。因此，我也想到你也在四川住过，去海外流学，对文学有一定程度的修养。"□□之子"也会成为女作家，也□写出一些东西教育祖国青年。《四川日报》对於梨华的文章，只摘录了一部分，可说只见其骨，未见其肉，顺便寄给你，除了重要的政治经济，□□□□，有些短文，有如《燕山夜话》，有如"鲁迅□文"，似利剑□值得一读。

　　祖国形势很好，人心振奋，对"四代"充满了信心。八月份□□□"人大"，十二月可望□□开党的"十二大"，一定会有很好消息见告。

　　春节期间，我病了一次，现已痊愈，□□□。即颂□祺！并祝你的爱人和孩子都好！

　　　　　　　　　　　　　　　罗承烈四月二十七日

　　因为罗叔叔有病，字写的不清楚，文中多有识辩不清的字，以□表示。——明明注。

陈铭德、邓季惺伉俪给明明的信

陈铭德、邓季惺伉俪是新民报的创始人，为《新民报》的发展和壮大，可说是呕心沥血都不为过。他们为了《新民报》广招贤才，善于用人，发挥每个人的特长，人尽其才，各显神通，把《新民报》办得如火如荼。成为抗战时期大后方最受欢迎的报纸，从重庆一张报，发展为上海、北平、南京、成都五报八社，执报界之牛耳。

明明：

收到你俩寄来的贺年片，非常高兴！我们也借此寸笺祝你俩和毛头健康愉快！在新的一年里学习和业务都更上一层楼！

关于影印《南京人报》事，估计能很顺利地办到。目前张友鸾老伯和伯母都在南京。张伯伯的女儿张锦和女婿李承邸都在南京工作。李是在《新华日报》。你可托他们和南京图书馆交涉，说明要印的内容，交费给图书馆即可代印。（北京是如此，南京想来也是可以的。）张伯伯在宁再住几个月仍回北京。（他们的家已迁到北京团结湖北区北二条九楼二单元201号。）

今天看见第66期《文摘报》（83.1.7出版），摘录有《文学评论》今年第一期范伯群的文章，分析评价了（你）父亲的一些小说。认为在抗日战争以后，（你）父亲的写作思想有了转变，以《八十一梦》为代表作。结论说（你）父亲是一个"鸳鸯蝴蝶派向新小说过渡的代表性作家"。他的分析评价是否允当，全文可以参阅。我们已经交给二水，让他买了给你们寄来看看。

匆此，祝好！

铭德、季悝 83.1.10

上海《新民报》已于1982年元旦复刊，现在每日发行120万份。

台静农先生给明明的信（两封）

台静农，安徽人，与父亲同乡。台湾著名教授、学者和文学家，著作等身、桃李天下，"五四"新文化运动健将之一，后随校迁往台湾。

明明小姐：

很意外也很高兴接到你的来信，我非常乐于帮你达到你的志愿。我已托了出版界的朋友而且是安徽同乡，请他打听一下，尊翁的小说能否在台湾印出？因为早年《啼笑因缘》或《金粉世家》的电影即未能演出。也许目前尺度放宽，尚不可知。可将选编的《恨水先生选集》十一种，不妨先计算共有多少页，因为如果能够印行，总是照相影印，若重新排印，成本太高了。

我已年逾八十，在台大早退休，以后通信，可寄至：台北市，温州街18巷6号。你们在美国如何生活？

台静农。一月二十五日

明明女士：

关于印令尊选集事，日前得所托友人答复：据云令尊著作，早年列入禁印，今不易为此一书特为解禁。此友为台北大出版公司负责人，是直接向官方打听的。或有小出版商为谋利印出，打通关系亦不是不可能，例如我寄给你的《啼笑因缘》，是编入总集中的一本，也未闻出事。总之，台北出版界颇为混乱，并非都遵照正轨，这却不是我所能为力的，且俟机会再说吧！草草即询

俪福

台静农。四月十九

此信为台静农回答台湾出书的事——明明注。

张友鸾先生给明明的信（五封）

张友鸾，著名报人，曾在北京平民大学新闻系与左笑鸿、吴隼（秋尘）被称为平大三鸟。和先父相识于1925年北京《世界日报》，从此同事数十年。1936年在张友鸾的敦请下，父亲出资创办了《南京人报》，父亲任社长，张友鸾叔任经理。抗日时期又同在重庆《新民报》工作。先父与张友鸾、张慧剑为《新民报》的崛起立下了汗马功劳。三支健笔被人赞誉为"新民报三张"。

　　明侄如晤：

　　你父亲在日，常说我懒。想当年，虽然懒，还懒得有一个限度，多少做一点事。年纪老了，在昏聩糊涂得（的）支配下，懒起来简直没有个尽头了。加之我还有个毛病，安排工作（包括写信在内），要一桩桩一件件地做；如果同时有两件以上的工作，就要这样摸摸、那样搞搞，一件也不能做成。这也就成了我懒的（自我的）挡箭牌。

这封信早就该写，少说也迟了一个多月。先是接到你来信和罗承烈先生的信，就想寄过稿子（有旧存稿）就给你写信。不料只隔了两天，10月26日寄，28日退回。海关检扣，不许向外"投稿"。此时生鉴忠先生已到美，约在30日见面，又想等和他会晤后再写信。及至见面后，一直到今天，还没有找到寄递的办法。等你伍哥打听消息，也还没有结果。左等右等，把信也给耽误了。当然，这不免有些推诿，而实际情况如此。

谢谢你们对我老境的关怀！我几十年来，都靠写作为生。而近十多年，却强被搁笔，不但闷气，经济生活也影响很大。你父亲当初也曾说我，"有一个钱，要用两个"。从前是这样，现在也改不了多少。按国内一般水平说，退休金应该足够了，然而我不行，月月要靠孩子们"节不足以奉有余"。郁达夫先生有诗说："著书多为稻粱谋。"我当然也是这样想了。在你们鼓励、支持和推荐下，我有写作和整理旧稿两个方面。

张恨水在重庆

以我的年龄和懒的习性而言，想像以前那么写，大量生产是不可能的了。但我有个计划，想写《报徒回忆录》。其中旧事，题材很多。但不知有可供发表的地方没有。给《新晚报》写杂稿，也将凑一点，等有了寄递方法才行。国内报刊约稿也多起来了，总要写一点，可不能作什么指望。

关于整理旧稿，我有个出五种书的计划，十一月十日已交给生先生。你们代为接头，看能出多少。《草厂话本》我比较希望大些；其次则为《友鸾杂写》，正在整理之中。有什么消息，请及时函告。

眼前，我给上海古籍出版社搞《史记选译》，还没有收口。一共才七八万字，搞了一年，真可笑人。估计近几天可以完工。接着就是给你父亲的作品写序。这件事，我看得要严肃一些。我认为必须争取你父亲在文学史上的一定地位。不仅仅由于私谊，也为了作品的评价。虽然我胸有成竹，届时还要你伍哥提供材料。按照我现在写作进程，总要一个多月才能完成。如果赶不上第一本书，那就放在后面吧。

谢谢你们带来的电子计算器。我已经给在合肥当大学讲师的儿子（寄）去了。他教电工，这个东西对他用处很大。我说他，一玩、二用、三拆。现在还在玩的阶段哩。他的感谢之情，那也不消说了。（在合肥，非常稀奇的，他是教师中独家掌有这个小型的东西的。）他要还钱。我问过你伍哥多少钱，他只不肯说。他还说，东西是你给买的，他也不能给你代收钱，就是告诉我也没办法还钱。垫钱、代买、托人带，很够意思的了；还要教你们赔钱，我有点不近人情吧？万一将来有点稿费，我要求你们照扣；没有稿费哩，我也只好抹抹胡子再说一个"谢"字了！

就在昨天，我接到上海文艺出版社一个朋友来信，说是《五子登科》就要重版了。是否还有你父亲别的书，不知道。

我们家里，最近的状况不错。第三代十一个孩子之中，今年有四个考上大学，我也"顾而乐之"！其余的年龄还不够，以后再看了。我是每饭必喝一点酒，酒后鼾呼大睡。虽说这也是"长寿秘诀"之一，然而助长了懒了。

你伍哥早先差不多每星期必来，最近却接连两个星期没有来了；明天就是第三个星期天了，还不知来不来。有人看到《明报》上有你谈曹居的文章，不知是不是，想等他来问问。

左叔叔手勤，万叔叔腿勤，我只比他们痴长一岁，却像衰老得多，望尘莫及！很望从这封信开始，由你来治治我的懒病吧！

你们看看，我信写的多么啰嗦，越啰嗦，越怕写，这也是懒从根上起啊！

你们好！孩子好！

友鸾 1978.12.2

见着生（鉴忠）先生夫妇，代为问候！

明侄：

你写信企图刺激我，说我因写序是"人情债"，所以拖得久。你不知道，刺激我是这样，不刺激我也是这样吗？我自己却明白，懒病无法可治。

然而，究竟我也还有点责任感。最近排除了一切外活，专门写序。却又因写得慢，一天只能写几百字，越写越着急。我只有对着纸笔叹气！好不容易写了四五千字，看看，还不够一半。少说，总得在万字以上。反正在写，最近的将来总要交卷，再等等几天吧！

本来，想托你伍哥写信告诉你，偏偏伍哥又有好多天没有来。《新晚报》不必催。《大公》《文汇》都有联系，稿子其实是赶不出。

不多写，多写信就寄不出了。

祝

好！孩子好！

鸢

一九七九、四、三

序，大略，1. 前言，2. 写作，3. 四个时期，4. 评价，5. 生活习惯，6. 友情，7. 家庭，8. 其他。次序及内容，或有改动。

正写完信，伍哥来了，才知他生病。已写稿给他看了，他倒是批准，可惜"未完"。

明侄：

听说你们就要走了，不知何时能再见，也不知还能见着否。怀念心情，可以想象。

写的序，第四部分约七千字，前晚蓉侄夫妇来，已交给她。写的太啰嗦，又来不及检查，缺漏重复之处，必所难免，只好听之。

本来还打算写第五部分，谈谈往昔交游。怕的一开头又会无了无休，不知写到哪一天：时间已经拖得太久，不能再拖，所以决定不写了。刊用时如有什么删改，盼见告。

你的《回忆》一书，被新闻研究所的同志们见到，借了去。起初计划转载，后因其中所记，都是写作，关系报纸地方太少，遂又作罢。书借去却又不还我，我不得不找你再要一本。

重翻《春明外史》，看到里面有些问题。我和左叔叔谈起，他说已经写信告诉你，把一些违碍字眼改一改。此事关系对作者评价，千万注意！你们走了之后，要叮嘱萧铜先生，看校样时留心。

前托萧铜先生携去《草厂平话》，一直没有得到下文，想来是没有出路的了。行前能寄回给我，俾在国内另找办法，如何？

我最近成了"忙人"。约稿有十几处。本来一天写两三千字，就可以应付，在你看应当不算太忙：然而我，一天只能写两三百字，此其所以"忙"也。幸而身体非常好，一天两遍酒，还是睡十小时以上，懒得够瞧。话又说回来，不那样懒。也就不至于那样"忙"了。

你们在港时，我麻烦多次，甚至代买东西不要付款，真有点不安。现在，在你们荣行之前，我也来个"总答谢"罢！

到美之后，盼来函！

即颂

俪好！孩子好！

鸢白

七九年六月十二日

明明：

接读来信，忽便一个多星期了。

首先应该告诉你的，我已搬了家。新址——北京团结湖北区北二条九号楼二单元二〇一室。单元房子，煤气、暖气俱全。住的是所设"二居室"一套，就是只有一大（十五米）一小（十一米）两间卧室。本来，老两口住这么一个单元，也很够了；只是老了，需要人在身边照料，让二姐同我们住在一起，二姐她也要人照料了，又要带她一个孩子（师大学生）来，这样还是嫌挤。但比起白米仓来，却已经好得多了。我单独住一大间，铺起"柜台"来，几虽照旧不净，窗却甚明，居然一天写三五百字了。团结湖是新建的住宅区，有百十座大楼，住的人以"文革"期间所指斥的"牛鬼蛇神"占多数，这也是落实知识分子政策的一项措施。我住到这里，还是国家出版局批准的。住房问题，如今本是全球性的问题，我能得到这样的照顾，也就相当满足了。（请转告侯姐。她很关怀我的居住问题，现在可以替我高兴了。）

再还要告诉你，我写了一篇《章回小说大师张恨水》，迁居之后，已经脱稿，交给《新文学史料》了。共分五个部分：1.张恨水应该有现代文学史上的地位；2.作品分四个时期；3.代表作简介；4.艰苦的创作历程；5.不是黄色小说，不是鸳蝴派，不是礼拜六派，自成一家，只能叫张恨水派。材料还和先写的序文差不多，文字重新整理，比较有条理、有系统些。（序文可以无须发表了。）第5节，我列举证据，指责那些批评家的不当，自问是客观的，理由是站得住脚的。《新文学史料》是否敢于这样发表，还很难说。如果发表，不免要引起一番争论，我思想上已作好迎战准备。此文约两万字。人民文学出版社有个设想，连同你父亲写的创作经验，你兄妹写的纪念文章，合印一个单行本。不过，情况常变，可否实现，也不可知。总之，我算还了三十四年前《张恨水论》的心愿，为他的苦心孤诣作了辩诬和正名工作，希望能对研究者有所帮助。

你要寄钱给我，真是"却之不恭，受之有愧"，很为难。"十一"你伍哥来，看了你的信，说："你早有此心意，为的我快八十了，说不定哪一天……（伍哥就是这么说的）你就表达不了这个心意了。"既然如此，就算你给我的八十寿礼吧！这也很有意思，我可以骄其邻里，说我的侄女从国外汇来的，还忘不了我这个老叔。寄什么来都行，可能美元更增加兴味。我的经济情况，自"改正"后，总算好一些，吃饭时有了保证。胡乱写些稿子，弄点烟酒茶也够了。你爸生前常说我："有一个钱，就要用两个钱。"稿费稍稍多一点时，开支就有莫名其妙的增加；老来慵懒，写稿少，没有额外收入，也照样穷凑合。这就是我的"人生观"吧，可笑可笑！今年底，说不准江苏人民出版社要给我出一部长篇小说，足够喝酒的，还可以喝好酒了。

蓉蓉年内听说可以返京。你最近怕不能回国吧？太忙了，也要注意身体！如果以三明治为经常饭食，总不是个办法。孩子好么？他舅舅说他淘气，害得他爸爸休克，怎么搞的呢？

——信写至此，接得万叔叔电话，说左叔叔心肌梗死病危住院，我就去看他，不写了。

好！

友鸾

一九八一、十、四

明明：

四日寄函后，随即到医院探望左叔叔。因万叔叔电话中所说，是一日见到左叔叔，"情况严重，医生说是正在危险期"。我去医院途中，至为忐忑不安。后来到了医院，在内科病房查到左叔叔的名字，知已离开急症室，就放了一半心。及至见面，那没有放下的一半心也放下了。他因治疗得法，转危为安。点滴已经停止，可以进些流质食品了。说话虽中气不足，但神智明白，口齿清楚，照样开口玩笑。这与万叔叔和他见面时的情况，判若两人。大约心肌梗塞全部缓解，只要不再出现并发症，不久可以出院。现在大家最关心的，是他愈后的后遗症问题。但据我看，没有什么了不起的大影响——诸如瘫痪之类，可能不会发生的。这封信写得迟了，但盼你放心。

你爸爸小说写作艺术，在语言方面，是继承和发展《红楼梦》《儿女英雄传》。我很想写一篇文章谈谈，只是觉得研究不够，未敢动笔。不知你曾着意于此（特别是《儿女英雄传》）么？当初可曾听过你爸爸议论此书？

我写的《章回小说大师》一文，新文学史料已初步通过。何时发稿，还不知道。

北京师范大学有两位学生，从事对你爸爸的作品研究，向我索取你写的那本书。我因只有一册，怕借出取不回来，没有给他们。你手头还有吗？能寄一本来最好。

北京已入深秋，天高气爽，菊黄蟹肥，我每天把酒持螯，吃三明治的能知我乐趣么？一笑。

你好，你们好！

叔鸾白

一九八一、十、十二

张锦给张明明的信

张锦女士是张友鸾叔叔的女公子。

　　明明妹：

　　来信收到了。谢谢您对家父母的问候。

　　您来信托办抄录张伯伯旧稿的事，我已去南京图书馆报库查过，报库里没有留存抗战前的《南京人报》，因此无法办成此事，抱歉！家父说，他原来存有一份抗战前的《南京人报》，几年前已经送给了令兄张伍同志，请您问问令兄，看他是否还保存此报？

　　家父去年二月突患重病，医生诊断为脑血栓形成。现在病虽已好，却留下了后遗症，体质大不如从前，记忆力锐减，视野窄（左眼只能见10度），视力模糊，又生成了老年性白内障，出门须人搀扶，看书看报均感吃力，写作也停止了。多年从事写作的人，一旦不能写东西，是很苦恼的。此次我接家父母来南京,一方面是让他们换换环境疗养,同时也为家父找些医生检查治疗。但医生们对这种老年性脑血栓形成的后遗症也没有什么好的办法,目前服的药都是预防再次血栓形成。虽然家父来南后,病情没有多大好转,但旧地重游,精神还是很愉快的,南方的蔬菜品种多,也是他们所喜欢的。家父母可能在南京住到夏初再回北京,因为南京夏天对他们是不适宜的。

我们在南京一家共五人,我丈夫在报社担任编辑,我在中学教语文,我的三个孩子都工作了,大的两个并已结婚。我已有了外孙了。

您核实回国探亲,如有可能,请来南京我家做客。

祝您

幸福!

张锦 1990 年 2 月 6 日

张传轮给张明明的信

张传轮是张友鸾叔叔的二公子。

　　张明明伉俪：

　　我是张友鸾先生的二儿子张传轮，在安徽合肥电子工程学院担任教授。今年二月份在南京与老父、母共度春节期间，曾见到张伍老弟从美国寄来的贺年片及给我父母的信，十分感谢您们一直记着我们年迈的父母。

　　今年二月十二日我母突然去世，可以说是"无疾而终"。父亲日夜思念，竟于七月二十三日凌晨逝世，临终前谈笑风生竟达三十多小时，由于言语已不甚清楚，未能完全理解他说的意思，好像是与老朋友见面又谈论报纸版面编排，写新闻、小说等等。正如郑拾风先生在挽联中所写"报坛失一老，泉下聚三张"，也使我联想起在重庆大田湾新民报期间，三张经常在我家"惨庐"（可能是恨水伯伯取的名字）相聚的情况。当时我只有八九岁（1943—1945），恨水伯伯单身住在大田湾，担任《新民报》总经理兼主笔，慧剑伯伯亦无妻小，（您们家好像住在南岸？北碚？）由于我家住在大田湾（我父亲担任《新民报》总编辑），家里又没有电话，所以经常是我跑腿去找恨水伯伯来我家作客。他老人家与父亲关系最密切，他们不仅都是爱国主义者，仇恨日本帝国主义的侵略和狂轰滥炸，也对当时政府的无能和腐败深恶痛绝，而且有时也对《新民报》老板（社长）陈铭德伯伯发些牢骚，另外就是谈论新闻、小说、古典诗词等等。恨水伯伯很爱笑，笑声大而爽朗，我父亲说他是："下笔万言，一笑惊人。"每次日本飞机来轰炸重庆，都是恨水伯伯担任《新民报》同仁及家属的防空总指挥，他必须首先跑到防空洞门口，然后指挥所有人按次序进入防空洞，在我记忆里他身材高大，声音宏亮而且尖锐（我父亲却是文弱书生型的）。在"跑警报"时，其常在恨水伯伯身边，其中有不少动人的故事，可能是其他在世的人都不知道的，充分说明他对人民群众深厚的爱心。可惜我是搞技术科学的教授而不是文学家，否则可以写出不少篇好文章。

　　赵超构伯伯在接到我们打给他的讣告电报时，心情十分悲痛，老泪纵横，复电中有这几句："三张俱逝，一赵何堪，临电悲怆，不知所言。"我们接此电后，全家都哭了。不少挽联写得不仅有内容和文学水平，而且都非常有感情，多处提到"三张一赵"，他们的友谊、文采、道德、风范，"三张德业永存"。

　　最后与我父亲告别仪式在七月三十一日上午举行，由于社会各阶层的重视（特别是上海《新民报》和南京《新华日报》），所以搞得比较隆重，江苏省电视台和南京市电视台都来拍了录像，并于当晚新闻节目中播出，上海《新民晚报》当天就发了消息，《新华日报》《南京日报》《扬子晚报》及上海其他各报也在八月一日发了消息和文章，新华总社发了专电，中国新闻社也向国外发了电讯，《人民日报》八月三日登出《新华社》电讯，香港《大公报》《文汇报》也登了中新社电讯。

我小的时候，恨水伯伯是相当喜欢我的，因为当时我们全家也特别重视和爱护我这个男孩子，这是由于我哥哥神经上有点毛病（可能您们也知道）。新中国成立不久，我就参军离开家（当时十六岁不到）。我仅在54年于北京见过恨水伯伯一面（在北京牛街一家饭馆内）。现在我父亲去世了，他的老朋友也多数去世了。我也快老了（今年56岁），我们有三个孩子，大女儿、大女婿都在美国，大女儿叫张镨苹（用他祖母的苹字）（ZhangPu-Ping）是美国加州大学（SanDiego）等离子体物理研究生（已获硕士学位），大女婿叫徐学桥（XuXue—Qiao），也是加州大学研究生（已获博士学位），镨苹在美国生活了三年，学桥在美国已超过五年。目前应聘到加州伯克利分校（BerKeLe），搞高能物理研究工作，他们都已具有较强的独立生活和工作能力，年龄在三十岁左右。不过毕竟年轻，在国外无任何亲戚，我写信让他们遇事可打电话向你们请教。二女儿叫张钒娟，在安徽师范大学毕业后在合肥建筑技术学校任物理和电工学老师，二女婿是大连船舶学院毕业，现在合肥海运船舶公司工作。小儿子叫张晓峰，是合肥联合大学计算机专科毕业生，现在建筑公司搞计算机（Computer）预决算工作，他也正在努力奋斗，争取能有出国学习和工作的机会，今年五月份考托福（TOEFL）超过500分，还想在下半年再考一次争取有更好的成绩，为此他今年都25岁了，还不与女朋友交往。（一笑！）我现在仍在解放军电子工程学院任电子学和彩色电视机课程（正师级、正教授）。我的妻子叫沈春香，在安徽工学院高教研究室工作。我们家庭生活在国内该算是较好的了。

张伍老弟多次描述您们的情况："在国内是难以想象他们的紧张程度，虽然他们生活条件相当不错。"如果您们没有时间写信，也就不必回信了，如有住址变动，请简单来函告知。

这次给您们写信，一方面是想将家父母逝世的情况报告您们，感谢你们多年来对他们的记挂和关怀，也想向您们叙说我们对恨水伯伯的敬重和思念。另一方面也想建立一定联系。"三张"（文章中有称之为"文坛三张""新民报三张"，安徽报纸称之为"安徽三张"），是老一代最亲密的朋友，可惜慧剑伯伯没有妻室和子女，而我们两家都有兄弟姊妹六个，除张伍老弟外，我都很少知道情况。（我姐姐张钰可能知道得多一些）。张伍的夫人，我只知道她吃素不吃荤。（一笑！）

最近安徽省潜山县成立张恨水文学研究会，我父亲被聘为名誉副会长，这是他临终前的最后一个"职务"。您们有什么事要与研究会联系，我可以代为办理。（这叫"子承父业"了。)

　　我母亲过去常说："在你出世不久，你爸爸不愿在《新民报》干了，是张恨水伯伯拿出稿费创办《南京人报》，他担任社长，你伯伯担任副社长兼总编辑，张伯伯仍然写长篇连载小说。抗日战争爆发后，《南京人报》被迫停刊，八年抗战期间，三张又都回到《新民报》，直至抗战胜利，《南京人报》才得以复刊。"这个故事在我们家被传为佳话。

　　希望您们在美国万事如意，生活美满幸福。

　　祝您们

　　全家快乐！

张传轮

1990.8.20

张友鸾先生给张伍的信（两封）

伍侄：

函悉。歉然，而又无可奈何！

今天起，准备少吃一点酒打三个通宵。星期天，你来检查一下，看能写到多少。我想，再下一个星期天（二十九日）总差不多吧！你"秘而不宣"的"下策"，我懂得，也不反对，真到"不得已"时再使出来吧！

俪好！

孩子好！

鸾白七九、四、一九

伍侄：

我已迁居——东郊团结湖（北区）北二条九号楼二单元二〇一号。

所住的屋，在团结湖邮局的背后。从邮局算起，是第三座楼；除去邮局那一排不算，就是第二座楼。墙上有字，一看明白。三〇二路和四十三路的终点站，走三两分钟就到。只是距离西直门。实在太远了。你能来么？

　　张万里叔叔来京，住华侨大厦，是小洪给他联系的，你可以去看看他，从他那里得知蓉妹全家最近生活情况。

　　此问双好

　　　　　　　　　　鸢白。一九八一、七、二十三

左笑鸿先生给明明的信（十四封）

父亲与左叔（中间是张恨水，左为左笑鸿）

左笑鸿先生，著名报人，1925年与父亲相识于北京《世界日报》，从此共事数十年，成为挚友，著作等身，在学生时期就已崭露头角，被新闻界称他与张友鸾、吴隼为北京平大三鸟。抗战胜利后，父亲创刊北平《新民报》时邀请他任职，他发表多部小说、诗词、散文，并主专栏《土话谈天》均受到读者的欢迎。对父亲甚为恭敬，称父亲为他的良师益友，以"平生风义兼师友"而誉之。——张伍、张明明注。

　　明明：

　　接到来信，一切都为我想到，感念良深！我也写不出什么感谢的话来了。

　　持章和你寄来的贺年片，实在太美观了，是这里从来所未见的，我把它嵌在镜框里，见到的人都非常欣赏，此间不卖贺年片，愧无以报，只好谢谢了。

　　我的补欠（十年半！）问题，已经无望，原来也未打算有，只有拼命写稿而已。

　　老伍不见，已将两月，大概是忙。我也未去看望。因天气太冷（今天负13℃），脚已冻，步履吃力，脚下如踩几个图钉，故很少出门。

　　适时贺年片尚未送去，因季婶早于今春作古，上款还有"婶"字，我怕引起他的伤心，还须委婉说明你们不知道，并且加以安慰。另外，这两天大雪，路上非冰即泥，也不敢冒然出去，以免"一跌千古"，但年前一并送到，请放心。（季婶原即中风，唐山地震，其幼子一家三口皆殉，因而逝世。）

　　前托键忠兄带去稿四十余篇，不知你见到没有？报社的意见怎样？望顺便打听一下。

　　这些日子，我又写了三十篇稿子（戏谈、随笔各十五篇），已按照来信，寄至深圳信箱，不知何时能到，更不知能用与否。

　　听老伍说，你在为《春明》绘插图，这很好。但须注意装束，一方面看原文（尤其妇女装束），一方面向老人打听。据我记忆所及，当时妇女尚未剪发，中学生多梳双髻，一边一个；大学生则梳S（爱X）头，除贵妇人外，无穿大衣者，都是披一条大毛绳围巾，红色，宽二尺，长四尺许，披在身上，有如一条毯子。没有旗袍，下着绸裙。至于妓女（为梨云），无穿裙者，都是短上身，长裤子，下着平底缎鞋，梳大辫子，冬季则披斗篷。女戏子则头戴钢盔式呢帽，有红有蓝，上身多是圆角，皆大襟，无对襟者。除家庭妇女外，很少穿棉鞋。男孩子如不穿操衣，即着长袍。成年男子多是长袍马褂（马褂是礼服，在家里不穿），见面拱手而不握手，如穿西服，则是圆角硬领（当时无与衬衫——香港叫恤衫——相联之软领）。出门必须戴帽（夏草冬呢），见人必须摘帽拱手，如戴瓜皮小帽则不摘。讲俏皮的男子穿黑色花缎背心，左上小袋中装怀表（当时尚无手表），表链拖出来，或穿在第二个纽眼中，或连表坠放在右上小袋中。戴眼镜的，见长辈或长官，一般要摘掉，但为时不久就不摘了。胡同狭窄，街口常常停着一两辆人力车在等人雇。

一时只想起了这些，写出供你参考，因你没赶上那个时期。可能写得太啰嗦了。

校样已看了多少？是否十部都插图？《金粉》可得留神，因是大官的家庭，非同小可，别露"怯"。

友鸾已出版的小说，不知是否能再出？如能，我也有一册《芙奴传》，但须向《北京日报》去借来抄录。

关于计算机，再思所学是"拓朴学"，大概是以理论为主，没有数字（我曾见他的研究生论文，其中只有两种数字，一是"0"，一是"1"，为此而已），故不需用。倒是右中搞统计，整天搞大数学，颇为需要。如有可能，请代购一具，说不上品种类型，只要能做加减乘除及开方即可，大约一支香烟大小。倘能买到，可由稿费中扣除。据说键忠兄明年五月间将同一个摄影队来京，届时可托他费心带来。

听万枚子说，你写了一篇《三次探亲记》，其中提到我，他是在友鸾处听到的，但我始终未见。老伍也不来，是怎么写的，我很想知道。

许多旧同事看我，见这转不过人来的小屋，都为之皱眉，但房子困难，搬不动啊，我曾有诗："室小无长物，南窗劫后身。"

请便中转告键忠兄，王代昌今天来看我，我告诉他键忠曾来京要见他而未能，并将键忠的信给他看，他很诧异："大毛都五十多岁了？"原来曾演过电影，当时用的是蒋键的名字，是童星，说是演得很好。他也为失之交臂而懊恼、遗憾。

这封信太长了，你很忙，耽误了你的时间。

即祝

安好！孩子好！

笑鸿

一九七八年十二月廿二日

明明：

二十三日寄出一函，不悉收到否？

老伍前晚来，极为匆促。他曾去图书馆抄了《新民报》上一些副刊稿，找我鉴定，说是为了出书，我已看过，其中也误抄了我写的诗，已指出。

关于为我出书事，多仗鉴忠兄联系，望代我致深切谢意。至于书名，我拟用《南窗集》，一则二十几年来，总是住南屋；二则《归去来辞》中有一句"倚南窗以寄傲，审容膝之易安"，屋小如舟，连桌也无，故以为名，你意如何？

你又要老伍约我们小聚，雪后天寒（负13度），不必客气，免了吧。我们心领好了。

我写稿的速度，随着年岁的增长而减慢，二十几岁时，每日可得八千余字，现在则仅千字耳，殊堪浩叹。

由于天冷，我咳喘增剧，有时咳得使人神不守舍，相当苦恼。

此函由鉴忠兄转交，有些请参阅致他的信。

专颂

俪弟！

笑鸿

一九七八年十二月二十八日

明明：

连次的信都已收到，《离港四十年》剪报也看见了，这事也给你添了麻烦。

本来早就要给你回信，但因始终不知周海涛是否回京，我非常担心，所以迟慢了。其中也有我被女儿接去住了一个星期才回来，以致小仝来过两次都没遇到。回来以后，写信给老伍，才转告小仝来了一次，始知海涛来去都很顺利，但对在广州情况语焉不详，而至今我也没接到再思与安华的来信，只晓得海涛在华南师院住了一晚，即转到市内林府亲族家中，据说，未见到再思，而安华又太忙，大概招待的不太好，送了海涛一只活鸡，还得带到广州宰了吃，真不像话。

海涛（我未见过）带来了你给我的鳄鱼肉。你惦记我的病，深深感谢！

昨天又接到罗总寄来人民币一百元，登稿不多，给钱不少，大概是你去催的吧？张、万（张友鸾、万枚子）两处未联系，可能也收到了。张叔现在大给《文汇》写稿，很起劲，我却写不出。

从已经刊出的稿子来看，我大致看出了那边需要的是有故事的东西，至于文学味浓的杂感却不太欢迎。过去我写的，不少学鲁迅的，多未刊出，既是因为这个原故，其实是费了力气得不到赏识。这批稿子如果不用，不知是否可以索回供出书之用？盼与鉴忠兄一商。另外，我手边还积压了几万字，其中大部分是谈戏的，是否可以托蓉蓉带去？方便不方便，请你决定后见告。今后我当改变写法，以故事为主。

印书的事，进行的怎么样了？已经排了几部？封面与插图都已否完稿？均在念中。张叔的序，他告诉我，已写

了七千字，还将写五千字，真长！不悉已否完成？他序之
长，与我序之短，成了鲜明的对比。我无此才，非常惭愧。

过去有一老友（与恨老也熟），见报上有我们的稿子，
曾写信张叔，问候万叔和我，认为都还未死，颇为奇怪。
他剪了些报纸寄来，其中还有《三上京记》写到我们的部
分。据他说，在报上看到我的诗《雪冤行》不知登在何报？
此诗我记得抄给了鉴忠，可能是他转了出去的。望能查出，
剪寄给我，如查不着就算了。

我正在写《再忆恨水》，已得八千多字，尚未写完，拟
赶在蓉蓉走时交给她带去，不知能带否？

老伍好久没见，不知忙些啥。可能是为了茵婴将出国
的原故。

以后再谈。望保重！

笑鸿

（1979春）14 日

明明：

你们全家春节过得好？

上月曾寄一函，迄未得复，不知收到否？深为念念！

我于春节前二日到东城女儿家避寒，已经二十多天。
老伍于初四日来此，少谈即走。据说你和持章将赴美，"人
往高处飞"，好！但是，重印的那几十部书怎么办？只《春
明》一部的插图恐怕也完不成了。我想，如果来不及的话，
可以在后半部画几幅，切不可前部好几幅，后半则付阙
如，那是不太合适的。你说呢？

张恨水故居院内2004年8月15日

张恨水故居2003年12月5日

老伍说，弟兄们都不能去，只有蓉蓉夫妇去。若如此，你最好把当地的一切关系都给她介绍，也可以作画卖。主要是书要完成出版，让她接你的班。又半个月未见老伍，也不知蓉蓉已否成行。

你这一走，咱们再见，不知何时，确是很困难了。惟祝你们一帆风顺，前程万里！

不过，我还有个奢望：在成行前，你还能回来见一面么？

我的事仍未解决，一是补欠无消息，一是提成（应为百分之七十，现在只为百分之六十）也未办理。非力之所及，只得听之任之而已。

春节前已收到寄来的计算机，我和右中都深为感谢，这事太麻烦你了。其中附有《文汇报》的收条，是否能从稿费中扣除，我不忍再连累你了。

罗总给张、万和我，多寄了百元，这都是你尽力办的，无话可说，心感而已。

我又写了一些稿子，但因那里存有不少，也不知究竟刊出若干，故未再寄。你意如何？

再思得教育部通知，已考取赴美进修。听说在国内先须补习英文，到华盛顿后仍须补英语几个月。老伍说，你们将定居华府，那他可以去找你们了。尚能见面，还请你和持章照顾一下，因为他是个书呆子。

你的那篇《探娘家》，我至今尚未见到。

寄来的计算机很合用，薇明也想一个（她也是搞统计的），但不能再麻烦你了，等鉴忠来时再说吧。鉴忠来信说，他将于夏秋间来京，不知为何？

我写了一篇《关于〈海瑞罢官〉》，此文，九亿人中只我能写，因我是出书的责任编辑，我还跟着背了黑锅呢。一笑。

你要走了，希望回我一封信！

祝你们安好！前程无量！

笑鸿

一九七九年二月十五日

明明：

接读来信，热情洋溢，使我深感！年历片也很好。

我才知老伍为什么没把你的文章给我看。他未免太过虑了。我之家徒四壁，穷困颠连，是林彪、"四人帮"害的，是正常现象，如果我阔，那准是"四人帮"的爪牙，那才糟呢。所以我觉得，我之穷是光荣的。

你只见到我现在的这间房子，有十平米以上，搬来以前住的还不到四平米，带上右中，三个人睡。你若见到一定很难过。饶是如此，每早天不亮我还的（得）去扫街，顺城街、棋盘街、西郊民巷都归我扫，扫了三年啊。然后又挖防空洞，我因腿摔坏了，不能搬运，所以只管和泥，于是又和了四年泥。由洞口提筐交人运走，每筐土约三十斤，有一天最多提了二百多筐，便是三吨多重，多么不可想象啊？

但是，我比起报载陶铸、刘仁来还强呢，他们都是家破人亡，我只家破人却未亡，岂非不幸中之大幸。

往事不堪回首！也只是对你说说吧了，因为你关心我。至于身体今日之坏，是受非刑之故，详情就不谈了。我还没对人说过呢。

因此，我不怕说穷。转告老伍别嘀咕。

我写的稿子，除两次托鉴忠带去四十篇外。又寄去三十篇，共七十一篇，如由今年起才刊登，那还够用一阵子的。现在每天写点，只是进度太慢，每天只能写一千多字，还不及恨老大哥中风以后的生产率呢。

解放后，我只出过一本根据川剧改写的小说《芙奴传》，手头无书，已托人找《北京日报》去借。等借到抄好再寄给你。

不知报社对我的稿子有何看法？读者喜欢哪种？至于刊出了多少，我也不清楚，请带我随时查查。

我现在只是喘的难受，仅有四不喘：睡着了不喘，写东西不喘，与人聊天不喘，看电视不喘。其他时间都喘，尤其起床穿衣，上床脱衣，总得喘半小时以上。走路更不得了，吸了冷空气，则张口大喘，腿不能迈步，所以不敢出门。不悉港地有无治喘药，请打听一下。我心脏无病，喘而加上心脏病，那就快了。

计算机尚未收到。太感谢了！很贵吧？

再思昨来信，说接到教育部通知，去美国进修，限本月二十日前交到各种证件。我很烦，以我的年纪，我的身体，还能见到他么？我深深记得去年分手时，你要我努力活下去，我一定照办。但不知能否如愿耳。

我曾写过诗词与友鸾开玩笑，老伍说给鉴忠，我写给他。不想《大公》登了，还寄了剪报来。因此我另纸抄点玩笑诗给你看看。

小毛头好！

笑鸿

一九七九年□月十六日

明明：

十四日曾寄去一信，不悉收到否？

万叔昨上午来小坐，据说是从张叔家来，见到你写的书，问我是否收到，我说没有。十一点钟，他刚走，邮递员送来了你的书。得见你的著作出版，甚为欣喜！先大致翻了一下，觉得内容改动了不少，又加入了我写的素材。

关于编辑方面，我认为开始那几段可作为序言，即从第一个分题（《我亦潜山人》）另页排？这样就分清了眉目。封面书名的字太大了，再小一点，使两边有空，可显得秀气一些。你以为如何？其次，还有错字，如电影演员胡蝶误为"蝴"蝶，等等。因书未细读，不知还有错字否。

昨天下午，管夫人来看我们。我抓紧时机问彤芬住址，她说在纽约对面的一个地方，并不在华盛顿，但地址却说不上来。彤芬前些天曾来北京，在清华讲学二次，用英语讲，听众上千人中只有两个留美的听懂了，其余全没听懂，等于白讲。她母女还曾逛了好几个省市，现已返美。管夫人望明年三月赴美找女儿。好在下个月六日请我们到她家里去玩，届时我将向她索取彤芬来信，把地址抄下来给你寄去。勿念。

日前得鉴忠函，并寄来《文汇报》稿费五十元（折合人民币十五元余）。据说你定七月初动身，对么？我想先决条件是蓉蓉先到，你才能走。是吧？

我总惦记着《春明》等书的出版问题，现在已进行到什么程度？何时能先出一部？封面与插图都是怎样决定的？问老伍，他也说不上。如有进展，希望你能写信告我。

北京已有不少老商店恢复了原名，如同仁堂、瑞蚨祥、同升和、盛锡福、都一处、老正兴等等，许多人感兴趣，我写了一篇稿，连同另三篇寄给了罗总。不知能登与否？

你书中曾提到王达仁其人，上月新闻研究所召开《新民报》旧人的座谈会，我参加，才知王于几年前已经自杀了。

北京已开始夏天，很热。香江当更是酷暑，望保重。

此颂

俪莱

笑鸿

一九七九年五月二十七日

明明：

你的大作，我以两个下午匆匆读了一遍，觉得感情致（至）深，对父母的追思怀念显示了一片孝心，读到写母亲的弥留后，离别老父，我流了泪。正如那年老伍拿了《春明外史》来，一见封面，便老泪盈眶。

你写的好，不仅感情充沛，文字也很流利，处处表现了赤子之心，而且用词用语，都很恰如其分，读了仿佛自己也参加了那个场面，比分期刊载时又简练多了。写得好，我们这班人的下一代，能写出这样的作品来，你应当数第一，也是唯一的。

恨老有知，亦当含笑，而你也是告慰于二老了。

这一版印了多少？如果是几千册的话，我想很快就可卖完，在你动身之前，可能要再版的。

书里面有些错字，我边看边用铅笔标出，算了算，除你改的之外，大概还有六十几处。如52页的诗，"话柄从此收拾尽"，"此"字误，应是平声的字"今"或"兹"。67页，中间一段文字，说恨老喜打麻将，在牌桌边写稿云云，绝对无此事！再改版应删去。92页末行，"葉"应作"叶"，"叶"不是"葉"的简化，读作"协"，是谦音韵的。213页《浣溪沙》"随心只着落罗衫"，"落"字应是"薄"字之误，"心"字可能是"身"字之笔误。217页，我那首《临江仙》，错了两个字，"杯中酒泛流露"，"梅开三五点"。其余有些人名错了，如150页，"万枚子"里的"枚"字，125页应是"卢冀野"，117页应是"张君劢"，64页应是"樊锺秀"，58页，应是"梁士诒"。

以上是举几个例子。日来天气太热，气温稍降，我将写一个勘物（误）表给你寄去，以便再版时修正。不知改起来费事不？我很喜欢这本书，希望它成为完美无缺的好书，《春明》等如何，念念！

再思来信，因年纪关系，听力太差，英语搞不好，极希望有个录音机。不知你那里能否购到简单的。如有便宜的，还望设法卖（买）一部，托人给他带去，集训为日不多，据说听话是个关键。此事请你斟酌一办，快走了还给你找麻烦，殊不过意。

热甚写一信，已汗流浃背，六月十日左右，我将去女儿薇明家（东四灯草胡同二十五号）避热若干日，她那里是北屋带廊子，凉快些。

专此即候

健康！

笑鸿手上

一九七九年□月三十一日

明明：

接到来信及罗总的稿函，老伍并出示你的信，你对我太好，使我无法用笔墨来形容我之心情，此点想你可以领会的。

赵旺兄如一团热火，使人感到温暖，对我们几个老头非常热情，非常照顾，尤其对我。我不会当面说感谢的话，望你替我说吧！

我已先后交了两批稿子，一部分是剧谈，一部分是杂感、随笔，共约五万余字，请代审并处理。不便给罗总复信，也盼代为致意。

十部书已排出几部？经过了几校？《春明》中有一些细节部分，必须改动，我已与伍哥谈及，他说已经转告，不悉改动否？"世界"版错字不少，亦望注意及之。作为老友，深盼此次出版做到美玉无瑕。（记得有一人名，叫魏X化，可改为魏亦化）。

我之补欠，似已无望，因全国的人数太多也。

一切不尽，统请赵旺兄代达。

祝

健康！

笑鸿

一九七九年十一月九日

明明：

十二日接到你上月二十九日的信，知道见着了再思，本月二日即接到再思二十八晚的信（是托信使带回北京发的），说了沿途的情况，到美国后你们对他热情的招待。我非常感谢你们！感谢侯姐与金兄！再思是个书呆子，既不善与人交，也不会说应酬话，里外如一，是个直桶子，在谈话中很可能对人顶撞。侯姐过奖，殊不敢当。以后尚望对他多加原谅。他初到异邦，一切不懂，务望对他照顾，持章送他领带并教他打法（他连这都不会！）我表示感谢！

当他开始教书时，穿了打着补丁的衣服，单裤补成了里外三层，那时我还在难中，学生说，这老师大概家庭负担太重了，弄成这个样子。其实还没结婚呢。他从小怕穿新衣，情愿又旧又破，此习至今未变。我常说，我的大儿是傻子，二儿是疯子，女儿是神经病。知子莫如父，这是给他们的确定（？）评语。

我已无家可归。辇儿胡同我不忍再去；女儿曾一度要换房，我遂搬到右中处暂住，一住就是两个多月，女儿家无法再去，虽然房子又大又好，但他们整天不在家，剩我一个人怎么办呢？在右中家还有个孙子做做伴。否则我只有整天枯坐（看书简直看不下去），稿子是不能写了，脑子既不行，手也不灵，我成了一块木头，快报废了。

老伍已很久未见，他忙于家务，因茵婴未归，父兼母职，但他仍不断去图书馆抄报。关于《新民报》史，邹霍之稿，决置之不问，预料所（？）方亦不会采用。听之可也。我这样想：如果恨水当初反动，后来即不会受到毛主席、周总理的重视和照顾。理由很简单。蚍蜉撼树，无济于事，我也不生气了。

你们生活如何？还习惯么？再思信中说，沿途西餐吃得太腻，大使馆给了一顿窝头，食而甘之，吃得非常高兴。你们自己做饭，颇可烙饼、饺子、炸酱面也。

再思未再来信，亦不知其通信处。另纸请代寄。

北京正处寒流中，相当冷，我整天不出楼门，饶这样还被传染感冒了。室内暖气，每天上下午各供五小时，其余冰凉。

自你去美后，《新晚》即未再寄稿费，（共寄两次，张、万同），九月尚刊我稿，现则不知如何。好在我也写不出来了，拉倒就拉倒吧。此信我前后写了四天，可笑！

听说美国医药费高，希望你们多多保重！

为我问候侯、金两位。附信请代转，可参看。

笑鸿

一九七九年十一月二十三日

明明：

首先向你报告一件你一向关怀的事，也是你听了高兴的事：二十八日上午，街道办事处补发了我十年半的全部退休费。虽然为数不多，但我不算穷了。半数分给孩子们，以补偿他们十年多来为我节衣缩食，并偿还一些债务。剩下的就备不时之需。如果能够移居，也得买点家具。我连桌椅都没有啊。办事处的人说："这事我们代为守密，以免坏人知道出事，前些日子有人只拿了二千元，结果竟出了事，所以你也不必声张。"因此我对本院街坊也没谈，可是他们很疑心，因为帮忙又送信的朋友进门就高声道喜。

你高兴吧？明明！

你的信我都接到了，剪报也收到了。三个月只登了五篇和四首诗词，足见那边稿子拥挤情况。

关于谈戏的既然不用，报社还存有四十几篇，如果能出书，可以索用。我这里还有二十篇，邮寄可能麻烦，不知能否有人带去？（《随感录》，报社尚存有近四十篇。）

插图我已见到，并已写了不成熟的意见。关于封面，我将与老伍商量，得到统一意见，再行奉告。因为我觉得横写不合适。

得鉴忠兄函，说你一时还不能成行，是否因为蓉蓉若去最多只能住三个月？如果是，出那么多书，接手无人，还真是个问题呢。

蒙你给再思介绍侯榕生女士（是你的同学，对么？）并露茜地址。我已写信告知。张叔已得到改正，列为错划，恢复原级别并已拿到了钱。这也是可喜之事。但万叔则尚有待。如能解决，则我们将不止吃一顿也。

至于我的退休费调高百分比，现正由原单位审核办理中。如果成功，我每月将能多领十元。

你给我的鳄鱼肉，我已吃了三分之二，颇觉有效，昨夜居然通宵未咳未喘，实在是灵丹妙药！

我手底下也没闲着，除了给市政协文史资料选编写了两篇（一篇是《和平门的来历》，一篇《纪念李大钊先生》）外，中国社会科学院新闻研究所约写一篇有关《世界日、晚报》副刊的，正在写中，主要是写两个副刊的创始和奠基人恨老，已得五千字，尚未完篇。

一九七九年十一月三十日下午

昨天写到这里，有人来因而暂停。

昨晚老伍来，他瘦了，患呛逆（即打饱嗝，打之不已），但昨晚在这里坐了两小时，竟一次未打。他中西药兼服，疗效不高。我深知此病扎针有好处，写信、当面劝他扎，可是始终没扎。

昨晚一直谈了两小时未停，十点钟才回去。对于插图及封面，我们的意见一致，主要是封面题字须设法用直行写，因而图案得稍改动。据说直写事二水也有同感，也主张如此。那天，我们就"多数通过"了，哈哈！

老伍说，蓉蓉去，不受"三个月"的限制，但一时还不能成行。鉴忠所云，大概即指此。

我已十二年未执笔，去年起才在你的鼓励下重新写起来，我的文字修养与恨老有天壤之别，表达技术不及万一，可是有一点相仿佛（佛），即有写作瘾，虽然有人劝我少写以免中风，但我觉得乱涂乱涂也是一种消遣。你作画是不是也如此呢？有一点不相同：恨老在书桌上写东西，而我则是在碗柜上写，只感到多了两条腿，因为无处可放。

关于封面题字，去年已有老伍寄去一批，既然你要我写，我还是得写，一经写好，即可寄上。至于插图，已交老伍，由他寄去。

这封信，我写得乱七八糟，东一句西一句，可能把你都搅乱了。暂停吧。

祝

安好！

笑鸿

三十一日

明明：

接得来信并照片，见你们都健壮，甚以为慰。得信时我正在病中，不能执笔，所以迟迟作复，还望原谅。得信时，同时接到再思信，只得叫右中代复。这次病，一个多月，也没去看医生，因为是心病，无药可治，只有听天由命，挣扎而已。

再思信说，四个同学搬在一起住，也不知情况如何。

你们的工作怎样？持章在哪天上班？你的英语想已非常流利，工作呢？孩子如何上学？切在念中。来信盼详告。

港方出书，近况怎样？你临行时校过几部？蓉蓉一时又走不了，是否耽搁了。

前者传说北京出版社有意出《金粉世家》《啼笑因缘》等，曾与老伍联系，这是好事，希望它成功。

《新晚报》方面我们三人已不供稿，稿费还是你在港时寄的那两次，后来再未寄过。罗总来京出席文代会，也不曾理我们。万翁与他通过一次电话，冷冷的，万翁只得挂断。

万翁已改正，并恢复原级别，使人高兴。只是工作尚未安排。他本定今天请老友欢聚，以资庆祝，但我因病体未复，不能出席，已写信道谢了。

（你看我这字写得多难看！）

上月，我们研究所一个姓刘的来找我，他是管《新民报》史的。问我见到邹霍的稿子没有，我说见到了。他问

80年代兄妹六人同游香山

我的意见，我说我不同意那样写法，写报史要公平，要客观，要注意时代背景，不能动个人感情，那样攻击张恨老是不公平的，如果张恨老反动，为什么要受到周总理的重视。当时如果想招致封门，那太容易了，随便哪一版发一篇东西就可以得到封门的结果，但那又什么意思？何况张恨老受人之托，维持一个报社，弄到封门，岂不对不起朋友，毁了一个言论机构，因此，我不同意。刘不住地点头，说，您的意见，我们可以考虑。以上是谈话的大意，也没对人说过。老伍半年不见，也没说过。

你说致函生鉴忠，托他有关出版事。我的东西颇零碎，出不出，无所谓。他原说去年带一个京剧团来京，结果未能成功。本来这事太大了，弄不好要背一身的债，不是什么好买卖。

兹抄寄我的近作五首，给你们看看。

（一）

终日昏昏意若痴，抽毫难写悼亡诗。料应才尽江郎腹，肠断中宵饮泣时。

（二）

头白鸳鸯失伴飞，前情回忆只增悲。此心已似东流水，浩瀚含愁永不回。

（三）

漂泊无家已半年，天涯何处是家山？惟期蜡炬成灰烬，灰烬相和当并肩。

（四）

今日深知万事空，人生原在有无中。遥看天上人何在？

立尽斜阳泣晚风。

（五）

坐对遗容泪不禁，世间难得有知音。一腔心事凭谁诉？欲向苍天索故人！

观此诗可以想见我的心情，所以我说，我的病无药可医。你们看了，作何感想？

再思独处异邦，举目无亲，还望你们分神照顾，感同身受！他的一切情况，我都不了解，也不知你们相距多远，隔阂得很。我希望两年后他回来时我还在人间，但这是不容易的。

好了，不写了。祝

你们康健！

笑鸿

一九八零年一月十六日

信写好未发，得再思信，知他整个寒假在你们那里住了廿天，得到你们的热情款待，而且送他不少东西。如此盛情，叫我说什么感激话呢？另信望将致再思。顺代我向侯姐、金兄致深切的谢意。

明明：

春节已过去四天，祝你们全家平安，快乐！

年前接到来信并照片。信中对我慰借（藉）备至，读之感泣！我得努力往开处想，但伤逝之心情，恐一时难以扭转，亦惟听之而已。

照片甚好，都很精神，可惜金兄未参加，不是猫庐的全员。侯姐初见，可能当面还不能认识。希望当金兄在家时，再拍一张。

你们的春节怎么过的？听说远离祖国的人对春节特有感情，比圣诞、新年，还要狂欢，是么？

得再思信，说你们特别照顾他，并寄来照片两张，雪人边的特胖，有如右中，屋里的一张，似乎白嫩，总之，比在国内的黑瘦不同了。我写信说，可能是没有家务之累，专门读书的原故。当然，与你们的照顾也是分不开的。

小半年多未见老伍，前天来了，说胃不大好，要少吃多餐。他从图书馆查旧报，抄得恨老诗词几百首，订了三本，要我看看，以便联系出版（？）。另外，北京出版社拟印《啼笑》，他希望我写一篇序，此事出版社尚未与我接头。

蓉蓉、克珉惦记我，特意寄了我一套月历（此物今年既少且贵）。我曾还问行期，据老伍说，到五月才能成行。这就是申请一年了。好慢哪！

据再思来信说，你在为香港报不断写稿，这很好，可惜我见不到。又说，上次我把给他的信附请你转，结果害你花了很多钱打电话。这我是想不到的，我原想你给他寄去就行了，不料你说电话中传达了。

我因病已两月未出楼门，其中包括半个多月的寒流袭击，近日稍缓，日内可能出去散散步。

老友们都未见到，只万翁半月前曾来一次，"人生不相见，动如参与商"，确实如此。

我又写了一首诗：

果然生死两茫茫，口自无言心自伤。

怕见当年遗物在，思人惟有泪千行。

　　诗不好，但是代表心情。因而这个春节，我全家未过，没买大鱼大肉，只是随便聚聚。元旦全家茹素以纪念逝者。但是，这仅是尽心而已，又什么用呢？逝者长已矣，任凭怎么也是挽回不了的，此恨绵绵！

　　春节前，忽接到罗总汇来三百元稿费。半年来，我未写稿，也未寄稿（只是那里还有我的存稿二十多篇），不知应如何处理。是否你又写信给罗总建议呢？

　　据老伍说，《啼笑》香港、北京均尚未出，但浙江出版社却已排好版了。这事是麻烦，还得交涉，但他们未征得子女同意就已发排，是其缺理之处。

　　北京闹了一阵西伯利亚寒流，以致感冒等极多，感冒药供不应求。其中有一天，气温最高是摄氏负十三度，最底负二十度，为近年所未有。

　　我未写稿，也无心写，有时故意想写，借以排遣，但手颤心烦，多次作罢。看书也看不下去。整天只是同孙子打交道，教他写字、算数。

　　你们在地球那边生活的很好吧？

　　不写了，祝愿

　　双好！

　　问候侯姐、金兄！

笑鸿

一九八零年二月二十日正月初五日

明明：

接你来信，已是一个多月，现在才复信，太迟了，希望你原谅。原谅我快八十了（这叫倚老卖老），外带喘之不已，再加上一部大书套在脖子上，原定五月交活，好，小二百万字，简直有些招架不住了。有此种种原因，所以回信太慢了。（如果批判的话，这叫纯粹拉客观。）

你们的房子，已经买下了吧？那也许要出一身汗吧？但一劳永逸，还是合算的。你现在的通信处，根据信封咋没州名呢？当然再来信又得改换地址了。

我也很愿看你的来信，满纸热情，热得烫手，连心里都是暖和的。是啊，看信是一种安慰，是一种享受。蓉蓉、克珉日前来信（我已作复），是我要求蓉蓉写几个字的，因为我没见过她的字。她很客气，说字写得不好。据我看，也很有笔力，我说，多练练有好处。我是认为，搞美术的人必须练练字，否则连署名都歪歪拧拧，就不是样儿了。

你写的书，克珉在书店里找到一本寄来，我已收到，再次谢谢你。这种书，谁都喜欢看，撒手就没，我真后悔借给那位女编辑，写信要的，她连理也不理我了，这叫什么事！简直是打砸抢，是不是受了"四人帮"的影响？这回的书要珍藏起来了，不是别的，虽非海内孤本，但也难得呀！谁来借，也不借！

得鉴忠寄来复制版样，《剧谈》第二批已刊出，但尚未接到稿费。我读了我的著作，颇有感想，即是我现在却写不出来了。那是一九七八年写的，当时，我还有家，伴侣还在，又是刚落实，心情比较好，因而能写出那样的东西来。今天，完全不同了，只会念"同来何事不同归""头白鸳鸯失伴飞"了。这种心情，只有自己能体会，"说与旁人浑不解"了。

鉴忠情况，很惦记！

老伍给了我一本《八十一梦》，据说，两次印了五十万册（这数目在旧社会是不敢也不可想象的），但只寄了八百元的版税，兄弟们每人一百，一分而光。北京曲剧团和一个评剧团都在演《啼笑因缘》，听说浙江已出版。至于香港，我看不必催促，免得搞无谓的纠缠，你道如何？

你每天上班，不叫苦，不叫累，而且高高兴兴，很好！这正是你的乐天派的性格。本来么，愁眉苦脸的，有什么用？再思在信中说，就羡慕你这点乐观的精神，遇到多么麻烦的事，一笑而罢。这真是了不起的好事，但不是能学的，是先天的，我认为。

北京天气不正常，一冬不冷，前些天突冷，这两天又回暖，今天又坏了，"乍暖还寒时候"，美国大概也如此。希望你们多多保重！可千万病不得，医药费太贵也。专此，即问。

近好！

毛头好！

笑鸿手启
一九八〇年三月十三日

明明：

很久没写信，主要是精神不济，照常是夜里作喘。

你们好吧？你们大概都够忙的，千万要注意身体，听说美国的医药费太贵，可得保持健康！

好容易才盼到蓉蓉和克珉的一封信，还是寄到友鸾处，还是给三个人（另一是万枚子）的。给我寄来临行前替我照的相片。我曾写了一封信，至今未得来信，也不知近况如何，想必很忙。

现因心情不好，三个月来，懒得刮胡子，于是就长出来了。本来么，"少年子弟江湖老"（《汾河湾》台词），过去了几十年，我总以小生的形象见人，而现在倒是衰败老生，挂了髯口了。十月间，我照了一张像（相），我总觉得那不是我，额上秃得可怕，两颊陷成了两个坑，再加上胡子，完全变了个人了。现特附寄一帧，请留作纪念。我不是有意留须，虽然现在已经一尺多长，但我已告诉儿女，并向老朋友们宣布：我再去八宝山时，一定剃掉，以免敬仁不认识，闹出误会来。你道是也不是？

我近来接受了一个任务：北京出版社托我标点半部《顺天府志》，因字数太多（三百多万）由我与友鸾各标一半。定明年五月交卷。时间是够紧的，只一百几十天，一天目标一页字才行。可是我的精神不济（好在这比写稿轻松得多），但有时还是遇到问题，得斟酌下笔。于是我得上下午都工作。也好，省得我胡思乱想。

我移居右中家已三个多月，有时整天不下楼，偶然出去走走，不走就要瘫痪了。只是写信不能寄这里，太容易丢了。楼群里，没有人管，所以回信仍寄灯草胡同。

北京气候，今年偏暖，现在白天还有10℃左右，出门还可以不穿大衣。

加州老有大火，而且难于扑灭，也弄不清它的方向，我担心再思的安全。他近来寄了两次照片，胖了，但学术上还没什么成就，只有一年了，我已写信促其努力。离你远了，你也没法帮助他，我始终认为他离开你们，少了照应，是个损失。

张伍已数月不见，也不知干些什么，你写信时，望代我问候。

你的英语已经很流利了吧？可别忘了中国话。

即祝

健康！

娃娃好！

一九八〇年十一月廿七日

附照片一张。

左笑鸿先生给张伍的信（两封）

张伍：

前日来书，以明明著作不在手头。且我病甚，咳喘不堪，故未作复。

今年夏天，我尚住在灯草胡同，忽来一中国新闻社编辑苏戈（女，约五十岁），约为写稿，高谈阔论，提到恨老（当初曾为［该］社写小说），我不该出示明明著作，她一见，即收入皮包，说是借看几天。稿子，我一字也写不出，至今无以报命，而书亦不见归还。得你来信，我即写信索取，请她寄到龙潭，一周不见回音，殊使人急。

经得明明函，说已将我写之勘误表寄给你，想已收到。但当时因明明即将离港，匆匆寄去，并不完全，但亦聊胜于无。

苏戈的地址是北新桥三条一号中国新闻社专稿部。你常去那一带，可去找找她，就说我请你去要的，以免她麻烦。同时你还可以拉个买卖，给海外写写你的老人家。

你外祖母周老太仙逝，我是从地球那边得到消息的。望代慰问二水、小同。我好在与她老人家见面不远，就不去吊唁了。

老人家之去，使我考虑到一个问题：长寿是不是幸福？六十以内的还无权讨论这个，因此你不必想，想了也不切实际。哪天老友聚会，我将提出谈谈。（不过，结论可以推想出来：还是长寿好，可以吃烤鸭。）

如果没有事，不必来看我，远而冷。茵婴归来否？

我愿得一张你全家三口的照片。何日能满足此希望？

近好

笑鸿

一九七八年一月八日

老伍：

须因薇明换房已有眉目。拟二十三日搬家，我即于今日去龙潭右中家暂住。幸勿再来灯草胡同。

再思出国尚无确期，因美领事馆尚未安排谈话日期。

因（茵）婴在日演出．有信来否？

老而无家可归，亦惨矣！

祝好

笑鸿

一九七八年十二月十六日

右中住龙潭北里三条二单元四号，路太偏远。勿来看我，不敢挡驾。

左笑鸿叔叔作《浪淘沙》一首：

浪淘沙

阻我十年狂，豪气徒伤，已拼六月可飞霜。蓦地一天霭雾散，复见朝阳。

往事莫思量，放眼前方。从今且惜好时光。衰朽无妨重抖擞，留取余芳。

张伍敬和：

浪淘沙

公本性疏狂，何事堪伤？青娥肆虐逞寒霜。十载冷风凄雨夜，难见骄阳。

诗玉用珠量，安贫有方。云开雾散现韶光。老树逢春花着满，冠盖群芳！

左笑鸿撰《浣溪沙》一首：

浣溪沙

满眼繁花满眼春，春风雨露满乾坤。东皇着意润苍生。

垂老闻鸡应起舞，玉溪何事叹黄昏。挥将我笔起层云。

戊子冬小聚即席呈恨水兼示同座：

临江仙

白发萧疏人望重，卅年笔走龙蛇。至今妙句尚笼纱。更欣逢盛世，文治日光华。

座上七翁（张伍注：七翁为张恨水、吴范寰、张友鸾、左笑鸿、季遇时、万枚子、张友鹤）都健寿，杯中酒泛流霞。窗前六出正飞花。梅开三五点，春到万千家。

十七年矣，偶述及张伍闻之喜，因属书。

乙己中秋后三日

笑鸿

张伍和左笑鸿词：

昨夜与笑鸿叔快谈忘归。再诵《临江仙》，感慨良深，夜不成寐，因步前调依原韵，敬呈一阙，以搏一晒，并乞斧正。

临江仙

遥想左公年少日，才高敢降龙蛇。消闲赋罢写绡纱。洛阳争纸贵，名满誉京华。

生死茫茫情故在，心香暗祝云霞。老犹自诵句飞花。前尘回首事，感念忘归家。

张伍给明明信

伍哥1978年1月20日来信，谈左叔赞爸爸：

左叔曾赞佩的爸爸的特点称之为：惊人的创作力、绝顶的记忆力和丰富的想象力。并归之为三绝：一是同时写几个长篇，而且稿纸从不潦草，工整至极，永远是清清楚楚，干干净净，不写草书，不写行书。二是能在比较杂乱的情况下继续写，不受外界干扰。三是书中的诗词，并不是作好或事后填补，而是顺着书顺拈来，写小说是一直写下去的，遇到诗词照样写下去。左叔说，还没见过第二个人能这样的。

万枚子先生给张伍的信

　　万枚子，著名报人，20世纪20年代，以优异的成绩考进北京《世界日报》任编辑，和父亲成为挚友。发表过大量的诗词、散文，并有长篇小说《时代儿女》，及诗集问世。

万枚子题《八十一梦》

1949年后，任国务院参事室参事。

伍任：

前函嘱为尊大人《八十一梦》题签附上。久不提毛笔，颇不成形。另录1964年祝恨老七秩寿联志念，以供刊用。

闻明明任将回国，望能晤会。

即祝

俪茀！

枚子 1984-6-8

万枚子手书《恨水兄七秩初庆》

恨水大兄七秩初庆

揭春明外史，嘲金粉世家，刻画因缘堪啼笑；

喜新燕归来，望满江红透，唤醒迷梦向八一（叶平）。

弟枚子敬祝

一九六四年四月北京

方奈何叔叔给张伍的信 2 封

方奈何，著名报人，重庆《新民报》同事。由先父发现其文彩，先推荐进入重庆《新民报》。抗日胜利后，又邀请其入北平《新民报》，任《鼓楼》副刊主编。

伍侄：

二水把你的近况和住址告诉我，原打算马上就去看你。昨日访张友鸾，回来累了，血压不免上升，因家人不许再出门，暂时不能看你去了。

记得 1962 年在砖塔胡同见到你的大孩子，算来已二十年，现在是否已入大学？你的小弟弟"小窝头"（他的大名是什么？）有三十岁了吧，今作何生理？全侄仍在东北么？念念。

闻你每天在家读书写作。望努力继承父业，克绍箕裘。请代向你的爱人致意，每逢电视中放映她的精彩表演，我

兄妹六人在砖塔胡同43号小院

总要争取欣赏，祝她获得更大的成功。

抄附致赵纯继函，供参考。不知明明是否把油印件寄给你们昆仲，张友鸾虽说半月交卷，我却做好了思想准备再催他三四次，问你全家好。

方奈何上。一九八一年四月八日

伍侄：

你们好！别来匆匆半年了。关于为你父亲写传记一事，张友鸾曾面允执笔，并谓拟以复写本寄我，但迄今未见。春节前购得《张恨水：我的写作生涯》一书，及贤昆仲的代校后记，很高兴。

写《传记》我自忖不能胜任，但写些短文，以提供资料，还是可以的。因为我们共事十年，特别是46、47年北平《新民报》，他视我如左右手，关于他的政治思想和活动，从不瞒我，他为社会主义革命作了不少工作，北平版创刊前夕，曾也访翠云庄（中共军调代表驻在地）会晤叶剑英，这事只有马彦样、朴野和我知道。又曾在砖塔胡同外的住宅约国民党军调代表钮先铭吃饭（只有我一个陪客）。当时钮先铭叹息政治的腐败，说："国民党原是个革命党。现在却成了革命对象。"你父亲乘机规劝过钮。钮这时写了部中篇小说《圣母的塑像》，我们向他要了，在报上发表。《大江东去》一书，闻即是钮提供的资料。可惜我不曾见到这部小说，这次在香港出版了么，我很想借来看看，保证归还。蓉蓉回来了没有？我很想她。

祝好

方奈何上。一九八二年二月四日

又，钮先铭在抗战时沦陷敌后，化妆（装）逃出，当时他在国民军是什么工作，你父亲告诉过你们么？

陈理源先生给二水、张伍的信（三封）

陈理源先生，著名报人，为重庆《新民报》创办人之一。父亲于1938年初抵达重庆码头时，《新民报》派陈理源先生代表前去迎接，为此成为挚友。"文革"结束后，陈任职重庆图书馆馆长。当得知我们要收集先父的遗稿时，理源叔不顾年迈，热心帮助，为我们收集上百万字的父亲遗作，并请人抄写，由他亲自校正注解，为我们出版《张恨水全集》给予了鼎力之助，令我们十分感动。

伍侄，二水：

十月十八日伍信收到多天，《魍魉世界》两册也收到了。因为身体不适又忙于许多事情，心想等照片寄到后再回信，因恐你对书担心，所以不便稽延过久，特写此信给你。你父亲的照片最好是在灯前翻典笈或写作时的一张，希能尽快寄我。《魍魉世界》一书，仔细阅一下后，当挂号寄还，我觉（绝）不会遗失或损坏的，请放心。

父亲在家中写作

我拟写篇《〈八十一梦〉及其作者》，对你父的作品和为人作一个简略的介绍，并想侧重谈谈他特别值得青年人学习的地方。我之所以想等一下，是由于四川人民出版社最近再版了《八十一梦》。并在书前作了扼要的说明。此外，我还发现有个地方把《八十一梦》和从端公道士手上搜来的迷信书物放在一起，同样当作坏书禁闭；另有一个地方，把《魍魉世界》和黄色淫秽、封建迷信书籍禁闭在一起。我对此是有不满的，曾不讳言，向有关者表明过我的意见。前者是去年在一个小城市的文化馆图书室发现的，那里的同志很谦逊，善于接受别人的意见。我指出《八十一梦》是好书时，有几位文化馆、图书馆的负责同志和专县文化局的干部均在座，他们既谦虚又诚恳，说明有的同志因为不了解情况和那本书的内容，当即表示应作好书对待。后一本呢，是在另外的地方发现的，似未解决问题，因此我要仔细看看书籍，必要时当在拙文中对那个不应有的禁锢，批他几句。

最近，发现你父亲仿日本《改造》杂志给大汉奸汤尔和勾勒的一幅画像，并作了很简要的说明，那是辛辣的讽刺汉奸之作，我已托人在美术公司翻拍，洗印好后当连同底片一起寄给你们。事前未征求意见即这样替你们办了，不知乐于这一"先斩后奏"的办法否？（因为刊载那作品的报纸不易借出，既有别人暂不查阅的空隙，所以就及时请人翻拍了。）

对抄写你父亲诗文事，你们不必事前即说需要出版方面的话，因在"四人帮"祸国殃民之后，遗毒尚待肃清，有的人很高兴向钱看，"既然要出版，就有许多稿费，既有许多稿费，水涨船高，我抄写的代价就不比一般了"这种逻辑，或者你们还不知道，但我是领教过了，所以提醒你们一下。去年曾有人自行找我，"很热情"，说她已退休，想多做点事情，有什么要抄写的，希望给她抄等。那时，正有一位也在京中的老友，出版社想出他的集子，但他原来保存的剪集文稿，已在"史无前例"中被搜缴一空，到了落实政策，应该归还他失物时，已经是只字无存了，只好自认倒霉，同时就是四处拜托老友代为请人，找抗战时期所发表的报刊查抄。找到我头上来，当然也该尽一份情谊，既是老友，又是十年浩劫中的难友，有什么理由不助他一臂之力呢？在我想来，曾经向我"揽抄"的人，不是正好请托了吗？于是把朋友寄我的文题和原载报刊交去，请即代抄，照例奉酬。但我未曾想到，因对方听说那是要拿去汇编出书的，要价就比常例升高了。逼的我只好作一番讨价还价的"工作"。本已讲定，原以为只等着交件付酬了，谁知过了将近一周，那目录单已给我退回。原因在哪里？回答说：那上面只写出某年某报或某年某刊，没有写明哪天刊载，查找起来太费时间，不好办。后来知道，既然没有写明天日，又该计算一个查找的工时费。对此我实在有点气闷，如此苛求，我难于应命，拉倒就拉倒。但是，我的老友又有信来，说是如果篇章多了不好办，只将其中他自视可作重点者先收集一下，其他篇章以后再说。友情使我不能任性，只好另请他人再为查找，我自己也去找上一些，找出日期，然后再请人代抄和复印，经几个月的周折，才把那份"卷子"基本交出。我之所以噜苏这么一篇，目的是希望你们不必先传出将要出书、如何出书之类的消息，以免引起搜集、抄写工作上的意外梗阻。

现在，原抄者已抄好几十篇，还有些正待抄录，月内可以寄一批给你们。最近，我专为搜集你父亲诗文翻阅了几个月报纸，看来有些印刷比较清晰的，可以复印；有些已很模糊或原报已经破烂者，只好继续请人抄写。这里已有台较好的新复印机，复印者既快又省。我决定采取这个双管齐下的办法。但在委托复印和抄写前，得由我先行查找，找出个篇的篇目和发表时间（包括年月日），写成一个篇目和时间索引，复印者和抄写者方能办理。我预料，约有一个月左右的时间，能作出这个索引，希望在明年一季度末之前，能将此间所能查到的你父亲诗文，全部复印和抄写寄出给你们。

此外，如果你们有更好的办法，能找到真正善始善终的人办理此事，拖沓办理也行。

祝好！

理源

一九八〇年十一月三日

你父亲生前给你们兄弟姐妹的教育中，关于如何学习和做人，对新中国应持什么态度方面，望写几句给我，我在介绍他的文字中，拟写到这点，我想那不仅是教育你们，对青年人也是有教育意义的。

二水、伍侄：

正准备将信附（付字之误）邮时，抄文同志和帮助翻拍你父亲画作的同志来临。带来所托之件。抄文另封付邮，照片和底片随此信寄去，请查收。抄文费十六元五角，照片一元余（有发票）。照片处空白处不干净，是报上的油墨和纸张年久变质所形成，据说，洗影时在底片上加点工，就能使片面干净的，这里先未注意及此，你们以后加印时向有关者提出要求，就可好些。

此画载于1938年7月13日重庆《新民报》副刊《最后关头》版，你父亲写的说明，照录如下：

左图，为日本改造杂志记者，在北平德国饭店，为汤尔和所作速写。玩弄之状，活跃笔端。可知日人亦极鄙视汉奸也。

编者仿写。

这一期的《最后关头》拟托有关部门全印一、二份给你们，需要否？

理源

一九八〇年十一月四日

二水、伍侄：

近几个月内，我因会多，身体不好，请人抄写的文章，又尚未送来，因此未给你们写信。昨天催请所托的同志，他已抄了一些，至迟可在下月寄一批给你们。其中有一篇，是市内没有的，我在北培查阅其他资料时，在那里发现，已请人抄来，下月将一并寄给你们。为加快抄写速度，现又找到一位朋友，他曾从事文字工作多年，已接受我的请托，看来在今年一季度内基本完成抄文计划，是有希望的了。我为此感到欣慰。但在过去，此事进度迟缓，有负明明和你们的重托，是很抱歉的。现请抄写的同志，拟要他用复写的办法，这样，在时间和经费上都可节省一些，但不知你们同意否？望即回信告知。

匆此

祝好

理源

一九八一年一月十九日

明明处，因不知她的住址有无变动，故未写信给她，但也很久未得来信，不知她的身体和生活、工作等均好否？念念！又及。

陈理源先生给明明的信（两封）

明明贤侄：

去年2月来信及12月惠赠的贺年片，已先后收到。谢谢你！因为身体不适和其他急事牵制，以至迟迟作复，很抱歉！随然（虽然）少于写信，我对远在海外的"中华赤子"，是惦念不已的。

《新民报》的"三张"——你父亲、慧剑、友鸾，和我在报社共事多年，同甘苦，共患难，情同手足。我这个作为他们的小兄弟的人，现在也将进入七四之年了。你父亲和慧剑相继辞世，友鸾久受病魔危害，至今仍卧床不起。每一想到这些，我感慨万端！为怀念故人，也因为他们对祖国和中华民族有不可磨灭的贡献，所以凡是有关单位嘱写《新民报》历史时，我就会忆及他们。在给中国社会科学院新闻研究所主办的《新闻研究资料》写《重庆〈新民报〉的副刊》一文中，用相当多的篇幅写了"三张"，并举出你父亲为扩大抗战宣传效果，挥毫作新诗的事迹（文中录存了他的新诗一首）。此文已在北京出版的《新闻研究资料》第24辑刊出，不知二水他们已见及并转告你没有？

前信说的《皖南事变中的片段与回忆》及《皖南事变中的一束正义火花》打印稿，已托赴美留学的田小莎君带去，不知他是否已转给你否？——阅社科院的新闻研究所已将回忆录收入会议文集，今年可正式出版，到时当再寄上。

我于前月在重庆市图书馆收藏的抗战时期的文艺期刊内发现有你父亲的遗作十多篇，一是用"旧燕"笔名，连续发表于《文艺先锋》上的《文艺圈内》，共十一篇；再就是用他本名写的《无法安贫焉能知命》（随笔），发表于《抗战文艺》内。不知你们已有这些作品否？如果还没用，望告知，好及时请人抄出，以免散失。

......

理源
1987.3.19

明明：

来信已收到多天。因在请人抄写中较费周折，我的身体又有些不适，以致迟于作复。甚歉！

许多人都是写惯了简化字的，不习惯、不愿意写繁体字；抗战期间印刷的刊物，纸质很差，而且已距今五十多年，字迹模糊难辨的地方很多。最近才找到比较适当的人抄出，诗人（文）共六篇，一并付邮寄上。以前抄写的人，倒是一把好手，但已不幸逝世。

　　诗文抄送我处后，经我核对，原刊上十几处差错，根据我的理解和判断，写个勘意见，供你参考。(见另纸)

　　抄写费已够用，不用再寄。只是银行的手续未免太麻烦，上月下旬去取汇款时，未取到，却要交付"汇款托收手续费"，须等到四月份才能兑取。好在抄写者并不计较，到时转交他们就是了。

　　抄件收到后，望即函告。

　　友鸢婶不幸逝世，想来你已得到信息。我既为逝者悲恸又为久卧病榻的友鸢增忧，难安至极。

　　不多写了。

　　遥祝

　　时祺

理源
(19)90.3.27

赵超构给张伍的信

赵超构，著名报人，父亲的挚友。《新民报》健笔之一，在重庆《新民报》副刊《论语》发表杂文《今日论语》，受到热烈欢迎，并发表了《延安一月》，出版单行本后，受到了热烈的欢迎，被赞誉为"中国西游漫记"。1949年后，主持上海《新民报》，成为晚报中最受欢迎、最具特色、最具有影响力的报纸，被各个晚报争先效仿，一时之间洛阳纸贵，上海市民可说是人手一张。成为生活中不可缺少的读物。直至现在仍是全国发行量名列前茅的报纸之一。

张伍：

你寄来的明明写的那本书，收到了。这本书写得很生动，一口气就看了大半本。有许多事我也不够清楚的，都写到了，使我感到很大的兴趣。很可以作为研究你父亲写作生涯的材料。前些年，曾有一个美国的研究生专门研究你父亲的来找我，我当然尽我所知的跟他谈，但是在生活方面我却说不出多少材料。现在有了此书，可以补足这个缺憾了。感谢你们还没有忘了我这个老头子。谢谢你和明明，并问好！

赵超构

一九七八年六月三日

萧铜先生给明明的信

萧铜，原名生鉴忠，笔名萧铜、赵旺。香港著名作家，给多家报纸写专栏和连载小说等。

明明贤妹：

来信收到，给金铨（胡金铨导演）也看了信，就是不知电视台是否理会了。可巧遇到台北远景出版社老板，他有意在台湾出版令尊之遗著，已抄去你的地址，他会给你去信，此人叫沈登恩。

在旧书摊上买的令尊之书，是送你的，不需要付钱。

我们计划5月1日上京，正筹措路费中。已寄上《京华探访录》至侯姐（作家侯榕生——明注）处，收到了吗？念念。

想念的很！盼常来信。问合府安康。

鉴忠

1980.3.30

林海音给明明的信

台湾著名女作家、出版家，著名学者夏仁虎之儿媳。在北京生活多年，对北京生活十分了解，写过多篇北京风情的散文，诗情画意，文字优美充满了对北京的感情与怀念，小说《城南旧事》被改成电影，放映后，一片溢美之声。

　　明明：

　　接到来信，既惊奇又高兴。前两个月到香港开会，去逛书店，还买了你写父亲一书，事实上凡有关你父亲的文章，我也都会找来看，非只是他的读者，而且你的母亲也曾和我在春明女中同过学（在一九三三左右）。你母亲可能比我低两年，那时就听说那位乖乖的女孩是张恨水的太太，虽同学，但因不同班，就没有交谈过，但对她的样子记忆还有。到港买了你的书翻看图后，果然你母亲就是我记忆中的那个样子和脸型，数十年后又接到他女儿的来信，不是有缘吗？还有，我在《世界日报》工作时，你的叔叔张啸空先生也在报社，我很熟的。你在纪念父亲文中提到左先生等等，我当然都认识而且很熟。因为我和外子都在报社工作才认识结婚的。

接你信，关于小说事，我先做了一番考查工作，这里有许多地下印书的（即不刊登广告，不公开发售），果然买到你父亲的几本书，据说不是很畅销。而且我们这儿的出版社及著作权法，凡创作物，三十年后任何人都可以印制，属于公物。只是著作人的名字不能变动。而且也许不只（止）一家在印也说不定。既然如此。我的出版社也就不可能再印了。又我看的四本是：《落霞》《巷战》《秘密》《美人》，听说已结束的河洛出版社也印过《啼笑》。

大陆有没有再印你父亲的书呢？他们应当印也应当以纪念的形式印才对啊！

谢谢你寄我有关《城南旧事》的报等，海外的朋友都剪了报寄来，事实上半年前我的亲戚即已辗转陆续告诉我了。

你和榕生做邻居，该有得聊了，真希望加入你们的聊天小说聚会。你在做什么工作吧？你先生也都在美国吗？你写的文章和榕生有同优点，就是内容丰富，博知多闻，我就喜欢看这样作品。无病呻吟、内容空洞的则入不了眼。以后盼多联络。祝安好。请代问你那侯姐好。

林海音

1983.2.1

痖弦先生给明明的信

痖弦，著名诗人，报人，学者。主编台湾《世界日报》副刊多年，享誉海外文学界。

　　明明：

　　你叫我王叔叔，我也直呼你明明了。我小名叫"明庭"，对明字特别喜欢。

　　忆令尊的文章，如果有新材料，没写过的，《联副》愿意发表。我的少年时代，都是读你父亲的小说的，他是真的影响深远。

　　祝福

痖弦上

1989.7.11

方方给明明的信

方方，原名王正方，著名教授、作家、编剧，著述甚多。电影导演，以《北京的故事》作为中美合作的第一部电影，享誉国际。

明明女士：

素昧平生贸然写信给你，似乎有些欠缺礼数。但是以"文"会友（书信也算是文中一格）古已有之。在下也就斗胆自荐一回了。

读毕你在《广角镜》杂志连载的《回忆父亲张恨水》感慨颇多。令尊的章回小说我年幼时曾有段时期嗜读如命，和家兄抢一本破书，也曾演出全武行。张恨水的小说在台湾早期（50 年代左右）还找得到，流传的就不甚广泛了。可能如我这类背景的人在台湾长大受教育，知道令尊的不会很多，看过《啼笑因缘》那个电影的人倒是不少。你写的回忆十分生动而富有真挚的情感，文笔流畅可读，不愧是将门虎女。在此倒真的有点相信家庭背景和"唯成份论"了。

　　从你的大作中有缘细读了令尊的一点文言散文和旧诗，诚为一大收获。自己不是学文学批评的，但是早几年总以为张恨水的白话小说可以讪议之处颇多等等。读了令尊的散文及诗，发现张恨水先生在这两方面造诣远远超过了他闻名全国的白话小说，真是令我有发掘金矿的兴奋。只怪自己孤陋，闻道太晚。不知有没有人出版张恨水先生的散文诗集等等？如果有的话什么地方可以买到？希望有机会多读到令尊的散文，亦是一大快事也。就你在《回忆》中录的几首旧诗，咏景叙怀，诗句都雅淡自然，用字平朴而寓意颇深，这种举重若轻的功力，非读破万卷书绝无此可能。时下的"名"诗人(指写旧诗的)如迦陵、萧继宗等等，或华而不实或着意落力，不但写的人吃力，看的人也在那儿一句一豆，读完了有如释重负之感。当然令尊是二十世纪初的文人，算中国的旧文人吧！国学根底比现行的专家文人高出太多。现在的诗人和文学家或许也不该写旧诗和文言文了。但是创新的中文诗在那里？可读的新散文又有几篇？不必提名字了，得罪人。

　　拉杂写来，耽误你不少时间。我现在侨居美国旧金山，以教书为职。不是学文学的，却喜欢涂写不经之谈。祝

　　近好！

方方草

11/10/78

王晓薇女士给张伍的信

王晓薇，女学者，教授，是著名美籍华人作家聂华苓之女。她是以研究先父张恨水公的作品获得博士论文的第一人。其英文论文曾出版单行本。现任加拿大多伦多大学东亚系教授。

晓薇给张伍的明信片

伍哥，我十二月十二号回到德国，去了美国四个月，现在 Klaus 自言自语的毛病越来越发不可收拾了，他说因为我常不在家，他没人说话，只能自己对自己说话。这四个月期间，除了 Klaus 可怜一点外，我倒是很开心。论文第一章写好了，周先生也过目了，批改的红字满篇，还不知从哪儿挖出一首你父亲在四六年写的词，影印寄我，要我好好研究一下你父亲当时对内战的看法。他说会寄明明姐一份，我答应他我寄你一份，本来我想不必麻烦你为我抄写诗词散文了，因为你父亲写的东西太多了，找资料也有找资料的限度，但是周先生实在神通广大，很怕他又从什么地方找出一点什么来，不急，如果你有空就抄一点。我现在在申请来大陆写论文的钱（纽约的SocialScienceResearchCouncil 给写有关中国问题的研究出钱，最长来中国一年），不抱什么希望，成功了很好，不成功我也可能今秋回 Madison 母校作语言助教。但是一切不定，周先生很可能今秋去香港中文大学教书。如果他人不在美国，我回去也没有用。还有 Klaus 也可能今秋到德国在上海新开的领事馆中去作小领事，因为至今还找不到房屋作为领事馆办公之处，外交部还没有决定小领事人选，大领事已派定，大概三四月间去 Bochum 一个语言中心学点应付场面的中文。离爱荷华前，和明明姐通了两次电话，第二次匆匆忙忙，正好赶上我妈请人客，我是总管，乱说了几句。第三天就打道回府了。我问明明姐可不可以请高阿姨（高瑛，艾青的夫人）带点什么回北京给你，她想了又想只说了一本《傲霜花》，所以第二天我就去影印寄你，虽然高阿姨一再要求我带回北京，我看她的箱子实在太满，她自己的书都已寄走。如果你还想要什么书，告诉我，我五月时，或许会回美国，那时再影印寄你。在德国影印不方便，而影印机中的纸多有怪味，闻多了说不一定会中毒。你为我做了这么许多事，我可以为你做一点点事，也令我心安一些。把你最想要的书告诉我，我陆续会寄你的。UniversityofMichigan 有《北雁南飞》，但是拒绝外借，UniversityofChicago 有《偶像》《平沪通车》《杨柳青青》，也拒绝外借，令我很生气，现在正找人去当地为我影印。其他的《剑胆琴心》《春明新史》《中原豪侠传》仍是找不到的书。你寄我的《写作生活回忆》的索引正是我等了又等的，你是上哪间图书馆去找来的呢？两年半前我去了两次北京师大图书馆，开放时间有限，许多书又不许一般人阅读，不像美国大学图书馆每天从早上八点开到清晨两点，而书架上的书全部自由翻看。在德国大学图书馆的情况跟在北师大图书馆的情况差不多。所以我不太爱去，我是最爱在书架中走来走去翻看闲书的，这样可以休息也可以学东西。德国的生活实在没有美国的生活好，天灰暗，人冰冷。每每上街就给人骂上几句，不是一定必要我一定不上街。明明姐在电话上要我寄点德国照片给她，回来后我就买了几张我们住的这个小镇的明信片，也寄给你瞧瞧。这个小镇叫 muffendorf，在 Bonn 的郊外。小镇中居民多为天主教徒。我的邻居客厅里一天二十四小时都供了圣母的像，像前还点了蜡烛。小小镇中就有两个教堂，其中一个是 Romanesque 风格，简单而庄严，令我这个不信任何宗教的人也不免感动（下次寄风景片来）。德国人非常勤奋，但是高度的工业化也带来许多问题。这么一个繁荣富强的国家，它的人民往往非常不快乐，街上挤满了买东西的人，而人的脸都是那么充满了欲望、不满足的样子。

　　胡乱扯上一些话，这卡片上是我们村中第一个房子，本是教会的修道院，二次大战后成了比利时大使的公馆，在我家对面，下次再寄我家的相片来，祝福你们新年一切顺利，请问候二哥好，两位嫂嫂好。你帮我的一切一切，我不再说谢谢了，实在，实在心领了。如果 Klaus 调到中国来，一定告诉我可以为你们带什么来，德国政府会运一切东西，包括我们的破汽车。

薇薇敬上

1981.1.12

晓薇给张伍的信

伍哥，接到你们一家的信，各说各的，挺有意思。首先，你们别担心我上你们家来会饿肚子，一来我们还在争取来北京而不去上海，Klaus今天又去人事组啰嗦去了，不知还得啰嗦多少次才会成功，来北京也好，去上海也好，我们还是希望四月底动身，北京德国使馆中今年有三个缺，Klaus什么都愿意干。所以若来北京住，等嫂子回家了再吃也来得及。二来若去上海，也可能再延期，因为中德双方为了各种事讨价还价，看来交涉还久，几时同意开始上海的领事馆还有几个月。就为了这个，Klaus也想去北京，不想再等上海了。而我们房子招租的条子已贴出去了，问津者不少，有人三月底就想搬家具进来，令我们也不知怎么办才好。我们已经都在外交部体检过了，两人都健壮如牛，可以来中国。因为要去上海的德国大领事不是学法律的，需要学法律的小领事作助手，所以外交部人事组不大肯放Klaus去北京，需要他在上海工作，其实有时这种有法律背景的人做的事也很无聊，在巴西，Klaus有一个夏天收了三次尸，不是他的同胞被汽车撞死就是服毒自杀，所以他整天穿了黑西装跑医院和坟场，不过也很可见到不少事，有几次他去完当地贫民医院，回来完全吃不下饭。像他这种好吃的人，这可是很少有的，他连病了时都可以狼吞虎咽。他一定会爱吃嫂子的菜。我吃不多，不过，他吃得很多，多到令人讨厌的地步。

自从上次跟你写了信后，我的想法又有些变了，经纬论还存在，只是当我下笔写时，更发觉一点，就是你父亲早期作品（包括《春明外史》《金粉世家》）的世界观很影响了书的结构，像《春明外史》前几章中有杏园和梨云的恋爱，也有剑尘和花君的恋爱，一个是悲剧，一个是喜剧，后来又有了杏园和冬青的恋爱与秋波和韵桐的恋爱，也是一悲一喜，通常大概读者看到的都是悲，而只感到喜的存在，其实书中这种对子太多了，有离合，有盛衰，有动静，有雅俗，整个书中对子的结构最重要，就是经纬都是对子的结构，而对子的结构不是说这个好，那个不好，不是相互排斥的，而是相互影响，相互共存的，所以这书并没有什么太大教训人的味道。意思比较像《儒林外史》（这书教训的意味还有），不像《官场现形记》与《二十年目睹之怪现状》。我一直说《春明》结构不像《儒林》而像《二十年》。因为《儒林》还是走《水浒》的路，把各路英雄逐渐聚在泰伯祠那一幕，然后又分散，而《二十年》的故事由主角的事为经，把次要的故事与道听途说串起来，不过在意义上，《春明》是比较像《儒林》，没有把人、事好坏看得如此黑是黑、白是白。就是《儒林》因为有楔子与五十五回中的五个好汉，把书中其他人物都一比比下去了，它的训人意味还是比《春明》大的。就是《春明》中的小故事，往往悲喜的因素比批评的因素更重要，也就是趣味比教育更重要。

《金粉世家》的文字、人物描写、人物对话都很像《红楼梦》，甚至清秋的学佛、金太太后来的上山敬佛、不食人间烟火，都有点《红楼》中宝玉出家的味道，但是这些到底是表面上的相似而已。《红楼》到底是说一个"梦"，而宝玉又是一个带有神话意味的人物，他生下时有玉在口中，而这玉在书中几次出现，都与书意义有关，这与燕西与清秋定情时取下的玉不用，这有许多解释的可能性，而燕西的玉就是一块玉，没有什么神秘的意思，没有寓言意思，清秋也有金链，当然是影射她像宝钗，不过，这个链子也只是链子，也没有神秘的意思。燕西的玉出现一次，清秋的链子只是提了一提，都没有成为书中重要象征，所以我说《金粉》与《红楼》只是表面像而已。

但话又说回来，虽然一个是说梦，一个是说现实故事，还是有结构相似，就是对子结构，《红楼》伟大之一点是梦中有现实，现实中又有梦，它的对子比《金粉》多多了，但是《金粉》也不乏对子，可以在《春明》中找到的，大多可以在《金粉》中找到。就是金荣这个小人物的话中都可以找到悲喜的成分，他去找清秋，打听了半天。回来报告燕西怎么找法（106回），他是悲哀的，但是他说他跟人鞠了个躬，"抬头一看，我才知上了当，敢情是个十二三岁的小姑娘，可是说起来，还是算没有白行这个礼"，这完全是喜剧式的话，但是再听下去，就不喜了，这种喜也只是悲中的一点喜而已。

（信件左旁备注：我得申明一下，对子结构不是我所发明。有位美国教授叫 Plaks，是 Princetor 中文系的教授，他写了好几篇论文说明《红楼》与《西游》的结构。他认为梦结构是以阴阳论而来的。）

所以《春明》《金粉》由于作者世界观，有对子结构。世界观是世界上有喜、有悲；有好、有坏；有离、有和；有盛、有衰；而这些都有对子结构为证。所以西方文学批评说"内容决定形式"。

《啼笑因缘》如没有续集，也可以这么看。但是续集就不再是这么好坏都可以共存的了，这是因为时势不同了，日本人要打到家门口来了，必须有立场了。这时要反日，就有事要鼓吹；有事要鼓吹，就得好坏分明。因为故事内容不同了，结构也不同了，故事有开始，有结束（至少是有目的的结束，要打倒日本人的目的的结果）。因为作者主要目的是抗日，与抗日无关的，还是有相互排斥的对子可查，还是可以两并存。与抗日无关的，还是可以有好也有坏。所以还是有人是又好又坏的混合。

结论一下：《金粉》《春明》是无结果的，生的生，死的死，人死了，活的人还是生活下去，人并没有太大的目标，反正生活中总是有人的，就算生活失败了，也还有新生的一代继续下去。而从《啼笑》续集起，人生有目的了，要抗日，要救中国。

中期作品最大特点是这种目的。到了晚期，在某些方面又回到早期的观点，不过，我今秋才写到那上头去，还得好好想想。其实，我论文的大论点，我都告诉你了。小论点如人物刻画、写实主义、说话人技巧、sentimentally，以后谈到哪里再胡说吧。

我觉得世界上像《红楼》这种书是奇迹，如果任何书与它比是不公平的，不过，《金粉》实在是如你所说走的《红楼》路子，不比又不行。不过，《金粉》与巴金的《家》作比较，在某些地方，《金粉》比《家》写的好多了。

还有，张爱玲学你父亲的地方可大了，甚至有像《金瓶梅》抄《水浒》中一段那种事的证据。以后我要写一篇短文来讨论这种影响。因为多数现代人对你父亲书不是那么熟，就对了张爱玲自说自唱的几句大叫她是受你父亲影响。不过，这不是贬张爱玲，《金瓶梅》与《水浒》完全不同，张爱玲还是有她独创的地方。

虽然我从没有见过你父亲，他的性格好像并不离我太远，我想他一定是个很温和而处世以中庸为道的人。老实说，我对他的诗词很头痛，因为我的古文底子不好，又不会算平仄，所以《春明》《金粉》中的诗也令我很头痛。我实在对他作诗的那一面不太懂。像读小说结构、人物刻画，多想想，多与commonsence比比，也就大概混过去了。不过这也是自吹自唱，东凑凑，西补补。像你父亲这种好作家到今天才有我这种力不从心的人来胡说实在是遗憾的事，我希望有比我行的人再写他，甚至打倒我的理论再谈。

至于找人之事，我们尽力而为。Klaus会去打听怎么找，因为在德国中国人拼自己名字又与美国中国人不同，而早期来的又与晚期来的不同，所以要拼好几个名字去找。如果知道此人生日（几年几月几日），或早年到的西德东南西北方向，都比较好找。德国没有联邦警局，只有州警局，所以只可一州州找，不过西德并不大，不算太麻烦。我已托 Klaus 去办了，只是要找他的人叫什么？如果他和我联络，我总得和他说找他的原因。他大概不认得二水哥吧？

（信件左旁备注：西德是到 49 年才成立的。从 45 到 49 年那时是战后，今天的西德那时由美、英、法三国所占领，今天的东德由那时苏联所占领。如果找的人是 49 年以前到的，可能已没有记录了。）

如果你与张友鸾叔叔写的文章中提到写作技巧，我现在很可用来参考，如果是多写生平，我就一时不需要了。我生平那章已两度加工，为了拿学位，大概不需要再改了，不过以后如想出书，就得再改。如是写生平的，你为我留着就好。还有那人写的考证文章，如有关《春明》《金粉》或《啼笑因缘》我就希望有，不然，我这两个月也用不上。我四月份可把这两章写此三书之论文完成，如果五月底走，我七月再开始写抗战时期四个作品的两章，这要写四个月，十一月写最后一章，所以年底一定完工。明年一月回美国修改四个月，五月考口试。

如果我们五月底又走不了，到时我需要什么文章，你也知道，你再寄我好了。

1982.2.27

这封信写了一个多礼拜，这一个礼拜以来 Klaus 太忙，他负责一样公事，天天早上五点就爬起床了，我也跟他一块起来，为他做点早餐，不然他常常忙到晚上七点也没有时间吃饭。老实说，他这种忙很少有，他们德国人工作就比美国人慢，周末都不工作，不是散步就是喝咖啡、吃点心，不过就是这样，来德国的中国人还觉得他们生活很紧张，林莲蓉直叫我为他作准备工作，说是来了中国一切要慢好几倍。

我每天从早上起床写论文写到晚上六七点，一天平均写一页，可以说是一个字一个字地磨，不过，我不觉苦，反而很开心。为了怕 Klaus 寂寞，近来我周末陪他一天，也放自己一天假，他现在周末洗衣、烫衣、煮饭，很为我分了一些劳。

对了，我的信都写得乱七八糟，如果你留下了这种"物证"，我以后会很不好意思。老实说，我这几年不太跟人写信了，反正好的朋友是通常不写信见了面也好的。还有，我以前跟 Klaus 谈恋爱时，写的信他一直拒绝还我，我很担心有一天他成了什么重要人物时写回忆录跟我算旧账。我跟他说，难道他还把这种旧事风干了，熏好了，准备晚年时下酒不成？但是他也很坚决，他说信寄给他了，就是他的。

礼拜我说不一定就到了。

希望我们争取到来北京，让我把北京的人情风味都好好体会一番。对了，上礼拜在街上店里，我碰到三个来自北京的科学家，他们在此受训，他们都愁眉苦脸，直摇头说在这里不习惯，他们的家乡是东北、湖南等地，他们都称赞我的普通话比他们说得好。如果我来北京住三年，一定会学的更好。

这里天气以开始暖了，果树的花都渐渐开了，不久，我又开始练习骑自行车了。你们那里还有雪吗？

薇薇

1982.3.10

晓薇给伍哥信

伍哥：

我实在忙的要疯了，所以无法坐下好好写信。我的《春明》《金粉》那一章写了 77 页，终于完工。现在写《啼笑因缘》这一章，这一章只有三十几页，月底该可完工。我希望七月再写个十几页，那就是《热血之花》《巷战之夜》那章了。九月到了北京，就可把这一章完工，那么，还有十、十一、十二月写最后两章，年底还是可以完工。其实，最长的一章还是《春明》《金粉》这一章，书太大了，现在写顺了，不觉得那么苦了。明年夏天全部改好，打好，我影印一本给你。

我不要《春明》的回目，多谢你还想到为我抄《世界日报》的回目。我对这份报很有兴趣，以后，你带我去图书馆介绍一番，然后把我丢在那里，我想我可以花好几天坐在那儿读旧报。这完全是消遣。不过，要在我写不出来东西时才去玩儿才好。

我已请妈妈为我去借史丹福（斯坦福）大学的世界书局的 1938 年出的《春明外史》，并影印寄我。我这本大概是跟世界书局一样的，只是引用东西还是该用好的版本。

我已和 Klaus 约法三章，礼拜一到六，除非是国宴，我哪里也不去，谁要与我联系感情，星期六下午五时到星期天晚上九时之间才行。其他时候，我写我的论文。不过，我们通常五点后也可以见面。Klaus 喜欢吃尝小馆子。你们带我们去越土的地方越好，而且，一定要 Klaus 请我们大家才好，反正，他就是因我为他读《人民日报》也得报酬我一下。

我的自行车今夏并没有练习，我绝不会有胆子骑了上街胡闯，我实在很贪生怕死，我想在北京，我也不敢开车，以后我只有步行或坐公共汽车。

每每见到若蕴，我就会快乐起来，她就会告诉我谁谁谁又和谁谁谁大闹恋爱，谁谁谁到谁谁谁家去，谁要天天吃芽菜炒芽菜，因为我们的圈子差不多大，而台湾那些名艺术家我们都差不多认识，纽约那些前进分子也差不多认识。

（信件左旁备注：其实芽菜才好吃呢，只是若蕴不爱吃。）

我并不觉得所谓五四作家，如巴金、茅盾、丁玲、老舍他们是受西方影响比受中国影响大的作家，只是他们的生活（年轻时的生活）反映一点西方的影响，拿起笔来，还是中国的笔。若说爱国，你的父亲跟他们一般爱国。你放心，我是不用框框去看章回小说的，我生长在国外，首先，我不觉章回小说有什么不好，当国内出来的人对我研究你父亲作品不以为然时（还有人问我有没有黄色部分），我就说我觉得你父亲的作品写得还比其他五四作家写得好。反正我是以文论文。不扯上那一些国内的争论，甚至不提鸳派的事，因为派别是别人加上去的，又不是你父亲去参加的，像创作社、新月社这些派别还是为三十年时一些文学同志者自己物以类聚而创的，谈这些人时谈谈派别还有意思。这鸳派根本莫名其妙。就因徐枕亚书中的鸳、蝶而有了这种名字，又有了这种派别。

当然，形式反映内容，是否中国的章回小说就可以一直流传下去，我也不知道。中国在现代化，在变，小说的形式内容也要变的。不过，你看刘宾雁这种一流的小说家，他是新闻记者，跟你父亲以前一样，而写的东西多半还是说书人的形式，还是那么生动。我认为他是走传统小说的路子的，他也是现在目前最好的小说家之一，像一些女作家外人开始注意，写得并没有刘好，高晓声也是走传统路子，写得也很好，我在 Iowa 见过他。

祝福你们一家平平安安，这次惜惜高考顺利。

等若蕴来北京喝豆汁！

薇薇

1982.6.8

张伍给王晓薇女士的信（大约写于 20 世纪 80 年代）

晓薇女士，您好！

我仔细的读了您的"连载"来信，并和家兄做了认真的讨论，所以回复的晚了一些，尚希见谅！

关于您论文的要点，我和家兄均受到很大的启发，有很多地方和我们的理解是一致的，认为您对先父的认识很深刻，见解很精辟并有独到之处，我们相信若父亲在天之灵有知，也会为有您这样的文字之交，含笑九泉了！您对我父亲的作品分析，和我们的差不多，但我们感到，父亲晚年，因脑溢血后遗症，身体、精力、记忆都有减退，因而我们觉得他的晚年作品并不真正代表他写作的极峰时期，所以您喜欢他的中期作品是有道理的，这一时期父亲自认为写得较成功的是《八十一梦》，也是我父亲老友们很推许的一部书。如果按您划分的1945—1967年是他的晚期，我则要向您推荐一部书，《巴山夜雨》。这部书始于1946年，载于当时的北平《新民报》副刊，写了三年，1948年底载完，约五十万字，是他花费精力最大的一部，《巴山夜雨》写得亲切感人，像一幅隽永含蓄的乡居风俗画。这部书因没有出单行本，研究者并不多，明明有全部的复印胶卷，您可以向她索要。病后的作品大都是一些民间传说改写的小说，但其中有一部《记者外传》则是他用了一番心血写的，虽然笔墨不如病前那样犀利，但仍可看出他的风格神韵，《记者外传》载于1956年的上海《新闻报》，我们有剪报，下次有机会复印给您。

《写作生涯回忆》不是您所说的《我的生活和创作》，后者是病后写的，记忆已退，有很多事他自己也忘了，并且经别人整理过，他自己没有来得及修订，就逝世了。《写作生涯回忆》，写于1948年秋，是他病前精力旺盛时写的，曾载于1948年底的《新民报》，不久就患了脑溢血，说话就不太清楚了，幸亏有这样的一部自传，给我们留下了珍贵的资料，我建议您一定要看。

但对话要写得俏皮，要字如其人，也就是注重塑造性格特点，他自己说"诗主性灵，文喜冲淡"，这些特点，在他的小说中，也有所反映，父亲曾在1927年答读者询问时写过几首诗，我录其中一首："画马先须画马身，稗官好处在传神。此时若怕伤忠厚，画鬼都应画美人。"从诗中也可以看出他对写小说的一些主张。

父亲曾在1954年秋给文化部出版总社写过一张书单并附了一封信，书单里的书名是我们兄弟根据他口述抄的，是单行本不包括报上连载的，您急于获得这个书单的心情我们非常理解，如果这张单子还在，我见到令堂一定帮助她寻找，如果找不到，还有一个补救的办法，就是我父亲的《写作生涯回忆》，他对自己所写的作品基本上报了一笔账，这也可以算是他的亲笔证明了。

周先生我已闻名很久了，知道是一位很渊博的学者，有他作您的导师，您的论文一定能成功。得便，请代我向周先生致意。萧先生还没有把您赠我的资料给我，过几天当写信去问，谢谢您的盛意。

有一点我们和您有些不尽相同，《金粉世家》《春明外史》是先父的成名之作，在写这两部书的时候，他还不到三十岁。从这两部作品中，可以看到他的文学造诣之深，才华横溢，当然他进入中年以后，就逐渐走入内涵了。所以我和家兄还是很推许这两部书的，当然见仁见智，各不相同，只是和您共讨而已。

赵孝萱女士给张伍的信

赵孝萱女士，台湾学者，研究张恨水，以《张恨水小说新论》获得博士学位。

论文出版发行后，以独特的见解和旁征博引的大量的丰富材料，引得海内外文学界热烈反映，称此书颠覆了文学界的固有看法，令人耳目一新。

伍公先生道鉴：

一晃眼，又是多月了。本想在三月中旬寄上拙作初稿。但是当时论述实在粗糙，怕您见笑失望，所以又搁着没寄。目前论文已在七月二日以九十一分的高分顺利通过博士生口试，口试后又根据口试教授们的意见，多所（处）修改。在几番斟酌之下，七月底前完成论文最后的"定本"，上缴学校，换了毕业证书，才有了现在近三十万字的面貌。

在此谨献上我的论文：《张恨水小说新论》，请您指正指教。我说请您"指正",绝非客套的应酬话,因为您真是世上最详读张恨水小说的人。我一直想赶快将论文寄赴北京,听听您的意见。但是又想:"再改好点再寄吧!"就这么延宕到七月底,还是差强人意。所以,最后还是寄出了连自己都不甚满意的"拙作"。

论文名称大胆使用"新论"两字,当然是想能突破前人见解,发人之所未发。拙作有无新意,您应该是世上最能公断之人。我推出很多与前人不同的结论:

第一,也是最重要的一点,我认为您老太爷不应该是"一流的通俗小说家",而根本就是二十世纪重要的好小说家。关于文学史上"通俗"二字,所给人"二流""媚俗"的联想与印象,是使张恨水定位与评价一直无法提升的原因。

第二,张恨水的"好"小说没有被正视,也致使人们无法读出多元的、优秀的张恨水。尤其像《巴山夜雨》这种绝对不输新文学"经典"小说的优秀作品。(我真的非常喜欢《巴山夜雨》,读完往往非常感动。《巴山夜雨》除了叙述非常优美外,最突出的就是人物描写以及对人性的掌握。)

第三,许多他写作技巧上的"超越性"与"独步性"也多受到忽视。他的文本好、技巧高,绝对是二十世纪文坛数一数二的。

第四,我也想指出目前写二十世纪文学史学者许多史观上的问题,这也是张恨水一直无法受大肯定的原因。我觉得大陆办许多张恨水的研讨会,看似重视张恨水。但在观念上、立论上他们绝对不会、也不敢将张恨水的地位提得比鲁迅、茅盾、郭沫若还高。鲁迅小说是写得好，但是跑百米短跑的，不见得就会胜过跑马拉松的。所以鲁迅若写长篇小说，也不一定写得过张恨水。所以作家们应是互有高低，都是重要作家，只是人擅长不同罢了。

因此，我也尽可能地引小说原文，让无法一窥张恨水作品的读者，也能从论文的引文中看出张恨水的优点与优美。

虽说论点稍有新意，但是论述举例实在还有许多粗糙的地方。敝师柯庆明先生要我再多加修改，让论文更为精致细腻，准备日后出版。所以，虽说是毕业了，但是写作的工程其实还没终了。不过令人雀跃的是，指导教授虽还是多所"不满意"，但是他仍肯定我论文有出版的价值。他说我的论文颠覆了新文学建构的体系与史观，应可为后来写史者提出不同的视界。未来若有机会我更希望在大陆也能出版。因为在大陆出版，读者与对话者应该都会比台湾多，才能造成更大的影响力。所以恳请您多加指正，或是能告知一些小说中我没有发现的精彩段落，让我能写得更好。

总之，就是请您不客气地挑剔我、责难我。在博士论文口试后，我才发现教授的批评或是质疑，都是使自己更好的最佳动力。质疑者，让我发现论述尚不周详；批评者，让我知道自己的缺失。经由这些一锻炼，自己才能愈趋成熟。现在我已迫不及待地想将论文交至您的手中，也谢谢您在北京拨冗与我们晤谈。与您相谈的愉悦，真是令人难忘。与您相见，使我在撰写过程中更有信心，更让我逐一省思现有研究的不足与问题。再次感谢您。

论文应该不会有寄丢的问题吧！真是担心。我会先与您通电话。静候您的回音，也问候夫人好。

晚赵孝萱敬上

一九九九年八月一日

庄信正先生给张明明的信

庄信正，美籍学者，山东即墨人，1935 年生。台大外文系毕业，美国印第安那大学比较文学博士。在堪萨斯、南加大任教，编有《近代中国小说选》。著作有《面对尤利西斯》《异乡人语》《海天集》《流光抛影》《展卷》等。

明明兄：

很久没有联络，近况想好。

有一可喜的事：

我上月去台湾小住，10 天前返美。在那里看了《吴宓与陈寅恪》，发现陈爱读令尊的书，吴曾特别送给一本《天河配》（见页 286）。正好是我最喜欢的小说之一，使我非常高兴，特此奉告。

匆匆

弟信正

2017 年 8 月 6 日

明明兄：

你比我年轻，但是越老越要注意健康，相信你会加强在饮食和运动两方面用心。我最近发现有高血压，我儿子（内科医生）认为应该服药。

欣闻令尊继续受到广大读者喜爱，其实这是理所当然的。上次在DC承你赠我令尊、令堂和令兄合照，我始终放在书桌对面的书架上。

他的作品中，我个人喜欢一看再看的，首先是《夜深沉》，其次就是《天河配》，看来确是"偏爱"。另外，我爱读《春明外史》，有时觉得如果把那些与杨杏园、梨云和李冬青的感人肺腑的主线故事无关的插曲删去，出一简本是否会更加吸引读者。（插曲不妨另外成一短篇集。）

我总觉得，伟大小说家的先决条件之一是要能够"心狠手辣"，在必要时不惜"辣手摧花"。《红楼梦》好处举不胜举，我认为最了不起的是凤姐害死尤二姐的几回，在世界文学中属于第一流，令人五体投地。在20世纪中国作家当中只有二张①见识有这种见识、能耐，了不起。

祝福

弟信正

2017 年 8 月 9 日

张伍注：信中所说二张是指先父张恨水公与女作家张爱玲先生。

明明兄：

收到信和照片，更是欢欣鼓舞，大陆上时至如今，还能这样追念、重视他，可喜可贺。此之谓人民的眼睛是雪亮的。

随时联络，保重身体。

信正

2017 年 8 月 15 日

张伍附识：信中的他，系指先严张公讳恨水先生。

张伍附识：信正先生信中，提及陈寅恪先生喜读先严小说，吴宓先生特意赠送先严长篇小说《水浒新传》予陈先生。不禁让我想起另一则文坛佳话，转述于此，以飨各位看官。

1943 年，父亲描写中国男儿奋起反侵略战争的历史长篇小说《水浒新传》，由重庆建中出版社发行单行本。此书一问世，便是洛阳纸贵，风行整个大西南，受到各阶层读者的热烈欢迎。

陈寅恪先生这时已双目失明，便由吴宓先生及陈的家人轮流读给他听。陈先生恰好于 1945 年 8 月抗日战争胜利之际，"读"完这本长达 60 万字的《水浒新传》，十分感动，并有感而赋：

乙酉八月听读张恨水著《水浒新传》
感赋

谁结宣和海上盟，燕云得失涕纵横。

花门久已留胡马，柳塞翻教拔汉旌。

妖乱豫幺同有罪，战和飞桧两无成。

梦华一录难重读，莫遣遗民说汴京。

附　录

张明明致"张恨水与重庆"学术研讨会的贺信

七十五年前，我出生在重庆南温泉桃子沟，一所抗战国难茅草屋里。尽管日本飞机无日无夜在我们的领空进行狂轰滥炸，民众居无宁日，物资又极度匮乏。但是，和许多后方爱国志士一样，我的双亲始终没有放弃抗战到底，中国一定会胜利的信念。他们安贫若素，坚持操守；教育子女，亲仁善邻。

父亲张恨水公，是新闻工作者，有着与职业相配的道德良心和家传的爱国意识。在国家遭受日本人侵略的奇耻大辱之下，书生报国的赤诚驱使他在八年的岁月中，以一盏菜油灯相伴，顶住成百蚊蚋围攻，书写了八百万言的抗日文章，无论是咏史、寓今，字字发自赤子之心，句句喷射爱国激情，他呐喊，要唤醒民众振奋之心；他疯狂，为抗日不能尽更大的力量；他愤怒，为官场昏庸腐化，商人无良，文教人员无德。他为国操碎了心，真的做到贫则独善其身，做个衾影无惭的文人。

　　我从小深得父亲的宠爱，我尚在襁褓中，他把我放在棉袍子里裹着，坐在山窗下，书案旁的竹椅上，左手抱着我，右手握着笔，写着家国大事；我略长，围着他的竹椅要糖果花生米吃，他会放下笔，站在茅屋中间，向上伸手一抓，就抓出一把铁蚕豆或者花生来给我。至今，我也没明白，他是怎么瞒过我眼睛的。我长到四、五岁，他带我去听京戏；他抱我躲防空洞。没有空袭的日子，他在门前的小木桥上踱步构思，我常跟在他身后来来回回走，只为淘气。夏日的晚上，家人都坐在廊下趁凉，我们听父母聊天，他们会讲到这山沟沟以外的中国，北京、南京、上海，安徽老家的奶奶，还有不是很远的重庆……

张恨水在重庆

父亲常去重庆，上班或者办事，我在门口等他回来，只要一见到对面山上，一个身影，风吹着长衫的下摆，肩上扛着米包，我便领先飞跑过小桥，爬上石阶，母亲和哥哥们随后，一家人到路口迎接他，母亲总是无言地接过那平价米袋。

母亲有诗记录此事：

早市杂诗（六之二）

嫁得相如已十年，良辰小祝购荤鲜。

一篮红翠休嫌薄，此是文章万字钱。

朝露沾鞋半染衣，街头浓雾比人低。

晓凉敢说侬辛苦，昨夜陶潜负米归。

这个国难草房，就是我们温馨的家，我在这里度过了幸福的童年。

抗战胜利，我们就要离开重庆，父亲无限深情地对四川人说了惜别的话：

"嘉陵江的绿水，南温泉的草屋，甚至大田湾的烂泥坑，在我生命史上，将留下不可磨灭的一页。"

"在南京失陷，家乡吃紧的时候，我提一只皮箱，悄然地到了重庆。重庆的雾和山洞，保护我度过七年的轰炸。重庆的平价米，充了我六年的饥。南温泉的草屋，为我挡了八年风雨。南温泉的山水，温暖了我八年的襟怀。不是这一些，怎样活到今天，我又怎能不加以感谢？"

"我个人且如此，国家以重庆为抗战司令台，打了八年战，国家受重庆之惠，到了什么程度，可想而知。所以我不但劝此地的下江人，甚至全国的人，不要忘了重庆，不要忘了四川。"

父亲没有忘记重庆。他回到北平的那年除夕，就写诗回忆起重庆的除夕。

丙戌旧历除夕杂诗（八首之一）（1947年1月27日）

记得巴山度岁时，茅檐墨黑雨吹丝。

四邻尽睡天如坠，豆大灯光独写诗。

此情此景可在1946年开始创作的小说《巴山夜雨》中，淋漓尽致描写过。《巴山夜雨》是他在国难之后痛定思痛之作，他用夫子自道的自传体书写，纯熟的笔法，活泼的语言，细致入微工笔白描，刻画出山城外、涧溪旁几户知识分子，以及村民乡绅、投机商人、热血青年、苦命女伶、官二代、兵痞，一幅活生生的社会百态图。核心是家庭之爱、社会之情。台湾学者赵孝萱博士评论，这本书是父亲小说生涯的巅峰之作。

我离开重庆70年了，对南温泉魂驰梦想，我本想趁四川外国语大学举办《张恨水与重庆》研讨会的这个难得机会，一圆思念之梦。不想，好事多磨，我不得不留在家中治病。只是这颗心，已飞去重庆和你们在一起了。我们不会，永远不会忘记重庆人的好，四川人的好。中国没有你们，不可想象。

祝你们会议成功。

张明明于美国弗尔吉尼亚州

张明明谈油画《待漏斋之夜》的创作情愫

先严张恨水公出生于1895年，他老人家若还健在，就一百二十岁高龄了。自去年开始，安徽潜山老家便有纪念活动：有关他的作品研讨会；潜山县的《张恨水陈列馆》新扩建后，改名为《张恨水纪念馆》的开幕式，展出内容也大大的充实了。今年更结合抗日战争胜利七十周年，潜山博物馆举行张恨水抗战文学主题展，以《书生顿首唤国魂——抗战文学先驱张恨水》为题，展出他从1931年"九一八"事变之后一系列抗战文学创作。陈展的前言说："在抗战烽火中辗转的张恨水披肝沥胆，椽笔为枪，为抗战呼号，为百姓请命，为时代写真，为中国和世界留下了一部抗战'史诗'和'形象国难史'。"肯定他为抗战文学所作的贡献。

文中列举了国共两党领导人对父亲抗日文学的赞扬。

1942年秋，周恩来在重庆接见《新民报》主要工作人员时说："同反动派做斗争，可以从正面斗，也可以从侧面斗，我觉得用小

待漏斋之夜油画

说的体裁揭露黑暗势力，就是一个好办法……恨水先生的《八十一梦》不就起到了一定的作用吗！"

　　1944年6月，毛泽东接见"重庆中外记者西北参观团"时，特向赵超构询问张恨水近况，并称赞："像张恨水这样的通俗小说配合我们的抗日战争，真是雪中送炭。"

　　同年，共产党的《新华日报》刊专文祝贺张恨水五十寿辰与三十周年创作，社长潘梓年称赞张恨水："有一个明确的立场……坚持抗战，坚持团结，坚持民主。"1945年日本无条件投降后，国民政府向抗战有功的文武官员和社会贤达人士颁发"抗日胜利勋章"，张恨水荣膺其中。

　　这让我不由得回忆起抗战时期，我们在四川乡居时的那八年时光。我们的生活很清贫，住茅草屋；吃掺了沙子的平价米（父亲要从重庆过江，挤长途汽车，挤不上就要步行，给我们背回来）；日本飞机无日无夜地狂轰滥炸，居无宁日，为了抗日，父亲安贫若素，因陋就简，从不说苦，而是和母亲一起用他们的爱和对中国必胜的信心给我们筑建了一个温暖的家。这个家庭生活的场面无数次在我脑海里浮现，随我年龄增长而愈频繁出现。我现在已经到了耄耋之年，我希望把我童年记忆深处的家，我慈爱的父母，用我能做的形式再现出来——画出来，这应该是一份很好的纪念，也算是表达我对父亲和那时代在大后方坚持抗战的知识分子还有普通民众，铭心的崇敬。

父亲是个有骨气的汉子，他是武门之后，虽然看起来很文弱，但热血满腔又悲悯满怀。他以书生报国之热忱，永远和大时代走在一起。我觉得他很了不起。母亲身材娇小，性格开朗活泼，既对父亲温柔体贴，又对我们极有耐心，我觉得她也很了不起。这是画中的两位主要人物。

1931年父亲用了自己写作所得稿费，创办了《北平华北美术专门学校》，校址是北平东四十一条21号，原清末光绪的军机大臣、礼部尚书兼总理各国事务衙门的裕禄私邸，院宇宽敞，花木深深，亭台楼阁，雕梁画栋，美哉轮焉，美哉奂焉。父亲被推举为校长，兼教中国古典文学和小说创作。学校给他划了一座院落作校长室，实际上是给他作写作室，是全院精华所在，浓荫四蔽、鸟语花香，他可以安心写作。但是，"九一八"之后，他坐不住了。

他在《写作生涯回忆》中写道：

因之，自《太平花》之改作起，我开始写抗战小说，不过中日之战虽起，汪精卫这帮人的口号，是一面抵抗，一面交涉，所以，尽管愤愤不平，谁也不敢公然反抗日本，政府就不许呀。我所心想的御侮文字，也就吞吞吐吐，出尽了可怜相。

他虽然不能畅所欲言，可是仍然坚持写抗战文学。父亲在"九一八"之后的两个月工夫内，就写了一部《热血之花》，主题是国人和海寇的搏斗，当然，海寇就指着日本了。"由于这个方向，我写任何小说，都想带点抗御外侮的意思进去……但我不讳言，这些表现都是很微妙的，不会有什么作用可言，仅仅说，我还不是一个没有灵魂的人罢了。"

台湾学者赵晓萱说：

> 张恨水一直刻意地接近国族与历史的大论述。他一直在小说中承载着他对世事与国族的关怀。他有很深切的"以文济世"观念，他心心念念要拿笔去"唤醒群众"，有一种书生报国的赤忱……他竟能在二十天之内写了一本包含诗歌、小说、剧本、笔记的《弯弓集》。

1932年，父亲在"一二八"事变之后不到两个月的时间了，自掏腰包成立远恒（张心远、张心恒为父亲和二叔的原名）出版社出版了《弯弓集》（取弯弓射日之意）。他在这本书的序言里说：

> 今国难当头，必兴语言，唤醒国人，必求其无孔不入，更有何待引申？然则以小说之文，写国难时之事务，而贡献于社会，则虽烽烟满目，山河破碎，固不嫌其为之

者矣……吾不文，然吾固以作小说为业，深知小说之不以
国难而停，更于其间，略进吾一点鼓励民气之意，则亦可
稍稍自慰矣。今国难小说，尚未多，以不才之为其先驱，
则抛砖引玉，将来有足为民族争光之小说也出，正未可
料，则此鹅毛与瓜子，殊亦有可念者矣。

父亲是写抗日文学的第一人，八年里写了八百万字，不愧为先
驱。

其实，张恨水自始至终都是一个关心国家前途、百姓生计的作
家，他的《弯弓集》（1932）是当时中国最早出版的抗日作品集。
（赵孝萱《张恨水小说新论》）

他怀着"男子不亡国，英雄肯杀身"的满腔热血，写下掷地铮
铮有声的诗句：

健儿词七首之二

含笑辞家上马呼，者番不负好头颅。
一腔热血沙场洒，要洗关东万里图。

背上刀锋有血痕，更衣裹剑出营门。
书生顿首高声唤，此是中华大国魂。

1937年底，父亲以抱病之身，抛弃了用半生稿费所得，创办的
《北平华北美术专门学校》和《南京人报》，毁家纾国，将家人
安置在家乡，只身到了重庆。还是要为抗战尽力。他加入《新民
报》，把爱国的热忱及一腔孤愤，全都书之于纸上。抗战八年在川

他写了八百万字的文学作品。当时父亲为《新民报》主编副刊，先有《最后关头》（因语言嬉笑怒骂批评时局，被"新闻检查"注意，不得不"奉命弃守"），父亲又开辟《上下古今谈》以他渊博的历史知识和敏锐的洞察力，上下古今，纵横捭阖，以古喻今，为抗战呐喊，为民情命，巧妙地揭露和讽喻了当局的腐败和社会黑暗，每日一篇，坚持三年之久。据有关学者统计，共创作了30余部小说，有正面描写抗日战争的：《疯狂》《巷战之夜》《大江东去》《潜山血》《游击队》《前线的安徽，安徽的前线》《桃花巷》《冲锋》《虎贲万岁》；有借古喻今的《水浒新传》；有寓言讽刺的，如《八十一梦》，也有反思国人在抗战期间不合时宜的行为的，写抗战民生百态的。他认为"暴露黑暗、揭示内祸及国难，抨击妨碍抗战的不利因素，也是作家责无旁贷的历史使命"（张恨水抗战文学主题展——谢家顺）。这方面的小说有：《魍魉世界》《巴山夜雨》《纸醉金迷》《五子登科》等。

关于抗战民生的作品他是这样说的：

> 抗战是全中国人谋求生存，但求每日的日子怎样度过，这又是前后方人民所迫切感受的生活问题。没有眼前的生活，也就难于争取永久的生存了。有这么一个意识，所以我的小说是靠这边写。

这八百万字的抗日文学作品是父亲写作生涯中极为重要的部分，也是他人品中突出显现的代表。父亲当时是稿酬最高的作家，住花木扶疏的四合院，生活安逸，他却毁家纾国跑到重庆去，住茅草屋，吃平价米，在豆大的灯光下写文章，母亲则坐在旁边，在那菜油灯下给他补袜子相陪，这是怎样的一种情操！

小说《巴山夜雨》，构思于1945年，他在抗战结束之后动笔的。（1945年5月16日重庆《新民报》在庆祝张恨水五十寿辰专刊中登了一则广告："恨水先生谈，彼将集中精力，在此五年中，写一份量较重的长篇巨著。其题材已选定，闻背景即为张氏所居之南温泉，将以其自身之生活为经，而以此一小社会之种种动态为纬。"）本书是痛定思痛之作，深刻描述战时重庆社会人心百态，既有鞭笞社会上的不公不义，对重庆政经弊端与官员的贪污腐败无情揭露，对人心的躁动不安的讽刺，也有对安贫若素，相信抗战一定胜利之普通人家患难亲情的动人描述。

赵孝萱博士在她的《张恨水小说新论》中给予这本书极高的评价：

> "《巴山夜雨》（1946）是张恨水中风前完成的最后一本几十万字的长篇巨著，也是他在第三阶段作品表现的重要巅峰，甚至可以说是他一生作品的最高巅峰。""《巴山夜雨》写的是抗战时重庆'疏建区'郊区生活的各种形态，且本书还是张恨水自身生活的'夫子自道'，带有浓厚的自传色彩。""张恨水这本战时小说在叙述者娓娓道来的口吻中，显得平凡而真挚。有时凡人比英雄似乎更能代表这时代总量的历史观。"

作家于梨华也对我说过："你父亲的作品总是随着时代走，抗战时期的《巴山夜雨》，写的是时代的故事，表现了作者的民族良心。"

　　读这本书，我爱不释卷。每读一次，就像又回到童年和父母在一起，在父亲身前身后撒娇淘气的情景，他的音容笑貌和声震空谷的哈哈笑声，让我享受了"有声有色"的记忆片段。书中"小玲儿"是我的化身，伍哥是"小山儿"，全哥是"小白儿"。父亲在书中每提到我，那舐犊之情就荡漾在书里书外，让我无限地遐想，人浸在糖水里，身子是轻飘飘的，这心情怎是用一个"幸福"可以了得的！感谢老天！

　　且看，父亲是这样写我的：

　　李太太托了个纸包出来……把纸包放在桌上，纸散开了，里面是半个烧饼。因道："你看，这些孩子，真不听说，一转眼，把给你留的三个烧饼，吃了两个半。"小玲儿听了这话，由外面跑了进来道："爸爸，我只吃了一个，我叫哥哥别吃，给爸爸留着，他又分了我半个，你说，是不是岂有此理？"说着，她伸了个小指头，向爸爸连指点几下。李先生哈哈大笑。

　　李太太道："孩子这样淘气，你还笑呢。"李南泉道："我不是笑她别的，笑她天真。尤其是岂有此理四个字，这四岁多的孩子，引用得这样恰当，不愧是咱们拿笔杆朋友的女儿。得受点奖励，还有半个烧饼，还是赏了你。"
　　……

　　小玲儿将两只小手摸了杨小姐的脸，笑道："我会唱苏三。"说着，将右手比了个小兰花形，头一扭，扭得童发一掀，她学着小旦腔唱道："苏三离了红的县（洪洞县），将身来在大姐前（大街前）。"李南泉拍着手哈哈大笑。小玲儿指着她爸爸道："哼！唱对了，你就笑。今天晚上，该带我去听戏吧？"

书中有一段写日本飞机八日七夜对重庆一带疲劳轰炸，村里人扶老携幼拖家带口地躲警报，爬山进防空洞的情形，父亲也能苦中作乐，见到我哈哈大笑：

小玲儿走过了山溪，回转身来，将手连招了几下道："爸爸，你马上来呵，我给你占着位子。你和我带一包铁蚕豆来，洞子里坐着怪闷的。铁蚕豆就是四川人叫的胡豆，你晓得吧？"李先生被太太埋怨着，心里藏着一腔无名火。小女儿小手一招，还把蚕豆作了一番解释，乐得心怒放，哈哈笑道："这孩子什么全知道。"李太太已走上了山坡，回头看着丈夫，也是忍不住一笑。甄太太拿了三四样东西，喘着气上山坡，因道："侬家李先生，真个喜欢格位小姐。小姐讲啥个闲话，伊拉总归是笑个。"李太太道："那有什么法子，在孩子给爸爸带缘来了。"

……

李南泉点点头道："大概今天不躲的人是很少。你们放心去吧。赶得及时的话，我一定到公共洞子单来。赶不及，我向后山走一截躲一截。"李太太接过他手上的包袱，又握着他的手道："你可要躲，不是闹着玩的。"小铃儿也指着她爸爸道："不是闹着玩的。"李南泉看了她那肉包似的小手，指头像个王瓜儿，他就乐了，摸着她的小手亲了个吻。李太太皱了眉头道："你倒是全不在乎，这时候还有工夫疼孩子。走走走。"

……

后面可有小孩子哭了，李先生不用回头，听那声音，就知道是爱女小玲儿在叫着："爸爸呀！爸爸呀！你到哪里去？我也要去。"说着，她跑来了。她手上提了她两只小皮鞋，身上穿了一件带裙子的小洋衣，既沾着草，又带泥，光着一双赤脚，在石板路上的浅草地上跑着。李南泉早是站住了等她。笑道："我不哪里去，你又打赤脚。石头硌脚不是？手上提了皮鞋。这是什么打扮？"小玲儿将小胖手揉着眼睛，走上前来，坐在草上，自穿皮鞋，因道："我知道，你又悄悄地到重庆去。我不穿皮鞋，你不带我去；穿好了皮鞋，我又赶不上你。"李南泉俯着身子抚摸了她的小童发，笑道："我不到哪里去，不过在大路上遛遛。吃过晚饭，我带你去听戏。"小玲儿把两只落了纽襻的小皮鞋穿起来，跳着牵了爸爸的手，因道："你不骗我吗？"南泉笑道："我最不喜欢骗小孩子。"小玲儿道："对的，狼变的老太婆喜欢骗小孩子。那么，我们一路回家去吃晚饭。"李南泉笑道："那么这句话，学大人学得很好。可是小孩子，别那样老气横秋地说话。"……李南泉不知不觉地牵着小女儿的手走回家。吴春圃将扇子扇着腿，笑道："咱穷居在这山旮旯里，没个什么乐子。四川人的话，小幺儿。俺找找俺的小幺儿逗个趣，你也找找你的小姐逗逗趣。"南泉笑道："我这个也是小幺女。"

他在书中每提到小玲儿，笔下难掩一位慈父的百般温柔。我在褓袱中常睡在父亲左臂弯里，他坐在小书桌前，一只手抱着我，另一只手握着笔书写天下古今。我童年时害了眼疾，红肿流脓，父母相依流泪，怕我从此眼瞎。双亲带了两个位哥哥，轮流背着我，爬山越谷去另一个镇子去看医生。伍哥说："那是我头一次看见父亲流泪，爸爸太爱你了。"

是的，父亲太爱我了。在那样艰辛的环境下，他爽朗的笑声所带给我的欢乐，大大减轻了战争带来的恐惧，他是我心中的英雄。今年是父亲一百二十周年生辰纪念，我就以一张南温泉"待漏斋"里的故事，缅怀先人。

我们住在乡下的茅屋，父亲给它取名为"北望斋"（"北望中原泪满巾"取陆游《北望》早日收复中原的意思），希望早日能回北平。四川雨水多，茅草屋顶，极易漏雨，家中常是大雨大漏，小雨小漏，不雨还漏，所以，未雨绸缪，雨来之前我们兄妹便预备好盆子、砵子、罐子各种器皿放在可能屋漏之处，准备接漏。因之，我们的家又名"待漏斋"。

小说，作者可以不完全按真实的人物故事去写，可是，散文却是真实的景物和心理的写照。我从父亲的散文《山窗小品》中寻觅证实我记忆中场景的细节，其中的《待漏斋》名字的来源就非常有趣。而《短案》提供了我非常详尽的桌上文具罗列状况。

《待漏斋》

古之君臣，天明而晤于朝。于其未朝也，群臣先期而至宫外，待铜壶滴漏所报之时届，以入宫门，是曰待漏。而吾之所谓漏，则无此雍容华贵之象，盖屋漏也。屋漏何以亦曰待？是则可得而言之：

所居草屋，入夏为暴风雨所侵，必漏。呼匠人补之，辄辞以无草。盖乡间麦秆，既已售尽，而新谷初登，又未至出售之时，其价亦奇昂，非穷措大所能胜任。欲弥补屋漏，仍必求之遍山深长之野草。而野草未入深秋，又嫩且短，不堪选用。故屋漏已半载，而犹待野草之长以为补。此非抗战山居，实未能习此一页经济学也。

屋漏正如人之疮疖溃疡，愈听之而愈大。今岁之春，不过数滴，无大风雨，或竟不滴。及暮春，渐变成十余滴。其间有一二巨溜，落地如豆大，丁然有声。数滴更注吾床，每阴雨，被褥辄沾湿不能卧。吾为一劳永逸计，则移床就屋之另一角。意苟安矣。入夏，暴风雨数数突然来，漏增且大，其下如注，于是屋角，案头，床前，无处不漏，亦无处不注。妇孺争以瓦器瓷盆接漏，则淙淙铮铮，一室之中，雅乐齐鸣。吾有草屋三椽，以二居家人，以一为吾佣书之所，天若有眼，佣书之室独不漏，顾搁笔小歇，听此雅奏而哑然。山窗小品，即多以此乐助兴而成之。

习之久，每谷风卷起，油然作云，则太太取盆，公子索瓷，各觅旧漏处以置之，作未雨之绸缪。予亦觅数尺之油布，预以蔽吾书筒。然后群居安全之地，拭目以待漏下。吾于此顷刻凝思中，忽得奇想，即裁尺纸。书待漏斋三字以榜吾门。太太粗解文义，则以为之粲然。蓉人顾以匾额市招竞奇，以此文示之。宁能谓吾斋名非上选乎？

——选自《山窗小品》

《短案》

所居在一深谷中，面山而为窗。窗下列短案，笔砚图书，杂乱堆案上。堆左右各，积尺许，是平坦之地已有限。顾笔者好茶，案头必有茗碗。笔者好画，案头必有颜料杯。笔者虽已戒绝纸烟，报社主人怜其粮断而文思将穷，不时又馈以烟，于是案头亦必有烟盒与火柴。笔者患远视，写字必架镜，故案头常有镜盒。且邮差来，辄隔窗投书，或有挂号信，必须盖章，求其便利，而图章印盒亦置案头。此案头是何景况，乃可想象，而笔者终年伏案，亦复安之若素焉。回忆儿时好洁，非窗明几净，焚香扫地，不耐读书，实太做作。且曩时居燕都，于花木扶疏之院宇中住十余年，书斋参酌今古，案长六七尺，覆以漆布，白质而绿章。案上除花瓶坛炉外，唯檀架古砚一，御瓷笔筒一，碧蓝水盂一，他物各有安置之所，非取用不拦入案上。今日面对蜂窠，身居鸟巢，殆报应也。

未入乡时，曾于破货摊上，以法币三角，购的烧料之浅紫小花瓶一。瓶未遭何不幸，随余五年于兹。在乡采得野花，常纳水于瓶，供之笔砚丛中。花有时得娇艳者，在绿叶油油中，若作浅笑。余掷笔小思，每为之相对粲然。初未计花笑余案之杂乱，抑笑主人之犹能风雅也。此为短案上之最有情意者，故特笔记之。

笔者按：校阅此稿日，隔时又一易裘葛。瓶为小女碎，已数月矣，为之惘然。

——选自《山窗小品》

真正让我决定取这个画面的是在《巴山夜雨》第十五章房牵萝补。

其中有一段感人的描写，李南泉要在一星期之内，为昆明某报赶写几篇小品文，要一万字上下。偏偏又逢天下雨，屋漏了，而且屋漏侵占到他的"生命线"上来（写作用的小书桌）。

（李南泉）依然坐到竹椅上去写稿，可是这桌子上面，前前后后已经打湿了七八点水了。这个样子颇不好坐下来写。正好小山儿打了一把纸伞，由街上买烧饼回来。李南泉向他招招手道："不必收起来，交给我罢。"小山儿也没有理会到什么意思，撑了伞在走廊上站着。他笑道："我们屋里也可以打伞，你难道不知道吗？打着伞进来罢。"小山儿侧着伞沿送了进来。李先生接过，在桌子角上竖了伞柄。正好这天花板上的漏点全在左手伞一竖起，"扑"的一声，一个大漏点，落在伞面上，李先生笑道："妙极，这声音清脆入耳，现在我来学学作诗钟的办法，伞面上一下响，我得写完两行字。"他说着，果然左手挟着伞柄，右手拿着毛笔在纸上很快地写。等到那屋顶的漏点落下来的时候，已经写了三行字，他哈哈大笑道："这成绩不错，第一个漏点我就写了三行字了。"他这么一声大笑，疏了神，伞就向桌子侧面倒了去。幸是自己感觉的快，立刻拖住了伞柄，将伞紧紧握住了。李太太坐在旁边看到，只是摇头。

吴先生正由窗子外经过，看到这情形，便笑道："李先生，你这办法不妥，就算你一手打伞，一手拿笔，可以对付过去，可是文从烟里出，你这拿纸烟的手没有了。俺替你出个主意，在桌子腿上，绑截长竹筒儿，把伞柄插在竹筒里，岂不甚妙？下江摆地摊的就是这个主意。"李南泉拍手笑道："此计甚妙。不仅是摆地摊的，在野外摆测字摊的算命先生就是这样办的。"他两人这样说着，这边甄先生凑趣，立刻送了一截长可四尺的粗竹筒来。笑道："这是我坏了的竹床上，剩下来的旧竹档子，光滑油润，烧之可惜，一直想不到如何利用它。现在送给李先生插伞摆拆字摊，可说宝剑送与烈士了。"李南泉接过来一看，其筒粗如碗大，正好有一头其中通掉了两个节。竖立起来，将伞柄插进里面，毫无凿柄不入之嫌。口里连声道谢，立刻找了两根粗索子，将竹筒直立着捆在桌腿上。将通了节的那头朝上，然后撑开伞来，将伞柄插了进去，这伞面正好遮盖着半截小桌面，将屋漏挡住。李先生坐下来，取了一支烟吸着，笑道："好，这新鲜玩意儿，本地风光，是一篇绝妙的战时文人小品。"这么一来，屋子里外，全哈哈大笑，三个小孩感到这很新鲜，每人都挤到桌子角上，在伞下站一站。

写细节是父亲写作中的特点之一，他把身边的事物细致入微地描写出来，使我在创作中很容易把文字转换为图画。综合以上的文字，我就有了这样一个画面的构图，父亲侧头看着我，就要哈哈笑了，两位哥哥在伞下凑趣，母亲则抱了妹妹，送来了有三个灯芯的菜油灯。虽然漏着雨，但是待漏斋之夜的场面却是无比的温馨。

张明明于美国弗尔吉尼亚州

江西黎川张恨水剧院

江西黎川张恨水广场

后　记

　　尽管我们兄弟姐妹性格不同，爱好各异，但却有着一个共同的感慨，那就是感谢造物者的安排，让我们诞生在令人羡慕的家庭。我们有着才如仙人的父亲，也有着贤如圣人的母亲，有严父的督教，有慈母的呵护，人生如此真是幸莫大焉！福莫大焉！我们崇拜父亲，热爱母亲。

　　幼年时在年轻父母的悉心呵护下长大，他们像高山让我们依傍，像巨树给我们遮风蔽雨，等我们成年却仍未能懂事时，他们已步履蹒跚，身体虚弱，却仍然用智慧的霞光笼罩着我们，我们满心以为他们是不老的仙子，陪我们到永远永远……忽然，有一天，他们先后乘鹤飞去了瑶池，我们带着锥心刻骨的疼痛、愧疚，失落在无底黑洞，措手无策，却无从唤回双亲相见一面。

　　年纪越长，这隐痛也越强，兄妹常常相聚在二家兄二水哥身旁，相互倾诉，笑声和着泪水流淌。他说，父母没有离开我们，永远活在我们的心里，惦记他们，就为他们做点力所能及的事吧！

　　生活的行旅把我们导向地球的不同角落，这感恩思念的情愫孵化出文字，我们在书信中倾诉，互道在阅读和收集父亲的遗作中的收获，久而久之竟也有了些许成绩。

　　为纪念父亲逝世50周年，2017年谢家顺教授提出编辑《回望张恨水》系列丛书，并邀请我们兄妹将历年的书写文字梳理一下，成为丛书之一。其中书信部分，有先父最后年月给爱女的信件，有文学界前辈的来信谆谆教导，字里行间深情的流露，非常珍贵。我们在此向前辈和友人，真诚致谢。

　　由于父亲积极宣传抗日，日寇曾向当时在北平的张学良将军提出抗议，并上了日寇特务机关的黑名单，父亲被迫于1934年冬天离开被视为第二故乡的北平。

　　父亲曾为此感慨系之，赋七律四首。抗日胜利后，他回到了阔别十年之久的北平，又把这四首诗发表在《新民报》副刊《北海》上，这也算是他对北平父老和读者的情怀自述。在此做一次文抄公，把这四首诗转录，以饷读者，是为结束语。

二十三年冬由平南下过南京感而赋此（上）（二首）

> 临风无泪哭苍生，书剑飘零别旧京。
>
> 权世文章宁有价，出山泉水不能清。
>
> 黄河落日天如醉，大雪横江客又行。
>
> 二十五年流浪惯，轮蹄何必问前程。
>
>
> 船山（注）律句纳兰词，二十年来向往之。
>
> 老辈当前甘俯首，斯人别后久无诗。
>
> 旧书便是千金产，负贩犹为一字师。

托迹未高飞不起，稗官写到鬓斑时。

1947 年 6 月 1 日

注：船山指清诗人张船山（问陶）——伍注。

二十三年冬由平南下过南京感而赋之（下）（二首）

爱博黄土种名花，也爱当炉煮苦茶。

静坐总胜无益事，微劳足遣有生涯。

十年豪放居河朔，一夕流离散旧家。

笑我人间惆怅客，却随冠盖看京华。

不必功名等白头，早将心迹托浮鸥。

国如用我何妨死，事总因人大可羞。

腹俭已遭家室累，卖文还作稻粱谋。

凭栏无限忧时泪，如此湖山号莫愁。

1947 年 6 月 4 日

张伍　张明明

2018 年 4 月 14 日